Heinrich Ritter von Poschinger

Fürst Bismarck und die Parlamentarier

Dritter Band (1879 - 1890)

Heinrich Ritter von Poschinger

Fürst Bismarck und die Parlamentarier
Dritter Band (1879 - 1890)

ISBN/EAN: 9783744665247

Hergestellt in Europa, USA, Kanada, Australien, Japan

Cover: Foto ©ninafisch / pixelio.de

Weitere Bücher finden Sie auf **www.hansebooks.com**

Fürst Bismarck

und die Parlamentarier

von

Dr. H. Ritter von Poschinger

Dritter Band

1879—1890

Breslau
Verlag von Eduard Trewendt
1896.

Vorwort.

Der vorliegende Band ist nur zu stande gekommen durch die gütige Förderung, welche Abgeordnete aller Bismarck freundlichen Fraktionen demselben zu teil werden ließen.

Mit dem Ausdruck des Dankes dafür kann ich konstatieren, daß die Beiträge dies Mal reicher geflossen sind als in den früheren Stadien der Arbeit. Ich führe dies darauf zurück, daß viele Abgeordnete ursprünglich Anstand nahmen, ein Werk zu unterstützen, dessen Tendenz sie nicht kannten. Sie mußten sich erst überzeugen, daß es geschrieben ist weder um Bismarck noch irgend eine der Parteien, auf die er sich der Reihe nach gestützt hat, zu verherrlichen, sondern daß es sich lediglich darum handelte, den Schleier von einer Anzahl historischer Vorgänge zu lüften, die sich auf die Parlamente zwar bezogen, sich jedoch außerhalb der Mauern derselben abgespielt haben.

Inhalt.

Inhalt

I. Abschnitt.

Die XIII. preussische Legislatur-Periode.

(12. Januar 1877—21. Februar 1879 [1]).

Bei den Neuwahlen am 27. Oktober 1876 errangen die nationalliberale und die Fortschrittspartei die Majorität des Abgeordnetenhauses, die ultramontane Partei machte keine Fortschritte, die neue deutschkonservative Partei hatte einen mäßigen Erfolg, indem sich die bisherige konservative Fraktion des Abgeordnetenhauses nur um vier Stimmen vermehrte; die nationalliberale Partei zählte 7—8 Mitglieder mehr als bisher, die Fortschrittspartei blieb sich gleich.

Die Gestaltung der politischen Dinge hat es mit sich gebracht, daß die großen, hochpolitischen, prinzipiellen Entscheidungen mehr oder weniger den Arbeitsgebieten der Einzellandtage entrückt und den Faktoren der Reichsgesetzgebung vorbehalten sind; ersteren ist im wesentlichen die Aufgabe zugefallen, die in der Reichsinstanz gegebenen Grundgedanken der allgemeinen weiteren Entwickelung für die Einzelstaaten auszugestalten. Aus diesem Grunde ermangelt die Thätigkeit der einzelstaatlichen legislatorischen Körperschaften, so gewichtig sie für die Geschicke der betreffenden Bevölkerung auch ist, der großen Konflikte, als welche sich die Phasen der großen politischen Fortentwickelung zu kennzeichnen pflegen. Mit diesen großen Konflikten wurde auch der Anlaß zu einem persönlichen Eingreifen Bismarck's in die Geschäfte des preußischen Landtags sehr vermindert, und man darf sich nicht wundern, wenn darum auch seine Verhandlungen mit den Mitgliedern des Abgeordnetenhauses und des Herrenhauses nur sporadischer Natur sind [2].

---

[1] Es währte die I. Session der XIII. Legislatur-Periode vom 12. Januar bis zum 3. März 1877, die II. Session der XIII. Legislatur-Periode vom 21. Oktober 1877 bis zum 30. März 1878, die III. Session der XIII. Legislatur-Periode vom 19. November 1878 bis zum 21. Februar 1879.

[2] Bismarck nahm an den Verhandlungen mehrerer Sessionen des Landtags gar nicht teil, so nicht an jenen vom 14. Januar bis 11. Mai 1882, vom 14. November 1882 bis 2. Juli 1883, vom 20. November 1883 bis 19. Mai 1884, vom 15. Januar bis 9. Mai 1885, vom 14. Januar bis 30. April 1889 und vom 15. Januar bis 13. Juni 1890.

Anfangs Oktober 1878 ließ Bismarck den Abgeordneten Dr. von Sybel[1]) rufen, um demselben zu sagen, er bäte ihn, wo ihm immer ein Gerücht zu Ohren käme, daß Bismarck eine reaktionäre Schwenkung seiner Politik beabsichtige, dieses Gerücht unbedingt und so nachdrücklich wie möglich zu dementieren. Zum Belege führte der Kanzler Herrn von Sybel an, daß er jetzt, obgleich der kirchenpolitische Streit, um dessenwillen Bismarck 1874 die Kreisordnung vertagt hatte, und obgleich die widerstrebende Gesinnung großer Bevölkerungsmassen in der Rheinprovinz noch fortdauere, sich dennoch entschlossen habe, aus der bisherigen Negative hinsichtlich der Kreisordnung herauszutreten und, unter Berücksichtigung der örtlichen Verhältnisse und unter Vorkehrung der nötigen Kautelen für die Staatssicherheit, für jede einzelne Provinz Preußens eine Kreis- und Provinzialordnung ausarbeiten zu lassen[2]). Unter diesen Modalitäten hatte Sybel keinen Grund, dem Fürsten Vorstellungen über die Gefahr des beabsichtigten Schrittes zu machen.

Als der Abgeordnete von Sybel später wahrnahm, daß Bismarck den Kulturkampf beendigen wollte, sah er ein, daß seine Abstimmungen mit seiner Überzeugung fernerhin nicht immer konform bleiben würden. Denn als Vorstand der königlich preußischen Staatsarchive konnte er in einer so wichtigen hochpolitischen Frage seinem unmittelbaren Chef[3]) unmöglich parlamentarische Opposition machen. Er hatte übrigens so viel Parlamentsjahre hinter sich, als ein Historiker brauchen kann; darum nahm er eine Neuwahl nicht wieder an.

Einer der älteren Führer der nationalliberalen Partei im Abgeordnetenhause hat mir über die Art, wie Bismarck mit den Nationalliberalen zu jener Zeit verhandelte, da dieselben noch die ausschlaggebende Partei bildeten, nachstehendes mitgeteilt:

„Bei den Verhandlungen mit uns Führern zeigte sich Bismarck stets im besten Lichte. Er war voll von Ideen, kühn in Ergreifung selbst gewagter Mittel, vor allem überaus ehrlich und offen. Er hat uns niemals eine Unwahrheit gesagt, niemals ein gegebenes Versprechen gebrochen. Er schenkte uns stets klaren Wein ein, und ließ uns bis auf den Grund sehen. Selbst in die auswärtigen Angelegenheiten gestattete er uns einen Einblick, so oft er das für seinen Zweck für nötig hielt, beispielsweise wenn es galt, unsre Unterstützung für militärische For-

---

[1]) Dr. von Sybel, Heinrich Karl Ludwig, Vorstand der königlich preußischen Staatsarchive, geboren 2. Dezember 1817. Mitglied des Abgeordnetenhauses 1862—1875, nationalliberal. Mandat niedergelegt nach Schluß der zweiten Session 1875 wegen Ernennung zum Direktor der Staatsarchive. Wiedergewählt. Mitglied des Abgeordnetenhauses in der III. Session 1876 und I. Session 1877.

[2]) Stenographischer Bericht über die 4. Sitzung des Hauses der Abgeordneten am 26. Oktober 1877, Seite 39. Wegen der früheren Stellung Sybel's zu dieser Frage vergl. Bd. II., Seite 230 f.

[3]) Die Direktion der königlichen Staatsarchive untersteht direkt dem Präsidenten des Staatsministeriums. Auch das Bureau des Direktors ist im Gebäude des königlichen Staatsministeriums.

derungen zu erlangen. Bismarck war niemals eigensinnig auf eine Sache ver-
picht, und er hat seine erste Meinung besseren Gründen stets untergeordnet.
Er war ein einziger Mann, den die andern nur nicht begriffen, überhaupt nur
ganz wenige, weil er — Luther gleich — so viele und so große Eigenschaften
besitzt, daß die gewöhnlichen Sterblichen sie gar nicht fassen können."

Im Abgeordnetenhause beklagte sich Bismarck einmal darüber, daß die
Stenogramme über seine Reden, bevor dieselben von ihm korrigiert waren, in die
Presse kamen. Fürst Bismarck schrieb deshalb an den Präsidenten des Abgeordneten-
hauses von Bennigsen; eine angestellte Untersuchung ergab aber, daß dem
Stenographenbureau ein Vorwurf nicht gemacht werden konnte.

Bismarck hat übrigens den Parlamentsstenographen das Leben nicht leicht
gemacht. Im Stolze'schen Stenographenverein machte hierüber im Jahre 1885
der Rechtsanwalt Dr. Sauer die nachfolgenden Mitteilungen: Bismarck ist
nicht nur für seine politischen Gegner, sondern auch für die Stenographen ein
ungern gesehener Gast. Langsame Redner sind nicht immer die Freunde der
Stenographen, aber Redner, die in so verschiedenem Tempo sprechen, wie Fürst
Bismarck, erschweren dem Stenographen die Arbeit außerordentlich. Dabei hat
der Fürst im Gegensatz zu seiner Figur ein nicht kräftiges Organ; er spricht
leise. Zwischen dem Platze des Kanzlers und dem Stenographentisch ist ein
ziemlich großer Raum, der, wenn der Kanzler spricht, stets mit Abgeordneten gefüllt ist, die sich gleichsam als eine Wand dazwischen stellen. Auch herrscht
keineswegs große Stille während der Reden; dieselben werden vielmehr von
vielen Interjektionen unterbrochen, und auch die Abgeordneten unter sich können
sich nicht enthalten, sich allerlei Bemerkungen zuzuflüstern. Dabei hat Bismarck
einen eigenartigen Stil, er gebraucht viele Citate, häufig in fremder Sprache.
Der Stenograph hat bei Bismarck-Reden immer das Gefühl, daß er die hohe
Aufgabe hat, die gewichtigen Worte der Welt zu übermitteln, und das wirkt namentlich
für den Neuling einschüchternd. Das einschüchternde Gefühl nimmt noch zu bei
dem steten Bewußtsein, daß das Damoklesschwert der Beschwerde über dem
Stenographen hängt und häufig seine Existenz in Frage steht. Fürst Bismarck
ist keineswegs sparsam mit Beschwerden und kleidet dieselben gewöhnlich
in Marginalbemerkungen. Eine solche Bemerkung hatte er auch zu seiner Rede
am 9. Februar 1876 gemacht, er hatte geschrieben: „Bis hierher ist nicht mit
gewohnter Sicherheit stenographiert, von hier ab wird's besser". Nun hatten
bis zu der Stelle Gabelsberger Stenographen geschrieben, von da ab Stolzeaner,
und Herr Böckler, der Vorsitzende des Stolze'schen Stenographen-Vereins, machte
litterarischen Gebrauch von der Bemerkung, was ihm eine Flut von Angriffen
aus dem Lager der Jünger Gabelsberger's eintrug, die sogar zu Prozessen Veranlassung gaben.

II. Abschnitt.
Die dritte Session der IV. Legislatur-Periode des Reichstags.
(12. Februar bis 10. Mai 1880.)

Am 15. Juli 1879 erlangte der neue Zolltarif, den man als das Werk Bismarck's bezeichnen kann, nach hartem Siege Gesetzeskraft. Damit trat jedoch in wirtschaftlichen Fragen noch keineswegs ein Stadium der Ruhe ein; die baldige Übernahme des Handelsministeriums durch den Reichskanzler (23. August 1880) zeigte, wie umfassende Reformen auf diesem Gebiete derselbe damals noch vorhatte.

Der Reichstag hatte die große Zolltarifsession am 12. Juli 1879 geschlossen; sein Wiederzusammentritt erfolgte erst am 12. Februar 1880. Aus der Zwischenzeit ist nachstehendes zu berichten.

Am 17. Dezember 1879 bat der Geschäftsführer des Centralverbandes deutscher Industrieller (Regierungsrat Beutner) den Staatsminister und Reichstagsabgeordneten Freiherrn von Varnbüler[1]), er möchte die Angelegenheit der Schaffung eines volkswirtschaftlichen Senats in der volkswirtschaftlichen Vereinigung anregen und dahin wirken, daß ein bezüglicher Gesetzentwurf von der letzteren aufgestellt und im Reichstage eingebracht werde.

Bevor Freiherr von Varnbüler diesem Ersuchen stattgab, wandte er sich an den Präsidenten des Reichskanzler-Amts, Staatsminister Hofmann, um sich vorher über den eigentlichen Stand der Dinge zu erkundigen.

Ausweislich der Auskunft des Staatsministers Hofmann d. d. Berlin, 31. Dezember 1879, war der Plan der Errichtung eines „volkswirtschaftlichen Senats" von den Vorsitzenden des deutschen Handelstages (Bankier Delbrück) und des Centralverbandes deutscher Industrieller (Schwartzkopff) dem Reichskanzler bereits zu Anfang des Jahres 1878 vorgelegt und von diesem mit wohlwollendem Interesse aufgenommen worden. Der Plan ging dahin, daß Vertreter der soeben genannten beiden Verbände mit Vertretern des deutschen Landwirtschaftsrats unter dem Namen „Volkswirtschaftlicher Senat" eine Vereinigung bilden sollten, an welcher auch die Reichsregierung durch delegierte Beamte teil nehmen könnte. Das Projekt scheiterte damals an der Abneigung des deutschen Landwirtschaftsrats, auf die vorgeschlagene Verbindung mit Vertretern der Handels- und Industrieinteressen einzugehen. „Seitdem ist — so heißt es in dem Schreiben des Staatsministers Hofmann — die Sache bei dem Reichskanzler-Amt nicht wieder angeregt und deshalb auch nicht weiter erörtert worden. — Was meine persönliche Auffassung betrifft, so teile ich die in Ihrem gefälligen Schreiben dargelegten Bedenken hinsichtlich einer von dem Reichstag getrennten Gesamtvertretung der wirtschaftlichen Interessen der Nation. Das Beispiel Frankreichs, auf welches vielfach hingewiesen wird, schlägt dieses Bedenken nicht nieder. Die Experimente, die man dort mit

---

[1]) Vergl. den Artikel der „Post" 1880, Nr. 250, überschrieben „Herr von Varnbüler in Ludwigsburg".

der Zusammensetzung des Conseil supérieur etc. macht, reizen nicht gerade zur Nachahmung. Ein dringendes Bedürfnis zur Verpflanzung der französischen Einrichtung auf deutschen Boden liegt nicht vor. Sachverständigen Rat kann die Reichsverwaltung, wenn sie ihn braucht, auch jetzt schon durch Befragung hervorragender Fachleute oder der bestehenden Interessen-Vertretungen, eventuell durch Veranstaltung von Enquéten sich verschaffen, und über die Hauptschwierigkeit bei allen großen wirtschaftlichen Fragen, nämlich den Widerstreit der Interessen, hilft auch ein volkswirtschaftlicher Senat nicht hinaus.

Trotz alledem bin ich der Meinung, daß unter gewissen Voraussetzungen die Bildung eines Centralorgans zur Vertretung der wirtschaftlichen Interessen für die Behandlung der einschlägigen Fragen von Nutzen und für die Regierung namentlich insofern erwünscht sein kann, als es darauf ankommt, die Ermittelung thatsächlicher Verhältnisse und die Begutachtung wirtschaftlicher Probleme durch solche Sachverständige vornehmen zu lassen, welche von den beteiligten Kreisen als die Vertreter ihrer Interessen anerkannt werden müssen. Die Voraussetzungen aber, unter welchen ich eine Einrichtung der in Rede stehenden Art als unbedenklich und sogar als nützlich ansehe, sind folgende:

1. Die Regierung müßte auf die Zusammensetzung des Centralorgans soviel Einfluß haben, daß sie eine prinzipielle Opposition gegen das System ihrer Handelspolitik fern halten oder unschädlich machen könnte. In diesem Einfluß der Regierung und daneben in der möglichsten Beschränkung der Zahl der Mitglieder würde zugleich das beste Mittel liegen, den volkswirtschaftlichen Senat vor der Gefahr des Parlamentspielens zu bewahren.

2. Es müßte von dem freien Ermessen der Regierung abhängen, ob und über welche Fragen sie den Senat mit seinem Gutachten hören will.

3. Die Zusammensetzung des Senats müßte die Gewähr bieten, daß die sämtlichen wirtschaftlichen Interessen nach Maßgabe ihrer Bedeutung für die Wohlfahrt der Nation zur Geltung kommen.

Die Erfüllung dieser letzten Voraussetzung bietet die größten Schwierigkeiten. Ich will nur eine davon hervorheben. Das Handwerk, welches in wirtschaftlicher wie in sozialpolitischer Hinsicht einen höchst bedeutsamen Zweig unsrer nationalen Erwerbsthätigkeit bildet, besitzt keine Organisation, die als Grundlage der Verwaltung seiner Interessen in einem Centralorgan dienen könnte. Die Künsteleien, welche R. v. Kaufmann in seinem Buche vorschlägt, ersetzen eine solche Organisation nicht. Wohl aber wird dieser Punkt eine befriedigende Lösung finden, wenn es zu einer gesunden Wiederbelebung des Innungswesens kommt.

Ehe diese Frage zum Abschluß gelangt ist, fehlt es, wie mir scheint, an einer Vorbedingung für die Gestaltung einer alle Zweige der wirtschaftlichen Thätigkeit darstellenden Gesamtvertretung. Meine Ansicht geht deshalb schließlich dahin, daß diese ganze Sache zu einer gesetzgeberischen Erledigung augenblicklich noch nicht reif und um so weniger zu einer parlamentarischen Initiative geeignet ist."

Im Sinne dieser Auffassung richtete Freiherr von Varnbüler aus Hemmingen am 10. Januar 1880 an den Regierungsrat Beutner nachstehendes Schreiben:

Hochgeehrter Herr!

Ihre Zuschrift vom 29. Dezember 1879 hat mir den Anlaß zu reichlicher Prüfung des an mich gestellten sehr ehrenden Ansinnens und der daran sich knüpfenden ebenso schwierigen als wichtigen Fragen gegeben.

Das Schlußergebnis derselben ist, daß ich mich nicht verpflichten kann, im Reichstage die Initiative für Schaffung eines „volkswirtschaftlichen Senates" zu ergreifen.

Ohne eine sehr eingehende Untersuchung seiner Natur, nämlich der Art seiner Berufung, seiner Zusammensetzung, seiner organischen Stellung im Staatsleben und der daran sich knüpfenden Frage, wie seine Thätigkeit sich zu gestalten habe, ist mir nicht klar, ob der Weg der Gesetzgebung zu beschreiten sei oder der der Kaiserlichen Verordnung auf Antrag des Bundesrats. Sobald man diese Fragen in ihren Konsequenzen verfolgt, ergeben sich Erwägungen der zweifelhaftesten Art.

Aber eben darum wird es kaum möglich sein, den Weg der Initiative durch den Reichstag zu betreten, selbst wenn man sich für den der Gesetzgebung entscheidet.

Hiernach werden Sie es nur als natürlich anerkennen, wenn ich mich nicht verpflichten kann, in nächster Session auf die von Ihnen vorgeschlagene Weise vorzugehen. Wenn ich hiernach Ihrem ehrenden Rufe nicht folgen kann, so werden Sie darum nicht weniger überzeugt sein, daß die Wärme meines Interesses für die schaffenden Kräfte unsres Vaterlandes nicht gesunken ist noch je sinken wird.

Auch bedarf es der Versicherung nicht, daß, wenn ein andrer die Aufgabe zu lösen unternimmt, welche Sie mir zugedacht haben, er gewiß in mir keinen prinzipiellen Gegner, sondern bei mir die freundlichste Prüfung seiner Vorschläge finden wird.

Empfangen Sie den Ausdruck meiner vollkommenen Hochachtung, womit ich die Ehre habe zu sein, Hochgeehrter Herr,

Ihr ergebener

Varnbüler.

Von dem Freiherrn von Varnbüler ist noch ein Äußerung zu erwähnen, die er etwa vor zwanzig Jahren über Miquel machte, als derselbe politisch noch nicht sehr hervorgetreten war: „Miquel ist nach Bismarck der gescheuteste und befähigste Mann in Preußen." [1]

Über die russische Verstimmung gegen Deutschland, welche Bismarck im Herbst 1879 bewog, sich nach Wien zum Abschluß eines Bündnisses mit Österreich zu

[1] Am 19. Dezember 1879 sandten 14 Herren des preußischen Adels an Bismarck eine Zuschrift, worin sie der Deklaration in Nr. 48 der „Kreuzzeitung" vom Jahre 1876 eine Deutung gaben, welche jede Verletzung Bismarck's ausschloß. Die gedachte Zuschrift und die Antwort des Reichskanzlers d. d. Varzin, den 30. Dezember 1879, findet sich abgedruckt in Kohl's Bismarck-Jahrbuch I., S. 130 f.

begeben, erfuhr der Reichstagsabgeordnete von Hölder[1]) Näheres aus dem Munde
eines ihm befreundeten Staatsmannes, der mit dem Reichskanzler während eines
mehrtägigen Aufenthaltes in Gastein öfter zusammen gekommen war. Hölder's
Tagebuch besagt darüber unter dem Datum des 18. Oktober 1879 folgendes:

Rußland hatte bei Frankreich ein Schutz- und Trutzbündnis nachgesucht mit
offenbarer Spitze gegen Deutschland, war aber abgewiesen worden. Auf wie
lange, steht bei der Wankelmütigkeit der Franzosen dahin. Die Hetzereien der
russischen Blätter gegen Deutschland konnten nicht erfolgt sein ohne Zulassung
des Kaisers. Derselbe hatte sich geweigert, auf deutschem Boden mit dem deutschen
Kaiser zusammen zu kommen; gleichwohl ging letzterer in das kleine, polnische
Städtchen Alexandrowo. Bismarck war gegen die Zusammenkunft. Der Kronprinz habe den Reichskanzler bei seiner Haltung Rußland gegenüber unterstützt.

Zur Reise nach Wien habe Bismarck zwar die Erlaubnis des Kaisers gehabt, zur Unterzeichnung des Bündnisses habe letzterer aber lange sich nicht entschließen können. Zweimal habe das gesamte preußische Ministerium, Bismarck
an der Spitze, seine Entlassung angeboten, bis der Kaiser sich fügte. Die innere
Krisis habe 14 Tage gedauert. Stolberg sei von Baden unverrichteter Sache
zurückgekommen. Erst der Kronprinz scheint die Sache ins reine gebracht zu
haben. Bismarck habe in Wien sehr weit gehen wollen, bis zu einem Verfassungs-
bündnis, das die Zustimmung der beiderseitigen Volksvertretungen nötig gehabt
hätte. Dieser Gedanke sei aber nicht zur Ausführung gekommen.

Auf die Anfrage, ob Bismarck im Hinblick auf die Unzuverlässigkeit der
Österreicher dem Kaiser von Österreich traue, habe Bismarck in Gastein geantwortet, er verlasse sich auf die gemeinschaftlichen resp. österreichischen Interessen.

Der Abschluß des Bündnisses — bemerkte der Gewährsmann Hölder's —
sei notwendig gewesen. Allein daß es notwendig gewesen und Bismarck, gewiß
nur gedrängt durch die Situation, zu demselben habe greifen müssen, sei das
Bedenkliche. Rußland und Frankreich seien jetzt noch mehr als früher auf einander angewiesen, und man müsse sich darauf gefaßt machen, daß früher oder
später der Zusammenstoß erfolge. —

Aus der dritten Session der IV. Legislatur-Periode des Reichstags ist folgendes
zu berichten:

Am 11. Februar 1880 verhandelte der Abgeordnete von Helldorff mit dem
Chef der Reichskanzlei, Geheimrat von Tiedemann, wegen der Wahl des Grafen von
Arnim-Boitzenburg zum Präsidenten des Reichstags. Die Fraktionsgenossen
Helldorff's befürchteten, daß die Wahl des Grafen Arnim, eines Schwagers des
Erbotschafters Harry Arnim, am Ende bei Bismarck unangenehm berühren und

---

[1]) Die im Bd. II. S. 169 gebrachten Personalnotizen über den Abgeordneten von Hölder bedürfen einer Ergänzung. Hölder war Reichstagsabgeordneter von 1875 bis 1881 (nicht 1879)
und zwar für Stuttgart. Im Jahre 1881 wurde derselbe zum württembergischen Minister des
Innern ernannt.

den doch unerläßlichen Verkehr zwischen der Leitung des Reichstags und dem Kanzler beeinträchtigen möchte. Sie hielten es für geboten, einem Mißverständnis der Haltung der Partei vorzubeugen.

Geheimrat von Tiedemann muß dem Abgeordneten von Helldorff eine beruhigende Erklärung gegeben haben, sonst würde am 13. Februar bei der Präsidentenwahl die konservative Partei nicht geschlossen ihre Stimme für den Grafen Arnim-Boitzenburg habe abgeben können. Ob die Wahl des Grafen Arnim-Boitzenburg im Hinblick auf den Umstand eine glückliche genannt werden konnte, daß Regierung und Reichstag ein gleich starkes Interesse haben, daß der Reichskanzler und Reichstagspräsident nicht bloß nicht schlecht, sondern im Gegenteil besonders gut zu einander stehen, mag dahin gestellt bleiben. Bis zum Beginn des Arnim-Prozesses (8. Dezember 1874) ließ das Verhältnis Bismarck's zu dem Grafen Arnim-Boitzenburg nichts zu wünschen übrig. Hätte nur die geringste Animosität bestanden, so würde Bismarck nicht dessen Ernennung zum Ober-Präsidenten der Provinz Schlesien in der kritischen Zeit des Prozesses dem König vorgeschlagen haben. Erst der Verlauf des Prozesses trübte naturgemäß das Verhältnis und veranlaßte schließlich den Grafen zum Rücktritt aus dem Staatsdienst (1879). Als derselbe die Wahl zum Präsidenten des Reichstags angenommen hatte, lag der Prozeß, der die beiden Familien vollständig entzweit hatte, zwischen denselben. Es konnte nicht ausbleiben, daß der trennende Punkt jetzt zwischen Arnim und Bismarck berührt wurde. Gleich nach der Wahl zum Präsidenten[1] besuchte Graf Arnim den Kanzler, und es fand hier eine bewegte Unterredung statt. Graf Arnim sah aber ein, daß der Familienzwist auf seine aus der Präsidentenstelle erwachsenden geschäftlichen und geselligen Beziehungen zu Bismarck keinen Einfluß ausüben dürfe, und er richtete sein Benehmen danach ein. Fürst Bismarck hat nach dieser ersten Unterredung keinen Anlaß gehabt, über den neuen Reichstagspräsidenten unzufrieden zu sein[2]. —

Am 18. Februar 1880 waren die beiden Abgeordneten von Helldorff und Fürst Hatzfeldt[3] bei Bismarck zu Tisch geladen. Mit dem letztgenannten Abgeordneten hat sich Bismarck in seinem Hause über politische Fragen mehrfach gelegentlich unterhalten, auch einmal über die Beseitigung des Kulturkampfes.

---

[1] Die Wahl des Grafen Arnim-Boitzenburg zum Präsidenten und des Freiherrn von Frankenstein zum Vize-Präsidenten erfolgte auf Grund eine Koalition der Konservativen, der deutschen Reichspartei und des Centrums. Über die politische Bedeutung dieser Wahl vergl. Schultheß "Europäischer Geschichtskalender", S. 68.

[2] Über die Unterredung Bismarck's mit Arnim am 3. Mai 1880, betreffs der Erledigung der dem Reichstag damals noch obliegenden Geschäfte, vergl. die "Post" 1880, Nr. 121, 122 und 124.

[3] Fürst Hatzfeldt-Trachenberg (Hermann Anton Leo Karl), Oberst-Schenk, Standesherr, Major à la suite der Armee, katholisch, Ober-Präsident der Provinz Schlesien, geb. den 4. April 1848 zu Trachenberg. Mitglied des Herrenhauses und des Reichstags seit 1878.

Ende Februar 1880 brachte der Abgeordnete von Bühler den Antrag [1]) ein: „Der Reichstag wolle beschließen: den Fürsten Reichskanzler zu ersuchen, einen europäischen Staatenkongreß zum Zwecke der Herbeiführung einer wirksamen allgemeinen Abrüstung, etwa auf die durchschnittliche Hälfte der gegenwärtigen Friedensstärke der europäischen Heere für die Dauer von vorläufig 10 bis 15 Jahren zu veranlassen."

Aus diesem Anlaß fand zwischen Bismarck und Bühler folgender Briefwechsel statt:

Sr. Durchlaucht dem Fürsten von Bismarck, Reichskanzler ꝛc. Berlin.

Berlin, 29. Februar 1880.

Ew. Durchlaucht wollen anliegenden, wenn auch politisch vielleicht verfehlten, aber menschlich gut gemeinten Antrag nicht mit Mißfallen aufnehmen. Auf dem Schlachtfeld von Gravelotte, wo ich in der Nähe Eurer Durchlaucht mitten unter Leichen stand, schwur ich, was an mir ist, beizutragen, um das Elend des Krieges zu verhindern. Möchten Eure Durchlaucht damals ähnliche Eindrücke empfangen und hochherzige Entschlüsse zum Wohle der Menschheit gefaßt haben.

In tiefster Ehrfurcht Eurer Durchlaucht gehorsamster

v. Bühler (Oehringen).

An das Mitglied des Reichstags Herrn von Bühler, Hochwohlgeboren, z. Z. hier.

Berlin, den 2. März 1880.

Ew. Hochwohlgeboren danke ich ergebenst für die Mitteilung Ihres Abrüstungsantrags. Ich bin leider durch die praktischen und dringlichen Geschäfte der Gegenwart so in Anspruch genommen, daß ich mich mit der Möglichkeit einer Zukunft nicht befassen kann, die, wie ich fürchte, wir beide nicht erleben werden. Erst nachdem es Ew. Hochwohlgeboren gelungen sein wird, unsre Nachbarn für Ihre Pläne zu gewinnen, könnte ich oder ein andrer deutscher Kanzler für unser stets defensives Vaterland die Verantwortlichkeit für analoge Anregungen übernehmen. Aber auch dann fürchte ich, daß die gegenseitige Kontrole der Völker über den Rüstungszustand der Nachbarn schwierig und unsicher bleiben, und daß ein Forum, welches sie wirksam handhaben könnte, schwer zu beschaffen sein wird.

v. Bismarck.

---

[1]) Zu vergleichen darüber auch Bd. I. (2. Aufl.) S. 164 u. 168; von Bühler, Karl Gustav, königlich württembergischer Geheimer Hofrat in Stuttgart. Geb. 13. Dezember 1817 zu Stuttgart (evang). Trat nach kurzer Funktionierung im württembergischen Staatsdienst in die Dienste des Fürsten zu Hohenlohe-Oehringen. Schied 1877 aus fürstlichen Diensten aus und widmete sich seitdem als Mitglied des Reichstags den öffentlichen Angelegenheiten. Mitglied des Reichstags seit 1877. — (Fortschritt, seiner Fraktion angehörig.)

An Se. Durchlaucht den Fürsten von Bismarck, Kanzler des Deutschen Reichs, Berlin.

Berlin, 5. März 1880.

Durchlauchtigster Fürst! Hochgebietender Herr Reichskanzler!

Das hohe Schreiben, mit welchem Eure Durchlaucht mich würdigten, ist für die von mir verfochtene Sache von unschätzbarem Werte. Indem Ew. Durchlaucht in demselben dem Gedanken der Möglichkeit einer allgemeinen Entwaffnung in der Zukunft Raum geben, ist schon für die Gegenwart ein fester Boden gewonnen. Die Abrüstung soll die immense, auf Ihren Schultern ruhende Last nicht vermehren, sondern erleichtern. Dieselbe würde nicht nur die an ihren Fersen hängende Finanznot sofort beseitigen, sondern alsbald auch einen sehr erheblichen Teil der politischen und sozialen Verwickelungen lösen. Die Vornahme der Entwaffnung würde der beunruhigten Welt die tröstliche Gewißheit geben, daß in Europa noch ein fester, vernünftiger Wille und nicht der Zufall herrschen soll.

Die Weisung Euer Durchlaucht, mich mit meinen Plänen zunächst an andre Mächte zu wenden, möchte ich um so eher nachzukommen mich getrauen, weil sie nicht nur eine Art Vollmacht für mich, sondern selbst eine gewisse Garantie in sich schließt, daß Euer Durchlaucht für den Fall des Einverständnisses andrer Mächte analoge Anregungen auch für Deutschland zu übernehmen gewillt sind; ferner weil die Königin von England auf die im Jahre 1873 gestellte Bitte des Hauses der Gemeinen: „ihren ersten Staatssekretär des Auswärtigen zu beauftragen, mit auswärtigen Mächten, zu Verhinderung von Kriegen, wegen Begründung eines permanenten, internationalen Schiedsgerichtssystems in Verbindung zu treten", eine zustimmende Antwort erteilte; endlich weil die k. k. österreichisch-ungarische Regierung in der Begründung zur jüngsten Wehrgesetzvorlage offiziell erklärte:

„daß sie es für eine patriotische Pflicht ansehen würde, eine Herabsetzung der Kriegsstärke des Heeres und der Kriegsmarine, sowie auch die Einschränkung des Wehrsystems überhaupt vorzunehmen, wenn unter den Mächten eine, von der Regierung gewiß ebenso wie vom Reichstage ersehnte Verständigung über eine Verminderung der Wehrkräfte erzielt werden sollte."

An solche reale Kundgebungen anzuknüpfen, däucht mich nicht gänzlich unpraktisch und aussichtslos, und ich übernehme daraufhin unbedenklich die Gefahr der Lächerlichkeit und Zurückweisung.

Die von Euer Durchlaucht hervorgehobenen Schwierigkeiten sind groß, ja unüberwindlich, wofern es am ernstlichen Willen der Mächte fehlt; klein, wenn solcher vorhanden ist. Es wird deshalb vor allem darauf ankommen, diesen Willen zu erkunden.

Möge es, wie ich im Reichstag auszusprechen mir erlaubte, Euer Durchlaucht gefallen, das höchste politische Gut der Gegenwart und Zukunft, den Frieden auf Erden, zum letzten hehren Ziele Ihres ruhmreichen Lebens zu machen.

In Ehrfurcht verharre ich Euer Durchlaucht gehorsamster

v. Bühler, Mitglied des Reichstags.

Um die Militärvorlage[1] im Reichstag einer glücklichen Erledigung durchzuführen, hatte Bismarck im Laufe der Session eine Besprechung mit dem Abgeordneten Dr. Windhorst (29. Februar 1880)[2], und mehrere Zusammenkünfte mit
Bennigsen[3]. Es gelang dem Kanzler nur die nationalliberale Partei für das
Septennat zu gewinnen, wogegen das Centrum eine ablehnende Haltung einnahm[4].

Am 4. März 1880 nahm der Abgeordnete von Helldorff an dem parlamentarischen Diner bei Bismarck teil[5]. Die Situation erschien dem Führer der
Konservativen „gespannt".

Am 5. März 1880 fand von 9 bis 10½ Uhr eine Besprechung des Abgeordneten von Helldorff mit Bismarck über die Parteiverhältnisse, die Forderung
für die Marine und die Affaire Stosch statt. Helldorff verließ das Palais
befriedigt, mit der Überzeugung, daß es nur gelte, sehr ruhig und überlegt weiter
zu operieren.

Am 14. März 1880 erklärte der Abgeordnete Lasker seinen Austritt aus
der nationalliberalen Partei. In dem am 15. März an den Vorstand der
Partei gerichteten Schreiben[6] bemerkte derselbe, daß er schon seit vorigem Jahre

---

[1] Am 22. Januar 1880 hatte Bismarck dem Bundesrat den Entwurf eines neuen
Militärgesetzes vorgelegt, welches in erster Linie ein neues Septennat gemäß dem im Jahre 1874
mit dem Reichstag geschlossenen Kompromiß vorschlug. Ferner die Erhöhung der Friedens-
präsenzstärke gemäß der Volkszählung von 1875 um 25615 Mann, der Kriegsstärke um 80 bis
90000 Mann. Auch wurde behufs besserer Ausbildung die Heranziehung der Ersatzreserve
erster Klasse zu Friedensübungen verlangt. Begründet wurde die Vorlage unter anderm auch
mit der „numerischen und organisatorischen Überlegenheit" der Streitkräfte Frankreichs und
Rußlands, welche durch schlagendes Zahlenmaterial klargelegt wurde. Der Bundesrat nahm
die Vorlage am 9. Februar einstimmig und unverändert an.

[2] „Vossische Zeitung" vom 2. März 1880, Nr. 62.

[3] Bennigsen speiste bei Bismarck am 8. Februar 1880. In den Monat Februar
fallen wiederholt Besprechungen des Staatsmanns mit dem Parlamentarier („Vossische Zeitung"
vom 20. Februar 1880, Nr. 51). 5. März 1880, Unterredung Bennigsen's mit Bismarck. 10. Mai,
Bismarck äußert sich Herrn von Bennigsen gegenüber, die Reichsregierung beabsichtige, die in
dieser Session nicht erledigten Steuervorlagen dem Reichstag in nächster Session wieder vorzulegen. 11. Mai 1880 bei Bismarck zu Tisch.

[4] Bei der ersten Lesung im Reichstag am 1. und 2. März konnte man bereits erkennen,
daß die Konservativen, Freikonservativen und der größte Teil der Nationalliberalen für die Vorlage stimmen würde, aber die Ultramontanen, Fortschrittler, Polen, Sozialdemokraten, die
französisch gesinnten Elsaß-Lothringer und Welfen dagegen. Bei der zweiten Lesung am 9. und
10. April wurde diese Vermutung bei der Abstimmung zur Gewißheit, denn das Septennat
und die Vorlage wurde hier mit 186 gegen 96 Stimmen angenommen, aber vom Centrum
stimmte kein Mann für die notwendigen Heeresbedürfnisse des Deutschen Reiches. Und ganz
dasselbe Ergebnis bot die dritte Lesung am 15. und 16. April. Auch zu den 186 (gegen
128) Stimmen, welche bei der letzten Entscheidung des Reichstags die Wehrhaftmachung der
Nation befestigten und vervollkommneten, stellte das Centrum nicht einen einzigen Mann. (Hans
Blum: „Das Deutsche Reich zur Zeit Bismarck's", S. 374).

[5] Vergl. Bd. I. (2. Auflage), S. 182.

[6] Das Schreiben Lasker's findet sich abgedruckt bei Wiermann „Der deutsche Reichstag"
Bd. II. S. 37. Vergl. die „Post" 1880, Nr. 86, und die „Grenzboten" 39. Jahrg. (1880),
II. Quartal, S. 45.

sich nicht in Harmonie mit der Fraktion und ihrer Leitung befunden habe. Das Aktenstück konnte natürlich ohne ein paar Nadelstiche gegen Bismarck nicht in die Welt hinausgehen. So heißt es an einer Stelle, auch solche Liberale, welche zu dem ganzen Bismarck'schen Zollsystems später ihre Zustimmung gegeben, seien „durch den Dezemberbrief des Fürsten Bismarck[1]) wie durch die andern, tief eingreifenden agrarischen Verheißungen des Fürsten auf das unangenehmste überrascht worden."

In dieser Zeit trug sich Lasker augenscheinlich noch mit der Hoffnung, daß er aus dem Konflikt mit Bismarck als Sieger hervorgehen werde. Dahin zählt das bekannte Wort, daß Bismarck nur so lange mit dem Kopf gegen die Wand laufen werde, als er wisse, daß dieselbe von Pappe sei. Einer steinernen Mauer gegenüber wird er dies wohl lassen. Umgekehrt soll Bismarck von Lasker gesagt haben, daß er wie ein Ei in seiner Hand sei, welches er zerdrücke, wenn er wolle.

Über das Verhältnis Bismarck's zu dem Abgeordneten Lasker schreibt der langjährige Fraktionsgenosse desselben[2]), Karl Braun:

„Berufspolitiker in der höchsten Potenz, wie sie dem Reichskanzler ein Dorn im Auge sind, ist Lasker. Derselbe ist Rechtsanwalt und könnte eine reichliche Praxis besitzen; allein er verschmäht sie. Er besitzt weder Frau noch Kind, weder Pferd noch Hund, ja nicht einmal eine Katze oder einen Kanarienvogel. Er liebt weder Wein, noch Weib, noch Gesang in irgend einem erheblichen Grade. Er hat keine Liebhabereien, ja nicht einmal ein Steckenpferd. Das Parlament absorbiert ihn gänzlich. Nachts studiert er die Drucksachen des Hauses, morgens sitzt er in der Kommission, nachmittags im Plenum und abends in der Fraktion, wo er die „Füchse" parlamentarisch einexerziert. Die Fraktion ist bei Tage sein Gedanke, des Nachts sein Traum. Sie ist seine Braut, wie für Theodor Körner „das Schwert an seiner Linken, mit seinem hellen Blinken" seine Braut war. Dabei ist er unzugänglich für jede Beeinflussung. Er verläßt nie die Burg seines „ethischen Bewußtseins", die er mit furchtbaren Wällen aus Landrechts-Quadern verschanzt hat. Außerdem hatte er noch den Fehler, ein unermüdlicher Debatter zu sein und an der Spitze der zahlreichsten Partei zu stehen, welche er, wenigstens im Abgeordnetenhause, längere Zeit hindurch unbedingt beherrscht hat. Es ist unter diesen Umständen nur zu begreiflich, daß der Fürst Bismarck den Abgeordneten Lasker — drücken wir es in der allerdünnsten Verdünnung aus — gerade nicht liebt. Die Sarkasmen, die er über ihn sich erlaubt hat, würden eine Sammlung bilden, vergleichbar mit den bekannten „Epigrammen auf Wahl's lange Nase". Sie sind aber nicht alle zur öffentlichen Mitteilung mittelst Druckerschwärze geeignet. Von jenen Flegeleien, mit welchen die Reptile und die sonstige

---

[1]) Gemeint ist das Schreiben Bismarck's an den Bundesrat d. d. 15. Dezember 1878, abgedruckt in meinem Werke „Fürst Bismarck als Volkswirt", Bd. I., S. 170.

[2]) In seinen „Dreißig Parlamentsbriefen. Zur Physiologie und Pathologie der Parteien im Reichstage. September und Oktober 1878." S. 160.

„mehr oder weniger freiwillig" gouvernementale Presse seit der Auflösung des vorigen Reichstags über Lasker hergefallen, in der mit dem äußersten Mißerfolge gekrönten Absicht, ihm seinen Reichstagssitz zu entreißen, von jenen Flegeleien unterscheiden sich Bismarck's Sarkasmen sehr wesentlich, denn diese sind witzig und jene nur grob.

Wenn man behauptet, der alte Reichstag sei 1878 aufgelöst worden, um Lasker verschwinden zu machen, so ist das offenbar zu weit gegangen. Aber außer allem Zweifel steht es, daß die Offiziellen und Offiziösen den letzten Hauch von Roß und Mann daran gesetzt haben, um seine Wiederkehr zu verhindern."

Man beachte wohl, daß zu der Zeit, als Braun-Wiesbaden so schrieb, der Kanzler Lasker bereits nichts mehr recht machen konnte; Bismarck hatte sich ja unterstanden, den Götzen „Freihandel" von seinem Thron herabzustoßen. — —

Am 18. März 1880 wurde der Abgeordnete von Helldorff morgens zu Bismarck gerufen und abends mit einer Einladung zu Tisch beehrt.

Am 18. April 1880 hielt sich derselbe Abgeordnete von 2 bis 3 Uhr bei Bismarck auf. In diese Zeit fällt die erste Reichstagsdebatte über Samoa und die Anfänge der deutschen Kolonisation. Helldorff hatte Schwierigkeiten in der Fraktion, Verständnis für diese Aufgaben zu erlangen. Weiter stand zur Beratung die Verlängerung der Geltungsdauer des Sozialistengesetzes[1].

Im Frühjahr 1880 stand in dem II. Berliner Reichstagswahlkreis eine Nachwahl bevor, für welche der Geheimerat Dr. Max Duncker als Kandidat aufgestellt wurde. Bismarck hatte für denselben bereits einmal bei dessen Wahl in den konstituierenden Reichstag eine Lanze gebrochen[2]. Nun wiederholte sich der Vorgang, indem der Reichstagsabgeordnete Freiherr von Maltzahn am 6. April 1880 erklärte: „Ich bin in der glücklichen Lage, dem Vorredner, Hauptmann a. D. Berg sogleich zu antworten. Ich hatte Gelegenheit, mit Seiner Durchlaucht dem Fürsten Reichskanzler wegen der Kandidatur Max Duncker Rücksprache zu nehmen, und Seine Durchlaucht hat die Kandidatur nicht bloß genehmigt, sondern auch den lebhaften Wunsch geäußert, Max Duncker zu wählen." —

Die Frage, ob Deutschlands Schiffahrt und Handel gegenüber der durch staatliche Mittel begünstigten Mitbewerbung andrer Nationen in gedeihlicher Weise sich werde fortentwickeln können, verdiente nach Bismarck's Ansicht ernste Erwägung. Als ein in dieser Richtung besonders wirksames Mittel erschien die Einführung einer Zuschlagsabgabe von Waren außereuropäischen Ursprungs nach dem Muster der französischen oder österreichischen surtaxe d'entrepôt[3]. Über diese Frage verhandelte Bismarck im Frühjahr 1880 mit dem Abgeordneten

---

[1] Am 4. Mai 1880 Teilnahme Helldorff's an der parlamentarischen Soirée Bismarck's.
[2] Vergl. Bd. II., S. 90.
[3] Vergl. mein Werk „Fürst Bismarck als Volkswirt", Bd. I., S. 165, 212, 216 und 217, und die „Aktenstücke zur Wirtschaftspolitik des Fürsten Bismarck", Bd. II., S. 157, 159.

für Bremen, Alexander Georg Mosle[1]), und richtete überdies an denselben am 4. Mai das nachstehende Schreiben:

Ew. Hochwohlgeboren bin ich sehr dankbar für die mir in unsrer neulichen Besprechung gegebenen Anregungen. Ich werde die Frage der Surtare im Auge behalten; dasselbe Interesse für Deutschlands Rhederei und Schifffahrt, welches mich veranlaßt hat, die Seehandelsgesellschaft und ihre Beziehungen zu Samoa zu befürworten, wird mich seiner Zeit auch bestimmen, zur Begünstigung der nationalen Flagge und der deutschen Rhederei im Sinne der Surtare mit legislativen Anträgen vorzugehen.   v. Bismarck.

Mit seinen Bremer Wählern wegen seiner protektionistischen Haltung vollständig zerfallen, wanderte Mosle später nach Brasilien aus, wo er bereits ehedem bis 1862 etabliert war. Von jetzt ab war er politisch verschollen[2]).

Am 5. Mai 1880 hatte Bismarck eine Unterredung mit den Hamburgischen Reichstagsabgeordneten Möring[3]) und Dr. Wolffson[4]).

Über diese Unterredung ist bisher nur Dürftiges in die Öffentlichkeit gedrungen. Es hieß, die Audienz sei den Hamburger Abgeordneten von ihrem Kollegen von Schauß vermittelt worden, um unnütze Interpellationen der Fortschrittspartei im Reichstag zu verhindern. Nach einer Lesart hieß es: „Bismarck spielte, statt nachzugeben, den Angreifer, und überhäufte die Abgeordneten mit Vorwürfen. Mit langen Gesichtern kamen dieselben von der Audienz zurück."

Da es sehr wünschenswert erschien, hier einer Mythenbildung vorzubeugen, so ersuchte ich Herrn Dr. Wolffson, mir eine authentische Darstellung über den Verlauf der Unterredung zu geben. Auf Grund seiner Erinnerungen bin ich in der Lage, über den Grund der Besprechung und über ihren Verlauf Nachstehendes mitzuteilen[5]).

Die Veranlassung gaben die damals beim Bundesrat schwebenden Verhandlungen wegen Einbeziehung der Hansestädte Bremen und Hamburg in den Zollverein. In Bezug auf diese Verhandlungen ist folgendes zu bemerken.

Der Artikel 34 der Reichsverfassung lautet:

---

[1]) Vergl. Bd. II. S. 330.

[2]) Er hat seinem Leben durch Selbstmord ein Ende bereitet.

[3]) Möring, Rudolf Heinrich, geboren 23. Juli 1831 in Hamburg, protestantisch. Früher Kaufmann, später Privatmann, Mitglied der Hamburger Bürgerschaft 1869—1878 der Hamburger Finanzverwaltung. Mitglied des Reichstags seit 1874. Wahlkreis 1 Hamburg (national-liberal).

[4]) Wolffson, Isaak, Dr. jur., Mitglied der Civilgesetzgebungskommission, geboren 19. Jan. 1817 (Israelit). Verfasser sehr beachtenswerter juristischer Schriften. Mitglied der konstituierenden Versammlung in Hamburg seit 1859, Mitglied der Hamburger Bürgerschaft, 1862 und 1863 Präsident derselben. Mitglied des Reichstags seit 1871. Wahlkreis 3 Hamburg (national-liberal).

[5]) Erklärungen des Abgeordneten Wolffson bezüglich der Veröffentlichung des bis dahin sekreten Briefes des Fürsten Bismarck an den Finanzminister Bitter, d. d. 15. April 1880, siehe in der „Post" 1880, Nr. 200, 204 und 225.

„Die Hansestädte Bremen und Hamburg mit einem dem Zweck entsprechenden Bezirke ihres und des umliegenden Gebietes bleiben als Freihäfen außerhalb der gemeinschaftlichen Zollgrenze, bis sie ihren Einschluß in dieselbe beantragen."

Einzelne hamburgische Gebietsteile waren schon früher nach Verständigung mit der hamburgischen Regierung durch Beschluß des Bundesrats dem Zollverein angeschlossen; dagegen war die sich unmittelbar an die hamburgische Vorstadt St. Pauli anschließende Stadt Altona mit Rücksicht auf ihren Verkehr mit Hamburg und die Zugänglichkeit ihres Hafens außerhalb der Zollgrenze gelassen worden.

Nachdem die preußische Regierung bei den Senaten beider Städte wegen des Anschlusses der letzteren an den Zollverein angefragt und vom hamburgischen Senat die Antwort erhalten hatte, daß derselbe bereit sei, in desfallsige kommissarische Beratungen einzutreten, stellte dieselbe, ohne sich mit dem hamburgischen Senat in Einvernehmen gesetzt zu haben, beim Bundesrat den Antrag, die Stadt Altona und die Vorstadt St. Pauli in den Zollverein einzubeziehen[1]). Infolgedessen stellten die oben genannten beiden hamburgischen Abgeordneten in Gemeinschaft mit dem Abgeordneten Rickert beim Reichstag eine durch Mitglieder der national-liberalen Fraktion unterstützte Interpellation, in der sie über die Einbringung jenes Antrages sowie darüber Auskunft verlangten, ob wegen dieses Antrages vorher Verhandlungen mit der Stadt Hamburg stattgefunden hätten, ob es die Absicht sei, die Einverleibung eines Teiles der Vorstadt St. Pauli auch ohne die Zustimmung der Stadt Hamburg vorzunehmen und wie eventuell eine solche Absicht mit der Reichsverfassung in Einklang zu bringen sei.

Diese Interpellation wurde in der Reichstagssitzung vom 1. Mai 1880 durch den Abgeordneten Wolffson begründet. Er suchte den Nachweis zu führen, daß ein gegen Hamburg ausgeübter Zwang zum Anschluß St. Paulis mit der Verfassung im Widerspruch stehe, und daß überdies die Herstellung einer Zollgrenze zwischen St. Pauli und der inneren Stadt auf die Verkehrsverhältnisse nachteilig einwirken müsse, wenn sie sich bei der Lebhaftigkeit des zwischen beiden bestehenden Verkehrs nicht als technisch unausführbar herausstellen würde. Der damalige Unterstaatssekretär im Reichsschatzamt Scholz beantwortete in Vertretung des Reichskanzlers die Frage über die Stellung des Antrages Preußens bejahend, erklärte, daß Separatverhandlungen mit Hamburg, die nach der Reichsverfassung nicht erforderlich seien, nicht vorhergegangen wären, und daß der Antrag dahin gehe, den Einschluß eines Teiles von St. Pauli eventuell auch ohne Zustimmung Hamburgs beschlossen zu sehen. Hierüber hinaus in eine nähere Erörterung dieser allgemein bekannten Thatsache einzugehen, müsse der Reichskanzler ablehnen, weil er es mit der Rücksichtnahme auf die verfassungsmäßige Stellung des Bundesrats und der Wahrung der Freiheit der Beratung desselben nicht in Einklang finden würde, seinerseits über einen bei dem Bundesrat eingebrachten und demnächst

---

[1]) Abgedruckt findet sich der Antrag in meinem Werk „Fürst Bismarck als Volkswirt", Bd. I. S. 276.

dort zur Verhandlung stehenden Antrag eines Bundesmitgliedes auf Grund einer Interpellation mit dem Reichstag zu verhandeln.

In der darauf eröffneten Diskussion über die Interpellation sprachen sich die Redner sämtlicher Parteien, mit Ausnahme der Konservativen, für die Auffassung der Interpellanten aus, indem sie in der Ausführung der beabsichtigten Maßregel ohne Zustimmung Hamburgs eine Verletzung verfassungsmäßiger Rechte sehen müßten.

Die durch diese Angelegenheit hervorgerufene Aufregung und die Gefahr eines sich daraus entwickelnden Konflikts zwischen Bundesrat und Reichstag veranlaßte einige Parteifreunde der hamburgischen Abgeordneten, welche im Hause des Reichskanzlers verkehrten und der Meinung waren, daß eine Besprechung der Angelegenheit zwischen dem Reichskanzler und diesen Abgeordneten zu einer Annäherung führen könne, bei ersterem anzufragen: ob er zu einer solchen Besprechung geneigt sei. Der Fürst erklärte sich bejahend, was den beiden Abgeordneten mitgeteilt wurde, die sich auch ihrerseits zustimmend erklärten.

Fürst Bismarck hatte ursprünglich beabsichtigt, diese Unterhaltung in der von ihm am 4. Mai veranstalteten Soiree stattfinden zu lassen[1], ließ den Abgeordneten aber später sagen, daß er es vorziehe, sie in besonderer Audienz zu empfangen, und bestimmte dafür den 5. Mai nachmittags 1 Uhr.

Die Abgeordneten Möring und Wolffson fanden sich zur bestimmten Stunde ein und wurden vom Kanzler mit den Worten begrüßt: „Sie haben gewünscht, mich zu sprechen". Die Abgeordneten wiesen auf die Umstände hin, durch welche sie dazu gelangt waren, den Fürsten um eine Audienz zu bitten; aus freien Stücken würden sie diesen Schritt um so weniger gethan haben, als sie kaum etwas Neues in Bezug auf die vielbesprochene Angelegenheit vorzubringen im stande seien. Die ihnen gebotene Gelegenheit wollten sie indessen gerne benutzen, um dem Kanzler zu versichern, daß die von Preußen in Bezug auf den Zollanschluß Hamburgs eingeleiteten Schritte in ihrer Vaterstadt eine tiefe Verstimmung hervorgerufen hätten. Der Reichskanzler bemerkte in seiner Erwiderung, daß der hamburgische Senat nicht klug daran gethan habe, die Sache auf das

---

[1] Über den Zwischenfall, der sich in dieser Soiree aus Anlaß der Altonaer Anschlußfrage mit dem bayerischen Gesandten von Rudhardt ereignete, vergl. Bd. I., S. 189 (2. Auflage). Neues Licht brachte über die Frage ein Artikel der „Hamburger Nachrichten" vom 4. April 1893, Nr. 79, worin es heißt: „Die offiziöse Presse beruft sich zur Rechtfertigung des Verfahrens gegen den anhaltischen Minister von Koseritz darauf, daß in einem solchen Falle sich auch Fürst Bismarck zu Beschwerden berechtigt gehalten habe, wie das Beispiel des Herrn von Rudhardt zeige, dem Äußerungen, die er seiner Zeit über die Zolleinverleibung im Bundesrate gethan habe, schließlich seine Stellung gekostet hätten. Diese Berufung trifft nicht zu. Die Sache lag im Rudhardt'schen Falle ganz anders als im Koseritz'schen. Der anhaltische Minister hat die Ansicht seiner Regierung vertreten, während Herr von Rudhardt Ansichten kundgegeben hatte, die nicht die der bayerischen Regierung waren, wenigstens nicht in dieser Form. Das Vorgehen gegen ihn erfolgte also nicht, obwohl er die Ansichten seiner Regierung zur Geltung brachte, sondern weil er sie nicht, oder nicht in dem gewollten Maße vertrat, und seinen Sympathien für die Delbrück'schen Auffassungen weiter nachgab, als in seiner Instruktion lag."

Gebiet des Verfassungsrechtes hinüberzuspielen, worauf einer der Abgeordneten bemerkte, daß die Verfassungsfrage durch die Einbringung des Antrages auf Einbeziehung von Altona und der Vorstadt St. Pauli in den Zollverein beim Bundesrat angeregt sei. Dagegen wies der Fürst darauf hin, daß der Senat auf die preußische Anfrage, betreffend den Eintritt Hamburgs in den Zollverein, nicht eingegangen sei und ihn dadurch gezwungen habe, die Angelegenheit beim Bundesrat in dieser Weise anhängig zu machen.

Berichtigend äußerten die beiden Abgeordneten, daß Hamburg sich auf die preußische Anfrage immerhin zu kommissarischen Verhandlungen bereit erklärt habe, worauf der Kanzler hinzufügte, daß, so wie die Sache jetzt liege, die zolltechnische Frage die untergeordnete, die Verfassungsfrage aber die Hauptsache sei, und in dieser Beziehung könne er eine Majorisierung Preußens im Bundesrat nicht dulden. Seit einiger Zeit, schon seitdem er durch seinen Gesundheitszustand gehindert sei, sich persönlich so eingehend wie früher um alle Dinge zu kümmern, mache sich ein Partikularismus breit, der gefährliche Dimensionen anzunehmen drohe. Habe doch der hamburgische Bevollmächtigte in dieser Angelegenheit den bayerischen Partikularismus zu Hilfe gerufen. Er (Bismarck) werde in der Verfassungsfrage niemals nachgeben können. Er fasse die Sache so auf, daß daraus für Preußen eine Lage entstehen könne, wie diejenige, in der es sich im Juni 1866 im Bundestag befand. Er habe seit Jahren den preußischen Angelegenheiten zu nahe gestanden, um hier weichen zu können. Auf die Bemerkung eines der Abgeordneten, daß es wohl noch andre Wege zur Entscheidung von Verfassungsdifferenzen gebe als den angedeuteten, erklärte der Reichskanzler, daß jeder andre Weg zur Herbeiführung einer Entscheidung ausgeschlossen sei.

Im weiteren Verlauf der Unterhaltung kam Fürst Bismarck auf die Zustände in Hamburg zu sprechen. Die Regierung übe einen so starken Druck auf die Bevölkerung aus, daß niemand sich dagegen aufzulehnen wage. Die geheime Polizei sei in bewundernswerter Weise organisiert, so daß man im polizeilichen Interesse nur wünschen könne, daß sie in Preußen auf derselben Stufe stehe. Das habe er namentlich von hamburgischen Handwerkern erfahren, die er in Friedrichsruh beschäftigte, und die, ehe sie sich aussprachen, sich scheu umzusehen pflegen, ob auch kein Unberufener sie höre. Die Abgeordneten erwiderten darauf, daß ihnen die hamburgischen Verhältnisse seit einer langen Reihe von Jahren bekannt seien, daß sie aber von einer derartigen Entwickelung der geheimen Polizei daselbst niemals etwas gemerkt oder erfahren hätten, worauf der Fürst entgegnete, daß sie als Lokalpatrioten selbstverständlich seiner Behauptung widersprechen müßten, was er an ihrer Stelle auch thun würde. Hamburg müsse bei seiner jetzigen Freihafenstellung zu Grunde gehen; alles gehe dort zurück, insbesondere die Steuerkraft der kleinen Leute, eine Behauptung, deren Richtigkeit die Abgeordneten nicht zugeben wollten. Der Kanzler äußerte ferner, daß Altona von Hamburg ausgesogen werde, so daß es nicht im stande sei weiter zu existieren.

In Bezug auf den § 34 der Verfassung bemerkte Fürst Bismarck, daß durch denselben den Hansestädten keineswegs das Recht gegeben werden sollte,

dauernd außerhalb des Zollvereins zu verbleiben, wie sich das aus den früheren
Verhandlungen ergebe. Er selbst habe den Paragraphen verfaßt, habe Lothar
Bucher den Wortlaut diktiert und noch vor kurzem in einem alten Taschenbuch
eine Notiz darüber gefunden. Der Paragraph sei vielleicht schlecht stilisiert, aber
die Absicht desselben sei jedenfalls nicht die gewesen, den Hansestädten für immer
das Recht zu geben, außerhalb des Zollvereins zu bleiben. Der Staatsminister
Delbrück sei seinerzeit mit ihm (Bismarck) darüber einig gewesen, daß dieser
Paragraph den Hansestädten ein so ausgedehntes Recht, wie es jetzt beansprucht
werde, nicht einräumen solle, und sei es ihm unbegreiflich, daß Delbrück die
Interpellation jetzt mit unterzeichnet habe. Auf die Frage, wie viel Zeit Hamburg etwa gebrauchen würde, um sich auf den Eintritt in den Zollverein vorzu-
bereiten, habe ihm Delbrück seiner Zeit etwa sechs Jahre angegeben.

Hamburg habe ein verfassungsmäßiges Recht auf einen Freihafen, der aber
nicht in dem größten Teil seines Gebietes bestehen könne (worauf einer der Abgeordneten erwiderte, daß der Umfang des Freihafengebietes zwar für Hamburg
von großem Interesse sei, dem Zollverein aber gleichgültig sein könne). Er gebe
zu, daß Hamburg große Dockanlagen haben müsse, auf die aber das Freihafen-
gebiet zu beschränken sei. Die Kosten für die Herstellung des Freihafengebietes,
zu denen das Reich ja einen angemessenen Beitrag geben könne, würden ja nicht
unerschwinglich sein, sie seien ihm auf höchstens zehn Millionen Thaler veranschlagt
worden, worauf ihm einer der Abgeordneten erwiderte, daß ein früherer Anschlag
dieselben auf 92—100 Millionen Mk. berechne, während der andre Abgeordnete eine
noch viel höhere Summe als erforderlich bezeichnete. Der Reichskanzler war
durch die Höhe dieser Schätzungen offenbar überrascht[1].

Im Laufe des Gesprächs hob der Kanzler noch hervor, daß viele Millionen
Deutsche durch die Freihafenstellung Hamburgs im freien Verkehr behindert seien.
Namentlich seien dadurch, daß die Elbe von Hamburg abwärts als Zollausland
betrachtet werde, die Bewohner des nördlichen Teiles der Provinz Hannover im
Verkehr mit den Bewohnern der an die Elbe grenzenden Strecken Schleswig-
Holsteins beschränkt. Er meinte, daß man mit der Hälfte der zur Bewachung
der beiden Elbufer unterhalb Hamburgs nötigen Zollwächter die Grenze zwischen
Altona und St. Pauli durch etwa alle zwanzig Schritte am Grenzgraben entlang
postierte Beamte ausreichend bewachen lassen könne, wobei er wiederholte, daß
die Einbeziehung St. Paulis vorzugsweise eine Frage der Zolltechnik sei, während
das von Hamburg behauptete Widerspruchsrecht gegen die Einbeziehung Altonas
in keiner Weise anzuerkennen sei. Die Abgeordneten erklärten, daß kein irgendwie sachkundiger Mensch ein solches Recht behaupten werde, und wollten dieser
Behauptung gegenüber die Verweisung auf Äußerungen in der Hamburger Presse
nicht als in Betracht kommend gelten lassen.

---

[1] Thatsächlich betrugen die Kosten bis ult. 1893 ca. 125 Mill. Mk., wovon das Reich
40 Mill. als Beitrag übernahm; ca. 6600000 Mk. kommen als Ertrag der Nachsteuer in Gegen-
rechnung. Im ganzen werden sich die Kosten wohl auf 140 Mill. Mk. belaufen.

Die Unterhaltung wurde durch die Meldung eines Kammerdieners, daß es für den Fürsten Zeit sei, zur Sitzung des Bundesrats zu fahren, abgebrochen.

Zur Orientierung sei noch bemerkt, daß dies preußische Projekt wegen des isolierten Zollanschlusses von Altona und St. Pauli infolge der sich herausstellenden technischen Schwierigkeiten später aufgegeben wurde, wodurch die Verfassungsdifferenz in Wegfall kam. Die darauf eröffneten Verhandlungen mit Hamburg wegen seines Eintrittes in den Zollverein unter Belassung eines Freihafenbezirkes führten bekanntlich zu einem beide Teile befriedigenden Abschluß. —

Die Gegensätze, welche am Schluß der Session zur Beratung des Zolltarifs den Austritt des rechten Flügels der Nationalliberalen verursacht hatten, machten auch noch in der folgenden Session das Gebälk der verschiedenen Fraktionen erzittern. Zunächst bildete sich aus der Zahl der ausgeschiedenen Nationalliberalen eine eigene Fraktion. Über diese Parteibildung, die Entwickelung der neuen Fraktion, ihr Verhältnis zum Fürsten Bismarck und den andern Parteien ist bisher noch so viel als nichts veröffentlicht worden. Um so dankbarer muß man dafür sein, daß sich die Tagebuchaufzeichnungen des Abgeordneten von Hölder[1]) auch über alle diese Fragen mit größter Ausführlichkeit verbreiten. Die betreffenden Aufzeichnungen haben um deswillen einen großen Wert, weil Hölder innerhalb der ausgeschiedenen Gruppe neben Schauß als Führer gelten konnte, und weil er auch nach dem Ausscheiden aus der nationalliberalen Partei mit Bennigsen und andern gemäßigten Faktoren innerhalb der Fraktion gute Beziehungen fort unterhielt.

Stuttgart, den 15. Februar 1880.

Letzten Freitag erfahre ich, daß ich zum zweiten Vizepräsidenten des Reichstags gewählt worden bin[2]). Heute lehne ich die Wahl ab. Die Gründe liegen nahe. Alle Liberalen gaben weiße Zettel ab. Telegramme und Briefe hin und her. Die Sache bewegte mich einigermaßen, meine Aufgabe war mir aber bald klar. Morgen um 12 Uhr geht es nach Berlin zum Reichstag.

Berlin, den 18. Februar 1880. Mittwoch.

Gestern kam ich glücklich hier an. Seit Samstag Gratulationen von allen Seiten wegen der Wahl zum zweiten Vizepräsidenten und ewige Erklärungen meinerseits, warum ich nicht annehmen könne. Denkende Personen begriffen die Gründe. Ich bemühte mich, die Redaktionen des „Merkur" und der „Landeszeitung" zur Darstellung der Sache in letzterem Sinne zu bestimmen. und Neuberg vom „Neuen Tageblatt" erschien noch am Montag während des Einpackens bei mir und entwarf in meinem Einverständnis ein Artikelchen[3]). Hier wird mir bestätigt, daß der Vorschlag meiner Person und das Beharren auf

---

[1]) Vergl. oben S. 7, Note.

[2]) In der Sitzung vom 13. Februar 1880 war Graf Arnim-Boitzenburg zum Präsidenten des Reichstags, Freiherr von Franckenstein zum ersten, von Hölder zum zweiten Vizepräsidenten gewählt worden.

[3]) Vergl. die betreffenden Artikel im Stuttgarter „Neuen Tageblatt" vom 17. Februar 1880, Nr. 39, und 18. Februar 1880, Nr. 40.

2*

demselben trotz der Ablehnung meiner näheren Parteigenossen von Varnbüler
ausging. Derselbe bemerkte zu Römer auf dessen Einwurf, ich könne bei dieser
Sachlage unmöglich annehmen, „Sie rechnen nicht mit der menschlichen Eitelkeit". Hier erkennen nahezu alle (Hohenlohe, der Präsident Arnim, Kardorff
u. s. w.) die Richtigkeit meiner Handlungsweise an. Nur Varnbüler ist ungehalten.

Was wird aus unsrer Gruppe werden? Sie ist klein und doch viel um-
worben. Bisher hat Römer deren Geschäfte besorgt. Wir berechnen unsre Zahl
auf 16—17. Fürst Carolath von den Freikonservativen ist beigetreten. Die
letzteren wie die Nationalliberalen bewerben sich darum, unsre Zahl bei Aus-
teilung der Kommissionen sich beirechnen zu dürfen. Beide machen Anerbietungen.
Römer mit den wenigen Anwesenden schließt mit den Nationalliberalen den Pakt
ab: Volle Unabhängigkeit im Materiellen; die Nationalliberalen müssen bei
Kommissionen von 21 oder mehr Mitgliedern von unsrer Gruppe einen, der
von uns bezeichnet wird, annehmen, bei Kommissionen von 14 je das andre mal
einen. Unter diesen Bedingungen dürfen sie unsre Zahl im Seniorenkonvent
sich zurechnen. Achtsamkeit notwendig gegen Intriguen und Übervorteilungen.
Das Ansinnen, wieder einzutreten, weisen wir entschieden ab. Römer scheint
bei den Verhandlungen energisch und klug gewesen zu sein. Jetzt müssen sie
uns beachten, während man uns früher seitens der in der Fraktion regierenden
Oligarchie beinahe beleidigend ignoriert hat. Wie wird es in der nationalliberalen Partei gehen? Wird der linke Flügel sich von Bennigsen und seinem
Anhang trennen? Letzterem wäre es wohl am liebsten, wenn etwa ein
halbes Dutzend vom linken Flügel austreten würde. Man sagt, Lasker habe
sich in die Fraktionsliste noch nicht eingetragen. Aber Forckenbeck? Wie wird
Bennigsen mit diesem auskommen?

Der für uns günstigste Fall, daß etwa ein Dutzend vom rechten Flügel
austreten und uns verstärken, wird wohl nicht eintreten. Bennigsen hält ängstlich
seine Leute zusammen.

Berlin, 19. Februar 1880.

Gestern um 8 Uhr Sitzung unsrer Gruppe. Wir waren zu fünf, zählen
im ganzen 16, inkl. des zweifelhaften Behr und des neu hinzugekommenen
Fürsten Carolath. Diesem ist es wohl, wie uns, vom bisherigen Fraktionszwang
erlöst zu sein. Die meisten fehlen noch, sind aber zuverlässig. Wir besprechen
unsre Verstärkung. Löwe, Mosle, Falk? Vielleicht noch einzelne von nationalliberaler und freikonservativer Seite. Wer die Gelegenheit zum Austritt versäumte, dem fällt es jetzt schwer. Manche versichern uns, sie seien ganz einverstanden und entschuldigen sich, daß sie nicht auch gehen. Welchen Namen
sollen wir annehmen? „Liberale Gruppe?" Dieser mein Vorschlag gefällt. Wir
setzen alles aus, bis die andern einrücken. Haltung: wie bisher liberal, ohne
den Doktrinarismus der nationalliberalen Partei. Offene Anerkennung der zu
verbessernden Punkte, wo man aus Doktrinarismus zu weit gegangen ist.
Selbständig, aber ohne die Gehässigkeit gegen Bismarck. Freiheit von der bis-

herigen Fraktionstyrannei. Eher vielleicht könnten wir von freikonservativer Seite Verstärkung bekommen. Einige Württemberger gehören eigentlich zu uns; allein der Fraktionsverband ist ein mächtiger.

Was wäre nun wünschenswert, im Auge zu behalten und mit aller Vorsicht anzubahnen? Eine Fraktion, die unabhängig ist vom beherrschenden Berlinertum und von der spezifisch preußischen Parteipolitik, in der auch Süddeutschland mit seinen Anschauungen und Interessen mehr als in den bestehenden Fraktionen zur Geltung kommt. Gegen zu weit gehende Centralisationsgelüste: hier muß man vorsichtig sein, um nicht zu erschrecken.

Der Name könnte sein: „Liberale Partei." Die „Mäßigung" und die Möglichkeit, daß auch „gemäßigt" Konservative beitreten, würde sich von selbst machen; die Unterscheidungsmerkmale sind hier flüssig. Das Beiwort „national", in Württemberg der Name „deutsche Partei", weist auf einen Gegensatz früherer Zeit hin, dessen Bedeutung mehr und mehr nach seinem früheren Sinne zurücktritt. Er stößt aber noch manche ab und erinnert unnötigerweise an frühere verletzende Kämpfe.

Ich glaube, im Sinne des oben Bemerkten ließe sich in Württemberg wie im Reichstag mit dem Namen „liberale Partei" und entsprechender sachlicher Haltung etwas machen, in Württemberg vielleicht alles außer den Extremen vereinigen. Dann könnte vielleicht bei den nächsten Reichstagswahlen in Württemberg und Bayern auf den Namen der „liberalen" Partei gewählt werden und dadurch die neue Gruppe zur mächtigen Fraktion heranwachsen. — Vorerst aber ist abzuwarten.

Berlin, Freitag, 20. Februar 1880.

Gestern Abend bei N. Wir besprachen die Fraktionsverhältnisse. Ihn und einige andre hörte ich gestern von Bildung einer großen liberalen Partei sprechen, welche die Zukunft bringen könne. Wir wollen einmal mit einer kleinen anfangen.

Von verschiedenen Seiten höre ich, daß Bismarck mit dem Gang der Präsidentenwahlen sehr unzufrieden sei (Arnim, ultramontane konservative Allianz).

Berlin, 21. Februar 1880. Samstag.

Gestern wurde Ackermann zum zweiten Vizepräsidenten gewählt mit nur 102 Stimmen; gegen 90 weiße Zettel. Die Freikonservativen gaben meist auch weiße Zettel ab. Bismarck soll zu Arnim, als dieser ihn besuchte, gesagt haben, Bennigsen wäre ihm als Präsident lieber gewesen.

Gestern besprach ich mit Löwe, dem Präsidenten der anno 1849 in Stuttgart gesprengten Nationalversammlung, die politische Situation und die Parteifrage. Wir fanden uns in der Hauptsache einig; er wird, vielleicht noch mit einigen andern, unsrer Gruppe beitreten.

Berlin, 23. Februar 1880. Montag.

Mit den Nationalliberalen stehe ich freundlich. Aus meiner Ablehnung der Wahl zum zweiten Vizepräsidenten haben sie eine Bürgschaft dafür, daß ich trotz meines Ausscheidens aus der Fraktion der liberalen Sache getreu bin.

Berlin, 24. Februar 1880. Dienstag.

Gegen die Militärvorlage[1]) läßt sich der Hauptsache nach mit Grund nicht opponieren. Deutschlands centrale Lage bedingt die eventuelle Notwendigkeit. nach zwei Seiten zugleich Front zu machen. Dies ist zwar eine Last, zugleich aber auch eine nationale Ehre, weil Deutschland damit zur maßgebenden Macht in Europa wird. Der geschichtlichen Mission, die ihr beschieden, muß jede Nation gerecht werden, wenn sie nicht verkümmern will. Die Gebote der Selbsterhaltung und der Ehre fallen zusammen. Zu bedauern sind die, welche von Jugend an für Deutschlands Größe, Einheit und Macht geschwärmt haben und dann, wenn es gilt, auch die Lasten und Opfer dieser Mission zu bringen, dies kleinlich ab= lehnen.

Viele Nationalliberale äußern sich unter vier Augen in dem Sinne, sie seien ganz unsrer (der Ausgetretenen) Ansicht über die Parteiverhältnisse und würden sich gerne anschließen, aber — —. Unsre Gruppe hat sich eben noch nicht als kriegführende Macht bewährt, und mir ist es nicht mehr gegeben, in diesem Sinne mich in neue Parteikämpfe zu stürzen. Oetker sagte mir gestern in diesem Sinne, er habe sich nach langer Überlegung von neuem dem Teufel verschrieben, das heißt bei den Nationalliberalen eingezeichnet.

Gewöhnlich knüpfen sich an derartige Gespräche nachträgliche Erörterungen darüber, ob Bennigsen vor zwei Jahren hätte ins Ministerium eintreten sollen. Bismarck habe geäußert, mit Mühe habe er die Thür etwas öffnen können, um einen hereinzulassen; da habe dieser zwei weitere mit hereindrücken wollen, und die Thür sei wieder zugefallen. Meyer (Bremen) erzählt, im letzten Stadium der Verhandlungen habe Bennigsen ihm gegenüber geäußert, die Dinge lägen nun so, daß er allein immer noch ins Ministerium treten könnte.

Oetker meint, er hätte eintreten und damit den Anstoß zur Neubildung der Partei geben sollen. Erörterung der Frage, ob er sich nicht bald abgenützt hätte; Oetker verweist verneinend auf Falk.

Berlin, 25. Februar 1880. Mittwoch.

In der nationalliberalen Fraktion hat es dem Vernehmen nach gestern die ersten Reibungen gegeben, und Forckenbeck Besprechung der beherrschenden politischen Fragen verlangt, um ins klare zu kommen, ob die Fraktion die er= forderliche Homogenität besitze.

Berlin, 29. Februar 1880. Sonntag.

Vorgestern konstituierte sich unsre Gruppe als „liberale Gruppe", nachdem von den Bayern Schauß und Feustel angekommen waren. Der Wunsch der Mitglieder war, mich zum Vorstand zu wählen. Ich hätte damit die Aufgabe der Vertretung der Gruppe im Reichstag in erster Linie auf mir gehabt, der ich recht gerne ledig geblieben bin. Außerdem wird in Bayern Wert darauf gelegt werden, daß ein Bayer an der Spitze steht. Von Schauß weiß die Welt, daß er ehrgeizig ist. Völk ist nicht hier und taugt nicht recht zum Leiter einer

---

[1]) Vergl. oben S. 11.

Gruppe resp. Partei. So wählten wir denn per Afklamation Schauß zum Vorstand, nachdem allseits meine Ablehnung bedauert worden war. Ich bin mit diesem Gang durchaus einverstanden. Schriftführer wurde Römer. Die von der Gruppe einzunehmende Haltung, wie ich sie darlegte, wurde genehmigt; als Name derselben wurde auf meinen Vorschlag angenommen: „Liberale Gruppe". Mitglieder sind folgende: Schauß, Römer, Völk, Feustel, Zinn, Vogel, Rentzsch, Fürst Carolath, von Ohlen, Jäger, Servais, Krenz, Klein und ich); 14 wohlgezählte: 4 Bayern, 2 Württemberger, 2 Sachsen, 2 Schlesier, 3 Rheinländer, 1 Thüringer. — Behr wird wohl wegen seiner Beförderung zum Reichsgerichtsrat austreten müssen, Bauer (Hamburg) ist schon ausgetreten.

Mit Sicherheit sind Beitritte nur zu erwarten von Mosle, Löwe.

Im nationalliberalen Lager treibt es einer Trennung zu. Es müssen schwere Kämpfe stattfinden; es finden täglich Sitzungen statt und es wird Stillschweigen darüber beobachtet. Forckenbeck geht in oppositionellem Sinne vor.

Gestern wurde gesagt, Windthorst habe eine zweistündige Unterredung mit Bismarck gehabt; die „Germania" lenkt sogar bezüglich des Sozialistengesetzes ein. Die Situation ist ähnlich wie im vorigen Jahr. Bismarck ist Realpolitiker, er will unbedingt Mehrheiten haben. Diese können ihm die Nationalliberalen wegen innerer Zerrissenheit nicht gewähren, somit sucht er sie durchs Centrum zu erlangen.

Gestern hatte ich mit dem Geheimen Legationsrat von Bülow eine Unterredung wegen Unterstützung der Schulen des deutschen Tempels in Palästina, für die ich auf Anregung von Stuttgart aus im Reichstag eingetreten war. Bülow stellte mir Gewährung einer mäßigen Unterstützung in bestimmte Aussicht.

Berlin, 1. März 1880. Montag.

Heute früh erhielt ich eine Einladung zum Diner bei Bismarck auf Donnerstag.

Um 10 Uhr Sitzung unsrer Gruppe, der nun Mosle beigetreten ist. Ferner meldet sich Treitschke; ich habe große Bedenken gegen dessen Zulassung. Er ist entschiedener Unitarier, als solcher in Württemberg verschrieen, und würde unsrer Sache in Württemberg großen Eintrag thun. Außerdem ist er mir zu einseitig bismarckisch, auch kaum mehr liberal zu nennen (s. seine entschiedene Stellung in der Judenfrage); endlich ein Professor, wie er im Buche steht, ausgeprägter individueller politischer Charakter, der nie recht in den Rahmen einer Fraktion sich einfügen, sondern stets seinen eigenen Weg gehen wird. Solche auf sich selbst stehende, hervorragende Charaktere (wie z. B. auch Mohl) sind von höchstem politischen Wert für eine Nation, nicht aber für eine Partei.

Beginn der Beratung über das Militärgesetz. Edle, eindrucksvolle Rede Moltke's. Im ganzen ist die Verstärkung der Militärmacht gewiß notwendig und unsre Gruppe hierin bis etwa auf einen einig. Für mich ist die politische Lage im ganzen nicht, wie sie momentan ist, sondern wie sie sich historisch entwickelt hat, maßgebend. Zeitungsartikel und Tagesereignisse lassen mich in dieser

Beziehung kalt. Bei Rußland kommen dessen Jahrhunderte alte orientalische Politik, sein Ziel: Konstantinopel und mittelbare oder unmittelbare Beherrschung der Balkanhalbinsel, sein Panslavismus, seine Expansionskraft und innere Verworrenheit, bei Frankreich seine seit Jahrhunderten oft erprobte Aggressivpolitik und seine bisherigen erprobten Revanchegelüste in Betracht. — Das sind Dinge, die nicht über Nacht anders werden. — Die Balkanhalbinsel muß unter deutschem resp. österreichischem Einfluß stehen, soweit sie ihren Halt nicht in sich selbst finden kann.

Berlin, 3. März 1880. Mittwoch.

Heute Verhandlung in der Gruppe wegen der Zulassung Treitschke's. Es wird unter der Hand ablehnend bereinigt werden. Sein Unitarismus wäre besonders wegen der württembergischen und bayerischen Wähler bedenklich. Römer meinte nachher, ich hätte mich zu scharf ausgesprochen.

Stuttgart, 6. März 1880. Sonntag.

Letzten Donnerstag, abends 5 Uhr, Diner beim Reichskanzler. Es waren etwa 30 Abgeordnete geladen. Von der liberalen Gruppe Schauß und ich. Bismarck gab mir beim Empfang die Hand und erkundigte sich nach unserm Landtag. Bei Tisch saß ich in nächster Nähe des Grafen Wilhelm Bismarck, der sehr liebenswürdig war, von seiner Familie Sommeraufenthalt bei Kissingen und von den Geschenken erzählte, die sein Vater aus der ganzen Welt empfangen u. s. f. Ich entfernte mich etwas früher als die andern, um noch zu dem 8 Uhr-Schnellzug zu kommen, bat den Grafen Wilhelm, mich bei seinem Vater deswegen zu entschuldigen. Er fand mein Fortgehen natürlich, sagte: „Ich hoffe Sie bald wieder bei uns zu sehen", und begleitete mich bis zur Thüre.

Berlin, 16. März 1880. Dienstag.

Unsre Gruppe besteht aus 15 Mann; sie wird von Bismarck sehr protegiert, der gestern vor 8 Tagen 6 Mitglieder derselben bei sich zu Tisch hatte. Der Kanzler war äußerst liebenswürdig gegen Schauß. Wir müssen uns hüten, der Ansicht Grund zu geben, als ob wir die Partei Bismarck sans phrase seien, was man von uns mit Unrecht behauptet.

Am Sonntag Sitzung der Gruppe zu nur 5. Wir besprachen die Situation. Lasker ist aus der nationalliberalen Fraktion ausgetreten; werden Forckenbeck, Stauffenberg, Bamberger, Braun folgen? Außer denselben soll sich noch ein weiterer linker Flügel von Unzufriedenen bilden. Es rumort auch in der Fortschrittspartei und bei den Freikonservativen. Vorerst und auf diesem Reichstag wird es aber schwerlich zu neuen Parteibildungen kommen, und wir haben zunächst keine Aussicht auf Zuwachs. Bennigsen ist, wie es scheint, mit Bismarck verständigt und dieser ist der Herr der Situation.

Berlin, Donnerstag, 8. April 1880.

Schon in Hof erfuhr ich auf der Reise von Stuttgart nach Berlin von Sonnemann, der auch im Zug war, daß Bismarck wegen einer Abstimmung im

Bundesrat seine Entlassung eingereicht habe[1]). Preußen fiel bei der Frage über die Stempelpflichtigkeit der Postquittungen für Anweisungen u. s. w. mit Bayern, Sachsen, Waldeck durch gegen Württemberg und alle andern Kleinen, 30 gegen 28 Stimmen. Hier in der Stadt und im Reichstag spricht alles davon. Es werden alle möglichen Vermutungen aufgestellt und Witze gemacht. Württemberg habe den Reichskanzler gestürzt, wer wird Reichskanzler? Obgleich die Preußen der Durchfall gegen die Kleinen geniert, erkennen sie doch meist an, daß es sich um eine Lappalie handelte, zudem um eine unpraktische, da die Quittungssteuer im Reichstag doch fallen wird, daß man den Bundesrat streichen könne, wenn in solchen Dingen seine Abstimmung nicht mehr frei wäre. Will Bismarck mit diesem Schritt der Einrichtung des Bundesrats irgendwie auf den Leib?

(Während der Reichstagssitzung erfuhr Hölder noch Näheres über den Vorgang. Schmid, der württembergische Bevollmächtigte zum Bundesrat, handelte genau nach Instruktion.) Bayern war im Ausschuß gegen den Quittungsstempel, und der bayerische Minister Riedel sprach in der speziellen Frage mit Schmid dagegen. In der Zwischenzeit bis zur Plenarberatung verständigte sich Preußen mit Bayern auf einen Stempel für den fraglichen Fall im Betrage von zehn Pfennig. Wahrscheinlich sicherte Preußen Bayern dagegen die Beibehaltung seines bayerischen Stempels von gewissen Quittungen bei der bayerischen Staats= finanzverwaltung zu.

Sachliche Gründe für die Ansicht von Württemberg: Die Posteinnahmen könnten abnehmen, da der Stempel im Effekt nichts anderes als eine Erhöhung des Postportos wäre; doppelte Besteuerung des Postscheins und der nachherigen Quittung des Empfängers. Die Vertreter der kleinen Staaten seien zum Teil sehr beunruhigt über das, was sie anstellten. Der württembergische Gesandte Freiherr v. Spitzemberg sei zu Bismarck gerufen worden. Er habe sogleich erklärt, wenn es sich um eine Änderung der württembergischen Abstimmung handle, sei nichts zu machen. Bismarck habe dies und weiter anerkannt, daß Württemberg von seinem Standpunkte recht habe. Er sei nicht böse auf Württemberg. Es scheine, Bismarck wolle die Gelegenheit nur benützen, um eine Änderung in der Geschäftsordnung des Bundesrats durchzusetzen, die er längst anstrebe.

Geärgert habe ihn, daß 2 Vertreter kleiner Staaten 16 Stimmen geführt hätten. Es werde sich um Unzulässigkeit von Substitutionen oder Beschränkung derselben handeln, so daß etwa ein Anwesender nur eine weitere Stimme führen

---

[1]) In der Sitzung des Bundesrats vom 3. April 1880 wurde ein Antrag Preußens, betreffend den Quittungsstempel, von der Mehrheit der Stimmen gegen die Stimmen von Preußen, Bayern, Sachsen und Waldeck abgelehnt. Dieser Beschluß, für dessen Ausführung Bismarck die Verantwortung nicht übernehmen zu können glaubte, gab Anlaß zu einem Demissionsgesuch desselben. Da der Bundesrat hierauf bei wiederholter Beratung den Antrag Preußens annahm, so zog auch der Kanzler sein Entlassungsgesuch zurück und beschränkte sich darauf, den Antrag auf Revision und Vervollständigung der Geschäftsordnung zu stellen. Über die hinter den Coulissen sich abgespielten Vorgänge erfuhr der Abgeordnete von Hölder manches Detail von einer sehr gut unterrichteten Seite. Ich lasse hier folgen, was er in seinem Tagebuch darüber schreibt.

dürfte. Abwesende würden nicht gezählt. Bismarck wünsche, daß die Minister
der Staaten selbst zu gegebenen Zeiten im Bundesrat erscheinen; er äußere sich
föderalistisch, d. h. seiner Behauptung nach). Hölder's Gewährsmann hielt eine
solche Einrichtung für gefährlich, da dann der persönliche Einfluß zu groß
würde, während Bevollmächtigte durch Berufung auf ihre Instruktion eine gesicherte Stellung hätten.

Mit dem Kanzler selbst sei immer noch leichter (im mittelstaatlichen Sinn)
zurecht zu kommen, als mit den andern Preußen in der Regierung.

Berlin, 11. April 1880.

Der Präsident des Reichstags, Graf Arnim, erzählte gestern im Foyer, der
Kaiser habe sich ihm gegenüber sehr erfreut über die große Majorität ausgesprochen,
mit der das Militärgesetz angenommen wurde. Es sei ihm dieselbe insbesondere
dem Ausland gegenüber lieb, da letzteres daraus sehen könne, wie er, der Kaiser,
sich in Fragen der Machtstellung Deutschlands auf die Volksvertretung verlassen
könne. Er habe ihn beauftragt, diese Freude den Abgeordneten mitzuteilen.

Die Nationalliberalen haben bei der Wahl in die Wucherkommission nicht
korrekt gegen uns gehandelt und den von uns ihnen bezeichneten Völk nicht gewählt. Sie berufen sich auf ein Mißverständnis; Schauß habe ihnen gesagt,
ihm sei diese Wahl gleichgültig. Wir können uns diese Handlungsweise nicht
gefallen lassen; eventuell müßten wir direkt mit dem Seniorenkonvent zu verhandeln
suchen.

Bunsen, der voriges Jahr in einer Volksversammlung heftig gegen Bismarck
gesprochen, sagt mir, er sei durch den Vertrag mit Österreich wieder ganz ausgesöhnt mit ihm. Er sei eben ein großer Mann. — Den Kaiser habe längst
schon als Prinzen von Preußen die Abhängigkeit von Rußland gedrückt. Mit
einer milden Form der Emanzipation (gegenüber der brüsken Bismarck's) wäre
er auch einverstanden gewesen. — Bunsen verkehrt öfter mit dem Kronprinzen.

Berlin, 12. April 1880.

Der Bundesrat hat nun mit der Stempelsteuer auch in dem beanstandeten
Punkt dem Reichskanzler den Willen gethan; Württemberg enthielt sich der Abstimmung.

Vielfach hört man behaupten, der württembergische Bevollmächtigte zum
Bundesrat Schmid habe die letzte Mehrheit gegen Bismarck zusammengebracht.
Ich widerspreche, doch scheint es, daß er seine Instruktion sehr energisch vertreten
hat. Das war seine Pflicht, vielleicht war die Form zu schroff.

Berlin, 14. April 1880.

Über die spätere entscheidende Abstimmung im Bundesrat über den Quittungsstempel bemerkte ein andrer Gewährsmann Hölder's, der gleichfalls Mitglied
des Bundesrats war, im Bundesrat habe weder zur Sache selbst noch zur Form-
frage irgend einer gesprochen. Da habe denn er (Hölder's Gewährsmann) das
Wort ergriffen und geäußert, wenn durch die wiederholte Beratung und ab-

weichende Beschlußfassung konstatiert sei, daß in der Geschäftsordnung ein Mangel bestehe, so solle man doch letztere in Erwägung ziehen. Daran habe er einige Andeutungen wegen etwaiger Verbesserungen geknüpft. Nach der Sitzung sei der Chef der Reichskanzlei, Geheimrat Tiedemann zu ihm gekommen und habe gesagt, das seien ungefähr auch die Ideen des Reichskanzlers. Letzterer habe ihm seinen diesfälligen Bericht an den Kaiser lesen lassen und ihn zum Essen eingeladen. Bismarck beanspruche aber nicht für sich die Substitutionen, sondern sei überhaupt gegen dieselben oder doch für äußerste Begrenzung derselben. Die Königreiche hätten schon bisher keine Substitutionen übernehmen dürfen, weil Preußen das sehr übel aufgenommen hätte. So hätten die Kleinen die Vertreter von Kleinstaaten benützen müssen. Nun ärgere auch dies den Kanzler. Es sei allerdings auch nicht ein gesundes Verhältnis; denn die Instruktionen gingen gewöhnlich nur dahin, für den Ausschußmehrheitsantrag zu stimmen. Bismarck sage: die Kleinstaaten brauchten ja für ihre Vertretung im Bundesrat keinen großen Aufwand zu machen; sie sollten einen geeigneten Beamten schicken; ein solcher könnte so gut wie ein preußischer Landtagsabgeordneter mit 20 Mark pro Tag hier leben. — An eine Verfassungsänderung werde gar nicht gedacht, nur die Frage der Vertretung Elsaß-Lothringens im Bundesrat mit Stimmrecht sei immer im Hintergrund. Das sei aber nun einmal verfassungsmäßig unmöglich.

Um 8 Uhr Sitzung der Gruppe. Besprechung des Übergehens von Völk bei Wahl der Wucherkommission seitens der Nationalliberalen entgegen den Bestimmungen des Kartells. Hier spielt eine Intrigue.

Berlin, 15. April 1880.

Römer erzählte mir, daß Bismarck gegenwärtig mit den Freikonservativen nicht sehr zufrieden sei. Bismarck suche unsre Gruppe ganz in seinem Sinne zu beeinflussen (Besteuerung der Dienstwohnungen ꝛc.), man müsse auf der Hut sein. Nun, es wird sich Gelegenheit geben, zu zeigen, daß wir ihm nicht ohne weiteres zu Willen sind.

Berlin, den 16. April 1880.

Heute (Freitag) Sieg der Ultramontanen im Reichstag mit Hilfe der Konservativen, mit 10 Stimmen Mehrheit in einer zwar nicht sehr praktischen aber prinzipiellen Frage[1]). Die Regierung war dagegen. Die Frage wird erörtert, wodurch dieses Resultat? Hat Bismarck insgeheim doch anders kommandiert oder war die Abstimmung mehr im Sinne des Kaisers?

Berlin, 29. April 1880.

Die Nationalliberalen sagten mir,[2]) unsre Gruppe stehe zwischen ihnen und der Linken, während sie bisher geglaubt hätten, sie stände zwischen ihnen und

---

[1]) Gemeint ist der Antrag, die Geistlichen von den Übungen, welchen die Ersatzreserve nach dem neuen Militärgesetz unterworfen werden soll, zu befreien. Stenogr. Ber. Seite 726—739.

[2]) Nach der von Hölder in der 41. Sitzung des Reichstags am 29. April 1880 gehaltenen Rede, worin er sich über das Stempelsteuergesetz im wesentlichen ablehnend äußerte.

den Freikonservativen. In speziellen Vertrauens- und Personalfragen stimmen
wir allerdings nicht mit ihnen, sondern häufig mit dem rechten Centrum, so bei
der gestrigen Tabaksfrage und bei Samoa. Im letzteren Falle war uns aus-
schlaggebend, daß in einer Frage der äußeren Politik wir den Reichskanzler nicht
im Stiche lassen wollten. In der Tabakmonopolfrage wollten wir uns nicht
binden und keinen aggressiven Stoß gegen den Kanzler führen. In beiden Fragen
unterlag er gleichwohl. Die Zahl seiner Gegner vermehrt sich überhaupt. Das
Centrum stimmt neuerdings beharrlich gegen ihn.

Stuttgart, 8. Mai 1880. Samstag.

Nach den Zeitungsberichten und einem Brief Römer's ist in Berlin zunächst
Frieden mit dem Reichskanzler geschlossen; er läßt sich demnächstigen Schluß des
Reichstags und Vertagung seiner Steuerprojekte gefallen und machte bei der am
Dienstag abgehaltenen Soiree den Liebenswürdigen. Nur gegen Hamburg tobt
der Sturm fort.

Stuttgart, 19. Mai 1880.

Am 8. Mai 1880 hielt Bismarck aus Veranlassung des Delbrück'schen Antrags
zur Elbschiffahrtsakte im Reichstag seine Staub aufwerfende Rede, am Montag
machte sich der Reichstag schlüssig und wies bei der dritten Lesung den Gegenstand unmittelbar vor dem Schlusse an die Kommission zurück. Der Beschluß
hatte den Sinn des non liquet, und wenn ich in Berlin gewesen wäre, hätte
ich auch für diesen ursprünglich Bennigsen'schen Antrag gestimmt.

Ich erfuhr aus Bundesratskreisen, Fürst Bismarck habe bei seiner Anwesenheit
in den Bundesrats-Ausschüssen die Äußerung gethan, die Mittelstaaten (Bayerns
Gesandter stellte sich im Kampf um die Freihafenprivilegien Hamburgs auf die
Seite dieser Hansestadt) sollten an den 14. Juni 1866 denken. Die gleiche
Äußerung habe der Sohn Bismarck's gesprächsweise zu dem Abgeordneten Römer
gethan.

Römer erzählt, Graf Wilhelm Bismarck habe ihm während der Sitzung er-
klärt, sein Vater sei entschieden gegen den Antrag Bennigsen, er ziehe ein einfaches
Ja oder Nein vor. Nach seiner Erzählung verkehrt Fürst Bismarck auch mit
Schauß, und Römer behauptet (wohl mit einiger Übertreibung), unsre Gruppe
resp. Schauß habe den Kanzler bestimmt, zu der Dienstagsoiree einzuladen.
Letzterer habe am Montag darüber zu Schauß gesagt, er wisse gar nicht, woher
er so schnell gutes Essen herbekommen solle, worauf Schauß erwidert habe, gute
Worte seien den Abgeordneten lieber als gutes Essen. Mir wird bei diesem Ver-
kehr der Gruppe und dieser Intimität mit Bismarck schwül zu Mute.

Rorschach, 22. August 1880.

In den Zeitungen, die ich hier nicht regelmäßig lese (auch eine Erholung),
finde ich die Nachricht, daß demnächst der linke Flügel der Nationalliberalen mit
einer Erklärung austreten und eine besondere Gruppe zwischen Fortschritt und
Nationalliberalen bilden werde. Da gilt es nun Stellung zu nehmen, vorerst
aber abzuwarten. Indessen wird es notwendig werden, in einer Wähler-

versammlung meinen Standpunkt darzulegen. Wie derselbe sich zu Bennigsen resp. Forckenbeck verhalten wird, muß die Zukunft lehren. Durch dick und dünn gehe ich nicht mit Bismarck, obgleich ich (soviel jetzt schon klar ist) mit Forckenbeck und Genossen (Freihandel, Doktrinarismus, Centralismus, Negation gegen Steuern überhaupt, gegen die Militärerhöhung, gegen das Sozialistengesetz u. s. f.) noch weniger als mit Bennigsen gehen kann.

Mit dem Jahre 1880 haben die Tagebuchaufzeichnungen Hölder's ihren Abschluß gefunden. Den Plan der Fortsetzung, den er im Jahre 1881 noch hatte, vereitelte die Geschäftslast, die vom Herbst 1881 an infolge seiner Berufung zum Ministerposten auf ihm ruhte. Hölder hat von da an keinerlei schriftliche Aufzeichnungen über seine politischen Erlebnisse mehr gemacht. Sein Wunsch, dies in den letzten Jahren seines Lebens in ruhiger Weise zu thun und die früher gesammelten Aufzeichnungen u. s. w. zu sichten und zu verarbeiten, ging nicht in Erfüllung. Er starb mitten in der Geschäftslast, die er nie mit Befriedigung getragen und nur aus Pflichtgefühl und auf Grund politischer Erwägungen übernommen hatte. —

Das Ergebnis dieser Reichstagssession erfüllte die Opposition mit großer Zuversicht. Obwohl die Reichstagswahlen noch über ein Jahr Zeit hatten, glaubte Eugen Richter jetzt schon die Vorbereitung derselben in Angriff nehmen zu sollen. In seiner am 11. Juni 1880 veröffentlichten Kundgebung erhoffte er von diesen Wahlen eine „entscheidende Wendung", mit andern Worten einen Bismarck feindlichen Reichstag; ließen doch — nach seiner von der Mehrheit der Nation allerdings nicht geteilten Auffassung — „die neuesten Vorgänge selbst manche der taktischen Eigenschaften vermissen, welche früher dem Kanzler zu seinen großen Erfolgen verholfen". Eugen Richter wurde jetzt immer mehr der Brennpunkt der Opposition; in früheren Jahren hatte Bismarck im Parlament manchen Strauß mit ihm durchgefochten; schließlich verlor er die Lust dazu.

„Ich verlasse die Sitzung — soll Fürst Bismarck geäußert haben — sobald Herr Richter das Wort ergreift, nicht weil ich mir nicht zutraute, seine Reden zu beantworten, sondern weil der oppositionelle Duft, welcher die ganze Person umgiebt, meine Nerven affiziert, und weil er Satisfaktion für eine Grobheit nur durch gesteigertes Schimpfen zu geben pflegt. Was er sagt, ist mir übrigens Wurst im Superlativ; bekehren werde ich ihn nicht, und besiegen wird er mich nicht, und so ist es am besten, wenn wir uns gegenseitig von weitem bewundern."

Mit welchem Mißbehagen übrigens den Fürsten die letzte Reichstagscampagne erfüllte, erhellt aus einem Schreiben, das derselbe unterm 28. Oktober 1880[1]) an den Kaiser Wilhelm richtete: Der tumultuarische Versuch, den die Partei des Freihandels unter der Führung Delbrück's und in Rechnung auf die Hilfe des Centrums gemacht hat, die von Ew. Majestät im vorigen Jahre mühsam hergestellte Protektion vaterländischer Arbeit wieder in Frage zu stellen,

---

[1]) Das Datum steht nach Kohl's „Bismarck-Jahrbuch", I. S. 132, nicht fest.

würde mir als ein parlamentarisches Ereignis keinen Eindruck gemacht haben, wenn ich, wie ich erwarten durfte, die Regierung einig und bereit gefunden hätte, für ihre eigenen verfassungsmäßigen Rechte gegen die Übergriffe des Reichstags einzustehen. Entmutigend aber wirkt auf mich die Wahrnehmung, daß es meinen fortschrittlichen und freihändlerischen Gegnern gelungen ist, durch unwahre Darstellungen an mehr als einem deutschen Hofe Anklang für ihre Bestrebungen gegen die Politik zu finden, die ich nach Ew. Majestät Intentionen so führe, wie ich sie verstehe und bisher mit günstigem Erfolge geführt habe. Ich hatte im vorigen Jahre noch geglaubt, daß ich in Bezug auf die Richtigkeit dieser meiner Politik wenigstens des Vertrauens der deutschen Regierungen sicher wäre; ich habe mich aber überzeugen müssen, daß ich im Irrtum war und daß selbst bei den ansehnlichsten und am meisten bei den Wechseln europäischer Entwickelung interessierten Dynastien sehr geringe Anlässe hinreichen, um der Bewegungspartei gegen mein Streben nach Erhaltung und Konsolidierung beizustehen, mir aber, anstatt mir zu helfen, durch Kritik die Arbeit zu erschweren und damit wenigstens so viel zu erreichen, daß eine Arbeitslast, der ich überhaupt nicht mehr gewachsen bin, noch gesteigert wird. Wenn die Zahl meiner persönlichen und politischen Gegner sich mit der Länge der Zeit, während welcher ich nun schon andern Bewerbern entgegenstehe, notwendig vermehrt, so thut es mir um so mehr leid, daß in demselben Maße meine Widerstandskräfte mit Jahren und Krankheiten abnehmen. Ich kann mich der Besorgnis nicht erwehren, daß die deutschen Errungenschaften, die unter Ew. Majestät Führung durch die Tapferkeit der Armee erreicht worden sind, durch den Parteikampf in Parlament und Presse unter Konnivenz dynastischer und höfischer Einflüsse schwer geschädigt werden können, namentlich wenn ansteckende Krisen in den großen Nachbarländern ausbrechen sollten. Ich würde es für ein hartes Geschick halten, wenn ich Entwickelungen, die ich bekämpfe, die ich aber nicht hindern kann, durch die Fortdauer meiner Anwesenheit im Dienste sanktionieren sollte. Die Besorgnis vor dieser rückläufigen Entwickelung wirkt lähmend auf meine Kräfte.

Daß ich in solcher Lage mich der Geschäftslast nicht mehr gewachsen fühle, ist Ew. Majestät seit Jahren bekannt und insbesondere seit dem Frühjahr 1877. Ich habe dennoch eine Bitte um Entlassung seitdem nicht wieder ausgesprochen, denn diejenige vor 5 Wochen konnte ihrer Natur nach nicht ernsthaft gemeint sein. Ich habe sie nicht ausgesprochen, nicht weil ich mich kräftiger und meinen Aufgaben gewachsen fühlte, sondern weil ich mich, nach allem, was vorangegangen war, nicht entschließen kann, gegen Ew. Majestät Willen aus Allerhöchstderen Dienst zu scheiden. Ich erlaubte mir unterthänigst im August 1878 Ew. Majestät gegenüber in Gastein auszusprechen, daß ich nach dem, was damals vorgegangen war, Ew. Majestät gegen Allerhöchstderen Willen den Dienst nicht versagen würde. Wenn ich mich nun in der Voraussetzung nicht irre, daß Ew. Majestät auch heute meinen Rücktritt aus dem Dienste zu genehmigen nicht geneigt sind, so kann ich mich doch über das Maß meiner Kräfte im Verhältnis zu dem Widerstand, den ich von allen Seiten erfahre, nicht täuschen, sondern werde in dem Stellvertretungsgesetze die Möglichkeit suchen müssen, die Arbeit sowohl wie die Verantwortlichkeit für das Ergebnis derselben andern Kräften zu überlassen. Spezielle Anträge werde ich an Ew. Majestät in dieser Beziehung erst dann richten können, wenn der Verlauf der mit dieser Woche beginnenden Landtagssession sich erst mit mehr Sicherheit übersehen läßt.   von Bismarck.

Erinnern wir hier zum Schluß noch an eine Äußerung, welche Bismarck dem Senator Schläger in Hannover gegenüber über die ungesunde Parteibildung im deutschen Parlament gemacht hat. Als letzterer dem Kanzler die Aufgabe vorlegte, dahin zu wirken, daß es im Parlament bloß zwei Parteien gebe, eine konservative und eine liberale, da habe Bismarck ihn verwundert angesehen und gefragt: „Wissen Sie denn nicht, daß wenn drei Deutsche zusammenkommen, immer vier Parteien vertreten sind, die Lösung einer solchen Aufgabe mithin unmöglich ist!" [1])

Am 22. Juli 1880 erging aus der Reichskanzlei nachstehendes Schreiben an den Reichstagsabgeordneten, Staatsminister Freiherrn von Varnbüler in Schloß Hemmingen.

Eurer Excellenz beehre ich mich im Auftrage des Herrn Reichskanzlers die beiden Anlagen zu vertraulicher Kenntnisnahme ganz ergebenst zu übersenden.

Der Herr Reichskanzler würde Ihnen dankbar sein, wenn Sie die Gewogenheit hätten, ihm Ihre Ansicht über die darin in Aussicht genommenen Gesetzentwürfe mitzuteilen.

Genehmigen Eure Excellenz die Versicherung meiner ausgezeichnetsten Hochachtung.   von Kurowsky.

Die Anlage bildete eine im Reichsamt des Innern ausgearbeitete und dem Reichskanzler von dem Staatsminister Hofmann untern 10. Juli 1880 vorgelegte Denkschrift über die Frage der Versorgung erwerbsunfähig gewordener Fabrikarbeiter. Der Staatsminister Hofmann entwickelte hier das, was die Gesetzgebung schon bisher auf diesem Gebiet geleistet hatte, und erwähnte die verwandten Anregungen, die von dem Abgeordneten Stumm im Reichstag im Jahre 1870 und 1880 ausgegangen waren. „Nach der Art, wie Eure Durchlaucht sich gelegentlich über den Stumm'schen Antrag mir gegenüber ausgesprochen

---

[1]) Die „Post", 1880, Nr. 296, S. 2. — Das 5. allgemeine deutsche Turnfest, welches im Sommer 1880 in Frankfurt a. M. stattfand, gab Anlaß zu einer Korrespondenz Bismarck's mit dem Abgeordneten Miquel. Auf die Einladung zum Besuch des Turnfestes erging an den ersten Präsidenten des Centralausschusses des Turnfestes, den Oberbürgermeister Dr. Miquel folgendes eigenhändige Schreiben Sr. Durchlaucht: Friedrichsruh, den 12. Juli 1880. Euer Hochwohlgeboren bitte ich, dem Centralausschuß meinen verbindlichen Dank übermitteln zu wollen für die Einladung, die er mir zur Feier hat zugehen lassen. Ich würde derselben um so lieber folgen, als ich den Festort, in welchem ich acht glückliche Jahre verlebt habe, seit einer langen Reihe von Jahren nicht wieder besuchen konnte und bedauere lebhaft, daß mein Gesundheitszustand mir diese Freude versagt. von Bismarck.

haben, darf ich annehmen, daß es Hochdero Abſicht entſpricht, wenn dem Reichstag im nächſten Frühjahr eine Vorlage zur Regelung der Arbeiterverſorgung gemacht wird."

Der Staatsminiſter Hofmann empfahl Geſetzentwürfe zum Schutze der Arbeiter
in Fällen

a) von Krankheit,

b) der Körperverletzung durch Unfall,

c) Gebrechlichkeit durch Alter beziehungsweiſe durch frühzeitige Abnutzung
der Arbeitskraft,

und erbat ſich von dem Reichskanzler die Erlaubnis, entſprechende Geſetzentwürfe
ausarbeiten zu laſſen und dieſelben nach vorgängiger Vernehmung von Sach-
verſtändigen dem Bundesrat vorlegen zu dürfen.

Dem Auftrage des Fürſten Bismarck entſprach Freiherr von Varnbüler,
indem er demſelben am 17. September 1880 das erbetene Gutachten mit folgendem
Begleitſchreiben vorlegte:

Eurer Durchlaucht beehre ich mich, hiermit die mir mittelſt Schreibens der
Reichskanzlei vom 22. Juli aufgegebene Beurteilung der beiden Entwürfe von
Geſetzen über die Bildung von Handwerkerinnungen und von Verſorgungskaſſen
im Anſchluſſe zu überreichen.

Wie der Antragſteller, ſo halte auch ich dafür, daß das Beſtreben darauf
zu richten ſei, in die Zerfahrenheit der arbeitenden Klaſſen, namentlich des
Handwerks, mehr Halt zu bringen und zu dieſem Zweck nach entſprechenden
organiſchen Einrichtungen zu ſuchen, ſowie dem alternden invaliden Arbeiter
die hilfreiche Hand zu bieten, allein es iſt mir, was die Innungen betrifft,
nicht möglich geweſen, über ernſte Bedenken hinwegzukommen, ſobald man den
Wirkungskreis über die Grenze autonomer Thätigkeit führen wollte. Die große
Wandelbarkeit in der Organiſation der Arbeit und in dem Verfahren bei der
gewerblichen Produktion bilden mir die Hauptſchwierigkeit.

Aus ähnlichen, teilweiſe denſelben Gründen iſt es ungemein ſchwer, für
die zu verſorgenden Arbeiter die richtige Klaſſifikation, feſte Kategorien zu
finden, auf welche das Geſetz mit Sicherheit angewendet werden könnte.

Dies führte mich zu einer Generaliſierung des Stumm'ſchen Planes,
welche allerdings rieſenhafte Dimenſionen annehmen, aber der Reichs- und
Staatsverwaltung keine ſchwierigeren Aufgaben ſtellen würde, als manche andre,
welche ſie mit Erfolg bewältigt. Prinzipiell begegne ich hier dem Bedenken,
daß ein großer Teil der Erſparniſſe in Zeitrenten zerſchlagen und der Kapital-
anſammlung entzogen würde.

Ich durfte Eurer Durchlaucht meine Zweifel und Bedenken nicht vor-
enthalten. Hochdieſelbe werden zu beurteilen wiſſen, in wie weit ſie begründet
ſind und werden die Schwierigkeit der Ausführung überwinden, falls die Ent-
ſcheidung für dieſelbe fiele.

Ich benutze diesen Anlaß zu dem Ausbruck meiner ausgezeichnetsten Hochachtung, womit ich die Ehre habe zu sein

Eurer Durchlaucht ergebenster Diener

Freiherr von Varnbüler.

Am 5. August 1880 wandte sich der Abgeordnete von Hellvorff brieflich an Bismarck in dem Sinne: „es sei unerläßlich, die Legislatur-Periode nicht abschließen zu lassen, ohne ein für die Masse verständliches Resultat der Steuererleichterung als Folge der Zollpolitik; für die parlamentarische Beratung scheine es geraten, die gesamten Steuervorlagen gleichzeitig und bei Beginn der Session vorzulegen, und in einer Denkschrift den finanziellen Effekt, namentlich auch für preußische Verhältnisse klar zu legen." —

Ende August 1880 unterzeichneten 13 Mitglieder des Reichstags, 12 des Abgeordnetenhauses und 3, welche beiden Vertretungskörpern angehörten, folgendes Manifest, das allgemein als eine Kriegserklärung gegen Bismarck angesehen wurde [1]):

„Die Erfahrungen der letzten zwei Jahre haben in steigendem Maße uns die Überzeugung aufgedrängt, daß die nationalliberale Partei gegenüber den wesentlich veränderten Verhältnissen nicht mehr von der Einheit politischer Denkart getragen wird, auf der allein ihre Berechtigung und ihr Einfluß beruhten.

In dieser Überzeugung erklären die Unterzeichneten hiermit ihren Austritt aus der nationalliberalen Partei.

Eine in sicheren Bahnen ruhig fortschreitende Entwickelung unsrer in Kaiser und Reichsverfassung ruhenden Einheit wird nur aus der Wirklichkeit eines wahrhaft konstitutionellen Systems hervorgehen, wie es die deutsche liberale Partei seit ihrer Existenz unverrückt erstrebt hat. Das einige Zusammengehen der liberalen Partei in den wesentlichen Fragen, das Aufhören verwirrender und aufreibender Kämpfe verschiedener liberaler Fraktionen erscheint uns aber als die unerläßliche Voraussetzung für das ersehnte Ziel.

Fester Widerstand gegen die rückschrittliche Bewegung, Festhalten unsrer nicht leicht errungenen politischen Freiheiten ist die gemeinschaftliche Aufgabe der gesamten liberalen Partei.

Mit der politischen Freiheit ist die wirtschaftliche eng verbunden, nur auf der gesicherten Grundlage wirtschaftlicher Freiheit ist die materielle Wohlfahrt der Nation dauernd verbürgt.

Nur unter Wahrung der konstitutionellen Rechte, unter Abweisung aller unnötigen Belastungen des Volks und solcher indirekten Abgaben und Zölle,

_____

[1]) Vergl. über die Sezession: Wiermann, „Der deutsche Reichstag", Bd. I., S. 143, die „Post" 1880, Nr. 147. Vorbereitet wurde die Sezession durch eine Rede des Abgeordneten Rickert vom 19. August 1880, s. „Schultheß' Geschichtskalender), S. 210. Äußerung des Abgeordneten von Bennigsen über die Sezession vom 19. September 1880 auf dem Parteitag in Hannover a. a. O., S. 220. — 19. November 1880 Verhandlung in Berlin über das Statut der „liberalen Vereinigung" a. a. O., S. 256.

welche die Steuerlast vorwiegend zum Nachteil der ärmeren Klassen verschieben, darf die Reform der Reichssteuern erfolgen.

Mehr wie für jedes andre Land ist für Deutschland die kirchliche und religiöse Freiheit die Grundbedingung des inneren Friedens. Dieselbe muß aber durch eine selbständige Staatsgesetzgebung verbürgt und geordnet sein. Ihre Durchführung darf nicht von politischen Nebenzwecken abhängig gemacht werden. Die unveräußerlichen Staatsrechte müssen gewahrt, und die Schule darf nicht der kirchlichen Autorität untergeordnet werden.

Wir sind bereit, einer Einigung auf dieser Grundlage zuzustimmen. Für uns aber als Mitglieder der liberalen Partei werden unter allen Umständen diese Anschauungen die leitenden sein."

Unter den 28 Abgeordneten, welche das Manifest der „neuen vereinigten liberalen Gruppe" unterzeichneten (Sezession), waren mehrere, die früher mit Bismarck persönlichen Verkehr gepflogen hatten. Ich nenne in erster Linie den Abgeordneten Rickert[1]), welcher jahrelang die parlamentarischen Gesellschaften in dem Hause Wilhelmstraße 76 besuchte, bis zu Ende der siebziger Jahre die Erkaltung zwischen diesem und dem linken Flügel der nationalliberalen Partei, dem Rickert angehörte, eintrat. Bei diesen parlamentarischen Abenden unterhielt sich der Kanzler wiederholt mit Rickert, auch über schwebende Fragen, worüber sich der Kanzler zu informieren wünschte. Eigentliche Eröffnungen hat aber der Kanzler diesem Abgeordneten niemals gemacht; er trug demselben von Haus aus Mißtrauen entgegen, weil er dessen Freundschaft zu dem Minister Stosch kannte, von dem es hieß, daß er sich gerne an Bismarck's Stelle gesetzt hätte[2]).

Geradezu gespannt wurde das Verhältnis, seitdem der Kaiser, wenn ich nicht irre in Danzig, von der Wahl Rickert's abgeraten hatte. Rickert behauptete, daß Bismarck den Kaiser zu einer Manifestation gegen ihn veranlaßt habe, was der Kanzler bestimmt in Abrede stellte[3]).

---

[1]) Rickert, Heinrich, geb. 1833; evangelisch. Früher unbesoldeter Stadtrat in Danzig; bei Einführung der Prov.-Ordnung 1876 zum Landesdirektor der Provinz Preußen in Königsberg i. Pr. auf sechs Jahre gewählt, legte nach der Teilung der Provinz dieses Amt nieder und kehrte nach Danzig zurück. Mitglied des preuß. Abgeordnetenhauses seit 1870, des Reichstags seit 1874. 1887 gewählt in Oldenburg 2 und Potsdam 8, 1890 in Danzig 3 und Potsdam 8. Deutsch-freisinnig.

[2]) Die „Norb. Allg. Ztg." entnahm einmal an leitender Stelle dem „Rhein- u. Raheboten" einen die Kandidatur zum Reichstag in Bingen-Alzen betreffenden Brief des Abgeordneten Dr. von Schauß, in welchem es u. A. hieß: Damals (1879) habe ich den Abgeordneten Rickert nicht einmal sondern wiederholt äußern hören, nun müsse ernstlich an die Entfernung des Reichskanzlers aus seinem Amte gedacht werden. Den Nachfolger hatte Rickert schon in der Tasche, dieser war der frühere Minister von Stosch; der innerste Grund dieser Aktion war damals die Hoffnung, daß die preußischen Ostseeprovinzen und die östlichen Häfen Memel und Danzig in größere Protektion genommen würden.

[3]) Im Januar 1881 bemerkte der Abgeordnete Rickert auf dem sezessionistischen Parteitag der Provinz Sachsen in Halle a. S.: „Fürst Bismarck ist so lange liberal gewesen, als die Mehrheit der Volksvertretung es war; er ist Rückschrittler geworden, seitdem das Volk nach den Attentaten auf den Kaiser mißverständlich konservativ gewählt hat". Die Symptome dieses

Die guten Beziehungen zwischen Bismarck und Bamberger[1]) waren bereits seit den Kämpfen um den Zolltarif getrübt. Man erzählt, daß der Kanzler in Bezug auf diesen Abgeordneten gelegentlich geäußert habe: „Bei mir geht es wie im Evangelium; ich habe Gefäße zu Ehren und zu Unehren und habe mich noch niemals beim Gebrauche vergriffen, so ähnlich auch unter Umständen eine Maibowle einer Suppenterrine und ähnlichen Gefäßen sehen mag. Was schadet es, daß die Flasche zerbricht, wenn der Wein ausgetrunken ist."

Aus Süddeutschland hatten sich der Gruppe 4 Mitglieder des Reichstags angeschlossen, darunter aus Bayern der Abgeordnete Freiherr von Stauffenberg[2]). Die Chancen dieses Parlamentariers standen einmal bei Bismarck günstig; er war als Kandidat für verschiedene hohe Stellungen in Aussicht genommen; als Minister in Elsaß-Lothringen, sodann als Schatzsekretär. Nach der Darstellung des Abgeordneten von Kardorff ist Bennigsen's Eintritt in das Ministerium im Jahre 1877[3]) lediglich an seiner Person gescheitert. Die Versionen sind sehr verschieden. Eine Korrespondenz der „Kölnischen Zeitung", die Herrn von Kardorff wegen dieser „Entstellung" angriff, wurde von diesem mit folgender Erklärung in der „Post" erwidert: „In einer zu Bernstadt gehaltenen Ansprache an meine Wähler hatte ich ausgesprochen, der Eintritt des Herrn von Bennigsen

Rücktritts, sagte derselbe, seien die Wirtschaftspolitik und Herr Stöcker; den Hofprediger pflanzte er als Vogelscheuche vor Bismarck auf, um die liberalen Spatzen von dem Gegenstande ihrer alten Anhänglichkeit in gehöriger Entfernung zu halten. „Wir können nicht eine Politik unterstützen, die Herrn Stöcker zum Verteidiger hat". (Stürmischer Beifall). Herr Rickert fuhr unmittelbar fort: „Wir verlangen in unserm Verfassungsleben eine gewisse Kontinuität; statt dessen werden wir unaufhörlich durch neue Gesetzesvorlagen beglückt." (Heiterkeit.) Am 31. August 1880 erklärte er in Danzig, daß das Ziel der neuen liberalen Partei (Sezession) nicht „eine Partei wider Bismarck", sondern „eine Partei gegen die jetzigen Pläne Bismarck's" sei.

[1]) Vergl. Bd. II, S. 126, 131, 167, 214, Auszüge aus der Vorrede zur neuesten Auflage der Bamberger'schen Schrift: „Die Sezession" in der „Post" 1881, Nr. 47. Die „Weimarische Ztg." stellte dem Staatsideal des Abg. Bamberger das des Fürsten Bismarck entgegen. („Post" 1881, Nr. 97.) Offener Brief Moritz Carrière's in der „Gegenwart" an seinen ehemaligen Schüler Dr. Bamberger bezügl. dessen Broschüre: „Die Sezession". („Post" 1881, Nr. 26.) Carrière trat hier sehr für Bismarck ein; er erzählt, es sei dem Kanzler das Werk von Friedrich List vor einigen Jahren von einer Tochter desselben zugesandt worden.

[2]) Frhr. Schenk von Stauffenberg, Franz August, Gutsbesitzer auf Rißtissen bei Ulm (Württemberg), wohnh. daselbst, geb. 3. August 1834 zu Würzburg (kath.). Wurde 1863 Staatsanwalt in Augsburg; im Jahre 1866 verließ er den Staatsdienst, vorzugsweise aus politischen Gründen. 1866 in das bayer. Abg.-Haus gewählt, gehörte er demselben bis 1877, dann wieder seit 1878 an. Gleich nach seinem Eintritt in den Finanz-Ausschuß gewählt, war ihm besonders das Referat über die Verkehrsanstalten übertragen; auch das umfangreiche Wehrgesetz hatte er 1867 als Referent zu vertreten. Bei allen wichtigeren Verhandlungen des bayer. Landtags, insbesondere bei den Verhandlungen über die Zollvereinsverträge, die Versailler Bündnisverträge, das Militärbudget im Jahre 1870, Aufhebung der Todesstrafe, Beschwerde des Bischofs von Augsburg ꝛc. in erster Linie beteiligt. November 1873—75 Präs. der II. Kammer des bayer. Landtags. Mitglied des Reichstags für den Wahlkreis München I, von 1871—1878, 1878—1881 für Holzminden; 1876—1879 erster Vize-Präsident des Reichstags. Demnächst gewählt in 2. Wahlkreise Mittelfranken, Erlangen-Fürth. (Liberale Vereinigung.)

[3]) Vergl. Bd. II, S. 254, 267.

3*

in das Ministerium bezw. als Stellvertreter des Reichskanzlers sei meiner Überzeugung nach) weniger an der Frage der konstitutionellen Garantien für das
Steuerbewilligungsrecht des Reichstags und Landtags gescheitert, als vielmehr
an der Personenfrage, namentlich der Forderung, Herrn von Stauffenberg das
Schatzsekretariat des Reichs zuzuwenden. Jene Schwierigkeiten würden bei dem
damals auf beiden Seiten vorhandenen guten Willen haben beseitigt werden
können, denn sie seien in der That nicht unüberwindlich. Dagegen solle man
erwägen, welche Schwierigkeiten nach allen Seiten der Reichskanzler zu überwinden gehabt haben werde, ehe er es habe wagen können, den als Unitarier
bei den mittleren und kleineren Regierungen angesehenen Herrn von Bennigsen
zu dem gedachten Posten zu berufen, ohne befürchten zu müssen, durch diese Berufung das Vertrauen und den guten Willen dieser Regierungen zu verscherzen,
auf deren Unterstützung im Bundesrate er doch angewiesen sei. Er habe diese
Bedenken glücklich überwunden und nun sei in letzter Stunde noch die Forderung
bezüglich des Herrn von Stauffenberg gestellt, der in Mittel- und Süddeutschland ungefähr in demselben Renommee stehe, wie Herr von Bennigsen, nämlich
dem eines Unitariers und Preußenfreundes. Er habe sich jetzt fragen müssen,
ob er nicht in der That durch die Aufnahme dieses Vorschlages mehr verliere,
als gewinne, nämlich verliere: das Vertrauen der verbündeten Regierungen, und
gewinne: die Unterstützung der nationalliberalen Partei, aber noch lange nicht
eine sichere Mehrheit im Reichstage. Ein Korrespondent der „Kölnischen Zeitung"
ist so gütig, dies nur für aufgebundene Märchen zu erklären und hinzuzufügen,
Herr von Stauffenberg sei nur durch Familienverhältnisse veranlaßt gewesen,
seinen Aufenthalt hier in Berlin zu nehmen, — eine Thatsache, die mir sehr
wohl bekannt ist und die ich niemals in Zweifel gezogen habe. Dagegen halte
ich aufrecht: 1) daß die Forderung gestellt war, Herrn von Stauffenberg solle
das Schatzsekretariat des Reichs übertragen werden, und 2) daß meiner Überzeugung nach diese Forderung aus dem von mir angegebenen Grund mehr zu
dem Scheitern der Verhandlungen beigetragen hat, als die Frage der konstitutionellen Garantien. Ich begreife es, daß in demselben Augenblicke, in welchem
man den Fürsten Bismarck von liberaler Seite zu verdächtigen sucht, eine großartige Reaktion ins Werk setzen zu wollen, und die Mythe lebendig zu erhalten
sucht, der Reichskanzler habe die konstitutionellen Rechte der Landtage lahmzulegen
beabsichtigt, und dies sei der Grund des Scheiterns der Verhandlungen — ich
begreife es, daß in diesem Augenblicke meine Kombination jener Seite nicht paßt:
aber es liegt nicht in meinen Gewohnheiten, derartige Dinge bloß auf müßiges
Gerede hin zu behaupten. Der Korrespondent der „Kölnischen Zeitung" möge
also annehmen, daß meine Auffassung der damaligen Situation der wirklichen
Sachlage mehr entspricht, als er vielleicht augenblicklich zuzugeben für gut befindet."

In seiner Magdeburger Rede von 1881 hatte Herr von Bennigsen gesagt:
„Kaum 3 Jahre sind es her, daß an meiner Stellung zum Monopol die damalige Kombination, welche der Reichskanzler selbst ernstlich wünschte, mein Ein-

treten und das andrer liberaler Männer ins Ministerium und in die Reichsämter scheiterte, hauptsächlich, wenn auch nicht allein, weil ich es ablehnte, die Verantwortlichkeit für die Durchführung des Monopols zu übernehmen."

Hierauf brachte die „Norddeutsche Allgemeine Zeitung" einen sichtlich inspirierten Artikel, worin es u. a. heißt: „Der Reichskanzler hatte im Dezember 1877 die Absicht, Sr. Majestät dem Könige Herrn von Bennigsen für den damals erledigten Posten eines Ministers des Innern vorzuschlagen. In dieser Absicht ersuchte der Reichskanzler ihn um persönliche Besprechung, bei welcher sich ergab, daß Herr von Bennigsen geneigt sein würde, in das Ministerium einzutreten (wenn auch nicht als Minister des Innern), falls mit ihm Herr von Forckenbeck, den er für einen geeigneten Minister des Innern hielt, einträte und Freiherr von Stauffenberg das jetzige Reichsschatzamt erhielte. Dieser Plan ist nicht am Tabaksmonopol gescheitert, sondern an sich selbst. Die Kombination war faktisch als „gescheitert" anzusehen, sobald der Ministerpräsident die von ihm gehegte Absicht, Herrn von Bennigsen Sr. Majestät dem Könige als Minister vorzuschlagen, aufgab. Auch wenn er sie ausgeführt hätte, hätte die Kombination an der Monopolfrage doch immer erst dann scheitern können, wenn der König den Antrag seines Ministerpräsidenten genehmigt hätte. Die Frage, ob dies geschehen sein würde, ist nicht zur Entscheidung gelangt, weil der Ministerpräsident zwar bereit gewesen war, Herrn von Bennigsen vorzuschlagen, aber nicht Herrn von Forckenbeck, Herr von Bennigsen aber daran festhielt, nicht ohne den Letzteren eintreten zu wollen. In betreff des Freiherrn von Stauffenberg würde der Ministerpräsident damals weniger schwierig gewesen sein: die Unmöglichkeit desselben trat erst ans Licht nach der Rede, die Herr von Stauffenberg über den § 109 der preußischen Verfassung gehalten hatte, zu einer Zeit allerdings, wo Verhandlungen über die Kombination überhaupt nicht mehr stattfanden, weil es weder in der Absicht, noch in der Macht des Ministerpräsidenten lag, Herrn von Forckenbeck ein Portefeuille zu verschaffen."

Herr von Forckenbeck sprach sich bei der Bereisung seines Wahlkreises über die Ministerkombination von 1877 bis 78 in einer Rede folgenden Inhalts aus: „Als mit Herrn von Bennigsen von seiten des Kanzlers — denn der Kanzler hat diese Verhandlungen eingeleitet — die Verhandlungen über seinen Eintritt in das Ministerium eröffnet wurden, befand ich mich in Breslau und bin nur auf wiederholte Aufforderung eines Freundes nach Berlin gekommen. Die Verhandlungen wurden nicht im Kreise der Partei, sondern nur unter ganz wenigen Freunden, fünf bis sechs, geführt. Alle erkannten es als eine höchst bedenkliche Frage an, ob es bei den damaligen Strömungen, die im Volke und die oben herrschten, überhaupt zum Heile des Vaterlandes gereichen könne, wenn in das Ministerium von der damaligen Gestaltung Männer unsrer Partei einträten und ob ein derartiges Ministerium zum Heile des Vaterlandes die Aufgaben, die gestellt wurden, lösen könne. Aber wir sagten uns, wenn die Verhandlungen eröffnet sind, so ist es die Pflicht, und zwar ernste Pflicht politischer Männer, diese Verhandlungen zu führen und zu sehen, ob sie zu einem glücklichen Resultate gelangen können, und bei diesen Verhandlungen war es Herr von Bennigsen selbst, der von Anfang an und ausdrücklich erklärte, daß er ohne zwei politische Freunde nicht in das Ministerium eintreten wolle. Er selbst, meine Herren, hat dieses von Anfang bis zum Schluß der Verhandlungen festgehalten und ich glaube, die Geschichte wird ihm die Anerkennung nicht versagen, daß er in dieser Art und Weise seinen Einblick, seine Voraussicht als Staatsmann bewährt hat. Meine Herren! Hat er darin recht gehabt? Vergleichen Sie doch und denken Sie an das Schicksal des Ministers Hobrecht, der dann als Finanzminister eintrat und nach 9 oder 10 Monaten, nachdem er mit seinen Vorsätzen gescheitert war, wiederum aus dem Ministerium austreten mußte. Meine Herren! Bei dieser Gelegenheit kann ich mit meinem Freunde Stauffenberg auch das als wahr bestätigen, daß Herr von Bennigsen glaubte, die Verhandlungen schwebten noch, bis die bekannte Sitzung stattfand, in welcher der Reichskanzler zum erstenmal das Tabaksmonopol als sein Ideal erklärte. Ich erinnere mich ganz deutlich. Ich präsidierte in dieser Sitzung, und als diese Vorgänge und Reden vorüber waren, kam Herr von Bennigsen zu mir zum Präsidentenstuhl mit folgenden Worten: „Forckenbeck, für das Tabaksmonopol können wir doch nicht mitgehen und wirken. Wenn Sie einverstanden sind, dann gehe ich jetzt unmittelbar zum Herrn Reichs=kanzler hin und sage, daß er auf uns nicht mehr zu rechnen habe." Ich sagte ihm, ich wäre damit vollständig einverstanden; er ging hin, und nach einer Stunde erzählte er mir, daß mit dem Reichskanzler die Verhandlungen abgebrochen seien. Das kann ich der Wahrheit gemäß hier bestätigen. Ich selbst habe immer an dem Gelingen dieser Verhandlungen gezweifelt."

Die Äußerung des Herrn von Stauffenberg, auf welche hier Herr von Forckenbeck Bezug nahm, hatte derselbe in einer zu Erlangen gehaltenen Wahlrede gethan. Er sagte dort: „Kurz nach dem Austritt Delbrück's aus der Regierung hat sich jene Episode abgespielt, auf welche in neuesten Auslassungen wieder Bezug genommen worden ist, die Verhandlungen mit Bennigsen wegen seines Eintritts in das Ministerium. Bezüglich dieser Unterhandlungen hat Herr von Bennigsen jüngst wieder einige Mitteilungen in Magdeburg gemacht, und diesen Mitteilungen gegenüber ist die „Nordd. Allg. Ztg." mit der Enthüllung ge=kommen, daß schon im Anfang des Jahres, mehrere Wochen vor dem formellen Abbruch der Verhandlungen, die Absicht, die Unterhandlungen fortzuführen, definitiv aufgegeben worden sei. Wie überraschend diese Enthüllungen allen Beteiligten gekommen, ist schwer zu sagen. Am meisten überrascht wird Herr von Bennigsen gewesen sein, der in der ganzen Sache als ein wahrer Gentleman gehandelt hat. Ich kann die Erzählung des Sachverhalts, die er in Magdeburg machte, als Augen= und Ohrenzeuge nur wortwörtlich bestätigen."

Über die Varziner Verhandlungen kann ich auf Grund einer Unterhaltung mit dem verstorbenen Abgeordneten von Sybel noch Nachstehendes mitteilen. In der Fraktionssitzung der nationalliberalen Partei, in welcher Bennigsen über die Varziner Besprechungen referierte, erklärte derselbe offen, daß Bismarck ihm

ein Minifterportefeuille angeboten habe. Da erhob fich der Abgeordnete Lasker
und bemerkte, daß eine erfprießliche Wirkfamkeit Bennigfen's als Minifter nicht
möglich fei, wenn er nicht noch zwei nationalliberale Kollegen erhalten würde.
Es frägt fich, ob Lasker hierbei nicht an fich felbft dachte; Thatfache aber ift
es, daß Bennigfen hiermit ein Bleigewicht angehängt wurde, das die ganze
Kombination fchließlich fcheitern ließ [1].

Aus Heffen-Naffau war Dr. Thilenius [2] der Sezeffion beigetreten, den die
fürftliche Familie früher gern bei fich fah und bei dem die Fürftin Bismarck
während ihres Aufenthalts in Soden einmal gewohnt hatte. Der Abbruch
der perfönlichen Beziehungen erfolgte im Anfchluß an den Frontwechfel vom
Freihandel zum Schutzzoll, den Thilenius nicht mitmachen zu können glaubte,
fein Beitritt zur Sezeffion machte den Bruch unheilbar [3].

Von der großen Verftimmung, die fich auch Bennigfen's in diefer Zeit bemächtigte, giebt eine Rede Zeugnis, die derfelbe in Hannover am 19. September
1880 auf dem hannoverfchen Parteitage hielt. Über die Steuerpolitik fagte derfelbe hier: „Die ftoßweife ausgehende Politik, welche der Reichskanzler auf dem
Gebiete der Steuerfragen verfolgt, hat in der Bevölkerung eine große Beunruhigung
hervorgerufen, kein Menfch weiß, wohin alle diefe Experimente führen follen.
Auf diefem fchwierigen Gebiete, wo man gleichzeitig die Bedürfniffe des Reichs
und der Einzelftaaten zu erwägen hat, ift ein planmäßiges Verfahren der Regierung nicht zu bemerken, und daher die Unruhe und das Mißtrauen."

Hermann Wagener meinte, daß Bennigfen kein befonderes Vergnügen daran
fand, wie die Spartaner bei Thermopylä noch länger „im Schatten zu fechten".
Die Schuld an der fortwährenden Zerbröckelung der nationalliberalen Partei [4]
kann ihm nicht in die Schuhe gefchoben werden. Ihm wäre nichts lieber ge-
wefen, als mit den alten Freunden ftets Hand in Hand mit dem Kanzler zu

---

[1] Guten Auffchluß müßte über die Barziner Verhandlungen der Abgeordnete von Dietze-
Barby geben können, welcher gleichzeitig mit Bennigfen in Barzin weilte. Bei einer entfcheiden-
den Befprechung Bismarck's mit Bennigfen bat erfterer Dietze-Barby, fie beide allein zu laffen,
jedoch das Zimmer nicht zu verlaffen. Es gewann faft den Anfchein, als habe fich Bismarck
für die Unterredung einen Zeugen fichern wollen.

[2] Thilenius, Georg, Dr. med., königlicher preußifcher Sanitätsrat, praktifcher Arzt in Soden
am Taunus. Geboren 19. April 1830 in Rüdesheim a. Rhein (evangelifch). Studierte Berg- und
Hüttenwiffenfchaften in Bonn und Berlin, ging 1851 zur Medizin über. Seit 1855 Arzt in Soden,
feit 1870 Mitglied des preußifchen Abgeordnetenhaufes für den Landkreis Wiesbaden, Mitglied
des Reichstags feit 1874. Litterarifche Thätigkeit nur fachwiffenfchaftlich. (Liberale Vereinigung.)

[3] Abgeordneter von Sauken-Tarputfchen in einer Wählerverfammlung über die Kanzler-
krifis und den Fürften Bismarck („Poft" 1880, Nr. 115, S. 3). — „Für eine große liberale
Partei fehlt unter einem Minifterium Bismarck jeder Wirkungskreis" („Poft" 1880, Nr. 197,
aus der „Volkszeitung"). — Der Reichskanzler wird fich nie an die Spitze einer liberalen Regierung ftellen („Poft" 1880, Nr. 207, aus der „Volkszeitung"). — „Fürft Bismarck und die
konfervativ-klerikale Partei" („Poft" 1880, Nr. 212).

[4] 1874 zählte fie im Reichstag 150 Mitglieder, im Jahre 1877 fank die Zahl auf 126,
1878 auf 97. Im Juli 1879 waren fodann 13 Mitglieder aus der Partei ausgetreten und
hatten nach rechts die Gruppe Völk-Hölder gebildet.

gehen, immerhin mit dem stillen Nebengedanken, mit der Zeit besser gewürdigt und näher herangezogen zu werden. Daß ihm dies nicht auf die Dauer gelang, hatte darin seinen Grund, daß seine Basis und Bestrebungen politischer Natur waren, während seine Rivalen sich, wenn nicht ausschließlich, jedoch überwiegend auf dem volkswirtschaftlichen und sozialen Gebiete bewegten und hier mit ihren Motiven auch ihre Kraft schöpften.

Am 25. September 1880 gab Graf Wilhelm Bismarck[1]) in Mühlhausen einen Rechenschaftsbericht über seine Thätigkeit als Reichstagsabgeordneter. Er begann damit, daß es für den Abgeordneten notwendig sei, mit seinen Wählern Fühlung zu behalten, und er würde auch stets für ihr Interesse wirken; indem er sich über die zahlreich Erschienenen freue, müsse er jedoch von vornherein warnen, wegen seiner persönlichen Beziehungen irgend welche offiziöse Mitteilungen oder Enthüllungen zu erwarten. Die Thätigkeit des Reichstags habe sich in den beiden verflossenen Jahren hauptsächlich auf die Zollgesetzgebung erstreckt, sei jedoch noch nicht zum Abschluß gelangt, da verschiedene Vorlagen vom Reichstage abgelehnt seien. Trotz des kurzen Bestehens der zum Schutze unsrer Industrie eingeführten Zölle könne man bereits die Besserung in verschiedenen Zweigen derselben konstatieren; in der Textilbranche hätte er gern Veränderungen in dem von der Kommission beratenen Tarife gewünscht, wäre aber davon abgestanden, um das so schwer zusammengebrachte Werk nicht gänzlich zu gefährden. Für die so viel angefochtene Getreidesteuer habe er gestimmt, da ein solcher Schutz für unsre Landwirtschaft — und Deutschland sei doch vorwiegend ein ackerbautreibender Staat — notwendig sei, dann aber auch, weil ein derartiger Zoll verwerflichen Agitationen der Spekulanten Schranken setze. Die Zölle hätten bis jetzt eine Einnahme von 40 Millionen ergeben; das sei gerade hinreichend, um ein chronisch gewordenes, künstlich verdecktes Deficit in unserm Staatshaushalte zu decken; aber um die Grund= und Gebäudesteuer den Kommunen zu überlassen, was er voriges Mal als zu erreichendes Ziel hingestellt habe, gehörten 100 Millionen, und würde er daher für eine hochveranlagte Börsensteuer und Erhöhung der Brausteuer stimmen. Daß letztere zu ertragen möglich, ersehe man an Bayern, wo dieselbe viel höher sei. Entgegen den Ausführungen von Bennigsen und Kardorff, erkläre Graf Bismarck für Erhöhung der Branntweinsteuer nicht unbedingt eintreten zu können.

Auf die weitere gesetzgeberische Thätigkeit des Reichstags eingehend, bekannte sich Graf Bismarck dazu, für autonome Innungen eingetreten zu sein, da unser Handwerkerstand nur durch Weckung der Standesehre zu heben sei. Mit dem Wuchergesetz habe er sich eingehend beschäftigt; seine Anträge seien zwar nicht durchgedrungen, aber der Wucher wohl auch noch nicht gänzlich ausgerottet, vielleicht komme man darauf zurück. Seine Anträge auf Beschränkung der Wechselfähigkeit fänden viel Widerspruch, so noch neuerdings auf dem Juristentag zu Leipzig; der Reichstag habe sie aber anerkannt

---

[1]) Vergl. Bd. II, S. 283.

und dessen Spruch sei doch wohl noch gewichtiger[1]). Auch den Anforderungen
für Erhöhung der Militärlast glaubte Graf Bismarck zustimmen zu müssen.
Deutschland habe eine für Industrie ausgezeichnete centrale Lage, aber an seinen
Grenzen starke Militärmächte, gegen die es stets gerüstet sein müßte. Was
hätte Deutschland im Anfang dieses Jahrhunderts unter der feindlichen Invasion
nicht gelitten! Mit einem Appell an die gemäßigten Parteien schloß der Redner:
die Fortschrittspartei und die ihr naheverwandten Sezessionisten hätten noch
1866 kurz vor Beginn des Krieges gesagt: „Diesem Ministerium keinen Groschen,
und wenn die Kroaten vor den Thoren von Berlin ständen!"

In der Nr. 276 der „Kölnischen Zeitung" vom 4. Oktober 1880 veröffentlichte dieselbe folgende ihr zugegangene Zuschrift des Grafen Wilhelm von Bismarck, Mitglied des Reichstags:

Friedrichsruh, den 2. Oktober.

In der Nummer 271 der „Kölnischen Zeitung" vom 29. v. M., welche mir
erst heute zu Gesicht gekommen, ist einem von mir am 26. v. M. meinen
Wählern erstatteten Rechenschaftsberichte ein Artikel gewidmet, welchem eine
irrtümliche Information zu Grunde liegt[2]). Ich bitte ergebenst um dessen Richtig-

---

[1]) Aus Anlaß der von dem Reichstagsabgeordneten Grafen Wilhelm Bismarck im
Reichstag eingebrachten Resolution, betr. die Beschränkung der Wechselfähigkeit, erließ Fürst
Bismarck im Juni 1880 ein Rundschreiben an die Bundesregierungen, abgedruckt in meinem
Werke „Fürst Bismarck als Volkswirt", Bd. 1., S. 285. Als Stichprobe, welche Sprache der
Abgeordnete Eugen Richter gegen den Grafen Bismarck führte, führe ich folgendes an: In
Barmen sagte er: „Nicht nur, daß der Vater Bismarck Projekte macht, jetzt fängt der Sohn
auch an (große Heiterkeit). Von ihm ist der Vorschlag zur Beschränkung der allgemeinen
Wechselfähigkeit ausgegangen, wodurch gerade der Kredit der kleinen Handwerker und Landwirte
erschüttert wird. Der Apfel fällt nicht weit vom Stamme, aber ein großer Mann hat auch
nicht immer einen großen Sohn" (Heiterkeit). Bald nachher hielt der Abgeordnete Eugen
Richter in Erfurt im fortschrittlichen Vereine eine Rede gegen den Fürsten Bismarck, den Minister
Dr. Lucius und den Grafen Wilhelm Bismarck, gegen deren Ton ein liberales Blatt, die
„Thüringische Zeitung", Protest einlegte. Als Kennzeichen dieses Tons mag bemerkt werden,
daß nach derselben Zeitung der Abgeordnete Richter immer von dem jungen Grafen Bismarck
sprach und zwischen den Worten jungen und Grafen eine Kunstpause machte, welche von dem
des Redners würdigen Teil des Publikums belacht wurde.

[2]) Der betreffende Artikel lautete: In einer Rede, die der Reichstagsabgeordnete Graf Wilhelm Bismarck vor seinen Wählern in Mühlhausen gehalten, ist das Beachtenswerteste wohl
die Stelle, worin er sich über die Steuerreform ausspricht. Graf Bismarck wies zwar die
Vermutung zurück, daß infolge seiner persönlichen Verhältnisse seinen Mitteilungen ein offiziöser
Charakter innewohne, allein „gute Informationen" wird man ihm doch immer zutrauen dürfen.
Der Redner meinte, hundert Millionen Mark neuer Steuern würden zur Erreichung des an-
gestrebten Zieles der Entlastung an direkten Steuern noch nötig sein, und will diese Summe
in erster Linie durch die längst bekannten beiden Steuerprojekte aufbringen, die Stempelsteuer,
die hinsichtlich der Börsengeschäfte noch etwas höhere Sätze als die der früheren Vorlage vertragen könne, und die Erhöhung der Brausteuer. Dagegen sprach sich Graf Bismarck über
die Erhöhung der Branntweinsteuer in einer Weise aus, die, wenn seine Ansichten mit denen
des Reichskanzlers übereinstimmen, wenig Aussicht eröffnet, daß auch diese Steuer dem Reichstag vorgeschlagen werden soll. Der Redner meinte, der Branntwein sei jetzt schon unverhältnis-
mäßig hoch besteuert; im Notfall könne man vielleicht später einmal auf das Projekt zurück-

stellung. Ich habe nicht gesagt, daß die zur Beseitigung der drückendsten
direkten Steuern u. f. ungefähr erforderlichen 100 Millionen Mark ausschließlich durch die Stempel- und erhöhte Braufteuer zu decken seien; ich habe nur
erklärt, daß ich zur Verwirklichung der von der Reichsregierung in Angriff genommenen Steuerreform in erster Linie jene beiden Objekte heranzuziehen
wünsche. Es wird aber jedermann einleuchten, daß dadurch allein dem Reiche
niemals Einnahmen in Höhe von 100 Millionen Mark zugeführt werden können.
Da es bisher nicht in meiner Absicht liegt, mit steuergesetzlichen Initiativ-
anträgen im Reichstage vorzugehen und ich anderseits nicht weiß, welche
Vorlagen wir nach den bisherigen Ablehnungen im Reichstage von seiten der
verbündeten Regierungen zu erwarten haben, so habe ich es für überflüssig
erachtet, in eine weitere, doch nur akademische Erörterung von Steuerfragen
einzutreten, und bloß bei der Branntweinsteuer eine Ausnahme gemacht, weil
es bekannt ist, daß sie bei der Ablehnung der Braufteuervorlage von ent-
scheidendem Einfluffe gewesen ist. Ich habe erklärt, daß ich den Standpunkt
einer großen Zahl von Abgeordneten hierin nicht teilte, und nicht wie diese
aus der Erhöhung der Branntweinsteuer eine conditio sine qua non für die
der Braufteuer machen würde, daß ich aber im Falle des Bedarfs die erhöhte
Branntweinsteuer nicht ablehnen würde, vorausgesetzt, daß die Landwirtschaft
nicht dadurch geschädigt wird. Übrigens sind meine Äußerungen im wesentlichen richtig von einem — wenn ich nicht irre — fortschrittlichen Blatte,
nämlich in Nr. 225 der „Nordhäuser Zeitung" wiedergegeben, wenn auch die
unvermeidliche Kürzung meines Vortrages nicht ohne Einfluß auf Sinn und
Zusammenhang desselben hat bleiben können. Wenn schließlich in Ihrem
Artikel, trotz meines ausdrücklichen und öffentlichen Protestes, von dem Inhalte
meines Vortrages Rückschlüsse auf die zukünftigen Maßnahmen des Herrn
Reichskanzlers gemacht werden, so ist es ja für Preßangriffe auf diesen zweifellos
bequem, in einer Zeit, wo keine Kundgebungen von ihm zu erwarten sind,
ihm persönlich nahestehende Abgeordnete für seine politischen Prokuristen zu
erklären. Ich nehme aber wiederholt das Recht für mich in Anspruch, meine
Ansichten zu äußern, ohne daß mir derartige Unterstellungen gemacht werden,

---

greifen. Nachdem noch jüngst Herr von Bennigsen die höhere Belastung des Branntweins als
Bedingung für eine neue Braufteuer bezeichnet, und nachdem man bis tief ins konservative
Lager hinein die Gerechtigkeit und Notwendigkeit dieser Maßregel anzuerkennen begonnen hat,
ist es nicht erfreulich, diese populäre Steuer, für die sich so zahlreiche wirtschaftliche und moralische Gesichtspunkte geltend machen lassen, jetzt wieder so kühl abgewiesen zu sehen. Wenn
der Abgeordnete für Mühlhausen ferner die Regierung gegen den Vorwurf in Schutz nimmt,
daß sie das Versprechen einer Steuerermäßigung nicht gehalten habe, indem er fragt: wie man
alte Steuern erlassen könne, wenn der Reichstag in den letzten Sessionen die vorgelegten
Steuerprojekte zurückgewiesen habe, so vergißt er dabei doch ganz die Bewilligungen des vorigen
Jahres, des neuen Zolltarifs und der Tabaksteuer. Die Überzeugung, daß in der Steuerfrage
jetzt endlich ein Weg eingeschlagen wird, der diese so lange schwebende Angelegenheit zu einem
befriedigenden Ziele führt, wird man aus den Darlegungen des Grafen Bismarck nicht gewinnen können.

wenn ich auch erwarte, daß mir eine gewisse Agitationspresse der oppositionellen Parteien dieses Recht nicht zugesteht. Mit dem Ausdrucke meiner Hochachtung bin ich Ew. Wohlgeboren ergebener

Graf W. von Bismarck, Mitglied des Reichstags.

Es ist gewiß gegen unsre Absicht geschehen, bemerkte die „Kölnische Zeitung" bei Abdruck dieser Zuschrift, wenn in unserm Berichte die Ansichten des Grafen Wilhelm Bismarck nicht ganz richtig getroffen sind. —

Von der Ansicht ausgehend, daß die Kritik derjenigen, die später durch die Ausführung der Gesetze betroffen werden, erhöhte Bürgschaften für die zweck-mäßige Gestaltung der Gesetze gewährt, interessierte sich Bismarck sogleich nach seiner Ernennung zum Handelsminister lebhaft für die Errichtung eines preußischen Volkswirtschaftsrats, dem der „Reichsfuß" später noch hinzugefügt werden sollte. In diesen Bestrebungen fand Bismarck einen wertvollen Bundesgenossen in der Person des Reichstagsabgeordneten Dr. phil. Hermann Rentzsch[1]).

Am 4. Februar 1881 richtete er an denselben nachstehendes Schreiben[2]):

Euer Wohlgeboren erwidere ich auf die gefällige Zuschrift vom 26. v. M., daß ich wegen der Bildung eines deutschen Volkswirtschaftsrats den Bundes-regierungen bereits Vorschläge gemacht habe, welche im Prinzip von Ihren Auffassungen nicht abweichen. Die einzelnen von Ihnen gegebenen Anregungen werden bei den weiteren Beratungen Beachtung finden.

Wie im vorliegenden Falle, so werde ich auch bei andern Gelegenheiten Anregungen, die mir bei der Bedeutsamkeit Ihrer Stellung von Wichtigkeit sind, gern entgegennehmen.

Der Kanzler legte auf das Urteil des Abgeordneten Rentzsch Wert, da der-selbe damals die wichtige Stelle eines Generalsekretärs des Vereins deutscher Eisen- und Stahlindustrieller in Berlin bekleidete. Er hatte denselben schon am 24. Februar 1879 zu sich gebeten, also zu einer Zeit, da die Vorarbeiten der Zolltarifreform mitten im Gange waren.

Der Leser wird entschuldigen, wenn ich auf diese erste einstündige Unter-redung Bismarck's mit Dr. Rentzsch hier zurückkomme, wiewohl dieselbe in eine frühere Session dieser Legislatur-Periode fällt.

[1]) Namhafter Volkswirt, wohnhaft in Dresden-Blasewitz. Geboren den 9. Oktober 1832 in Daubnitz. Evangelisch-lutherisch. Von 1859—1862 Oberlehrer an der ersten Realschule in Dresden und Redakteur für den volkswirtschaftlichen Teil der sächs. konstit. Zeitung, von 1862 ab Sekretär der Handels- und Gewerbekammer in Dresden. 1868—1875 Mitglied des sächsischen Landtags, übernahm nach kurzer Thätigkeit in der sächsischen Eisenbahnbaugesellschaft die Geschäftsführung des Vereins deutscher Eisen- und Stahlindustrieller, interimistisch 1867—1877 das Generalsekretariat des deutschen Handelstages. Verfasser namhafter volkswirtschaftlicher Schriften, vor allem bekannt durch die Herausgabe des Handwörterbuchs der Volkswirtschaftslehre. Leipzig (1863—1865). 1878 in den Reichstag gewählt im 1. Wahlkreise des Königreichs Sachsen. Nationalliberal.

[2]) In Kohl's Bismarck-Regesten nicht erwähnt.

Die Stadt Zittau hatte dem Fürsten Bismarck eine Adresse übersandt. Einer Anfrage des Chefs der Reichskanzlei, Geh. Rat von Tiedemann, ob Rentzsch als Vertreter des I. sächsischen Wahlkreises dieselbe dem Fürsten persönlich überreichen wolle, wurde selbstverständlich sehr gern entsprochen. Nach Erkundigungen über die Erwerbsverhältnisse der Stadt Zittau wie der Oberlausitz ging der Fürst rasch zur Handelspolitik über und erzählte, wie er vom Freihandel zu einem gemäßigten Schutzzoll gelangt sei.

„Ich habe früher keine Zeit gefunden — führte der Fürst aus — mich mit wirtschaftlichen Fragen, ausgenommen etwa die mir naheliegende Land- und Forstwirtschaft, zu beschäftigen. Ich verließ mich auf Delbrück und habe 1873 der Aufhebung der Eisenzölle unbedenklich mein Placet erteilt. Als ich jedoch 1875 las, daß eine Anzahl von Hochöfen ausgeblasen worden sei, wurde ich stutzig, fragte bei Delbrück nach und erhielt zur Antwort, daß es sich nur um eine der zeitweilig eintretenden Geschäftsstockungen handele, die sich demnächst wieder bessern werde. Ich beruhigte mich dabei. Nachdem ich aber nach etwa Jahresfrist die Lage noch ungünstiger geworden sah und von Delbrück genau die frühere Antwort erhielt, ersuchte ich Delbrück, die Kosten für die Erhebung der bekannten Eisenenquête in das Budget einzustellen. Bald darauf nahm Delbrück seine Entlassung, ließ sich auch zu einer Willensänderung nicht bewegen. So verlor ich für die wirtschaftlichen Angelegenheiten meinen bisherigen Ratgeber. Wenn auch mit der äußeren und inneren Politik schon überlastet, beschloß ich doch, mich über die wirtschaftlichen Zeitfragen selbst zu unterrichten und in den Jahren 1876—78 habe ich — meist in Varzin — das was mir an Sachkunde fehlte nachzuholen versucht. Englands Industrie ist mit Hilfe der Schutzzölle groß geworden — ist erst im Deutschen Reiche die Industrie dadurch erstarkt, daß ihr der inländische Absatz gesichert ist, so wird sie, wenn ich es auch nicht erlebe, später den Engländern auch die Alleinherrschaft auf dem Weltmarkte streitig machen. Wie sich der Reichstag zu dem neuen Zolltarif stellen wird, muß ich freilich abwarten — falls abgelehnt, kommt die Vorlage von neuem.“

Im weiteren Verlaufe der Unterredung gelangte Fürst Bismarck — der selbstverständlich das Wort führte, jedoch gelegentlich plötzlich innehielt, irgend eine Gegenbemerkung abwartend — zur Besprechung der hervorragenderen deutschen Industriezweige, namentlich des Eisens, der Industrie in Baumwolle, Leinen, Jute, Wolle und Seide, sodann in Papier, Leder und Maschinenbau, meist mit Bemerkungen, inwieweit ein staatlicher Schutz geboten erscheine. In Bewunderung versetzte den Abgeordneten Rentzsch die große umfassende Sachkenntnis des Kanzlers insofern, als von ihm teils in den Ziffern der vorhandenen Hochöfen, Spindeln, Webstühle oder den Zahlen der beschäftigten Arbeiter, teils in Prozentsätzen zutreffende Vergleichungen zwischen der betreffenden deutschen Industrie und ihrer Konkurrenz in England, Frankreich, Belgien, Österreich u. s. w. durchgeführt wurden. Alle diese Angaben waren zwar abgerundet, was aber vollständig ausreichend war, und frei aus dem Gedächtnis gegeben. Für den, der berufsmäßig volkswirtschaftliche Fragen studiert und sich mit der Statistik als Hilfswissenschaft Jahre hindurch beschäftigt hat, kann es kaum noch als ein sonderliches Verdienst gelten, etwaigen entsprechenden Fragen gegenüber sattelfest zu sein: der Abgeordnete Rentzsch hatte indessen nicht erwartet, den Fürsten mit den einschlagenden Thatsachen und Ziffern schon so vertraut zu finden, als ob von Jugend auf Nationalökonomie und Statistik zu seinen wissenschaftlichen Lieblingsfächern gehört hätten.

Folgerichtig gelangte sodann das Verkehrswesen, und zwar zu Wasser wie zu Lande, durch den Fürsten zur Erörterung, allerdings nunmehr mit stärkerer Betonung der Land- und Forstwirtschaft. Der Reichskanzler sprach sich auch diesmal über das Gütertarifwesen der Privat- ebenso der Staatsbahnen tadelnd aus, betonte jedoch, daß die Staatsbahnen ihre Ausnahme- und Differenzialtarife, Refaktien ꝛc. ohne erhebliche Verluste nicht wohl allein aufgeben könnten. Durch die Gesetzgebung[1]) müßten die Regierungen in die Lage versetzt werden, die Privatbahnen zu der Beseitigung der schreiendsten Übelstände zwingen zu können. Besonders lebhaft wandte sich der Fürst gegen die damals noch bestehenden niedrigen Ausnahme-Tarife für die Einfuhr von Getreide aller Art, Holz u. a. aus Rußland und Österreich. —

„Als Ideal schwebt mir vor, daß in Deutschland alle vom Ausland eingeführten Güter um so und soviel Prozent der Frachtkosten teurer gefahren werden, als inländische Erzeugnisse. Ich kann nicht dulden, daß der der Landwirtschaft wie der Industrie zu gewährende mäßige Zollschutz durch die billigere Tarifierung des Auslandsguts wieder aufgehoben wird. Der Handel wird sich dagegen auflehnen, die Einsichtigeren werden aber doch wohl begreifen lernen, daß ohne ein kaufkräftiges Inland, ohne erstarkte Industrie und Landwirtschaft der Handel zurückgehen muß."

Im weiteren Verlauf gab der Fürst selbst zu, daß Differenzfrachten zwischen in- und ausländischem Transportgut doch wohl nicht durchzuführen seien und fügte hinzu, daß sein Plan, alle Eisenbahnen vom Reich anzukaufen, nicht nur von der Hoffnung getragen werde, dem Reiche neue Einnahmequellen zu erschließen, vielmehr von dem Gedanken, durch eine einheitliche Oberleitung dieselben ihre große wirtschaftliche Bedeutung für den Verkehr ganz erfüllen zu lassen. Die Bahnen hätten die landesüblichen Zinsen für ihr Anlagekapital aufzubringen, außerdem einen angemessenen Beitrag für die Amortisation und Neubeschaffungen des abgenutzten Materials, auch festzulegende Beträge für die Tilgung ihrer Anleihen — die Einnahmen über diese finanziellen Leistungen hinaus seien dagegen vorwiegend dem Verkehr durch generelle Frachtermäßigungen zuzuwenden.

Ganz kurz — mit schwächerer Stimme und anscheinend im Selbstgespräch begriffen — berührte sodann der Fürst den Widerstand der Partikularstaaten

---

[1]) Kurze Zeit vorher (7. Febr. 1879) hatte Fürst Bismarck einen die Regelung des Eisenbahntarifwesens betreffenden Antrag an den Bundesrat gestellt. Derselbe findet sich abgedruckt in meinem Werke: „Fürst Bismarck als Volkswirt", Bd. I., S. 185 f.

gegen seine Reichseisenbahnidee und fuhr dann mit erhobener Stimme fort, daß, wenn
Bayern, Sachsen, Württemberg ihre Staatsbahnen dem Reiche abzutreten nicht
geneigt seien, Preußen durch Erwerbung der preußischen Privatbahnen seinem
Plane möglichst nahezukommen haben werde, was ja auch später geschehen ist.

Die Erörterung des Eisenbahnwesens führte nahezu von selbst auf den
Wasserverkehr, und hierbei erwies sich der Fürst, wovon damals kaum etwas
bekannt war, als ein besonderer Freund der Wasserstraßen, sowohl in betreff der
damals noch recht mangelhaften Regulierung der laufenden Gewässer, als des
Baues von Kanälen. Der Fürst beklagte, daß zu einem rascheren Vorgehen in
der Regulierung der deutschen Ströme die entsprechenden Geldmittel fehlten, auch
im preußischen Landtag das rechte Verständnis für die Bedeutung leistungsfähiger
Wasserstraßen bei der Majorität noch nicht vorhanden sei. Einige wenn auch
nur flüchtige Bemerkungen ließen vermuten, daß dem Fürsten nur zu wohl bekannt war, daß bis zum Jahre 1879 die eifrigsten Gegner der Wasserstraßen
in der Eisenbahn-Abteilung des preußischen Ministeriums der öffentlichen Arbeiten saßen und Anregungen des Fürsten dort passiven Widerstand gefunden
hatten. Von den Strömen hielt der Fürst in erster Linie die Vertiefung der
Elbe, sodann des Rheins, der Oder und Weichsel für notwendig, worauf die
andern Ströme und die Nebenflüsse zu folgen hätten. Da außer der Donau
alle deutschen Ströme dieselbe Richtung (nach Norden) verfolgen, eine Quer-
verbindung aber erst von der Elbe bis zur Weichsel vorhanden sei, müsse durch
einen Kanal vom Rhein zur Elbe (Mittellandkanal) abgeholfen werden.

Gestreift wurden sodann vom Kanzler noch das Anwachsen der Sozialdemokratie und die Arbeiterfrage. Mit der ihm eigentümlichen Lebhaftigkeit
betonte der Fürst, wie viel Wert seinerseits darauf gelegt werde, daß bei der
erst in Aussicht genommenen Kranken- und Unfallversicherung möglichst wenig
der Arbeiter belastet werde. Auch dem Arbeitgeber dürfte man mit Rücksicht auf
die auswärtige Konkurrenz zu hohe Beiträge nicht zumuten, den erforderlichen
Zuschuß habe der Staat zu decken und die dazu erforderliche Deckung könnte
durch das Tabaksmonopol verschafft werden.

Die vorstehende Schilderung des Abgeordneten Rentzsch ist nur insofern nicht
treu, als er bei der Aufzeichnung die Gegenstände der Unterhaltung systematisch
geordnet hat. Die Unterredung selbst bewegte sich keineswegs in so thematisch
abgegrenzten Bahnen, vielmehr sprang der Reichskanzler von einem Gesprächsthema zu dem andern über, erörterte bei der Zollfrage die bessere Stellung des
Arbeiters, gelangte bei dem Eisenbahnwesen zum Schutzzoll zurück, kam auch bei
Besprechung des Exports gelegentlich auf Amerika und Asien zu sprechen. „Kurz,
wir regierten in dieser einen Stunde die ganze Welt, aber wohl verstanden:
Bismarck regierte und ich — hörte zu." Indessen gab der Fürst seinem Besucher auch Gelegenheit zu einigen Gegenbemerkungen. Wie dieselben gelautet
haben, hat mir Herr Rentzsch, offenbar von einer zu weit gehenden Bescheidenheit
ausgehend, nicht mitgeteilt.

Mit einer anderweiten Einladung wurde der Reichstagsabgeordnete Reutzsch bald nachher und zwar zu dem parlamentarischen Diner am 28. Februar 1879[1]) beehrt. Eingeladen waren nur die Präsidenten des Reichstags und die Fraktions-führer. Die freie volkswirtschaftliche Vereinigung der 204, zu deren Sekretär Dr. Reutzsch gewählt war, paßte nicht in den Fraktionsrahmen. Dadurch, daß der Fürst zu dieser Elite des Reichstags auch den Sekretär der 204 zuzog, sollte vielleicht dokumentiert werden, daß er auch die 204 als eine Fraktion und zwar als eine solche, auf die mit einiger Sicherheit zu rechnen war, betrachtete.

III. Abschnitt.
Die vierte Session der IV. Legislatur-Periode des Reichstags.
(15. Februar bis 15. Juni 1881.)

Am Tage vor dem Beginn der Session (14. Februar) hatte der Abgeordnete von Helldorff um 2 Uhr eine halbstündige Besprechung mit dem Kanzler über die allgemeine politische Lage. An einem der folgenden Tage kam das Gespräch auch auf die Präsidentenwahl. Graf Arnim-Boitzenburg hatte erklärt, eine Wiederwahl nicht mehr annehmen zu wollen; der Grund zu diesem Entschluße lag zum Teil in seinen Gesundheitsverhältnissen, die ihm die Übernahme des auf-regenden Postens nicht mehr gestatteten. Außerdem wollte er das Präsidium nicht mehr aus den Händen des Centrums in Empfang nehmen.

An Arnim's Stelle wurde der Unterstaatssekretär im Kultusministerium von Goßler[2]) zum Präsidenten des Reichstags erwählt.

Mit Rücksicht auf Goßler's Beamtenqualität hatte Bismarck zu Anfang gegen diese Wahl Bedenken erhoben, die er aber schließlich fallen ließ, da die Wahl eines konservativen Präsidenten nötig war[3]), und es dann darauf ankam, weniger die persönliche Stellung (als Beamter) als die Tüchtigkeit und Befähigung für den Posten entscheiden zu lassen. Die Erfahrungen, die man mit Herrn von Goßler als Reichstagspräsidenten gemacht hat, sprechen durchaus für ihn. Seine Ge-schäftsleitung ist derart gewesen, daß die Vorurteile, die anfangs namentlich auf liberaler Seite gegen ihn bestanden, sich bald und schnell zu seinen Gunsten änderten.

---

[1]) Eine Beschreibung dieses parlamentarischen Diners findet sich in meinem oben an-geführten Werke, Bd. I, 2 Aufl., S. 157.

[2]) von Goßler, Gustav, Oberpräsident in Danzig, geb. den 13. April 1838 zu Naum-burg a. S. (evang.) 1865 Landrat des Kreises Darkehmen, 1874 Hilfsarbeiter im Ministerium des Innern, 1878 Oberverwaltungsgerichtsrat, 1879 Unterstaatssekretär im Ministerium der geistlichen ꝛc. Angelegenheiten, 1881 Minister der geistlichen ꝛc. Angelegenheiten. Seit 1877 Mitglied des Reichstags. (Deutsch-konservativ, Hospitant.)

[3]) Ausfall der Wahl des Präsidiums des Reichstags eine direkte Niederlage des Fürsten Bismarck, s. „Post", 1881, Nr. 48 (Aus dem „Berl. Tageblatt").

Die Neigung, mehr zu beobachten als zu sprechen, wurde im Frühjahr 1881 durch die politische Lage in Preußen dem Abgeordneten von Goßler zur Pflicht; die Schwierigkeiten, welche damals zwischen dem Fürsten Bismarck und dem Finanzminister, dem Minister des Innern, dem Vizepräsidenten des Staatsministeriums bestanden, und sich durch das Auswählen ihrer Nachfolger steigerten, die Besetzung des Ministers des Innern mit dem damaligen Kultusminister, die oft wechselnden Kandidaturen für letzteren Posten und Herrn von Goßler's persönliche Stellung zu diesen Fragen ließen eine strenge Zurückhaltung desselben als selbstverständlich erscheinen. Als Goßler's Präsidium sich dem Ende zuneigte, fand zwischen ihm und dem Fürsten Bismarck im Reichstagsgebäude die Verhandlung über seine Nachfolge im Kultusministerium statt [1]).

Während der Amtsthätigkeit des Präsidenten von Goßler im Frühjahr des Jahres 1881 beklagte sich Fürst Bismarck einmal, daß seine Reden von den Stenographen nicht richtig wiedergegeben würden. Die Beschwerde des Kanzlers wurde von Goßler eingehend geprüft. Es stellte sich heraus, daß ein Stenograph ein paar Lücken in seinem Stenogramm gehabt und dieselben selbständig ausgefüllt hatte, ohne seinen Kontrollkollegen zu Rate gezogen zu haben. Die Unregelmäßigkeit beruhte aber auf einem Versehen und nicht auf böser Absicht des betreffenden Stenographen [2]).

[1]) Wegen der längeren Unterredung zwischen Bismarck und dem Präsidenten von Goßler am 24. Februar 1881 vergl. die „Post", Nr. 57.

[2]) In einem Aufsatze „Heiteres aus den Parlamenten" („Berl. Tageblatt", 15. Januar 1895, Nr. 25) heißt es: „Diesmal ist leider Unsinn stenographiert worden!" beschwert sich ein Redner, der es mit der logischen Folge seiner Worte und Sätze nicht immer genau nimmt. „Aber wörtlich!" erwidert der schlagfertige Stenograph, der seine Art kennt. Ein guter Redner wird auch ein gutes Stenogramm bekommen. So plauderte der Reichstags- und Landtagsstenograph J. Kludermann am Donnerstag im Stolze'schen Stenographenverein und legte die Ursachen akustischer, physiologischer und psychologischer Art dar, die einen Stenographen oder seinen Schreiber etwas verhören oder verschreiben, den Redner sich versprechen und „verheddern" lassen, ohne daß es häufig andre als stenographisch geschulte Ohren merken. Den deutschen Parlamentariern empfahl Redner, sich gleich den norwegischen nicht bloß Tagegelder und freie Fahrt, sondern vor allem auch freie zahnärztliche Behandlung gewähren zu lassen. Von Hörfehlern ungeübter Stenographen eine kleine Probe: Aus der „Großmut der Stadt Leipzig" wurde eine „Großmutterstadt Leipzig". Ein Bayer fand, daß er vom „Hochverräter Frhr. v. Huene" statt vom „hochverehrten Frhr. v. Huene" gesprochen haben sollte. Fürst Bismarck hatte sein bekanntes: „Ich sterbe wie ein Pferd in den Sielen!" gesprochen. Der Stenograph kannte oder verstand das Pferdegeschirr nicht, er glaubte „Siegen" zu hören; auch die Sätze vorher waren undeutlich gewesen, und so bildete er sich ein, es müsse heißen: „Ein guter Feldherr stirbt im Siegen!" „Die Synode" eines Sachsen war „diese Note" geworden, und wollte so natürlich schwer in den Sinn passen. Erfahreneren Stenographen begegnen solche Hörfehler natürlich kaum, dafür aber um so häufiger den Schreibern, denen er sein Stenogramm in die Feder diktiert. Bei längerer Arbeit werden diese völlig mechanisch und achten auf den Sinn der Worte nicht mehr. So las man statt „vor der 48. Sitzung" einst „vor der Achtung wird sich die Sitzung", statt „irrelevant" ein „ihr Elefant." Der Stenograph sucht sich manchmal die Langweiligkeit des Abdiktierens dadurch zu verkürzen, daß er den Text seines Stenogramms mit den Büreauwitzen verbrämt. Er spricht vom „Stuß der Sitzung", wenn er ihren „Schluß" meint, eröffnet die „Schwitzung" statt „Sitzung" u. s. f. Häufig sind

Es wird unter allen Reichstags- und Landtagsabgeordneten kaum einen geben, welcher den Fürsten Bismarck in seinen Bestrebungen, die Landwirtschaft vor dem Niedergange zu bewahren, kräftiger unterstützt hat als Graf Mirbach[1]). Er ist einer der sachkundigsten und nebenbei geschicktesten, schlagfertigsten parlamentarischen Vorkämpfer der agrarischen Interessen, außerdem der Verfasser verschiedener volkswirtschaftlichen Aufsätze insbesondere auf dem Gebiete der Währung und des Identitätsnachweises.

Im Jahre 1881 versuchte Graf Mirbach die Gegensätze zu überbrücken, welche bis dahin infolge der Kraartikel der „Kreuzzeitung" noch immer bestanden. Zu diesem Behufe legte er unterm 15. März 1881 denjenigen Deklaranten aus der Zahl der Steuer- und Wirtschaftsreformer, welche sich mit Bismarck noch nicht ausgesöhnt hatten, nahe, diesen Schritt zu thun. Das geschah mittelst folgenden Cirkulars[2]):

Euer p. p. erlaube ich mir nachstehendes ganz ergebenst zu unterbreiten.

Wie Euer p. p. aus dem Einladungsschreiben zu der anfangs Februar stattfindenden Sitzung des Ausschusses der Steuer- und Wirtschaftsreformer bekannt ist, war es mein dringender Wunsch, den Vorsitz der Vereinigung niederzulegen.

Einmal erscheint dieser Wunsch doch berechtigt in Anbetracht der Arbeitslast, die ich mehrere Jahre getragen habe, sodann hat mich meine Thätigkeit auf dem Gebiete der Vertretung der Interessen der Landwirtschaft nicht nur bei den Steuer- und Wirtschaftsreformern und im Kongreß deutscher Landwirte, sondern auch namentlich im Reichstage und Herrenhause vielfach der öffentlichen Kritik und Aufmerksamkeit unterstellt, so daß ich das Los aller Konservativen, die über das gewöhnliche Maß hinaus für das Interesse ihrer Gesinnungs- und Erwerbsgenossen eintreten, habe teilen müssen, nämlich das, von den eigenen Parteigenossen angegriffen und verdächtigt zu werden.

---

diese Scherze etwas derber Natur. (Einst ließ ein Stenograph den Präsidenten die „Quatscherei" (statt Diskussion) fortsetzen. Ein beliebter konservativer Führer war just im Bureau und horchte hoch auf bei diesen und ähnlichen Berolinismen. Als unser Freund, der ihn bei der „Quatscherei" bemerkte, sich entschuldigen will, meint er aber trocken: „Ich bin auch gegen die Fremdwörter!" (Gelegentlich schlüpfte aber einmal ein solches übermütiges Wort dem müden Schreiber in die Feder. So fand ein Centrumsmann in seiner Rede plötzlich: „Beifall im Vatikan!" der ihn natürlich, da er nur von des Bureaus Gnaden kam, mit gerechtem Zorn erfüllte; und nur schwer fand sich eine plausible Erklärung, wie der „Vatikan" sich hier an die Stelle des „Centrums" hatte setzen können.

[1]) Graf von Mirbach, Julius; Rittergutsbesitzer auf Sorquitten in Ostpr. Wahlkr.: 7. Reg.-Bez. Gumbinnen (Sensburg-Ortelsburg.) Deutsch-konservativ. Geb. am 27. Juni 1839 zu Sorquitten; evangelisch. Besuchte die Universitäten Königsberg, Bonn und Berlin 1858 bis 1862. Absolvierte 1862 das Auskultatorexamen bei dem königl. Kammergericht zu Berlin. Dann vier Jahre Offizier im 1. Garde-Dragonerregiment, Kreisdeputierter und Amtsvorsteher. Seit 1874 Mitglied des preuß. Herrenhauses auf Grund der Präsentationswahl des alten und befestigten Grundbesitzes in Lithauen und Masuren. Erster Vorsitzender der Vereinigung der Steuer- und Wirtschaftsreformer. Reichstagsabgeordneter 1878 bis 1881 und seit Mai 1886.

[2]) Vergl. zu demselben die „Post", 1881, Nr. 82, 83, 86, und Schultheß Geschichtskalender, S. 48.

Weil ich mehrfach in Reden für den Reichskanzler eingetreten bin, weil ich mich einiger Aufmerksamkeiten seitens des großen Staatsmannes zu erfreuen hatte — übrigens in sehr beschränktem Maße und durchaus nicht immer — ist mir von einigen Seiten, allerdings solchen, auf deren politisches Urteil ich nicht zu großes Gewicht legen zu müssen glaube, unterstellt worden, ich prozedierte gewissermaßen im Auftrage des Kanzlers. — Das ist thatsächlich nie der Fall gewesen. —

Indem ich nun wegen der meine Person betreffenden Einleitung um Entschuldigung bitte, muß ich die geschichtliche Entwickelung unsrer Vereinigung kurz anstreifen.

Niendorf, der doch gewiß in seinem Urteil scharf, bissig und vielleicht etwas zu rücksichtslos war nach allen Seiten hin, war stets und von vornherein der Anschauung, daß in dem Fürsten Bismarck die einzige Kraft zu finden sei, von der die durch unsre Gesetzgebung, unser Steuersystem so schwer geschädigte landwirtschaftliche Produktion Gerechtigkeit und Hilfe zu erwarten habe. — So oft einzelne Männer in unsrer Vereinigung dazu drängten, so hat sich doch Niendorf nie dazu verstanden, den Reichskanzler anzugreifen. Was Niendorf vorhergesehen, ist eingetreten. Fürst Bismarck ist der einzige Staatsmann, von dem wir, nach meiner Auffassung, etwas zu erwarten haben. — Aus dieser meiner Überzeugung mache ich durchaus kein Hehl. Deshalb braucht man aber seine Selbstständigkeit, seine Überzeugung doch nicht aufzuopfern.

Es ist nun meines Erachtens ein Gebot praktischer Politik, wenn man es versucht, einen großen, einflußreichen Staatsmann mit allen rechtlichen und ehrlichen Mitteln auf seine Seite zu ziehen, was wohl im vorliegenden Falle zunächst dadurch zu erreichen ist, daß man seine Wirtschaftspolitik, die ja mit unsern Bestrebungen im wesentlichen konform ist, energisch unterstützt. Es ist nach dieser Richtung meines Erachtens unserseits nicht immer mit Geschick prozediert worden.

Es ist ferner bekannt, welch' eine große Rolle Personenfragen bei dem Reichskanzler spielen. Ich will diese seine Eigenart durchaus nicht unbedingt in Schutz nehmen — glaube aber, daß Charaktere von der Kraft und der Initiative dieses Mannes auch stärker empfinden als die meisten andern Menschen. —

Die letzten Auseinandersetzungen mit dem Finanzminister Camphausen im Herrenhause haben — von den absolut verwerflichen, persönlichen Verdächtigungen der Äraartikel will ich ganz absehen — nun doch vollends bewiesen, wie unrecht man gethan hat, von einer Ära Delbrück-Camphausen zu sprechen, welcher der Reichskanzler zuzurechnen sei. — Die durch die Äraartikel hervorgerufenen Äußerungen des Reichskanzlers über die „Kreuzzeitung" waren, wenn auch zu heftig und weitgehend, jedenfalls entschuldbar.

Die Deklaration in der „Kreuzzeitung", welcher auch Ew. p. p. beitraten, war bekanntlich eine Konsequenz der Äußerungen des Reichskanzlers. — Die Zeit und die letzten Ereignisse haben auch nach dieser Richtung hin klärend gewirkt. Es hat eine große Anzahl von Deklaranten, namentlich in den letzten zwei Jahren, mehrere auf meine persönliche Veranlassung — **den Kanzler in kurzen Worten wegen Unterzeichnung der Deklaration in der „Kreuzzeitung" um Entschuldigung gebeten, ihm ihr Bedauern darüber ausgesprochen.** Der Reichskanzler hat keine ihm so dargebotene Hand zurückgewiesen.

Mein ganz besonderer, allerdings durchaus persönlicher Wunsch geht dahin, es möge mir durch diese Zeilen, welche ich an die nicht mehr sehr große Zahl von sogenannten Deklaranten in unsrer Vereinigung richte, gelingen, die Differenzen, welche zwischen einzelnen Mitgliedern unsrer Vereinigung und dem großen Staatsmanne bestehen, zu beseitigen. Ich habe zu diesem Schritte allerdings Anlaß genommen aus meiner Stellung zu den Steuer- und Wirtschaftsreformern, bin aber allein, ohne Rücksprache mit irgend jemandem aus der Vereinigung, also ohne Autorisation vorgegangen, nur meiner persönlichen Überzeugung folgend — muß also auch die Konsequenzen jeder Kritik allein tragen. Für mich ist, wenn ich bei Ew. p. p. auf Widerspruch stoße, dieses Vorgehen gewiß kein angenehmes, ich bitte aber in diesem Falle, es mich und nicht unsrer Vereinigung entgelten zu lassen. Ich thue diesen Schritt, lediglich geleitet von dem Wunsche, in dem letzten Jahre, in welchem ich die Geschäfte unsrer Vereinigung leite, soweit es in meinen Kräften steht, fördernd auf die Entwickelung und die Stellung unsrer Vereinigung einzuwirken.

Ich wiederhole, was ich bei der Eröffnung der Generalversammlung im Februar 1880 zu sagen mir erlaubte:

> „Wenn auch in den Herzen einzelner von uns vielleicht noch ein Tropfen von Bitterkeit aus früherer Zeit zurückgeblieben ist, so glaube ich doch, diese Herren haben als Christen und als praktische Politiker die Pflicht, dem großen Staatsmann nun dasselbe Gefühl der Dankbarkeit entgegenzubringen, das ihm unsre Vereinigung zollt."

Wenige von Ew. p. p. an den Reichskanzler zu richtende Zeilen in oben angedeutetem Sinne (s. das Fettgedruckte) würden ausreichen, die bisher bestandenen Differenzen zu beseitigen.

Es liegt wohl in der Natur der Angelegenheit, daß ich ersuchen muß, dieselbe als absolut vertrauliche zu behandeln.

Mit der Bitte, diese Zeilen nur als den Ausdruck meiner persönlichen Überzeugung entgegennehmen zu wollen, verbleibe ich

in ausgezeichneter Hochachtung

Berlin, den 15. März 1881.   Freiherr von Mirbach.

Das als „ganz vertraulich" bezeichnete Cirkular des Grafen Mirbach wurde, zur großen Überraschung der politischen Welt, in der „Germania" veröffentlicht. Graf Mirbach richtete hierauf an die Redaktion der „Germania" folgende Zuschrift:

Wie ich soeben erfahre, ist ein Cirkular, an dessen Kopf der Passus „absolut vertraulich" stand und das mit einer Bemerkung schließt, in welcher der Empfänger ersucht wird, diese rein persönliche Angelegenheit als durchaus vertraulich zu behandeln, in Ihrem Blatte zuerst veröffentlicht worden. Ich erkläre, daß dieses Schreiben nur durch einen groben Vertrauensbruch in die Hände der Redaktion gelangt sein kann. Eine Anfrage seitens der Redaktion bei mir, zu der ja jederzeit Gelegenheit war, hätte jeden Zweifel über den Charakter des Cirkulars, der nach dem Inhalt des vertraulichen Schreibens mir wenigstens ausgeschlossen schien, beseitigt.

Die „Germania" erklärte hierauf, dem Wunsche nach Namhaftmachung ihres Gewährsmannes nicht nachkommen zu können. — Es war naheliegend, daß Graf Mirbach zu erfahren wünschte, welchen Eindruck die Indiskretion des genannten Blattes auf den Fürsten Bismarck gemacht hatte. In dieser Beziehung teilte Graf Rantzau demselben mittelst Schreibens vom 24. März 1881 u. a. mit:

„Wie ich vermutete, hat die Publikation der „Germania" den Reichskanzler nicht im mindesten froissiert. Er freute sich vielmehr über den Schneid, mit welchem Sie heut die Sonnemann'sche Gelegenheit am Schopf ergriffen[1]), und bittet Sie, morgen um fünf Uhr im Überrock bei ihm zu essen."

Der Reichskanzler sagte dem Grafen Mirbach am 2. April nach Tisch, bei der Verabschiedung, indem er ihm die Hand reichte: „Ich danke Ihnen noch= mals herzlich für die Unterstützung, die mir Ihrerseits zu teil geworden ist."

Die Anregung des Grafen Mirbach in seinem Cirkular vom 5. März 1881 wurde von nahezu allen Empfängern desselben sympathisch aufgenommen, fast alle ließen auch den Wunsch erkennen, den bewährten Politiker auch fürderhin an der Spitze der Steuer= und Wirtschaftsreformer zu sehen.

Einzelne der Deklaranten setzten sich alsbald persönlich mit dem Fürsten Bismarck ins Benehmen, andre hatten noch Bedenken hinsichtlich der Form, einzelne wollten nur nicht förmlich pater peccavi sagen, hatten aber im Herzen längst eingesehen, daß sie Bismarck unrecht gethan hatten und daß die Konser= vativen nur in ihm die Verwirklichung ihrer Ideale finden würden. Jedenfalls kann man sagen, daß der Mirbach'sche Schritt von Erfolg begleitet war und daß er vielfach eine Versöhnung anbahnte, die unter andern Umständen so leicht nicht zu erzielen gewesen wäre.

Besonders früher, als die Wunde noch heftiger brannte, nahm es Fürst Bismarck mit der Annäherung von Deklaranten nicht leicht. Einer derselben hatte sich brieflich an den Grafen Herbert Bismarck gewendet mit der Bemerkung, er wolle, indem er eine Audienz beim Fürsten nachsuche, hierdurch demselben seine besondere Hochachtung und Ehrerbietung zu erkennen geben. Graf Herbert lehnte den Besuch namens seines Vaters ab, da der Fürst zu krank sei, um Be= suche zu empfangen. Gleichzeitig stand gerade damals in allen Blättern, der Fürst erfreue sich einer besonders guten Gesundheit, er gehe täglich auf Jagd und so weiter.

---

[1]) Anspielung auf die Reichstagsrede Mirbach's vom 24. März 1881, Stenogr. Bericht, S. 511.

Ein andrer Deklarant hatte dem Bruder des Fürsten Bismarck gegenüber (dem Landrat des Naugarder Kreises) den Wunsch ausgesprochen, mit dem Reichskanzler wieder in bessere Beziehungen zu treten. Hierauf erhielt er die Antwort, daß der Fürst alle diejenigen, welche jenen Protest unterzeichnet, als persönliche Feinde ansehe, die seiner Ehre zu nahe getreten wären. Er würde nur dann das alte Verhältnis wieder eintreten lassen, wenn die Protestanten erklärten, sich geirrt zu haben, und, mit einem Worte, widerriefen.

Den Verkehr Bismarck's mit der konservativen Partei vermittelte während der Session in erster Linie der Abgeordnete von Helldorff, der, von den größeren parlamentarischen Festlichkeiten abgesehen[1], am 9. und 30. April Tischgast des Kanzlers war, wobei die laufenden Geschäfte des Reichstags, namentlich die Börsensteuer und die Tagespolitik das Gesprächsthema abgaben. Außerdem sah der Kanzler bisweilen auch den Freiherrn von Minnigerode[2]; derselbe hat jedoch eine Führerrolle innerhalb seiner Partei nie gehabt. Er wurde von seinen Fraktionsgenossen niemals zum Kanzler geschickt, um sich über die Stellungnahme desselben zu einer Frage zu erkundigen; und er kam nie zu den politischen Freunden mit der Bemerkung: „der Fürst wünscht das oder jenes". Wohl aber konnte er — infolge seiner Informationen — den Konservativen sagen: „Ich glaube, wenn Ihr so handelt, so trefft Ihr das Richtige". Äußerlich im Parlament hervorzutreten, widerstrebte Minnigerode im Grunde, er zog es vor, unter der Hand zu operieren, in aller Stille sich der Bismarck'schen Intentionen zu versichern und dafür dann kräftig zu wirken. Gerade darauf, daß Bismarck wußte, Minnigerode beobachte seinen Äußerungen gegenüber die größte Diskretion beruhte sein Einfluß beim Kanzler und im Schoße der Partei.

Lebhaft war der Verkehr des Grafen Frankenberg[3] bei Bismarck im Winter 1881. Er selbst schreibt darüber: „Im Februar mußte ich in den Reichstag. Ich ging zuerst allein hin und fand dort, wie seit einer Reihe von Jahren, meine größte Freude darin, daß ich im Hause des Fürsten Bismarck ein gern gesehener Gast war und jederzeit zum Thee dort erscheinen durfte. Wie viele Abende, oft bis nach Mitternacht, verbrachte ich im intimsten Kreise des großen Patrioten und Staatsmannes, für den unbegrenzte Bewunderung und ich möchte sagen kindliche Verehrung mich immer mehr erfüllte, je mehr mir Gelegenheit

[1] Bei dem parlamentarischen Diner am 8. März 1881 hatte Helldorff nach Tisch eine lange Sitzung mit Bismarck. 29. März 1881 Besuch der parlamentarischen Soiree durch Helldorff.

[2] Frhr. von Minnigerode, Wilhelm, Majoratsherr auf Schadeleben, kgl. Rittmeister a. D., wohnhaft zu Rositten bei Reichenbach, Ostpr. Geb. 28. November 1840 in Braunschweig (evangelisch). Lieutenant im Regiment Garde du Corps zu Berlin, seit 1865 mit Bewirtschaftung seiner Güter beschäftigt. Mitglied des 1., 2. und 4. Deutschen Reichstags, seit 1877 auch des preußischen Abgeordnetenhauses.

[3] Vergl. Bd. II., S. 158.

wurde, Blicke zu thun in das reiche Gemütsleben und das geistige Walten und
Gestalten dieses echtesten Deutschen. Mir war oft vergönnt, Kenntnis von vergangenen und gegenwärtigen Ereignissen zu erhalten, die nur wenig Menschen
bekannt sein mögen. Ich erfuhr Dinge über Personen und Vorkommnisse,
welche oft meine bisherige Meinung ganz und gar umwarfen. Ich hörte den
Fürsten Ereignisse voraussagen und Thaten der Menschen berechnen, die mir
ganz unglaublich erschienen. Jetzt, nach einer Reihe von Jahren in meinen
Tagebüchern blätternd, finde ich mit Erstaunen bestätigt und geschehen, was ich
damals als nimmermehr möglich ansah.

Mit hoher Freude erfüllte es mich, daß bei mehreren nicht unwichtigen
Angelegenheiten der Fürst meinen Rat verlangte und annahm — vielleicht
darum, weil er ihn für unbefangen und frei von selbstsüchtigen Motiven erkannte. Der große Menschenkenner wußte wohl, daß ich nichts für mich wollte,
keine Stelle irgend welcher Art ambierte und darum traute er meinem Worte.
Meiner heimatlichen Provinz vermochte ich in mehreren Gelegenheiten von Nutzen
zu sein.

Da meine Fraktion mich meist in die wichtigsten und arbeitsreichsten Kommissionen des Reichstags entsendete, konnte ich dort oftmals den Wünschen des
Kanzlers zur Annahme verhelfen oder Ablehnung unliebsamer Anträge durchsetzen. Die Scheu vor dem Reden, die mich in den ersten Jahren arg be-
herrschte, legte ich nach und nach ab, und hielt bei wichtigen Gelegenheiten
sogenannte große Tribünenreden, die das Ohr des Hauses hatten. So war
also meine Stellung im Reichstag derart, wie ich sie wünschte, und ich arbeitete
mit mehr Lust, Liebe und Gewissenhaftigkeit an den mannigfachen gesetzgeberischen
Arbeiten, als wohl mancher der verehrten Kollegen."

Es mag um diese Zeit gewesen sein, daß Graf Frankenberg bei dem
Reichskanzler das Thema Auswanderung und Kolonien berührte. Er war über
dessen Antwort sehr erstaunt! „So lange ich Reichskanzler bin, treiben wir keine
Kolonialpolitik. Wir haben eine Flotte, die nicht fahren kann (es war in der
Blütezeit der Ära Stosch) und wir dürfen keine verwundbaren Punkte in fernen
Weltteilen haben, die den Franzosen als Beute zufallen, sobald es losgeht."

Die spätere Politik des Kanzlers war für den Grafen Frankenberg ein
Beweis, wie anders derselbe fünf Jahre später über unsre Flotte und über
unsre Kraft dachte, auch in fernen Weltteilen den deutschen Bürger und seinen
Besitz schützen zu können. „Es ist — so bemerkte Graf Frankenberg — ein
stolzes und wohlthuendes Gefühl für mich, den kompetentesten Beurteiler von
Deutschlands Können, so klar und gewaltig zur Schau tragen zu sehen, wie sehr
er die Fortschritte der Macht des Vaterlandes anerkennt und schätzt. Daß er
zugleich mit dieser Erkenntnis seine frühere Meinung ruhig aufgab, zeigt wieder in
diesem eklatanten Falle die erhabene Größe dieses Patrioten." —

Inwiefern sich der Reichstagsabgeordnete Freiherr von Varnbüler der Zustimmung des Fürsten Bismarck bei seinen Bestrebungen versicherte, die Grund-

lagen des sogenannten Unterstützungswohnsitzes zu ändern[1]), ist nicht bekannt geworden. Er sprach mit Bismarck über die Frage eines deutschen Heimatsrechts bereits zu Anfang der sechziger Jahre und zwar von der Annahme ausgehend, daß eine Gleichstellung der Angehörigen der verschiedenen deutschen Staaten in ganz Deutschland die beste Vorbereitung für eine deutsche Einheit sei.

Viel besprochen wurde am 5. April 1881 in Reichstagskreisen eine Äußerung des Fürsten Bismarck, wonach er in keinem Falle gesonnen wäre, aus dem Entwurf über die Reichsstempelabgaben[2]) die Börsensteuer allein zum Gesetz erheben zu lassen. Es müßten entweder alle einzelnen in der Vorlage enthaltenen Steuern zusammen genehmigt oder zusammen abgelehnt werden. Wenn die Börsensteuer und sonst nichts weiter zu stande käme, so erführen möglichenfalls seine, des Kanzlers, Bemühungen um eine allgemeine Steuerreform Widerspruch bei den Klein- und Mittelstaaten, weil diese annehmen könnten, vorläufig wäre den dringendsten Bedürfnissen genügt und weitere Steuergesetzprojekte hätten keine Eile. Indessen zeigte sich, daß Bismarck mit dieser Auslassung nur einen Druck auf die Abgeordneten hatte ausüben wollen. Denn als in der That von allen vorgeschlagenen Stempelsteuern nur das Börsengesetz angenommen wurde, wollte er die Verantwortung, daß dieses Gesetz unverabschiedet blieb, nicht übernehmen[3]).

Am Ende unsrer Session wurde der Abgeordnete Freiherr von Stumm-Halberg[4]) reichstagsmüde. Die Beziehungen desselben zu Bismarck reichen bis in das Jahr 1866. Im Frühjahr 1866, als der Krieg gegen Österreich bereits in Sicht war, ging im Saarbrückenschen das Gerücht, der preußische Fiskus gehe damit um, sich des Besitzes der Saarbrücker Kohlenbecken durch Verkauf an ein internationales Konsortium zu entledigen, um sich die für einen eventuellen Krieg nötigen Fonds zu sichern[5]). Da unter den mutmaßlichen Erwerbern der fiskalischen Gruben auch Franzosen waren, so bemächtigte sich große Aufregung des Saarbrücker Bezirks; man befürchtete, daß die französischen Mitbesitzer französische Arbeiter hereinbrächten, und daß Preußen das ganze Geschäft nur vorhabe, um im Falle einer Abtretung des Bezirks von Saarbrücken an Napoleon wenigstens den Wert der fiskalischen Bergwerke zu retten. Stumm erklärte, zur Beruhigung der Einwohner des Bezirks nach Berlin reisen zu wollen; denn da derselbe fortschrittlich

---

[1]) Zu vergleichen die Rede Varnbüler's bei Beratung des Gesetzes über den Unterstützungswohnsitz in der Reichstagssitzung vom 25. Mai 1881 (auch als Flugschrift erschienen).
[2]) Vergl. darüber mein Werk „Fürst Bismarck als Volkswirt", Bd. II., S. 43.
[3]) Vergl. das Gesetz vom 1. Juli 1881, betr. die Erhebung vom Reichsstempelabgaben, Reichsgesetzblatt S. 185.
[4]) Freiherr von Stumm-Halberg, Karl Ferdinand; Geheimer Kommerzienrat, Rittergutsbesitzer, Major a. D. zu Halberg und Neunkirchen. Wahlkr.: 6. Reg.-Bez. Trier (Ottweiler-St. Wendel). Reichspartei. — Geboren zu Saarbrücken; evangelisch. Mitglied des Abgeordnetenhauses 1867—1870, lebenslängliches Mitglied des Herrenhauses seit 1882. Mitglied des Reichstags 1867—1881 und dann wieder seit 1889. Mitglied des Rhein. Provinziallandtages. Kreisdeputierter. Vorsitzender der Saarbrücker Handelskammer. Führte 1870/71 eine Schwadron schwerer Reiter.
[5]) Vergl. Schulthess „Geschichtskalender" 1866, S. 167.

gewählt hatte (Virchow, Duncker) und somit an den finanziellen Schwierigkeiten der Regierung mitschuldig war, so müsse er die Sache schon selbst in die Hand nehmen. Stumm kam gerade am Tage nach dem Blind'schen Attentat, also am 8. Mai 1866, nach Berlin; er ließ sich dem Ministerpräsidenten sofort melden und hatte die Genugthuung, alsbald in langer Audienz empfangen zu werden. Beim Eintritt beglückwünschte Stumm den Grafen Bismarck wegen der Errettung aus Mörderhand[1]) und setzte demselben die Gründe auseinander, welche gegen den Verkauf der staatlichen Gruben in Saarbrücken sprechen.

„So kaufen Sie doch selbst die Gruben", bemerkte der Ministerpräsident zu Stumm, nachdem er demselben die ganze politische Lage auseinandergesetzt hatte, welche unter Umständen eine Veräußerung des fiskalischen Besitzes unerläßlich machen könnte. Stumm erklärte sich auch jetzt lebhaft gegen eine solche Maß= regel und setzte wenigstens so viel bei Bismarck durch, daß er versprach, vor einem entscheidenden Schritte ihn noch einmal zu sprechen. Es dauerte nicht lange, und Stumm erhielt eine telegraphische Aufforderung zu einem zweiten Be= suche Bismarck's. Derselbe erklärte, jetzt sei der Zeitpunkt da, wo der Verkauf der fiskalischen Gruben doch vor sich gehen müsse, — denn er brauche Geld zur Kriegführung und die Existenz Preußens liege ihm mehr am Herzen, als die Saarbrücker Gruben. Stumm erhob gegen die finanzielle Operation aufs neue lebhafte Bedenken. „Nur in dem Falle, Excellenz, dürfen Sie zu diesem Ge= schäfte greifen, das uns die Franzosen ins Land bringt, wenn das Abgeordneten= haus Ihnen die Mittel zur Kriegführung verweigert." Die Mittel wurden be= kanntlich später durch den Verkauf der Köln=Mindener Eisenbahnaktien gewonnen.

Die Frage des Verkaufs der staatlichen Kohlengruben bei Saarbrücken ist später noch gegen Bismarck auszubeuten versucht worden[2]). Wir erfahren darüber näheres aus dem Buche Busch's „Graf Bismarck und seine Leute", Bd. I., Seite 25.

Seit dieser Zeit war Stumm eine von Bismarck geschätzte Kraft, die er sich auch für das parlamentarische Leben erhalten wollte. Deutlich spricht hier= für das nachfolgende Telegramm:

An Herrn C. Stumm, Neunkirchen bei Saarbrücken.

Berlin, den 7. Februar 1867.

Ihre Wahl zum Reichstage würde der Staatsregierung in hohem Grade erwünscht sein und mir persönlich in Erinnerung an unsere Beziehungen im vorigen Sommer zu großer Freude gereichen.　　von Bismarck.

Auf die Ergebenheitsadresse, welche im Frühjahr 1877 1678 Einwohner Neunkirchens an den Fürsten Bismarck richteten, sandte der letztere an den Ge= heimen Kommerzienrat Stumm das nachstehende Schreiben:

---

[1]) Aus Freude darüber stellte Stumm sofort eine namhafte Summe zur Verfügung, worüber Bismarck zu einem guten Zwecke disponieren sollte.

[2]) Am 12. Dezember 1866 wurde über diese Angelegenheit im Abgeordnetenhause kon= versiert. Der Handelsminister Graf Itzenplitz antwortete ausweichend.

Friedrichsruh, den 3. Mai 1877.

Die freundlichen Worte, welche die Bürger Neunkirchens im Verein mit meinen Freunden in Wiebelskirchen, Elversberg und Wellersweiler an mich gerichtet haben, sind mir eine aufrichtige Freude gewesen, und ich sage allen Beteiligten meinen herzlichsten Dank für diesen Beweis Ihres Wohlwollens. Ew. Hochwohlgeboren würden mich verbinden, wenn Sie für diese mich ehrenden Kundgebungen den Unterzeichneten meinen Dank gefälligst übermitteln wollen.   von Bismarck.

Für die Beibehaltung der Eisenzölle ist Stumm im Reichstag energisch eingetreten — nicht aber bei Bismarck persönlich, um nicht in propria causa bei ihm zu plädieren.

Die Agitation für die Einführung von Getreidezöllen rührt erst aus dem Jahre 1879 her; 1877 waren noch fast alle Steuer- und Wirtschaftsreformer Freihändler. Bismarck sah aber bald ein, wohin der Freihandel führte, und sobald er einmal den Entschluß gefaßt hatte, damit im Interesse der nationalen Wohlfahrt zu brechen, beriet er die Frage unter andern Sachverständigen natürlich auch mit Stumm.

„Delbrück will ich Ihnen preisgeben. Greifen Sie die Regierung meinethalben wegen ihrer Zollpolitik nur kräftig an."

Stumm wurde demnächst Mitglied der von Bismarck im Sommer 1878 berufenen Enquete über die Lage der deutschen Eisenindustrie und that hier das Seine, um die Geheimräte über die Lebensbedingungen und die Wichtigkeit dieser Industrie aufzuklären.

Als in Frage kam, auch den Amtsrat Dietze aus Barby als Sachverständigen zu vernehmen, wandte ein freihändlerisch gesinntes Mitglied der Kommission ein: „Vom Amtsrat Dietze weiß man nur, daß er ein Freund des Reichskanzlers ist." Stumm war über diese Äußerung indigniert, verlangte die Aufnahme derselben in das Protokoll und erzählte sie seinen Freunden, wodurch sie auch zur Kenntnis Bismarck's kam, der den betreffenden Regierungsvertreter zur Rede stellte.

In der Arbeiterversicherungsfrage kann man Stumm geradezu den Vorläufer, um nicht zu sagen Vorkämpfer der Bismarck'schen Ideen nennen. Bereits bei Beratung der Gewerbeordnung im Jahre 1869 stellte Stumm einen Antrag wegen Invalidenversorgung der Fabrikarbeiter, der aber unerledigt blieb. Der Antrag machte Stumm damals freilich in Detail wenig Mühe, denn er legte demselben in der Hauptsache bloß die Bestimmung zu Grunde, wie sie für die Knappschaften bereits längst in Übung waren. Am 14. September 1878 brachte Stumm im Reichstag den Antrag auf Einführung obligatorischer, nach dem Muster der bergmännischen Knappschaftskassen zu bildenden Invalidenkassen für alle Fabrikarbeiter ein. Da dieser Antrag unerledigt blieb, so erneuerte Stumm denselben zuerst am 12. Februar 1879 (Nr. 16 der Drucksachen) [1]. Dieses Mal wurde der Antrag in der Kommission sehr eingehend beraten und

[1] Zu vergl. die stenographischen Verhandlungen der IV. Legislaturperiode, II. Session 1879, S. 155, 181, 184. Der Kommissionsbericht findet sich als Drucksache Nr. 314.

daraufhin eine Resolution gefaßt, welche sich im wesentlichen auf den Standpunkt Stumm's stellte, nur seinen ursprünglichen Antrag auf der einen Seite mehr generalisierte.

Die Kommissare der verbündeten Regierungen erwiesen sich damals dem Antrage wenig entgegenkommend. Daß der Kanzler dem Antrage weit sympathischer gegenüberstand als die in der Reichstagskommission aufgetretenen Regierungskommissare, beweist der Umstand, daß Fürst Bismarck nach dem Schlusse der Reichstagssession alsbald die deutschen Bundesregierungen in einem Rundschreiben ersuchte, eingehend alle diejenigen Fragen zu erwägen, welche eben von der Reichstagskommission beraten worden waren.

Am 19. Februar 1880 kleidete Stumm seinen nunmehr zum drittenmal gestellten Antrag in die Form einer Interpellation[1]), welche am 27. Februar im Reichstag von ihm begründet und demnächst vom Minister Hofmann beantwortet wurde[2]). Derselbe — und man darf aus seinem Munde auf die Disposition des Kanzlers schließen — erkannte den Stumm'schen Gedanken, daß der Arbeiter, der durch Alter oder sonst infolge der Arbeit erwerbsunfähig geworden ist, nicht der öffentlichen Armenpflege zur Last fallen soll, sondern in andrer Weise eine angemessene Versorgung finde, als richtig an und wies nur noch auf die Schwierigkeit einer gesetzlichen Regelung der Materie hin. Die betreffende Schwierigkeit hatte aber die Regierung bereits im folgenden Jahre, also überraschend schnell, überwunden.

Im Laufe der Jahre sah Stumm Bismarck häufig; er bat gewöhnlich um eine Audienz und bekam dann regelmäßig eine Tischeinladung, in deren Verlaufe das Gewünschte zwanglos besprochen wurde. Bei einer solchen Gelegenheit kam auch der eingangs erwähnte Austritt Stumm's aus dem Reichstage zur Sprache, der wegen der Haltung des damaligen preußischen Arbeitsministers erfolgte.

Die Blätter („Vossische Zeitung" vom 25. Mai 1881, Nr. 240) brachten folgende Version: Neulich besuchte ein der Rechten angehöriger Abgeordneter, der vor kurzem in einer vielbesprochenen Angelegenheit (betreffend das Verbot einer kleinen Zeitung) ziemlich scharf mit dem Minister Maybach zusammengeriet, den Kanzler, um ihm u. a. zu erklären, er gedenke bei den nächsten Wahlen die Flinte ins Korn zu werfen und nicht wieder zu kandidieren. Ein Vergnügen sei für ihn der Aufenthalt in Berlin nicht, sondern ein großes Opfer; komme nun noch hinzu, daß man für seinen guten Willen, gegen die sozialdemokratischen Hetzer zu wirken, statt Dank und Unterstützung zu erhalten, vielmehr vom Regierungstische zurecht gewiesen und faktisch im Stich gelassen werde, so sei es eben nicht zu verwundern, daß das Resultat davon Überdruß an der Abgeordnetenwirksamkeit und Aufgeben dieser politischen Thätigkeit bedeute. Der Kanzler erwiderte gelassen, er bedaure diesen Beschluß des Herrn Abgeordneten

---

[1]) Nr. 17 der Drucksachen, 4. Legislaturperiode, III. Session 1880.
[2] Stenographische Berichte S. 147—168.

außerordentlich, da er (der Kanzler) hierdurch nur das Vergnügen mancher angenehmen Plauderstunde komme, welches ihm dessen Anwesenheit in Berlin ver-
schaffe — politisch genommen sei es ihm aber völlig gleichgültig, ob der Herr
sich wieder wählen lasse oder nicht, da der Reichstag ja doch keine zuverlässige
Mehrheit liefere, mit der man politisch rechnen könne, man müsse sich also, so
lange keine andre Zusammensetzung zu erzielen sei, auch ohne ihn zu behelfen
suchen.

Die Sache lag aber doch etwas anders. Bismarck bat Stumm, sich doch
über die Sache hinwegzusetzen; Maybach sei durch Durchführung der Eisenbahnverstaatlichung nun einmal nicht entbehrlich. Stumm blieb aber fest; er könne
das Vorgehen des Ministers nicht ruhig hinnehmen. Opposition wolle er aber
der Regierung auch nicht bereiten. —

Noch nie waren einem Abgeordneten von Bismarck solche Elogen gesagt
worden, als dem Abgeordneten von Bennigsen in der Reichstagssitzung vom 5. Mai
1881[1].

Wem war bisher das Zeugnis erteilt worden, daß er von allen seinen
Fraktionsgenossen Bennigsen allein als den betrachte, der ihn „am meisten gefördert" habe und daß „ihm das Deutsche Reich jedenfalls großen, sehr großen
Dank schulde". Diese ostentative Äußerung der Verdienste Bennigsen's erhielt
aber ein ganz bestimmtes Relief durch den Zuruf: „Laß dich vom Linken
nicht umgarnen", den der Reichskanzler sehr deutlich dahin interpretierte, daß
es ein großer Verlust für das Reich und die Reichsregierung sein würde, der
dem Reichskanzler persönlich sehr nahe gehen würde, wenn sich Bennigsen der
Reichsregierung entfremden und eine Kontinuität zwischen Nationalliberalen und
der Opposition bis zu den Sozialdemokraten herstellen würde, während er sich
bisher immer noch der Hoffnung hingegeben habe, es würde sich eine Verschmelzung der Partei Bennigsen's mit den weiter rechts stehenden anbahnen
lassen. Dieser warme Appell an Herrn von Bennigsen erinnerte fast an den Ausspruch Wallenstein's: „Max, bleibe bei mir, geh nicht von mir, Max!" Damit
trat Fürst Bismarck mit aller Energie in den Wahlkampf und die Parteibildung
hinein und widerlegte die Angriffe, welche die offiziöse Presse gegen die Nationalliberalen in letzter Zeit gerichtet hatte[2].

---

[1] Vergl. über die Auseinandersetzung zwischen Bismarck und Bennigsen die „Post" 1881,
Nr. 124, 125, 127, 130 u. die „Vossische Zeitung" v. 6. Mai 1881, Nr. 209. — 29. Mai 1881 Rede
Bennigsen's in der Landesversammlung der nationalliberalen Partei („Post" 1881, Nr. 265,
und Schulthess' Geschichtskalender, S. 201). — 9. Oktober 1881 Magdeburger Rede Bennigsen's
(Schulthess, S. 260 Wiermann, a. a. O., Bd. II, S. 53).
[2] Aber auch noch im späteren Wahlkampf bekamen die Nationalliberalen von der
sogenannten Regierungspresse manches Unangenehme zu hören. So behauptete die „Norddeutsche
Allgemeine Zeitung" von dem Programm der nationalliberalen Partei, es liege in ihm die
Absicht, die Regierung zu bekämpfen: „Diejenigen bisherigen Mitglieder der nationalliberalen
Partei, welche dieses Programm acceptieren, sind sich bewußt, daß seine Spitze mehr gegen den
Reichskanzler, wie gegen die Fortschrittspartei gerichtet ist."

Je näher der Termin für die Neuwahlen heranrückte, um so lebhafter erscholl von seiten der Fortschrittspartei der alte Schlachtruf „Fort mit Bismarck" [1]).

Taktisch geschickter ging bei seiner Agitation Eugen Richter auf einer Wahlrede in Neustadt in der Pfalz zu Werke. Er ließ in die Versammlung nicht etwa den Ruf hineinschallen: Fort mit Bismarck — aber er bemühte sich darzuthun, daß die Politik Bismarck's in allen ihren Richtungen den Auffassungen der Fortschrittspartei entgegen sei; er mutete den Pfälzern nicht zu, sich „gegen Bismarck" zu erklären, aber er sagte ihnen, daß es der Fortschrittspartei darauf ankomme, ihren — „gegen Bismarck" genommenen Standpunkt zu wahren, und daß sie alles daran setzen müsse, um einen Umschwung zu ihren Gunsten herbeizuführen. „Wir schätzen den großen Staatsmann hoch, — sagte Herr Eugen Richter — aber wir treiben keinen Bismarck-Kultus [2])."

---

[1]) Vergl. die am 30. März 1881 gehaltene Rede des Abgeordneten von Saucken-Tarputschen in Berlin („Post" Nr. 119, außerordentliche Beilage). Am 29. April 1881 erklärte der Abgeordnete von Saucken-Tarputschen in einer Berliner Wahlversammlung: Er habe weder die Frage „für oder gegen Bismarck" noch die Parole: „fort mit Bismarck" aufgestellt, sondern nur in seiner früheren Rede gesagt, daß nach der Haltung und den Ausführungen der konservativen Presse bei der nächsten Wahl sich zwei Parteien bilden müßten, von denen die eine für, die andre gegen Bismarck sei. Die Fortschrittspartei würde nie zu der Forderung sich veranlaßt sehen, die Entfernung Bismarck's zu verlangen, denn sie wisse, daß dann nur eine jüngere Kraft auftreten würde, welche dieselben Prinzipien wie Bismarck verfolgt. Die Fortschrittspartei nehme trotz der energischen Bekämpfung Bismarck's von dem Reichskanzler alles gern entgegen, was dem Volkswohl nützen könne, und die Pflicht eines jeden Mannes, der es mit dem öffentlichen Wohle ehrlich meine, sei es, das anzunehmen, was dem Volkswohle nützen könne, gleichviel von wem es komme; die konservative Partei habe von jeher die Anmaßung besessen, Patriotismus und Königstreue für sich allein in Anspruch zu nehmen. Die Pflicht eines jeden wahrhaft patriotischen Mannes sei es, mit der Wahrheit offen aufzutreten und das offen herauszusagen, was er als für das Wohl des Landes und Volkes für geboten halte. Das sei die wahre Königstreue. Zu der politischen Situation und besonders der jüngsten Vergangenheit übergehend, bemerkt Redner, daß die Maßregeln des Fürsten Bismarck nach der agitatorischen und organisatorischen Seite hin zu beurteilen sind. Die agitatorische Thätigkeit Bismarck's sei ganz bedeutend und von enormer Wirkung. Zu der organisatorischen Thätigkeit des Fürsten Bismarck übergehend, verweist Redner darauf, daß der Reichskanzler auch keine besondere Goldquelle habe, wie jeder andre, sondern daß jeder Pfennig, den er ausgebe, aus den Taschen der Steuerzahler hervorgehen müsse. Es handle sich bei allen neuen Propositionen Bismarck's nur um ein Tauschsystem, bei welchem er das nur wiedergiebt, was er vorher erhalten hat. Was der Reichskanzler vorgeführt, seien vorläufig nur Ideale. In dem System Bismarck's liege eine Schädigung des Parlamentarismus und des konstitutionellen Lebens. Er (Redner) erkläre offen, daß er durch und durch ein Monarchist sei, und weil er das sei, wolle er den Monarchen so stellen, daß er der Verantwortlichkeit vollständig enthoben ist, dies aber könne nur durch ein vollkommenes konstitutionelles System geschehen.

[2]) „Gewiß ist — so bemerkte die „Nordd. Allg. Ztg." v. 30. April 1881, Nr. 200 — auch diese Zuspitzung der Richter'schen Rede charakteristisch für die Taktik der Fortschrittspartei, welche, da sie es vor diesem Publikum für nicht ratsam gefunden hat, die Beseitigung des Reichskanzlers als Ziel ihrer Bestrebungen offen zu bekennen, allen seinen Plänen entgegentritt und alle unklaren Geister durch einen falschen Vorwurf an sich zu locken sucht. Gerade die unklaren Geister wollen ja am wenigsten den Schein der Unselbständigkeit auf sich laden; von diesen unklaren und unselbständigen Geistern kann man erwarten, daß sie sich blindlings der Autorität des

Am 25. Juni 1881 hielt der Reichstagsabgeordnete Graf Wilhelm Bismarck[1]) in der von dem konservativen Halleschen Thorbezirks-Verein in Berlin berufenen Versammlung eine viel beachtete Rede. Die Einladungen zur Versammlung waren nur an bekannte konservative Parteigenossen ergangen, die Kontrolle wurde sehr streng gehandhabt. In der Versammlung bemerkte man fast alle Leiter und Vorsitzende der konservativen Vereine, des konservativen Central-Wahlkomites u. s. w., nicht einen geringen Teil der Versammlung bildeten Beamte. Der Saal war dicht gefüllt, ungefähr 700 Personen mochten anwesend sein, auch in dem Nebensaal hatten sich viele Personen angesammelt. Graf Wilhelm Bismarck, der kurz nach 8 Uhr erschien und in dessen Begleitung sich Graf Rantzau und Graf Herbert Bismarck befanden, wurde bei seinem Erscheinen mit lebhaftem Beifall begrüßt.

Herr von Erichsen eröffnete die Versammlung und teilte mit, daß man nur in der Absicht, um das konservative Vereinsleben zu fördern und der konservativen Sache zu dienen, sich an den Grafen Bismarck gewandt und denselben ersucht habe, einen Vortrag zu halten, andre Motive hätten nicht vorgelegen. Es müßte für jeden konservativen Mann eine Freude sein, den Sohn unsres verehrten Reichskanzlers zu hören. (Stürmischer Beifall.)

Graf Wilhelm Bismarck: Wenn man die verflossene Reichstags-Legislaturperiode betrachten und würdigen wolle, so müsse man zunächst die Zeit ins Auge fassen, die derselben vorausgegangen. Bis Juli 1878 sei der politische Himmel Europas mit düstern Wolken bezogen gewesen; den ersten Lichtblick habe im Juli 1878 der Kongreß zu Berlin gebracht; jetzt sei der politische Horizont so wolkenlos und friedlich wie lange nicht zuvor. (Beifall.) Während der Zeit

---

Herrn Richter hingeben, weil sie nicht den Vorwurf hören wollen, daß sie auf den Namen und die Autorität des Fürsten Bismarck schwören. In der That aber handelt es sich für die deutsche Nation, auch wenn man zugiebt, daß die künftige Wahlschlacht „für oder gegen Bismarck" entschieden haben wird, lediglich um Namen und persönliche Autoritäten. Nicht bloß, daß in unsrer parlamentarischen Welt kein Name genannt werden kann, welcher, ohne das Odium der Lächerlichkeit auf den Inhaber zu werfen, mit dem Bismarck'schen in Konkurrenz gebracht werden könnte, — die Nation weiß auch ganz genau oder kann es ganz genau wissen, um welche Sache, um welche Interessen und Güter des politischen Lebens es sich handelt, wenn sie bei den künftigen Wahlen sich für oder gegen Bismarck entscheidet." Vergl. wegen der Resolution des Ausschusses der Fortschrittspartei in Franken über die innere Reichspolitik des Fürsten Bismarck (Fort mit Bismarck) die „Post" 1881, Nr. 108; „Der Reichskanzler und die Fortschrittspartei", die „Post" 1881, Nr. 74. „Vom Fortschrittsring." (Wirkung der Rede des Fürsten Bismarck gegen den Berliner Fortschrittsring) die „Post" 1881, Nr. 69.

[1]) Aus dem Leben desselben erinnerte die „Voss. Ztg." kürzlich bei dem Anlaß seiner Ernennung zum Oberpräsidenten daran, daß Graf Wilhelm Bismarck sich meist im „Deutschen Hause" in Königsberg zusammen mit Herrn von Balan durch den jetzigen Ministerialdirektor Kayser für die peinliche Staatsprüfung habe vorbereiten lassen. Das waren noch selige Tage; mancher Gastwirt erzählt von ihnen noch heute. Und auch Graf Wilhelm Bismarck mag ihrer gedenken mit einem nassen, einem heitern Auge. Als Hanauer Landrat veröffentlichte Graf Bismarck den bekannten Erlaß gegen die Trunksucht und das Kartenspiel der Volksschullehrer.

der Beunruhigung im Auslande habe natürlich die Regierung den materiellen Interessen der Nation nicht so viel Sorge entgegenbringen können als nach 1878. Die Regierung habe die Zollreform inauguriert, der Industrie den schützenden Mantel umgehängt, den Versuch gemacht, den Handwerkerstand zu reorganisieren u. s. w. und schließlich mit dem Unfallversicherungsgesetz ein ganz neues Gebiet sozialer Reform betreten. Wie hätten sich nun zu diesem Bemühen der Regierung, das materielle Wohl des Volkes zu heben, die Fortschrittspartei und die Sezessionisten gestellt? Die Fortschrittspartei rede fortwährend von Diktatur. Was sei geschehen? Die Verfassung sei nicht geändert, die über Diktatur schreit, — die Fortschrittspartei erstrebt selbst die Diktatur. (Stürmischer Beifall.) Die Fortschrittspartei spreche fortwährend vom Volkswillen, sobald sie mit zur Majorität gehöre, sobald sie aber in der Minorität sich befinde, rede sie von einer unlauteren Vereinigung. (Bravo, sehr richtig!)

Der Redner ging darauf des Näheren auf die einzelnen Gesetzentwürfe ein, die den letzten Reichstag beschäftigt haben. Das erste Sozialistengesetz — so äußerte sich derselbe — habe der Reichstag kühl abgelehnt; die Regierung habe den Reichstag aufgelöst und da hätten die Wähler ein imperatives Mandat den Abgeordneten gegeben, das Sozialistengesetz anzunehmen. Die Animosität, welche man gegen das Gesetz gehabt, sei geschwunden, weil die Regierung es vollkommen loyal ausgelegt und gehandhabt habe. Wer merke etwas von dem kleinen Belagerungszustand? Die Hundesperre drücke viele Einwohner Berlins viel schwerer als derselbe. (Heiterkeit, sehr richtig!) Die Herren Bamberger und Richter hätten die neuesten Bestrebungen der Regierung, wie sich dieselben in dem Unfallversicherungsgesetz dokumentierten, ebenfalls sozialistisch genannt und dieselben mit den anarchistischen Tendenzen eines Hasselmann und Liebknecht zusammengeworfen. Die Regierung wird, so hoffe er jedoch, auf dem von ihr betretenen Wege weiter vorwärts gehen. (Bravo.) Mit der Zollreform sei man zu den Grundsätzen des deutschen Zollvereins, die bis 1865 in Kraft gewesen, wieder zurückgekehrt. Minister Delbrück habe die Grundsätze verlassen. Die Industrie und Landwirtschaft seien, ehe die Zollreform eingeführt, der ausländischen Konkurrenz rettungslos preisgegeben. (Sehr richtig, leider.) Die Fortschrittspartei habe die neue Zollreform mit allen Mitteln bekämpft und dieselbe zu Falle zu bringen gesucht. Jetzt, nachdem der neue Zolltarif erst zwei Jahre in Kraft sei, haben sich die Segnungen desselben weit größer herausgestellt, als man gehofft. (Sehr wahr.) Ein Aufschwung der Industrie sei zu konstatieren, in einzelnen Bezirken seien die Löhne gestiegen, wie dies die Herren Stumm und von Kardoff so schlagend nachgewiesen. England, wenn dessen Interessen es erheischten, sei nicht absolut freihändlerisch, in 5—6 Jahren würde England ebenso schutzzöllnerisch sein als die andern Länder. Die Herren von der Fortschrittspartei richten jetzt, da sie gegen den Zolltarif im großen und ganzen nicht mehr ankämpfen, ihre Angriffe gegen die Getreidezölle. Die Getreidezölle seien absolut notwendig für die Landwirtschaft; nach Einführung der Getreidezölle im Januar 1880 seien die Getreidepreise gefallen. (Hört.) Durch den Fortfall der Schlacht- und Mahlsteuer sei das Brot nicht billiger (Sehr richtig!) und das Fleisch nicht besser und billiger geworden. (Sehr richtig!) Zehn und eine halbe Million Mark seien für den Staat und die Kommunen durch den Fortfall dieser Steuern verloren gegangen. Daß der neue Zolltarif verbesserungsfähig sei, wäre gewiß. Die Regierung habe den deutschen Volkswirtschaftsrat ins Leben rufen wollen, in dem praktische Männer sich befinden sollten, die nicht von der Höhe das Leben betrachten, sondern in harter Arbeit kämpfen und die Wirkungen der einzelnen Tarifpositionen am besten beurteilen könnten. Der deutsche Volkswirtschaftsrat sei vom Reichstag abgelehnt. Die Versammlung möge mit allen Kräften dafür sorgen, daß ein Reichstag zu stande komme, der den Interessen des arbeitsamen Volkes sich gefügsamer gegenüberstelle als der verflossene. (Stürmischer Beifall.) Am Parlamentarismus und an der vielen Wählerei sei das Volk übersättigt, deshalb habe die Regierung die Verlängerung der Legislatur-Periode erstrebt. Diejenigen aber, die fortwährend aufregen, die fortwährend Material für ihre Zeitungen haben wollen, haben sich dem Bestreben der Regierung am meisten widersetzt. (Stürmischer Beifall.) In verschiedenen Zeitungen sei die Animosität gegen die Vorlage der Regierung gar nicht so groß, habe doch erst neulich ein liberales Blatt geschrieben, daß man das Tabaksmonopol bewilligen könne, wenn eine konstitutionelle Regierung eintrete, das heiße, wenn man aus der Fortschrittspartei und der ihr verwandten Gruppen die Minister nehme. Was habe das Volk für ein Interesse, ob die Herren von Forckenbeck, Lasker, Richter Excellenzen wären. (Stürmischer Beifall.) Es würde ihm sogar einen gewissen Spaß bereiten, wenn Lasker Excellenz sei, wenn nur der Schade für das Land nicht zu groß wäre. (Stürmischer Beifall, Heiterkeit.) In der Leitung der Verwaltung von Berlin übe die Fortschrittspartei den größten Absolutismus, die größte Tyrannei aus. (Beifall.) Man habe einen neuen Viehhof gebaut; wer habe den Löwenanteil von diesem Viehhof? (Stürmischer Beifall. Rufe: Juden.) Die Rieselfelder seien auch kein glückliches Institut. Wollte man die Wirkungen der fortschrittlichen Verwaltung in Berlin auf das Deutsche Reich übertragen, so würde vielleicht das ganze Deutsche Reich ein Rieselfeld sein. (Beifall. Heiterkeit.) Mit dem Unfallversicherungsgesetz habe die Regierung ein ganz neues Gebiet sozialer Reform betreten; er habe schließlich gegen das ganze Gesetz gestimmt, da man ⅓ der Prämien dem Arbeiter aufgelegt, während naturgemäß das Reich und der Staat dieses Drittel habe tragen müssen. Er wolle lieber noch ein Jahr warten, die Vorlage würde den Reichstag doch wieder beschäftigen. Aber noch andre soziale Reformen wären notwendig und zu erwarten, wie die Vorlagen über Versicherung gegen Alter und Invalidität. (Bravo! Sehr richtig!) Das Unfallversicherungsgesetz bilde im Verein mit den andern bereits besprochenen Gesetzen und ferner dem Wuchergesetz die Signatur der verflossenen Legislatur-Periode; die Regierung sei fortwährend bemüht gewesen, die ärmeren Leute von dem Steuerdruck zu befreien (Bravo!); eine Fraktion ehrgeiziger Leute habe diese Absicht zu durchkreuzen gesucht; es sei wenig erreicht, vieles bleibe noch zu thun übrig, die konservative Sache sei gut, sie müsse siegen, die konservative

Partei möge in dem heißen Wettkampf keine Mühe scheuen, ihr Schlachtruf müsse lauten: Nieder mit der Fortschrittspartei, nieder mit dem Fortschrittsring, nieder mit der Fortschrittstyrannei. (Stürmischer, lang anhaltender Beifall.)

Die Versammlung dankte dem Redner für seinen Vortrag durch Erheben von den Sitzen und brachte dem Fürsten Bismarck ein stürmisches Hoch. Graf Wilhelm Bismarck dankte für diese Ovation und schloß mit der Aufforderung: „Gehen Sie hin zu ihm (Fürst Bismarck), Sie werden finden, daß er Ihr bester und wärmster Freund ist!"

Professor Brecher feierte darauf das Wachsen der konservativen Partei in Berlin, dadurch, daß Fürst Bismarck seinen Sohn gesandt, sei es jetzt vollständig klar, daß Fürst Bismarck ganz und gar Gesinnungsgenosse sei. Der Vorsitzende teilte dann noch mit, daß man telegraphisch den Gruß der Versammlung dem Fürsten Bismarck übermitteln werde und schloß darauf, nachdem ein Hoch auf den Kaiser ausgebracht, die Versammlung[1]. —

An dem Versuche, bei den Reichstagswahlen von 1881 Berlin den radikal-fortschrittlichen Parteien zu entreißen[2], war in erster Linie Professor Wagner beteiligt, der im folgenden Jahre in das Abgeordnetenhaus gewählt wurde. Als die Agitation ihrem Höhepunkt zusteuerte (Juli 1881), empfing Fürst Bismarck in Kissingen den Professor Wagner und besprach mit demselben eingehend seine sozialpolitischen Pläne[3] und die Aufbringung der hierfür erforderlichen Geld-summen. Wagner erfuhr hier, daß es in der Absicht Bismarck's liege, die Ein-künfte des Tabaksmonopols für die Unfallversicherung und die Invalidenversorgung zu verwenden[4].

Darüber erhitzten sich die Gemüter leidenschaftlich. Jene Mitteilung wurde benutzt, um die Regierung aufs neue wegen Programmlosigkeit, Versprechens und Nichthaltens, unsicheren Umhertappens, und — Betreibens bloßer Wahl-reklame statt sachlicher Politik zu verurteilen; bei der neuen Bestimmung der

---

[1] Vergl. über diese Rede Wolfgang Frank, „Fürst Bismarck und nicht seine Leute", S. 107, Wiermann a. a. O., Nr. I, S. 69, die „Post" 1881, Nr. 172, 173, 175 und 185 (aus dem „Pester Lloyd") und die „Nationalzeitung" Nr. 295 vom 27. Juni 81.

[2] „Immer in der ganzen Reichsgeschichte — äußerte Bismarck am 26. Juli 1881 gegen Moritz Busch — ist die Fortschrittspartei der advocatus diaboli gewesen — Sie wissen, bei der Heiligsprechung in Rom. Glücklicherweise waren es aber nur Sprühteufel," setzte er lächelnd hinzu. — „Püstriche — sagte Busch — wie die vom geraden und krummen Horne am Grabe Faust's."

[3] Hierüber bemerkte Bismarck am 26. Juni 1881 zu Moritz Busch: „Der Staat muß die Sache in die Hand nehmen. Nicht als Almosen, sondern als Recht auf Versorgung, wo der gute Wille zur Arbeit nicht mehr kann. Wozu soll nur der, welcher im Kriege erwerbsunfähig geworden ist, oder als Beamter, durch Alter, Pension haben, und nicht auch der Soldat der Arbeit? Diese Sache wird sich durchdrücken. Sie hat ihre Zukunft. Es ist möglich, daß unsre Politik einmal zu Grunde geht, wenn ich tot bin. Aber der Staatssozialismus paukt sich durch. Jeder, der diesen Gedanken wieder aufnimmt, wird ans Ruder kommen."

[4] Vergl. über diesen Plan mein Werk, „Fürst Bismarck als Volkswirt", Bd. II., S. 78 und 79; die „Post" 1881, Nr. 223, 226, 237, 238, 244; Schultheß „Europäischer Geschichtskalender" 1881, S. 222, 228, 258, und 1882, S. 5, 7; Wiermann, „Der deutsche Reichstag", S. 272 f.

Revenuen des Tabaksmonopols sei nicht von Steuererlaß oder Anweisung zu Gunsten der Kommunen die Rede, sondern nur von invaliden Arbeitern; das sei nicht bloß Programmlosigkeit oder stets wechselnde Projektenmacherei, sondern selbst ein „Stoß in das Herz des monarchischen Prinzips", denn als einen solchen habe der heutige Minister des Innern einst selber einmal „jede Enttäuschung in dieser Beziehung", d. h. die Nichtberücksichtigung der Kommunen bei Verwendung der Überschüsse aus neuen indirekten Steuern, also das Nichthalten eines wieder-holt in feierlichster Form den Kommunen gegebenen Versprechens bezeichnet. Demgegenüber erklärt „die Post", die Verwendung der Erträge des Tabak-monopols zur Altersversicherung der Arbeiter widerspreche dem früheren Programm nicht, denn auf diesem Wege würden die Ausgaben der Kommunen für die Zwecke der Armenpflege verringert, die Gemeinden würden also in den Stand gesetzt, ihre Steuern zu vermindern. Und die „Norddeutsche Allgemeine Zeitung" schrieb: „Nichts ist ungerechter und sophistischer, als die von einigen fortschritt-lichen Blättern versuchte Anklage, daß mit der Bestimmung des Tabaksmonopols für sozialpolitische Zwecke die Steuerreform resp. die Steuererleichterungen auf-gegeben seien. Für diese ist ja durch das Gesetz vom 15. Juli 1879 bereits die formale Vorkehrung getroffen worden; die materiellen Mittel kann jetzt nur das Wachstum des nationalen Wohlstandes und die daraus hervorgehende Steigerung der Reichseinnahmen liefern."

Im übrigen förderte der Wahlkampf recht seltsame Früchte an den Tag. So erklärte der Abgeordnete Ludwig Löwe[1]) in einem Vortrage, gehalten in dem Halleschen Thorbezirksverein in Berlin, daß der „Fürst Bismarck ohne die liberale Unterstützung (?) gar nicht im stande gewesen wäre, seine Lorbeeren zu erringen, da der österreichische Krieg nicht ohne diese Unterstützung (?) durchzuführen war, und daß auch im Kriege gegen Frankreich lediglich der liberale Gedanke (?) es war, welcher die Süddeutschen zur preußischen Heeresfolge bewog."

Die Palme gebührte aber doch dem Abgeordneten Theodor Mommsen[2]), der in einem Schreiben an die holsteinische Wählerschaft vom Jahre 1881 sagte, Fürst Bismarck sei im Begriff, alle Institutionen in Deutschland, welche einen eigenen Willen haben oder haben können, zu zerstören, damit er allein in seiner „grauenvollen Einsamkeit" das Land umumschränkt in Zukunft regiere. „Was bleibt? Es bleibt die Krone. Ist dies noch die Krone der Hohenzollern? Ich weiß es nicht und halte hier ein. Unsre Kinder werden die Antwort auf diese Frage zu geben haben. Die Staatsomnipotenz in der Form des Minister-

---

[1]) Löwe, Ludwig, Fabrikbesitzer in Berlin. Geb. am 27. November 1837 in Heiligen-stadt (mosaisch). Seit 1858 in Berlin etabliert, organisierte er 1870 im großen Maßstabe die erste Maschinenbau-Anstalt und Waffenfabrik nach amerikanischem System im Inlande, welche ein anerkanntes Muster-Institut geworden ist. Seit Anfang 1864 Mitglied der Berliner Stadt-verordneten-Versammlung, Mitglied des preußischen Abgeordnetenhauses für Berlin I. seit 1877, Mitglied des deutschen Reichstags für Berlin I. seit 1878 (Fortschrittspartei).

[2]) Theodor Mommsen, Professor in Berlin, geb. am 30. November 1817 zu Garding in Schleswig. Mitglied des deutschen Reichstags in der V. Legislaturperiode.

absolutismus ist sehr wohl durchführbar und oft in der Geschichte dagewesen, zuweilen als vorübergehender Eingriff eines allzumächtigen Geistes, aber auch dauernd als die letzte Phase einer untergehenden Nation. Der Parallelen enthalte ich mich; sie könnten nicht schmeichelhaft sein."

„Wir behaupten — so wurde ihm damals von dem Abgeordneten Dr. Delbrück[1]) geantwortet — daß dabei in erster Linie gedacht werden muß an einige Minister in dem letzten Menschenalter des weströmischen Reiches, z. B. Stilicho; an die fränkischen Hausmeier; an einige türkische Großveziere aus den letzten Jahrhunderten; einige spanische Minister und endlich und vermutlich vor allem an den Kardinal Richelieu. Mommsen selbst fügt hinzu, daß die Parallele nicht schmeichelhaft sein soll. Nun, was die Person des Reichskanzlers betrifft, so kann dieser sich eigentlich über den Vergleich nicht weiter beklagen. Jene Minister waren meist ausgezeichnete, um ihr Land im höchsten Maße verdiente Staatsmänner. Für wen also soll der Vergleich nicht schmeichelhaft sein? Sehen wir uns die historischen Persönlichkeiten etwas näher an. Stilicho regierte das weströmische Reich unter dem Kaiser Honorius. Dieser Kaiser beschäftigte sich in dem festen Ravenna mit der Hühnerzucht, während Alarichs Westgoten die Stadt Rom belagerten und erstürmten. Der Großvezier Mehemet regierte das osmanische Reich unter den Sultanen Selim und Murad, die mit matten Augen sich an den Tänzen der Sklavinnen des Serails ergötzten und keine andre Leidenschaft kannten, als Frauen und Gold. Richelieu bändigte den mächtigen Feudal-Adel Frankreichs unter Ludwig XIII; einem krankhaften und schwächlichen Manne, der seinen Minister behielt, mehr, weil er sich vor ihm fürchtete, als weil er die Maßregeln seiner Politik gebilligt hätte. Wie, sagt der geneigte Leser und schüttelt mit dem Kopfe — das ist ja aber unmöglich, das ist ja Unsinn, daran kann Mommsen nicht gedacht haben. Wie hätte er so etwas meinen können? Wie kann man solche Parallelen ziehen wollen? Was ist denn gerade das eigentümlich Große unsrer Zeit? Ist es nicht die einzige Erscheinung in der Geschichte, daß ein Monarch das Glück und das Geschick gehabt hat, sich einen Staatsmann und einen Feldherrn zur Seite zu stellen, die den ersten Staatsmännern und Feldherren beigezählt werden, diesen Männern den entscheidenden Einfluß bei der Führung im Kriege und Frieden einzuräumen und dennoch nicht von ihnen in den Schatten gestellt zu werden — was sagen wir, gerade durch die Hilfe dieser Männer erst auf die Höhe der Menschheit gehoben zu werden, in einer Vornehmheit dazustehen, welche jeden Vergleich ausschließt, die Königswürde ganz in derselben Fülle und Gewalt darzustellen, wie seine Gehilfen die Leistungen der Politik und der Strategie repräsentieren? Ist es nicht gerade das, was das deutsche Volk mit einer so grenzenlosen Dankbarkeit und Verehrung erfüllt hat für seinen Kaiser, daß er sich mit solchen Ratgebern umgeben hat? Ist es nicht neben

---

[1]) Delbrück, Hans, Professor der Geschichte an der Universität Berlin, geb. am 11. November 1848 zu Bergen auf Rügen. 1882—1885 Mitglied des preußischen Abgeordnetenhauses, seit 1884 Mitglied des Reichstags.

den Erfolgen der Politik gerade die zugleich so anmutige und heroische Gestalt dieses Kaisers an der Spitze der Neuschöpfungen, welcher die — verhehlen wir es uns nicht — unter der Regierung Friedrich Wilhelms IV. schon hier und da zerbröckelnde alte royalistische Gesinnung im preußischen Volke wiedererweckt und für alle Zeiten so unerschütterlich fest aufgebaut hat, daß selbst die oppositionellen Parteien als die Grundlage ihres Programms die Königstreue proklamieren? So denken alle Deutsche, deren Verstand nicht von Gelehrten-Eitelkeit benommen ist. Mommsen aber, der berühmte Historiker Mommsen hat sich anders ausgesprochen. Er hat öffentlich die Frage aufgeworfen und seinen Zweifel laut werden lassen, ob die Krone, die Kaiser Wilhelm seinen Nachfolgern überlassen wird, noch die rechte alte Hohenzollernkrone sein werde."

Noch weiter ging Mommsen in der Charlottenburger Rede aus dem Jahre 1881, woselbst er die wirtschaftliche Politik Bismarck's eine Politik des Schwindels nannte[1]).

Verschiedene liberale Blätter äußerten sich sehr entrüstet, als der Professor das erste Mal unter Anschuldigung der Beleidigung des Fürsten Bismarck vernommen wurde. Die „National-Zeitung" registrierte mit Bedauern, daß somit eine öffentliche Gerichtsverhandlung „gegen einen der berühmtesten Gelehrten Deutschlands, dessen Name unserm Lande und der ganzen Kulturwelt zur Zierde gereicht," bevorstehe.

Mommsen wurde freigesprochen. Er wollte mit der „Politik des Schwindels" nicht den Fürsten Bismarck, sondern andre gemeint haben, worauf Professor Wagner ein Schreiben an ihn richtete, worin es hieß, ob Kollege Mommsen die Professoren der Staats-Nationalökonomie, den Zeitungsberichten und speziell den Referaten über die Gerichtsverhandlung gemäß, als diejenigen Personen hervorgehoben habe, denen seine Äußerung über Schwindelpolitik gegolten hätte?

Herr Mommsen erwiderte darauf, er habe bei seinem berühmten Ausspruch weder an den Fürsten Bismarck, noch an Herrn Wagner, noch an irgend ein andres Individuum gedacht, er habe mit einem Worte niemand gemeint. Gleichwohl hatten die Charlottenburger den in Rede stehenden Ausdruck stürmisch beklatscht. Sie hatten wohl also auch an niemand gedacht[2]). —

Den 28 Mitgliedern, welche am 31. August 1880 aus der nationalliberalen Partei ausgetreten waren, wurde bei dem Herannahen der Neuwahlen sehr unheimlich zu Mute. Der Abgeordnete Forckenbeck erhoffte alles Gute von dem „Zusammenwirken aller Liberalen" und der Bildung der „großen liberalen Partei[3]).

---

[1]) Biermann a. a. O., Bd. I., S. 329.

[2]) Über Beleidigungsklagen des Reichskanzlers gegen den Professor Mommsen vergl. die „Post" vom 16. Juni 1882, Nr. 160, vom 10. u. 11. Januar 1883, Nr. 9 u. 10, und vom 4. April 1883, Beil., Nr. 91.

[3]) Zu vergl. dessen Rede an die Wähler in Neuhaldensleben anfangs Oktober 1881 (Schulthey „Europäischer Geschichtskalender", S. 257). 3. April 1881, Rechenschaftsrede des Abgeordneten Freiherrn von Stauffenberg zu Gunsten der Sezession und der Gründung einer einzigen großen liberalen Partei. Hinweis auf die Gefahren (?) für das Vaterland, welche entspringen aus der Macht Bismarck's, seinem Willen und seiner fast übermenschlichen Energie, vergl. Schulthey „Europäischen Geschichtskalender", S. 193.

Diese Parteikombination kam ja schließlich auch zu stande; nur ist dieselbe keine große, sondern eine recht kleine Partei geworden, und diese hatte keinen Bestand, da die Bestandteile zu heterogene waren. Aus der Zeit des Wahlkampfes[1]) sind verschiedene Kundgebungen des Reichskanzlers zu erwähnen.

An den Stadtrat L. W. Vopel[2]) in Chemnitz, welcher in der letzten Legislatur-Periode den 16. Wahlkreis des Königreichs Sachsen inne hatte, erging nachstehendes Schreiben:

Kissingen, den 22. Juli 1881.

Aus Ihrem Wahlaufruf, der mir mit der Post zugeschickt worden ist, habe ich mit Befriedigung ersehen, daß auch von Ihnen und Ihren Freunden die Überzeugung geteilt wird, daß die von mir vertretenen wirtschaftlichen und sozialen Reformen an sich weder mit dem liberalen Prinzip noch mit dem einer andern Partei unvereinbar sind, und daß sie keine Tendenzen oder Wirkungen mit sich bringen, welche mit liberaler Politik mehr als mit konservativer in Widerspruch ständen. Sie haben keinen andern Zweck als den, allen Deutschen, welcher Partei sie auch angehören mögen, wirtschaftlich nützlich zu sein.

von Bismarck.

Auf eine aus Wiesbaden von konservativer Seite an den Kanzler gerichtete Anfrage, betreffend die Wahl des Admirals Werner in den Reichstag, erwiderte derselbe aus Varzin am 10. Oktober 1881:

Ew. Hochwohlgeboren erwidere ich auf die gefällige Anfrage vom 4. d. M., daß ich mich freuen würde, den Admiral Werner im Reichstage zu sehen, weil jeder sachkundige Vertreter der Marine im Schooße desselben von Nützlichkeit ist. Wie die Chancen im dortigen Wahlkreise für ihn liegen, kann ich von hier aus allerdings nicht übersehen. von Bismarck.

Auch dieses Mal wurde dem Kanzler der Vorwurf nicht erspart, daß er die Wahl einzelner Abgeordneter in unzulässiger Weise begünstige.

Es war der reine Zufall, daß im Sommer 1881 in einer Sitzung der Ritter- und Landschaft zu Ratzeburg vom Fürsten Bismarck ein Brief verlesen wurde, gerichtet an den kommissarischen Landrat von Bennigsen-Förder, in dem der letztere ersucht wurde, der Stadt Ratzeburg die Freude des Reichskanzlers darüber zum Ausdruck zu bringen, daß Ratzeburg wieder mit einer Garnison belegt werde[3]). Sofort wurde in den oppositionellen Blättern das Märchen

---

[1]) Zu vergl. die „Vossische Zeitung" vom 20. April 1881 (Leitartikel, Wahlpolitik des Reichskanzlers), die „Post" 1881, Nr. 194 (Stellung Bismarck's zur Wahlbewegung), 203 (die Fortschrittspartei und Herr von Bismarck), 210 (zur Geschichte der Fortschrittspartei), 220 und 223 (Verhalten der Fortschrittspartei Bismarck gegenüber).

[2]) Vopel, Louis Wilhelm, ehedem Stadtrat, Pelzwarenhändler und Rittergutsbesitzer, geb. am 7. Oktober 1838 in Bernburg.

[3]) Auch Graf Herbert Bismarck sandte einen Brief ein, in welchem es heißt: „Mein Vater läßt Ihnen sagen, daß es erst nach vieler Mühe gelungen ist, daß das 9. Jägerbataillon am 1. April 1882 wieder nach Ratzeburg verlegt wird".

kolportiert, Bismarck agitiere mit dieser Notifikation, um die Wahl des konservativen Herrn von Schrader in Lauenburg durchzusetzen und sich an den Liberalen
dafür zu rächen, daß Graf Herbert Bismarck bei den vorigen Wahlen in dem
Herzogtum Lauenburg unterlegen war [1]).

IV. Abschnitt.
Die erste Session der V. Legislatur-Periode des Reichstags.
(17. November 1881 bis 30. Januar 1882.)

Im Spätherbst 1881 summte Fürst Bismarck, als derselbe mit M. Busch
in der Dunkelheit durch die gewundenen Wege des Parkes hinter seinem Berliner
Palais ging, und sich mit demselben über den neugewählten Reichstag unterhielt, die
Melodie des Studentenliedes: „Wir hatten gebauet ein stattliches Haus", und
nach einer Weile sprach er vom Glück von Edenhall, mit dem er die deutsche
Verfassung verglich. Die Melodie ging in seiner Seele dem Gleichnis und dem
darin liegenden Gedanken voraus[2]). —

In einem Gespräche mit dem verstorbenen Abgeordneten Berger[3]) hatte
Bismarck bemerkt: was er sich wünsche, sei eine Majorität, wie sie Louis
Napoleon in seinem corps législatif gehabt[4]); was er bei der Wahl am
27. Oktober erhielt, war davon weit entfernt. Die Wahl war für die Konservativen schlecht ausgefallen. Das Projekt des Tabaksmonopols war vom Frei-
sinn mit großem Geschick zur Agitation ausgenutzt worden[5]). Bismarck wurde

---

[1]) „Vossische Zeitung" vom 9. Juli 1881, Nr. 313.

[2]) M. Busch, Unser Reichskanzler, Bd. II., S. 428.

[3]) Louis Berger, früher Gußstahlfabrikant in Witten a. d. Ruhr. Geb. am 28. August
1829 zu Witten. Mitglied des Abgeordnetenhauses für Solingen-Lennep 1865—66 und (wiedergewählt) 1866—67; sodann für seinen heimatlichen Wahlbezirk Bochum-Dortmund von 1868
an. 1874 für den Kreis Dortmund zum erstenmal in den Reichstag gewählt, trat er infolge
der Abstimmung über das Militärgesetz aus der Fortschrittsfraktion aus und legte sein Mandat
nieder, wurde aber Oktober 1874 mit großer Mehrheit wiedergewählt. 1877 für den nämlichen
Bezirk zum drittenmal gewählt. Referent im Eisenbahn-, Post- und Bergwesen. — Arbeitete
vorzugsweise im Berg-, Hütten- und Eisenbahnwesen. (Fortschrittspartei).

[4]) In einer anfangs November 1881 gehaltenen Wahlrede teilte der Abgeordnete Berger
noch folgendes mit: Fürst Bismarck habe ihm gegenüber erklärt, daß sich in konstitutioneller
Weise nur regieren lasse, wenn, wie in England, der Premierminister gleichzeitig der Führer der
Majorität des Parlaments sei. Herr Berger habe dem Reichskanzler darauf erwidert, daß der
Satz umgekehrt richtig, daß nämlich in England der Führer des Unterhauses Minister-
präsident sei.

[5]) Wie sehr der Ausfall der Wahlen die Hoffnungen der Fortschrittspartei erweckte, ersieht
man aus einer Wahlrede des Abgeordneten Eugen Richter in Berlin am 16. November 1881
„Die Konservativen haben keine Zukunft mehr". (Schulthess, S. 279.)

aber durch das Schlußergebnis weder entmutigt noch überrascht[1]). „Chronische Zeiten — so bemerkt er in einem Dankschreiben auf ein Ergebenheitstelegramm des Vereins deutscher Studenten in Leipzig — fordern Zeit und Geduld[2])."

Bezeichnend ist noch das folgende Telegramm, welches der Kanzler an das konservative Centralkomitee in Berlin auf die Anzeige von dem ungünstigen Berliner Wahlresultat aus Varzin richtete: Ich danke verbindlichst für Ihr Telegramm[3]) und werde für jede Unterstützung dankbar sein, die ich in dem Kampfe gegen die meiner Überzeugung nach Kaiser und Reich gefährdenden Bestrebungen der Fortschrittspartei erhalte.   von Bismarck.

Bei mehreren Wahlkandidaten bedauerte der Kanzler das denselben ungünstige Wahlergebnis. An das Mitglied des Abgeordnetenhauses von Rauchhaupt richtete derselbe das nachstehende Schreiben[4]):

Berlin, den 22. Dezember 1881.

Ew. Hochwohlgeboren und Ihren Auftraggebern danke ich verbindlichst für die freundliche Gesinnung, welche das Telegramm vom 19. d. M. zum Ausdruck bringt[5]). Gleichzeitig spreche ich Ew. Hochwohlgeboren mein Be-

---

[1]) Vergl. den Artikel „Die Reichstagswahlen und der Reichskanzler" in den „Grenzboten", 40. Jahrgang (1881), IV. Quartal, S. 301—307. Konsequenzen der den politischen Schwerpunkt erheblich nach links verrückenden Wahlen. Hoffnung und Notwendigkeit. Der Kanzler werde, wenn auch angeekelt von der sich in den Wahlen aussprechenden Undankbarkeit, gleichwohl im Amte bleiben.

[2]) Am Abend des Wahltages (27. Oktober) war in Leipzig der Verein deutscher Studenten versammelt, um die Siegesbotschaften in Empfang zu nehmen. Ein Studiosus Hahn feierte in beredter Ansprache den deutschen Reichskanzler. Den ersten Schatten über die freudige Stimmung warf der wenig befriedigende Wahlausgang in Leipzig. In Betrübnis versetzte aber alle Anwesenden ein in der zwölften Nachtstunde vom Berliner Kartellverein einlaufendes Telegramm mit dem Inhalt: „Fortschritt viermal gesiegt, zweimal Stichwahl mit Sozialdemokrat." Mit bewegten Worten beklagte Studiosus Hahn dies unerwartete Resultat. Man beschloß, die Kneipe sofort aufzuheben, den Reichskanzler aber noch in derselben Stunde aufs neue der unentwegten Ergebenheit des Vereins zu versichern. Darauf ging noch am selben Tage aus Varzin ein Antwortschreiben ein, in dessen Schlußsatze es heißt: „Ich freue mich aus Ihrem Telegramm zu ersehen, daß der Verein deutscher Studenten im festen Vertrauen auf die Zukunft mit mir übereinstimmt."

[3]) Das Telegramm lautete: „Ew. Durchlaucht beehrt sich das C. C. C. ergebenst anzuzeigen, daß es angesichts des heute offiziell festgestellten Wahlresultats für Berlin den festen Entschluß gefaßt hat, den Kampf gegen den Berliner Fortschrittsring mit ungeschwächten Kräften fortzusetzen, und sich bemühen wird, so viel an ihm liegt, zur Heilung des an unserm Staatsleben fressenden chronischen Übels beizutragen."

[4]) In Kohl's Bismarck-Regesten nicht erwähnt.

[5]) In einer von Wahlmännern der konservativen Partei in Delitzsch am 19. Dezember abgehaltenen Versammlung wurde beschlossen, folgendes Telegramm an den Fürsten Bismarck abzusenden. „Sr. Durchlaucht dem Fürsten Bismarck. Die konservativen Wahlmänner des Delitzsch-Bitterfelder Wahlkreises, welche mit großer Majorität den konservativen Kandidaten zum Abgeordnetenhause gewählt, entsenden Ew. Durchlaucht den vollen Ausdruck ihrer Übereinstimmung mit der von Ihnen befolgten Reformpolitik. Wolle Gott Ew. Durchlaucht die Kraft zur siegreichen Durchführung Ihrer Pläne voll verleihen. von Rauchhaupt."

dauern darüber aus, daß die dortige konservative Partei bei der jüngsten Reichstagswahl nicht ebenso erfolgreich gewesen ist, wie bei der stattgehabten Landtagswahl. Es würde mir eine besondere Freude bereitet haben, durch Ew. Hochwohlgeboren bewährte Kraft im Reichstage unterstützt zu werden.

von Bismarck.

Auf ein Zustimmungstelegramm konservativer Wähler aus dem Kocherthale erging nachstehender Bescheid[1]): Für das Telegramm, welches Ew. Wohlgeboren mir Namens der reichstreuen Wähler des Kocherthales übersandt haben, danke ich Ihnen und allen beteiligten Herren. Ich bedaure lebhaft, daß Fürst Hohenlohe-Langenburg[2]) nicht zu den Mitarbeitern dieses Reichstags gehört, ich teile aber auch mit Ihnen die Hoffnung, daß die Ergebnisse von Wahlen, wie die dortige, keine definitive und für die Zukunft des Reichs nicht maßgebend sein werden.

von Bismarck.

Endlich richtete Bismarck ein Schreiben an das liberale Kreiswahlkomitee in Hof, worin er sein Bedauern darüber ausdrückte, die Mitwirkung des durch seine politische Einsicht und seine versöhnliche Gesinnung gleich ausgezeichneten vormaligen Mitarbeiters Dr. von Schauß[3]) vermissen zu müssen. Schauß war eine parlamentarische Kraft ersten Ranges, dabei dem Fürsten treu ergeben und sympathisch. Er war, so lange er noch der nationalliberalen Partei angehörte, ein starkes Gegengewicht gegen Lasker, dessen Einfluß viel stärker war, als seine Bedeutung. Weil er immer Lärm machte, nannte ihn Bismarck einmal „die Brummfliege" der nationalliberalen Partei.

Fürst Bismarck dachte wiederholt daran, Herrn von Schauß für den Reichsdienst zu gewinnen. Die Stellung, die derselbe zuletzt in München bekleidete, war aber eine so günstige, daß es schwer war, ihm in Berlin etwas Verlockendes anzubieten[4]). —

Es war ein empfindlicher Schlag für die Sache der Schutzzöllner, daß der Vorkämpfer des Zolltarifs vom Jahre 1879 bei den Neuwahlen in seinem alten

---

[1]) Das Datum desselben habe ich nicht feststellen können. Es fällt aber vor den 22. November 1881.

[2]) Fürst Hohenlohe-Langenburg, jetzt Statthalter von Elsaß-Lothringen, geb. am 31. August 1832. Erbliches Mitglied der I. württembergischen Kammer. Mitglied des Reichstags seit 1871. Fürst Hohenlohe-Langenburg unterstützte später die Kolonialpolitik des Fürsten Bismarck und unterhielt sich darüber mehrfach mit dem Kanzler. Auch als langjähriger Vorstand der deutschen Reichspartei hatte Fürst Hohenlohe-Langenburg öfters Gelegenheit, die Politik des Kanzlers mitbestimmend zu unterstützen.

[3]) von Schauß, Friedrich, Dr. jur., Direktor der süddeutschen Bodenkreditbank in München. (Geb. 22. Januar 1832 in München (kath.). 1859 Staatsanwaltssubstitut in München, dann in Cronach. 1863 Rechtsanwalt in München. Seit 1871 Bankdirektor, Mitglied der bayerischen II. Kammer seit 1869. Mitglied des Reichstags seit 1871. Früher nat.-lib., dann liberale Gruppe. Schauß starb im Sommer 1893.

[4]) Einladung des Dr. von Schauß zur Theilnahme an den Beratungen über eine Reform der Aktiengesetzgebung im Februar 1882 („Neue Preußische Zeitung" v. 1. März 1882, Nr. 51).

Wahlkreise nicht mehr gewählt wurde. Freiherr von Varnbüler[1]) verschmähte es, im Wahlkreise herumzureisen; er konnte mit Recht geltend machen, daß er überall bekannt sei und sich auf Wahlreisen mit obligaten Reichstagsreden nicht einzulassen brauche. Gleichwohl unterlag er einem Kandidaten von der Volkspartei, der sich rühmte, nicht orthographisch schreiben zu können.

Auch von Helldorff unterlag in der Wahl und hatte gleichzeitig das Unglück, bei einem Sturz mit dem Pferde sich so zu verletzen, daß er mehere Monate lag. Derselbe blieb aber als Vorstandsmitglied des konservativen Wahlvereins in Verbindung mit der Politik und war öfter in Berlin, so u. a. am 19. Januar 1882 bei Bismarck zu Tisch. Helldorff fand den Kanzler leidend und recht verstimmt. —

Über die Niederlage des Grafen Fred Frankenberg schreibt derselbe: „Ich wußte wohl, daß mir viele Gegner daraus erwuchsen, daß ich das Tabaks-monopol für eine eminent vernünftige Einrichtung ansah, und dies gefiel den Produzenten des berühmten Ohlauer und Wansener Krautes nicht.

Mich bekümmerte es wenig, wohl aber wurde ich stutzig, als ein hoch-konservativer Rivale mir gegenübertrat. So ungefährlich auch die Persönlichkeit war, so bedenklich war die Spaltung. Die Fortschrittspartei begriff ihren Vorteil augenblicklich, und aus Berlin wurde als liberaler Kandidat ein Bierbrauer Namens Goldschmidt[2]) (aber aus alter christlicher Familie, wie es in seinem Wahlaufruf hieß) entsendet, den niemand im Wahlkreise kannte. Die liberale Agitation war ebenso geschickt als die konservative unglücklich geleitet, und ich kam mit dem Berliner in die Stichwahl. — Bei den üblichen 3500 Stimmen „der christlich Konservativen", wie hier das Centrum sich nannte, lag die Entscheidung. In einer großen Wählerversammlung in Strehlen trat mir ein Kaplan und ein jüdischer Doktor Schulter an Schulter entgegen; da war mir die Situation nicht mehr unklar. Ich unterlag am 16. November mit 6370 gegen 8743. Die Kreise Strehlen und Nimptsch hatten mich gewählt; der an Stimmen zahl-reichere Kreis Ohlau hatte gegen mich entschieden. Die Führer hatten mich gerade dort abgehalten, persönlich zu erscheinen, sie wollten alles allein machen. In Nimptsch und Strehlen hatte ich selbst agitiert und der Erfolg sprach für mich. Im ersten Moment traf die Niederlage mich hart. Sieben Jahre hatte

---

[1]) Es mag hier an einen parlamentarischen Witz erinnert werden, der sich an seinen Namen knüpft. Im Jahre 1878 stellten bekanntlich die Abgeordneten Buhl und Varnbüler den Antrag auf eine General-Enquete zur Vorbereitung der Zolltarif-Revision. Für diesen Antrag hatte man etwa zweihundert Stimmen geworben. Als aber die Sache im Reichstag von allen Seiten diskutiert wurde, fiel einer nach dem andern ab und die Herren Buhl und Varnbüler mußten sich beeilen, den Antrag zurückzuziehen, um ihn vor der Ablehnung zu bewahren. Damals erfand man folgende Steigerung: Positiv: Buhl, Komparativ: Bühler (ein oberschlesischer Eisenmann), Superlativ: Varnbüler.

[2]) Goldschmidt, Johannes Friedrich, Brauereidirektor, Hauptmann a. D. und Handels-richter am Landgericht I. zu Berlin. Geb. den 20. Februar 1837 (evangl.). Verfasser verschiedener volkswirtschaftlicher Schriften. Nach der Wahl im 5. Regierungsbezirk Breslau schloß sich derselbe der „Liberalen Vereinigung" an.

ich wirklich nach besten Kräften den Wahlkreis vertreten und ich war eine wirksame Stütze für die Interessen des rein ländlichen Bezirks gewesen, dem die
neue Zollgesetzgebung sehr zu gute kam; ich hatte die Politik des Kanzlers kräftig
unterstützt, deren vaterländische Ziele und wunderbare Erfolge aller Welt sichtbar
vor Augen lagen, dennoch machten die sogenannten „königstreuen Konservativen"
den ersten Ausfall gegen mich, und im Verein mit Juden und Kaplänen über-
lieferten sie den Wahlkreis, der bisher immer konservativ gewählt hatte, an einen
Fortschrittsmann aus Berlin. Das allgemeine Wahlrecht und der Fraktions-
fanatismus zeigten, wessen sie fähig seien! Sechszehn Jahre hatte ich meine
vornehmste Beschäftigung in der Arbeit im Reichstag gefunden, den gesetzgeberischen
Ausbau des stolzen Gebäudes, dessen Fundamente ich in zwei großen Kriegen
unter Einsetzung meines Lebens mitgelegt, und jetzt einem unbekannten Bierbrauer
zu unterliegen — das kränkte mich.

In dem neuen Reichstag war überdies die patriotische Mehrheit früherer
Zeiten zersprengt und Windthorst konnte erklären, „dieser Reichstag gefiele ihm
sehr gut!" Meine Fraktion war dezimiert, fast alle bedeutenderen meiner früheren
parlamentarischen Genossen waren unterlegen oder hatten eine Neuwahl abgelehnt
— dies alles machte mir den Abschied vom Parlament leicht[1]."

Zu bemerken ist noch, daß die Niederlage des Grafen Fred Frankenberg
erfolgte, wiewohl der Reichskanzler nachstehendes, offenbar für die Wähler bestimmte Telegramm an ihn gerichtet hatte[2]:

> Brief erhalten. Falls es zum Tabaksmonopol kommt, liegt die Er-
> richtung einer Staatsfabrik in Ohlau, welche dort in erster Linie indiziert ist,
> in der Absicht der Regierung.   von Bismarck.

Neu eingetreten in den Reichstag war Freiherr von Hammerstein[3], derselbe
war Deklarant und als solcher, wiewohl schon vor 1880 namhaftes Mitglied
der konservativen Partei im Abgeordnetenhause, für Bismarck nicht vorhanden.
Als Fürst Bismarck im Jahre 1879 die Zolltarifreform durchsetzte und den bekannten agrarischen Brief an den Freiherrn von Thüngen geschrieben hatte, da

---

[1] Im Winter 1882 beteiligte sich Graf Frankenberg an der Gründung eines deutschen
Kolonialvereins und wurde demnächst erster Vorsitzender der Abteilung Berlin.

[2] Zu vergl. über den Schriftwechsel zwischen Bismarck und Frankenberg die „Post"
1881, Nr. 310, und die „Vossische Zeitung" vom 6. November 1881, Nr. 519, und 11. November 1881, Nr. 527, (demnächstige Erklärung Frankenberg's an seine Wähler).

[3] Freiherr von Hammerstein, Wilhelm; zu Berlin. Wahlkreis: 2. Regierungsbezirk
Minden (Herford-Halle). — Deutschkonservativ. — Geb. am 21. Februar 1838; lutherisch. Nach
absolvierter Maturitätsprüfung widmete er sich dem Studium der Forstwissenschaft auf den
Akademien zu Tharand und Eberswalde. Ostern 1860 trat er als Forstmann in mecklenburg-
schwerinsche Dienste, die er 1863 wieder verließ, um die nach dem Tode seines Vaters ererbten
Güter zu bewirtschaften. Übernahm am 28. November 1881 die Chefredaktion der „Kreuzzeitung"
und verlegte seinen Wohnsitz nach Berlin. Seit 1876 Mitglied des Abgeordnetenhauses. Mitglied des Reichstags von 1881 bis 1890. Seit dem 1. September 1892 wiedergewählt für
denselben Wahlkreis. Vergl. auch Schultheß „Geschichtskalender" 1889, S. 26 und 149, und
Biermann „Der deutsche Reichstag". Seine Parteien und Größe. Bd. II., S. 229.

drängte sich dem Freiherrn von Hammerstein die Überzeugung auf, daß es jetzt für die konservative Partei an der Zeit sei, Bismarck's wirtschaftliche Politik wirksam zu unterstützen und mit der alten Fronde aufzuräumen. Während die andern Deklaranten dem Bedauern über frühere Mißverständnisse meist in Kollektiverklärungen Ausdruck gaben, richtete Freiherr von Hammerstein persönlich ein Schreiben an den Fürsten Bismarck, worin derselbe im Sinne der übrigen Deklaranten um die Wiederherstellung vertrauensvoller Beziehungen bat. Bismarck antwortete alsbald in befriedigendem Sinne.

Als es bereits bekannt war, daß Freiherr von Hammerstein die Leitung der „Kreuzzeitung" übernehmen werde, lud Bismarck denselben, da er gerade in Pommern sich aufhielt, ein, ihn in Varzin zu besuchen. Hammerstein folgte dieser Einladung und hielt sich anfangs November 1881 zwei Tage in Varzin auf. Hier wurden eingehende politische Verhandlungen zwischen beiden geführt. Bismarck kam es darauf an, zum Zwecke der weiteren Durchführung seiner Zollpolitik und der Gesetzgebung für die wirtschaftlich Schwachen das gute Verhältnis, welches sich 1879 zwischen den Konservativen und dem Centrum bei Beratung des Zolltarifs angebahnt hatte, weiter zu pflegen. Hammerstein erschien dem Kanzler als ein Bindeglied zwischen diesen Parteien, deren Einvernehmen ihm auch in der Frage der Beseitigung des Kulturkampfes wünschenswert war. Deshalb war es dem Fürsten Bismarck auch willkommen, daß Hammerstein, welcher bisher nur dem Landtag angehört hatte, nunmehr auch Mitglied des Reichstags geworden war. Er wünschte, daß derselbe die Reorganisation der konservativen Partei in die Hand nehme und sich in dieser Sache mit dem Minister von Puttkamer in Verbindung setze. Von dem Anerbieten des Kanzlers, Hammerstein brieflich bei dem Minister des Innern einzuführen, brauchte derselbe nicht Gebrauch zu machen, da er mit Puttkamer bereits hinlänglich bekannt war. Übrigens hatte der Kanzler vor, in den nächsten Tagen selbst nach Berlin zu kommen, so daß dieser Punkt mündlich erledigt werden konnte.

Freiherr von Hammerstein gehörte zu den extremen Konservativen, so daß sich Bismarck über sein Programm keiner Täuschung hingeben konnte. In dieser politischen Grundanschauung des Parlamentariers lag die Ursache, weshalb es zwischen ihm und Bismarck niemals zu einer Einigung kam. Der Verkehr gestaltete sich gleichwohl freundlich; Hammerstein war öfters bei Bismarck zu speziellen Beratungen. Es kam vor, daß er ihm in den Reichstag sagen ließ, er esse heute allein, ob er ihn zu Tisch erwarten dürfe. —

Aus Bismarck's Nachbarschaft in Varzin gelangte in den Reichstag Adolf von Massow auf Rohr[1]). Die Eltern des Abgeordneten gehörten seit langen

---

[1]) von Massow, Adolf, Rittergutsbesitzer, Major z. D., auf Rohr (Pommern). Wahlkreis: 2. Köslin (Schlawe-Rummelsburg). — Deutschkonservativ. — Geb. am 27. August 1837 zu Berlin; evangelisch. 1857 Offizier im Zieten-Husaren-Regiment, später im Garde Kürassier-Regiment bis zum Major. Mitglied des Kreistags und Amtsvorsteher, Mitglied des Reichstags seit 1881, des preußischen Abgeordnetenhauses von 1879 bis 1882.

Jahren zu den Bekannten des Hauses Bismarck; er selbst ist erst im Jahre 1879 in nähere Beziehung zu dem fürstlichen Hause getreten, nachdem er im Wahlkreise Schlawe-Rummelsburg zum Mitgliede des preußischen Abgeordnetenhauses gewählt worden war.

Obgleich die Stimmen der Varziner Güter Herrn von Massow bei der Wahl nicht zufielen, machte derselbe gleich nach der Wahl seinen Besuch in Varzin und fand eine überaus freundliche Aufnahme. Seit der Zeit ist Herr von Massow alljährlich in Varzin, Berlin oder Friedrichsruh der Gast im Fürst Bismarck'schen Hause gewesen, und nachdem Fürst Bismarck erkannt, daß er in demselben nicht nur einen persönlichen Verehrer, sondern auch einen unbedingt politischen Anhänger in ihm hatte, wurde der Verkehr ein vertraulicher, was sich besonders in den vom Fürsten geführten Gesprächen dokumentierte. Mit der ihm eigenen Offenheit besprach der Reichskanzler seine Stellung zu Kaiser Wilhelm I. und das Verhältnis zu seinen Kollegen im Ministerium, insonderheit sein Verhältnis zu den politischen Parteien.

Zu der Zeit, als Fürst Bismarck noch lange im Dienst war, äußerte er wiederholt: „Als Reichskanzler und preußischer Ministerpräsident habe ich keine Zugehörigkeit zu einer besonderen politischen Partei, auch nicht zu der konservativen, ich nehme die Unterstützung von allen Parteien und acceptiere einen persönlichen Verkehr von allen denjenigen, welche mich in meinem Streben zum Wohle des Vaterlandes unterstützen wollen. Bin ich erst nicht mehr im Dienst, dann ändert sich die Sache, dann werde ich mich zu denen halten, die namentlich auf wirtschaftlichem Gebiet mit mir denselben Strang ziehen." Der Fürst hat also schon damals bekannt gegeben, daß er nach seiner Verabschiedung den Maßnahmen der Regierung nicht indifferent gegenüber stehen werde, vielmehr jederzeit mit seinen persönlichen Ansichten nicht zurückhalten würde.

Neu eingetreten war ferner in den Reichstag der damalige Hofprediger Stöcker[1]). Einigermaßen mysteriös bezeichnet Hermann Wagener das Verhältnis des Fürsten Bismarck zu demselben. „Daß derselbe jemals eine Einladung nach Varzin oder Friedrichsruh erhalten, haben wir nicht gehört, wenngleich man uns versichert, daß er hier im Reichskanzlerpalais verkehre. Wahrscheinlich gilt hier mutatis mutandis der Spruch aus Goethe's Faust: Von Zeit zu Zeit seh' ich den Pastor gern."

Über die Stellung der Regierung zu der sozial-politischen Thätigkeit des Hofpredigers Stöcker wurde im Dezember 1880 der „Schlesischen Zeitung" ge-

---

[1]) Stöcker, Christian Adolf, Hof- und Domprediger in Berlin. Geb. den 11. Dezember 1835 (evang.). Pfarrer in Seggerde 1863—1866, in Hamersleben 1866—1871, Divisionspfarrer in Metz 1871—1874, seitdem Hof- und Domprediger in Berlin. Mitglied des preußischen Abgeordnetenhauses seit 1879 für den Wahlkreis Bielefeld-Herford-Halle. — Wahlkreis: 1. Regierungsbezirk Arnsberg, Siegen. (Christlich-sozial, Fraktion der Deutsch-Konservativen). Vergl. noch Biermann „Der deutsche Reichstag", Bd. II., S. 282—307. Über die Stellung Bismarck's zur Stöcker'schen Bewegung s. die „Post" 1880, Nr. 332 (Auszug aus einem „Grenzboten"-Artikel).

schrieben: „Es ist in neuester Zeit der Regierung wiederholt der Vorwurf ge=
macht worden, daß sie die sozialpolitische Agitation des Hofpredigers Stöcker
nicht ungern sehe oder wohl gar begünstige. Es erscheint daher angezeigt, das
Verhalten der Regierung in dieser Angelegenheit auf grund durchaus zuverlässiger
Information endlich einmal darzulegen. Der Hofprediger Stöcker ist wegen
seines Vorgehens auf sozialem Gebiete der Regierung von vornherein nichts
weniger als persona grata gewesen; — es ist vielmehr schon früher die Frage
in Erwägung gezogen worden, ob das Auftreten desselben nach Erlaß des
Sozialistengesetzes überhaupt noch zu dulden sei[1]). Fürst Bismarck hat sogar
den Ausdruck entschiedener Mißbilligung des Auftretens des Herrn Stöcker bis
an die allerhöchste Stelle gelangen lassen. Es ist jedoch als irrtümlich erkannt
worden, das Sozialistengesetz gegen Herrn Stöcker in Anwendung zu bringen,
weil seine sozialpolitische Thätigkeit entschieden keine dem Gesetz verfallende ist,
wenn auch die Form seines Auftretens zu Bedenken und Ausstellungen Anlaß
geben mag. Wiederholt soll dann das Kirchenregiment angegangen worden sein,
der Agitation des Herrn Stöcker Einhalt zu thun. Wenn dies bisher nicht ge=
schehen, so ist einzig und allein der Umstand daran schuld, daß immer und immer
wieder von hervorragend einflußreicher Stelle, der nicht wohl zuwider gehandelt
werden konnte, die zweifellos redliche Absicht des Herrn Stöcker geltend gemacht
worden ist. Die bezüglichen Vorstellungen des Kirchenregiments sollen jedoch in
neuerer Zeit dahin geführt haben, daß Herrn Stöcker wiederholt eröffnet wurde,
die Stellung eines Hofpredigers sei mit seinem Auftreten schwerlich vereinbar.
Hieraus mag wohl das Gerücht entstanden sein, daß Herr Stöcker, der ein ver=
mögender Mann ist und der aus innerster Überzeugung den Kampf gegen den
Sozialismus und im Zusammenhange damit gegen das Gründerwesen und das
Überhandnehmen des jüdischen Einflusses auf allen Gebieten des öffentlichen und
sozialen Lebens für seine Mission hält, lieber seinen Abschied nehmen, als auf
die nachdrückliche Geltendmachung seiner Bestrebungen verzichten werde. So viel
steht fest, daß man die etwaige Fortdauer der Stöcker'schen Agitation nicht als
eine Folge der von der Regierung geübten Konnivenz bezeichnen darf. Die Re=
gierung vermag Herrn Stöcker gegenüber kein wirksames disziplinarisches Mittel
zur Anwendung zu bringen, in diesem Falle würde allein das Kirchenregiment
einschreiten können."

---

[1]) Über die ganz falsche Behauptung des „Reichsboten", Bismarck habe anfangs der
achtziger Jahre die Ausweisung Stöcker's gefordert, vergl. die „Vossische Zeitung" Nr. 462 vom
3. Oktober 1890, das „Berliner Tageblatt" Nr. 502, vom 4. Oktober 1890, die „Kölnische Volkszeitung" Nr. 274 vom 4. Oktober 1890. Auch das „Deutsche Tageblatt" bezweifelte die Angabe
des „Reichsboten", indem es sich darauf berief, daß im Gegenteil Fürst Bismarck noch in einer
sehr viel näher liegenden Periode, nicht unter dem gegenwärtigen Kaiser, einen empfindlichen
Schlag, nämlich die Entfernung vom Hofpredigeramte, von Herrn Stöcker abgewandt habe.
Darauf antwortete nun der „Reichsbote": „Das geschah allerdings in den ersten Tagen der Regierung Kaiser Friedrich's, macht aber unsre Mitteilung nicht unwahr. Fürst Bismarck folgte
oft den Impulsen des Augenblicks, wie das Vorgehen der offiziösen Presse gegen Stöcker nach
der Waldersee-Versammlung und vor der letzten Wahlcampagne illustriert."

Als erster Präsident des Reichstags fungierte von 1881—1884 und von 1888 bis April 1895 der Landesdirektor und Rittergutsbesitzer von Levetzow[1]). In der Zeit von 1867—1871 zählte derselbe noch zu den jüngeren Mitgliedern der Fraktion und hatte infolgedessen keine näheren Beziehungen zum Fürsten Bismarck. Was zwischen Bismarck und der Fraktion zu verhandeln war, besorgte damals hauptsächlich Moritz von Blanckenburg. Die Fraktion hielt zu jener Zeit ihre Sitzungen mitunter im Kriegsministerium, da der Minister von Roon an den Beratungen derselben teilnehmen wollte.

Nach 1877 wurden die Beziehungen Levetzow's zum Kanzler schon häufiger; er wurde öfter zu Tisch geladen, manchmal in größerer Gesellschaft, zuweilen auch allein, wobei dann die schwebenden Fragen besprochen wurden. Eine Unterredung betraf die Beseitigung des Kulturkampfes. „Den Kulturkampf will ich auf alle Fälle aus der Welt haben — sagte der Fürst. — Goßler scheint ja der richtige Mann zu sein, um dies Ziel zu erreichen; ich finde nur, daß die Ansichten seiner vortragenden Räte zu sehr von ihm zurückschimmern."

Wiederholt beklagte sich Fürst Bismarck bei Levetzow, daß seine Reden nicht wortgetreu stenographiert würden. Levetzow bestimmte darauf, daß, so oft der Fürst sprach, noch der Vorstand des stenographischen Bureaus als dritter zum Dienst herangezogen wurde.

Levetzow hatte es sich als Präsident des Reichstags zum Grundsatz gemacht, zum Reichskanzler nicht in ein intimes Verhältnis zu treten; das Bekanntwerden eines solchen würde seine Autorität im Reichstag geschmälert haben. Er gab Herrn von Wedell, seinem Nachfolger als Präsident, den Rat, dasselbe Prinzip zu befolgen, und letzterer wußte ihm später für diesen von ihm gleichfalls befolgten Wink Dank. Daß die Taktik Levetzow's nach Lage der Verhältnisse an sich geschickt war, will ich gern zugeben. Aber dann waren doch die Verhältnisse ungesunde. Das Ideal ist es sicherlich nicht, wenn der Reichstag aus den intimen Beziehungen zwischen seinem Präsidenten und dem obersten Reichsbeamten Argwohn schöpft. Für die Erledigung der Geschäfte des Reichstags müßte es weit förderlicher sein, wenn der Kanzler und der Reichstags=Präsident enge Fühlung mit einander besitzen, sowie es z. B. zu Simson's Zeiten der Fall war.

Ein brieflicher Verkehr zwischen Levetzow und Bismarck hat nicht stattgefunden, abgesehen von den üblichen Geburtstagsgratulationen, wofür der Fürst sich stets in verbindlichen Worten bedankte.

---

[1]) von Levetzow, Albert Erdmann Karl Gerhard, Landesdirektor der Provinz Brandenburg und Rittergutsbesitzer auf Goßow, konservativ. Geboren am 12. September 1828 zu Goßow; evangelisch. Regierungsassessor zu Potsdam und im Kultusministerium zu Berlin, von 1860—67 außer Dienst, mit der Bewirtschaftung seines Gutes beschäftigt. 1867—76 Landrat des heimatlichen Kreises Königsberg i. d. N., 1876 Landesdirektor der Provinz Brandenburg; Major der Landwehr a. D.; Mitglied des Brandenburger Provinzial- und Neumärk. Kommunal-Landtages, auch des Kreistages von 1867 bis 1871; von 1867—71, von 1877—84 und von 1887—90 Mitglied, von 1881—84 und von 1888—95.

Beim Beginn der Session faßte Bismarck die parlamentarische Lage wie folgt auf: Durch die Wahl ist das Centrum der Scheibe nach links verschoben. Das sezessionistisch-fortschrittliche Judentum mit seinem Gelde ist von großen Massen der Wähler mir vorgezogen worden, es ist jetzt der Mittelpunkt geworden. Unverstand und Undank regieren weite Kreise des Volkes. Die Wahlen haben bewiesen, daß der deutsche Philister noch lebt, daß der Köder der Phrase und Lüge ihn noch verlockt. Er will nichts vom Schutze der nationalen Arbeit, nichts von der Unfall- und Altersversicherung der Arbeiter mit staatlicher Beihilfe wissen, er will keine Erleichterung der Steuerlast der Gemeinden in Schul- und Armensachen, er will wieder Zuschläge zur direkten Steuer. Sie können das haben, aber nicht von mir. Ob man sich darüber klar ist, ist gleichgültig. Ich muß eine zuverlässige Majorität zum Regieren haben, und ich finde sie nicht. Es wäre wohl mit einer Vereinigung der Klerikalen und der Konservativen gegangen, aber das Centrum ist bei den Wahlen überall gegen uns gewesen, und es ist kein Verlaß auf sie. Alle Parteien schießen auf mich, betrachten mich als Kugelfang. Alle Angriffe gelten zunächst meiner Person. Ich soll eine Reaktion wollen, ein Junker sein, der das Gesicht der alten feudalen Zeit zugewendet hält. In jeder Weise bin ich angefeindet, verkleinert und verdächtigt worden, besonders aber nach dieser Richtung hin. Man hat den Leuten vorgespiegelt, daß mein Getreidezoll dem Arbeiter das Brot verteure, daß das Tabaksmonopol bewirken werde, daß das Pfund drei bis fünf Mark koste, man hat in ländlichen Distrikten die Erinnerungen an die Vergangenheit, an die Junkerherrschaft wach gerufen und den Leuten gesagt, ich wolle dahin zurück. Die alten Jagdfrohnden, das jus primae noctis sogar haben herhalten müssen, um den Emissären des Fortschritts die Verhetzung zu erleichtern, und die Leichtgläubigkeit des Volkes hat den Unsinn für bare Münze hingenommen. So in Holstein, in Lauenburg, wo die dänischen Könige einem Zustand das Leben gefristet hatten, der das reine Mittelalter war. Die Junker herrschten, hatten den Elefantenorden auf der Brust sitzen und aßen das Fett des Landes. Sie thaten nichts und konnten nichts und hatten dafür Einnahmen bis zu zehntausend Thalern jährlich. Sie schrieben sich reichliche Sporteln gut und legten schwere Lasten auf; die Leute in ihrem Bann mußten das ungenießbare Bier trinken, das auf ihren Gütern gebraut wurde, und kein Mensch konnte im Herzogtum Land erwerben, weil sie nicht wollten, daß mehr als zweitausend Seelen auf der Quadratmeile lebten. An diese Mißregierung erinnert sich der kleine Mann noch, und damit wurden sie von den Aposteln des Fortschritts und der Sezession gefaßt und vor mir gewarnt, und doch bin ich's gerade, ich allein, der dem Kaiser geraten hat, diesen Zuständen trotz dem Widerstreben der Junkerpartei ein Ende zu machen.

Die solche und andre Wahllügen predigten, glauben aber selbst nicht daran. Sie hassen mich, weil ich ein Junker bin und kein Professor, weil ich seit zwanzig Jahren Minister bin und ihnen das zu lange gedauert hat. Ich bin als Junker geboren, aber meine Politik war, so lange ich dem König als Minister diene, niemals reine Junkerpolitik. Ich bin auch nicht konservativ im Sinne der konservativen Partei. Das hat man bei vielen Gelegenheiten beobachten können, z. B. bei dem Streit über das Schulaufsichtsgesetz, wo sie mich verließen, mich mieden und mich mit Verleumdung anfeindeten. Ich bin in erster Linie Royalist, dann ein guter Preuße und ein guter Deutscher, dafür legt meine ganze Vergangenheit Zeugnis ab ... Jetzt benutzt man meine Anhänglichkeit an den Kaiser, mein entschlossenes Pflichtgefühl ihm gegenüber, mich weiter zu verdächtigen. Ich soll es mit meinem Rücktritt nicht ernsthaft meinen, den oder jenen Zweck mit dessen Ankündigung verfolgen, das Regieren soll mir ans Herz gewachsen sein und dergl. m. Es kann aber anders kommen. Es kann heißen: Hier habt Ihr, was Ihr wollt, hier ist das Heft, greift zu und versucht, was Ihr könnt. Es würde mir sehr schwer fallen, den Kaiser in seinem Alter zu verlassen. Aber ich kann meine Überzeugung nicht aufgeben, und ich will keine Wiederkehr der Konfliktszeit. Ich verlange eine bessere Würdigung und Behandlung[1]).

Aus der Darstellung in Bd. I., Seite 234 (2. Aufl.) ist bekannt, daß Fürst Bismarck nach dem Ergebnis der Wahlen offen die Eventualität eines Eintrittes des Abgeordneten Freiherrn von Franckenstein in die Regierung erörterte. Durch die von Windthorst am 6. Dezember 1881 eingefädelte Demonstration des Centrums[2]) wurde diese Kombination hinfällig[3]). Drei Jahre lang ließ sich die „kleine Excellenz" im Reichskanzlerpalais nicht mehr sehen; erst am 10. Mai 1884 bei dem berühmten Frühschoppen war „die Perle von Meppen" wieder zur Stelle.

Hart an den Schluß unsrer Session (22. Januar 1882) fällt das Ableben des Abgeordneten Dr. Völk[4]). Aus diesem Anlaß richtete der Kanzler an dessen Witwe den nachstehenden Kondolenzbrief:

Ich bitte Sie, gnädige Frau, meine herzliche Teilnahme an dem schweren Verluste entgegenzunehmen, den Sie erlitten haben. Ich betraure mit Ihnen und mit allen, welche politische oder persönliche Beziehungen zu dem Verstorbenen gehabt haben, in ihm einen von reiner, patriotischer Begeisterung

---

[1]) „Wenn die Opposition — sagte Fürst Bismarck am 2. Dezember 1881 zu Moritz Busch — noch lange im gegenwärtigen Sinn und Stil fortnegiert, keine Reform aufkommen läßt und selber keine zu leisten im stande ist, so wird sie beim Unmöglichen anlangen, bei dem, was nicht zu ertragen ist und nicht zu dulden. Auch das „Glück von Edenhall" — man wird das Bild hoffentlich begriffen haben. (Er hatte es einen oder zwei Tage vorher öffentlich gebraucht.) — Sie kennen's, das Uhland'sche Gedicht. Auch das könnte, wenn man ihm von jener Seite zuviel Haltbarkeit zutraute, man mit zu grober Hand experimentierte, einmal zu Grunde gehen — die deutsche Verfassung."

[2]) Vergl. hierüber Bd. II. (2. Aufl.) S. 241 und die „Magdeburger Zeitung" Nr. 574 vom 8. Dezember 1881, Nr. 575 vom 9. Dezember 1881, Nr. 577 vom 10. Dezember 1881, Nr. 578 vom 10. Dezember 1881.

[3]) „Vossische Zeitung" Nr. 583 vom 14. Dezember 1881, s. auch die Nr. 586 und 591 vom 15. und 18. Dezember 1881. Über das Verhältnis der polnischen Reichstagsfraktion zum Fürsten Bismarck s. die „Vossische Zeitung" vom 9. Dezember 1881, Nr. 575.

[4]) Vergl. hierüber Bd. I, S. 226 u. Bd. II., S. 115.

getragenen und dabei von großer persönlicher Liebenswürdigkeit unterstützten Mitarbeiter an der nationalen Wiedergeburt Deutschlands.

von Bismarck.

Nicht lange Zeit vorher, bei Gelegenheit seiner silbernen Hochzeit, hatte Dr. Völk, auf die unter andern Geschenken aufgestellte Bismarckstatue deutend, bemerkt: es sei ihm heute Morgen ein bedeutungsvolles Zeichen gewesen, als sein Blick auf das Bild dieses Mannes fiel, unter dessen sicherer und bewährter Führung das deutsche Volk sich ein Deutsches Reich geschaffen, und dessen Einsicht und Charakter er wie bisher in politischen Dingen so auch ferner vertrauen werde, mögen nun andre denken und sagen, was sie wollen.

Für die Periode 1881—1890 wird der Ausfall der Hölder'schen Tagebücher ersetzt durch eine Anzahl von Originalberichten, welche mir der Oberstaatsanwalt Dr. Hartmann in Plauen (Vogtland) zur Verfügung gestellt hat. Dr. Hartmann hat dem Reichstag von den allgemeinen Wahlen 1881 bis zur Auflösung am 6. Mai 1893 ohne Unterbrechung und für denselben, seinen heimatlichen Wahl-kreis angehört. Vollständig schildert das von mir mitgeteilte Material die Be-ziehungen dieses Abgeordneten zu dem Fürsten Bismarck nicht[1]). Derselbe hat ihn bei vielen Gelegenheiten ausgezeichnet, ebenso Graf Herbert Bismarck, dessen Gast derselbe ebenfalls häufig war. Dr. Hartmann hat sich immer als ent-schiedener Anhänger des Fürsten Bismarck gezeigt. Nur bei dem Tabaksmonopol, dem Branntweinmonopol und bei dem Postsparkassengesetz glaubte derselbe ihm seine Unterstützung versagen zu müssen.

Über die am 6. Dezember 1881 stattgefundene parlamentarische Soiree bei Bismarck, der ersten in dieser Session[2]), entnehme ich einer Aufzeichnung des Dr. Hartmann folgendes: „Von 9 Uhr an füllten sich die prächtigen Repräsentations-räume des ehemaligen Palais Radziwill, Wilhelmstraße 77, mit Reichstags-abgeordneten, Mitgliedern des Bundesrats in Civil und Uniform, Staats-sekretären und Ministern. Die Abgeordneten aller Fraktionen waren mehr oder weniger zahlreich erschienen, nur das Centrum fehlte gänzlich, desgleichen die wenigen Angehörigen der äußersten Gruppe. Der Angriff, welchen tags zuvor die „Norddeutsche Allgemeine Zeitung" gegen den Abgeordneten Dr. Windt-horst gerichtet hatte[3]), war der Grund, weshalb das Centrum demonstrativ ferne blieb. Im ersten Zimmer empfing der Reichskanzler, im zweiten die Frau Fürstin die Gäste. Fürst Bismarck war augenscheinlich sehr wohlauf und in guter Stimmung. Bald verfügten sich die Gäste auf seine Einladung an das Buffet, welches in dem Speisesaal, dem Schauplatz des orientalischen Kongresses von 1878,

---

[1]) Dr. Hartmann hatte noch weit mehr persönliche Berührungen mit dem Reichskanzler sowohl im Reichstag als in dessen Hause.

[2]) Vorstehender Bericht bildet eine wertvolle Ergänzung meines in dem Werke „Bismarck und die Parlamentarier", Bd. I, S. 241 (2. Auflage), aufgenommenen Referates über diese durch das Fehlen des Centrums besonders denkwürdige Soiree.

[3]) Vergl. Bd. II. (2. Aufl.), S. 240.

bereit stand. Dort verblieben auch die Gäste größtenteils während des übrigen Abends.

Der Reichskanzler verweilte zunächst an dem Tisch, an welchem die Präsidenten des Reichstags, von Levetzow und Ackermann, Platz genommen hatten, dann an dem Tisch, wo Herr von Bennigsen und andre Liberale saßen, endlich an einem Tisch, welcher mit Konservativen beider Fraktionen besetzt war. Hier, auf der einen Seite Dr. Hartmann und auf der andern den freikonservativen Freiherrn von Ow (Freudenstadt in Württemberg), verbrachte der Reichskanzler den größeren Teil des Abends, und hier gruppierte sich nach und nach eine sehr große Zahl von Abgeordneten. Der Reichskanzler erörterte in Rede und Gegenrede maßvoll die Fragen, welche zur Zeit den Reichstag interessierten.

Großen Wert legte er dem Gesetz über die Berufsstatistik bei, welches eben dem Reichstag zur verfassungsmäßigen Behandlung zugegangen war. Er glaubte, daß das durch diese Berufsstatistik zu gewinnende Material den verbündeten Regierungen für weitere Schritte auf dem Wege sozialer Reformen schlechterdings unentbehrlich sei. Daran knüpfte er Betrachtungen darüber, daß unsre Industrie noch immer vielfach unter fremder Etikette auf den Markt trete, obschon sie das gar nicht nötig habe. Der Abgeordnete Hartmann wartete bei dieser Gelegenheit mit einem erst am nämlichen Tage erlebten Beispiele auf. Er hatte in einer Hofhutfabrik in der Friedrichstraße einen Hut gekauft. In dem Futter des Hutes fand sich in sehr bescheidener Ausstattung die Firma des Fabrikanten, auf der Hutschachtel war aber in Lapidarschrift gedruckt: Fabrique de chapeau de Paris.

Auch des Sozialistengesetzes gedachte der Reichskanzler. Er betonte wiederholt, daß der Zweck desselben nur der gewesen sei, die Massen aus dem Bann der Agitatoren und ihrer vergifteten Presse zu befreien und sie auf diese Weise für die wohlgemeinten Pläne der Regierung behufs Verbesserung ihrer Lage zugänglich zu machen, — und dieser Erfolg sei erreicht worden, wenn schon nicht so vollständig, als man wünschen müsse.

Das Fehlen des Centrums befremdete ihn höchlich. Er stehe dem verletzenden Artikel der „Norddeutschen Allgemeinen Zeitung" fern; die Herren vom Centrum schienen den Ernst der Situation zu verkennen. Dann fügte er scherzend hinzu: „Windthorst soll mir's noch entgelten, daß mein gutes Münchener Bier zum Teil ungetrunken bleibt und daß ich selbst mein bester Gast sein muß."

Trotz des Fehlens des Centrums war die Haltung der Gesellschaft durchaus nicht gedrückt, und der Konsum des in der That vortrefflichen Münchener Bieres ein achtunggebietender.

Bezüglich der Gesundheit Sr. Majestät des Kaisers bezeugte der Reichskanzler, daß dieselbe jetzt, Gott sei Dank, kaum etwas zu wünschen übrig lasse; es sei, als ob der hohe Herr, nachdem er einmal über die ihm von Nobiling zugefügte Verwundung hinweggekommen, gesünder und spannkräftiger sei, als vor jenem fluchwürdigen Attentat. Als man gerade davon sprach, erschien der Minister Dr. Lucius, welcher an diesem Tage Sr. Majestät zu der Jagd in der

Göhrde gefolgt war, und meldete, daß der Kaiser die ganze Jagd durchgemacht, 34 Sauen und 17 Stück Damwild erlegt habe und soeben frisch und wohlbehalten in Berlin wieder eingetroffen sei. Selbstverständlich herrschte darüber allgemeine Freude und Genugthuung.

Mit seiner eigenen Gesundheit war der Reichskanzler nicht zufrieden, Berlin bekomme ihm nicht, es fehle ihm an frischer Luft und Bewegung, er müsse bald wieder aufs Land. Von seinem Wirken auf seinen Gütern, dem Bau von Wohnungen für seine Arbeiter u. s. w. sprach er mit offenbarer Befriedigung.

Es war schon spät geworden, als ein vertrauter Freund des Hauses mit Betonung der vorgerückten Stunde Abschied nahm und dadurch den Fürsten darauf aufmerksam machte, daß ein Teil seiner Gäste sich zum Aufbruch anschicke. Im Laufe einer Viertelstunde waren die gastlichen Räume leer und nur die nächsten Freunde des fürstlichen Hauses blieben zurück. Draußen schlossen die Gäste sich in kleinere Kreise zusammen und tauschten ihre Wahrnehmungen und Empfindungen aus.

Es war nicht Zufall, daß der Fürst sich gerade an den Tisch niederließ, an dem überwiegend Neulinge oder doch weniger namhafte Parlamentarier saßen. Denn, indem er sich diesem Tische näherte, gebrauchte er seine Lorgnette, wie manchmal in großer Gesellschaft, und als er heran war, zog er einen leer stehenden Stuhl herbei, schob denselben zwischen den Dr. Hartmann und den Freiherrn von Ow, die natürlich schleunigst auseinander rückten, und nahm darauf Platz. —

Bei dieser Gelegenheit lernte Dr. Hartmann auch den Reichshund Tiras kennen. Er mochte sich aber lästig gemacht haben, denn die Fürstin Bismarck ergriff ihn beim Halsband und führte ihn aus dem Saal. Das mochte ihm aber nicht passen, er stemmte sich kräftig dagegen, und die Fürstin hatte es schwer, ihn vom Fleck und hinaus zu bringen. Begreiflicherweise erlaubte sich niemand von den Gästen, mit Hand anzulegen. Sie wurde schließlich allein mit ihm fertig.

Berlin, den 20. Januar 1882.

In den beiden vergangenen Wochen hat der Reichskanzler nur ein einziges Mal an den Verhandlungen im Reichstage teil genommen. Er war die ganze Zeit hindurch unwohl, auch damals schon. Doch hatte er bei der Wichtigkeit der Sache auf persönliche Teilnahme an der Verhandlung nicht verzichten wollen. Es handelte sich um die Interpellation des Abgeordneten Freiherrn von Hertling (Centrum) wegen weiterer Ausbildung der Fabrikgesetzgebung. Der Reichskanzler hielt damals wieder eine hochbedeutsame und wirkungsvolle Rede. Den humanen Absichten des Interpellanten stimmte er zu. Freilich konnte er nicht umhin, vor Übertreibungen zu warnen, damit nicht, zumal dem Arbeiter, die beabsichtigte Wohlthat zur Plage werde. Liberalerseits wollte man ihm hier einen Rückfall in die Lehren des Manchestertums beimessen. Das konnte ich darin nicht finden. Denn wenn er ausführte, daß ein absolutes Verbot der Sonntagsruhe nicht angehe (z. B. bei den Gewerben mit fortdauernder Feuerung), daß eine für immer feststehende Normalarbeitszeit unter Umständen einem gewerblichen Unternehmer

unberechenbaren Schaden zufügen könne und für den fleißigen Arbeiter eine
lästige und schädliche Tyrannei sei, daß die Arbeit der Kinder (nämlich von
12 bis zu 14 Jahren) und der Frauen nicht schlechthin entbehrlich sei und daß
ihr unbedingtes Verbot die arbeitende Klasse selbst schädigen würde — so sind
das nicht Lehrmeinungen irgend einer volkswirtschaftlichen Schule, sondern die
Ergebnisse gereifter Erfahrung und umfassender Kenntnis der einschlagenden Verhältnisse. Im übrigen kündigte der Reichskanzler an, daß im Frühjahr, wahrscheinlich im April, der Reichstag wieder zusammentreten und eine Vorlage über
die Unfallversicherung der Arbeiter erhalten wird. Die Vorlage soll auf der
Basis der korporativen Verbände beruhen. Ohne korporative Unterlage mit
Beitrittszwang sei das Unternehmen nicht ausführbar. Mit der früher in Aussicht
genommenen bureaukratischen Einrichtung (Reichs- oder Landesanstalt) gehe es
nicht, die Nummern der Centralbehörde würden zu massenhaft werden. Zur
Aufsicht der Betriebe seien die zu beaufsichtigenden Interessenten selbst herbeizu-
ziehen, in Kombination mit dem Institut der Fabrikinspektoren. Staatliche Zu-
schüsse würden nicht vermieden werden können, er schrecke davor nicht zurück.
Er wolle die soziale Frage behandeln im Sinne des praktischen Christentums,
damit könnten auch diejenigen zufrieden sein, welche Gesittung und Nächstenliebe
nur als „fossile" Überreste des Christentums ansehen. Er sei entmutigt durch
die Haltung der Arbeiter bei den Wahlen, doch werde er in seiner Fürsorge für
sie nicht nachlassen. Auch bekundete er sein Beharren bei dem Projekt des
Tabakmonopols. Endlich that er der Altersversicherung der Arbeiter Erwähnung,
jedoch mit dem Zusatz: „Das steht noch im weiten Felde!"

29. Januar 1882.

Daß das Gesetz über den Beitrag des Reichs zu den Kosten des Zollanschlusses von Hamburg mit 179 gegen 102 Stimmen zur Annahme gelangte,
ist ein Triumph für den Reichskanzler und gleich erfreulich vom Standpunkt der
wirtschaftlichen Interessen wie der nationalen Politik.

Gelegentlich der dritten Beratung des Reichshaushaltes unternahm die
Fortschrittspartei den angekündigten Sturm gegen den Reichskanzler beziehentlich
die preußische Regierung wegen des Allerhöchsten Erlasses vom 4. Januar 1882,
betr. die Beteiligung der Beamten an den Wahlen[1]). Zwei Tage hindurch tobte
die Redeschlacht. Am ersten Tage war der Reichskanzler selbst anwesend. Er
kam vom Krankenbett und war noch krank. Aber an Kraft und Feuer gebrach
es ihm wahrlich nicht. In löwenartigem Ansturm warf er alles über den Haufen,
was ihm zu Leibe gehen wollte. Für den echten Monarchisten war es eine
Freude, aus solchem Munde das hohe Lied von der Würde und Gewalt des
Königtums in deutschen Landen zu hören, des Königtums, wie es bei uns von
Rechts wegen und thatsächlich besteht. Er wies entrüstet die Verdächtigung von
sich, als ob er die Feigheit begangen habe oder begehen wolle, sich mit der
Person des Kaisers zu decken, während er umgekehrt diesen decken muß. Zurufe

---

[1]) Abgedruckt findet sich dieser Erlaß im Reichsanzeiger vom 7. Januar 1882.

6*

aus den Reihen des Fortschritts brachten ihn auf den Verdacht, daß man diesen Vorwurf aufrecht erhalten wolle, und nun ereignete sich eine Scene von hochdramatischer Wirkung. In hellem Zorn schritt er nach den Bänken der Linken hinüber und rief: „Wer wagt es, mich der Feigheit zu beschuldigen?! Er stehe auf, er nenne sich! Heraus mit ihm!" Von der Linken wurde ihm zugerufen, daß niemand ihn der Feigheit beschuldige. Nun kehrte er beruhigt auf seinen Platz zurück mit den Worten: „Dann danken Sie Gott¹)!!" — Schon an diesem ersten Tage war sichtbar die Schlacht für die Linke verloren. Vergebens suchten Eugen Richter und andre Liberale am folgenden Tage das Treffen wieder herzustellen. Vergebens! Der Minister von Puttkamer, welcher an diesem Tage die preußische Regierung vertrat, hatte leichtes Spiel. Alle Welt erkannte an, daß der erste Teil des Erlasses über die Königsrechte im allgemeinen durchaus den Bestimmungen der preußischen Verfassung entspricht. Und bezüglich des zweiten Teils, die Stellung des Königs zu den Beamten betreffend, wurde auch liberalerseits zugegeben, daß nach den Erläuterungen vom Regierungstisch aus die Sache unverfänglich sei. Insbesondere sprach der Abgeordnete von Bennigsen namens der nationalliberalen Fraktion sich in diesem Sinne aus.

V. Abschnitt.
Die zweite Session der V. Legislaturperiode des Reichstags.
(27. April 1882—12. Juni 1883.)

Im Jahre 1882 richtete Freiherr von Varnbüler in Sachen der Exportbonifikation²) an den Fürsten Bismarck folgendes bisher unveröffentlichte Schreiben:

„Eurer Durchlaucht erlaube ich mir einige Bemerkungen zu unterbreiten, betreffend eine Bewegung, welche an Intensität zunimmt und deren Richtung die Bahnen der Zollgesetzgebung des Jahres 1879 durchkreuzt, eine Bewegung, welche um so bedenklicher ist, als sie aus der Mitte derjenigen hervorgeht, welche gegebene Anhänger des Schutzzolles sind, wenigstens sein sollten. Einen Verteidiger hat sie gefunden in dem Verfasser eines Artikels der Nummer 100 der volkswirtschaftlichen Korrespondenz „Zollrestitutionen für die Exportindustrie".

Schon im Jahre 1878 machten einige besonders begehrliche Industrielle schüchterne Versuche, solche Restitutionen sich zu sichern. Mit Zustimmung Eurer

---

¹) Der Ausruf Bismarck's im Reichstag: „Nun, dann danken Sie Ihrem Gott", ist im Stenogramm vom 24. Januar 1882 unterdrückt und auch in der Kohl'schen Ausgabe der Bismarck-Reden unberücksichtigt; s. die „Vossische Zeitung" Nr. 46 vom 27. Januar 1882.

²) Vergl. den Artikel: „Zollrestitutionen für die Exportindustrie" in der deutschen volkswirtschaftlichen Korrespondenz vom 30. Dezember 1882, Nr. 100.

Durchlaucht wurden sie von mir etwas unsanft a limine gewiesen. Bekanntlich wurden prinzipiell solche Restitutionen nicht gewährt, sondern nur Ausnahmen spärlich eingeräumt; darunter ist die bedeutendste diejenige für Mühlenfabrikate, welche indessen nach den gemachten Erfahrungen gewiß mit Recht erweitert worden ist. Eine solche Ausnahme liegt auch in dem Vereblungsverfahren, vermöge dessen den eingeführten Waren der Zoll erlassen wird, wenn man sie veredelt wieder ausführt. Daß darin eine Benachteiligung derjenigen inländischen Industrie liegt, welche die zu veredelnde Ware produziert, ist unläugbar und hat sich in Frankreich gezeigt, welches die den schweizerischen Geweben gewährten admissions temporaires im Jahre 1870 wieder aufhob, weil dieselben die elsässischen Feingewebe schädigten.

Die Forderung geht auf Restitution des von den Rohstoffen und Halbfabrikaten, deren die Industrie sich bedient, erhobenen Zolles.

Was die industriellen Rohstoffe betrifft, so sind diese zollfrei, es wäre denn, daß man auf den Gedanken käme, das Holz und die Borke unter dieselben zu rechnen und die Restitution dieses Zolles im Falle seiner Verarbeitung für den Export zu verlangen. Ich nenne Lumpen und ungebleichtes Halbzeug aus solchen, rohes Blei, Zink, Zinn, Kupfer, edle Metalle, Erden und Erze, mineralische Kohlen, Haare, Häute, Felle, Kautschuk, Flachs und andre vegetabilische Spinnstoffe, Kokons, Baumwolle, Wolle. — Die Frage ist daher in betreff der „Rohstoffe" gegenstandslos.

Ganz anders und zwar tief einschneidend für die Zollasten und die Industrie gestaltet sich dieselbe in betreff der Halbfabrikate. Der Ausdruck Halbfabrikat ist ein logischer Unsinn. Die Hälfte kann sich ja nur auf ein Ganzes beziehen, dieses Ganze aber ist hier eine ungreifbare wandelbare Größe, weil eine verschiedene, in den verschiedenen Stadien industrielle Stoffumgestaltung. Roheisen ist für Schmiedeeisen, Schmiedeeisen für façoniertes Eisen, für Stahl, diese sind wieder für eiserne Fabrikbestandteile, Räder, Turbinen, — letztere für Wagen, Lokomotiven, Spinn- und Webestühle ꝛc. Halbfabrikate. Dasselbe Bild gestaltet sich bei der Textil-, Leder-, Papier-Fabrikation, kurz bei allen Industrien. Was ist nicht alles Halbfabrikat bei den Herren Konfektionisten und Möbelfabrikanten, welche ja bekanntlich im Jahre 1879 ohne Zollrestitution ihren Ruin mit voller Sicherheit prophezeit haben, um dann in nicht gekannter Blüte aus dem Kampfe hervorzugehen.

Werfe ich einen Blick auf die Industrie nicht allein Deutschlands, sondern so ziemlich aller Industrieländer, so ist mir unzweifelhaft, daß die Darstellung der sogenannten Halbfabrikate den weitaus überwiegenden Teil der industriellen Thätigkeit in sich faßt. Die Statistik wird dafür die Zahlen liefern.

Nun wird freilich eingewendet werden, daß man die Restitutionen in der von mir angedeuteten Ausdehnung nicht verlange. Allein die Erfahrung lehrt und Eure Durchlaucht haben es auch schon zu empfinden gehabt, als Deichhauptmann wie als Reichskanzler, daß durch die geöffneten Schleusen und den gebrochenen Damm das Wasser rücksichtslos sich drängt, und so wird, ist einmal die Restitution im Prinzip zugegeben, die Grenze für dieselbe kaum mehr fest= zuhalten sein und folgen dann diesem Systeme die acquits à caution mit ihren Korruptionen unfehlbar.

Wie würde dann aber die Lage des, wie gesagt, weitaus größten Teils der Industrie sich gestalten? Sie würde dem Verbrauche für den Export gegenüber völlig schutzlos, so schutzlos, daß der Zustand vor 1879 noch ein gesegneter wäre. Der für den Export arbeitende Industrielle würde seinen Bedarf vielfach aus dem Auslande beziehen, die Arbeit daran ginge dem deutschen Arbeiter verloren, den Gewinn würde das Ausland machen, soweit es dem Kaufmann und Rheder nicht gelänge, denselben für sich einzuthun.

Es ist bekannt, daß die geschützten Artikel am meisten exportiert werden, das hat sich auch seit 1879 gezeigt. Der Grund liegt darin, daß dem Industriellen durch Sicherung erweiterter und ruhiger Thätigkeit bessere und wohlfeilere Pro= duktion möglich gemacht wird. Diese Stellung ging wieder verloren.

Dies die volkswirtschaftlichen Nachteile.

Denke ich mich aber hinein in das Labyrinth der Kontrollen, der Identitäts= nachweise, in das System der Gesetzes-Umgehungen und in die damit verbundene Demoralisation, dann werde ich zweifelhaft, auf welche Seite das Gewicht der Schädigungen sich neigen würde.

Die finanzielle Einbuße würde, das bedarf kaum der Erwähnung, eine sehr große sein.

Ich würde aus diesen Gründen ein Eingehen auf die gestellten Forderungen, auch nur ein teilweises, für ein wirkliches Unglück und dasselbe für um so weniger gerechtfertigt halten, als ohnehin der Export sich in erfreulichster Weise hebt und sich noch ganz anders heben ließe, wenn der Reichstag nur einen kleinen Teil der Opfer, um welche es sich bei dem System der Zollrestitution handeln würde, verwilligte, um den Export zu fördern.

Man stellt die Exportbonifikation der Zucker= und Branntweinsteuer auf gleiche Linie mit der Stückvergütung der Zölle, als ob zwischen beiden eine Ähn= lichkeit bestände.

In dem einen Falle wird eine Produktion aus einheimischen Stoffen, welche in der Grundsteuer schon vorher reichlich mit Abgaben bedacht sind, mit einer die Zölle um das vielfache übersteigenden Steuer belegt, einer Steuer, welche allein den Grund für sich hat, daß man Geld braucht, in dem andern Falle verlangt man einen Zoll, um die Vorteile der industriellen Thätigkeit dem Vaterlande zu= zuwenden und würde es mit Freuden begrüßen, wenn diese so gehoben würde, daß kein Schutzzoll mehr einginge. Wo liegt da das Tertium comparationis?

Wollte man aus der Vergleichung der Steuervergütung mit der „Zollresti= tution" Folgerungen ziehen, dann müßte man dahin gelangen, in die Vergütung auch diejenigen Steuern zu ziehen, mit welchen die Rohstoffe belastet sind, aus welchen die versteuerten Produkte dargestellt werden.

Ich unterlasse, die von mir besprochene Frage in ihre Details zu verfolgen, mit Rücksicht auf die so eng bemessene Zeit Eurer Durchlaucht, sie hat mich aber in meinem einsamen Krankenzimmer so sehr erregt, daß ich mir in der Erinnerung an die Kämpfe des Jahres 1879 nicht versagen konnte, an entscheidender Stelle dieselbe in Anregung zu bringen und in meinem Sinne zu besprechen.

Ich benutze diesen Anlaß, zu dem Ausdruck meiner ausgezeichnetsten Hochachtung und innigsten Verehrung, womit ich die Ehre habe zu sein."

Bismarck antwortete dem Freiherrn von Varnbüler zustimmend [1]. —

Am 9. Januar 1883 hatten die Parlamentarier den Genuß, den Fürsten Bismarck mit dem vielbesprochenen Vollbarte, mit dem er von Varzin zurückgekehrt war, zu bewundern. Um 2 ½ Uhr erschien der Kanzler im Reichstag, von allen Seiten angestaunt. Bevor er seinen Platz am Bundesrats-Tische einnahm, begrüßte er den Abgeordneten Grafen Moltke, neben dem er sich zu einem Gespräch niederließ.

Mit seinem Nachbar am Bundesrats-Tische, dem Unterstaatssekretär Marcard, unterhielt sich Bismarck über die trichinösen amerikanischen Speckseiten. Der Kanzler begrüßte dann den das Präsidium führenden Freiherrn von Franckenstein, und konferierte längere Zeit mit dem Kriegsminister.

Bald darauf machte er eine Mitteilung von dem hochherzigen Entschlusse des Kaisers, 600000 Mark aus dem Allerhöchsten Dispositionsfonds zur Linderung der Rheinüberschwemmungen zu bewilligen. —

Der Verlauf der bedeutsamen Unterredung, welche Bismarck mit dem Abgeordneten Freiherrn von Hertling am 7. April 1883 hatte, ist bereits in Bd. I. 2. Aufl., S. 361, mitgeteilt worden. —

Ende April 1883 ging in parlamentarischen Kreisen das Gerücht von einer Äußerung, die Bismarck im Privatgespräch gethan haben sollte, und die dahin lautete: „Die Ehre der Regierung fordere es, den Reichstag aufzulösen, falls derselbe nicht vor seinem Auseinandergehen im Sommer das Budget fertig gestellt habe." Er knüpfte daran angeblich noch eine etwas undurchsichtige Andeutung über noch weitere Folgen, die sich an ein solches Vorkommnis anschließen würden. Kurze Zeit darauf verdichtete sich der Ausspruch Bismarck's bereits zu der Version, daß sich an eine eventuelle Auflösung des Reichstags „eine Tragödie" oder eine „kleine Tragödie" knüpfen könne. „Das Deutsche Reich — soll Fürst Bismarck gesagt haben — ist auf Grund eines Vertrages zwischen den deutschen Souveränen und den Freien Städten entstanden. Diese Kontrahenten sind somit in der Lage, den Vertrag ebenso zu lösen, wie sie ihn geschaffen haben, und gleichzeitig einen neuen Vertrag abzuschließen, der sich von dem früheren wesentlich unterscheiden kann und beispielsweise das Institut eines deutschen Reichstags gar nicht zu kennen braucht! Nicht einmal das Hindernis eines politischen Eides steht hier im Wege, denn niemand hat die Reichsverfassung beschworen."

---

[1] Der Brief ist leider nicht erhalten.

Die „Kölnische Zeitung" bemerkt dazu: Der Reichskanzler forderte schon vor längerer Zeit von einem unsrer namhaftesten Rechtsgelehrten ein Rechtsgutachten über diese Angelegenheit ein. Dieses Gutachten fiel aber nicht in Einklang mit seinen Wünschen aus. Der hochstehende Jurist wird wohl der Meinung gewesen sein, die wir alle teilen, daß die Reichsverfassung nur durch ein Gesetz, und also unter Zustimmung des Reichstags, geändert werden könne.

Die „Norddeutsche Allgemeine Zeitung" war ermächtigt, die ganze Notiz für eine Erfindung zu erklären. „Wir wissen nicht — bemerkt dieselbe — ob überhaupt Aussicht zu einer Auflösung vorhanden ist, aber wenn eine solche stattfände, so sehen wir nicht ein, was die Ausübung eines verfassungsmäßigen Rechts der Regierungen Tragisches an sich haben oder nach sich ziehen könne . . . . Wenn eine Auflösung stattfände, so würde darauf weiter nichts folgen, als eine Neuwahl und ein Wiederzusammentritt des Reichstags innerhalb der bekannten neunzig Tage. Ebenso ist die Bemerkung der „Kölnischen Zeitung" aus der Luft gegriffen, daß der Reichskanzler vor längerer Zeit von einem namhaften Rechtsgelehrten ein Gutachten über die Frage erfordert habe, ob und wie der Bundesvertrag zu lösen sei. Der „hochstehende Jurist" kann also auch kein Gutachten abgegeben haben, welches mit den Wünschen des Reichskanzlers nicht im Einklang gestanden hätte, und diese Wünsche werden allen übrigen Zeitungen voraussichtlich ebenso unbekannt sein, wie uns selbst" [1].

Richtig ist, daß die Art und Weise, wie er, der Gründer des Deutschen Reichs, seit Ende der siebziger Jahre im Reichstag behandelt worden war, in ihm ein Gefühl des Unbehagens erzeugte, wie er es zu Simson's Zeiten nicht gekannt hatte.

Von der Stimmung, die den Kanzler jetzt beseelte, giebt ein Schreiben Zeugnis, das derselbe am 7. Juni 1883 an den Geheimen Regierungsrat Bödiker [2] gerichtet hat. Derselbe vertrat damals als Kommissar des Bundesrats in überaus geschickter Weise im Reichstag die Novelle zur Gewerbeordnung [3], welche die mit

---

[1] Im Widerspruch zu der in der „Vossischen Zeitung", Nr. 165, vom 10. April 1883, mitgeteilten Äußerung des Reichskanzlers, bezüglich der Vertagung des Reichstags, verlautete, der Reichskanzler habe in einer Besprechung mit dem Präsidenten des Reichstags, Herrn von Levetzow, seiner Befriedigung darüber Ausdruck gegeben, daß die Gerüchte, nach Pfingsten solle durch Unbeschlußfähigkeit das Forttagen des Reichstags unmöglich gemacht werden, unbegründet seien. Er, der Reichskanzler, habe den dringenden Wunsch, daß die Novelle zur Gewerbeordnung das Krankenkassengesetz, die Holzzoll- und Zuckersteuervorlage, der Etat für 1884/85 und das Unfallversicherungsgesetz zum mindesten in den Kommissionen erledigt werden.

[2] Damals vortragender Rat im Reichsamt des Innern, jetzt Präsident des Reichs-Versicherungsamts.

[3] Der Gesetzentwurf, betr. die Abänderung der Gewerbeordnung (Reichstags-Drucksache Nr. 5 der II. Legislatur-Periode, Session 1882), war dem Reichstage unter dem 26. April 1882 zugegangen. Bödiker hatte damals im Reichstage sehr zu kämpfen. Er ergriff das Wort bei der ersten Beratung am 5. Mai 1882; bei der zweiten Beratung am 5. April 1883 (2 Mal), 6. April (2 Mal), 7. April (3 Mal), 9. April (4 Mal), 10. April (5 Mal), 11. April (5 Mal), 12. April (6 Mal), 13. April (3 Mal), 14. April und 2. Mai (je 1 Mal), 4. Mai (2 Mal), 9. Mai (1 Mal); endlich bei der dritten Beratung am 28. und 29. Mai (je 2 Mal), 30. Mai (7 Mal), 31. Mai (6 Mal), 1. Juni (4 Mal).

dem Gewerbebetrieb im Umherziehen auf dem Gebiete der öffentlichen Sicher=
heit, Ordnung und Sittlichkeit verknüpften Gefahren wirksamer als bisher zu be=
kämpfen suchte.

Der Kanzler, welcher die Reichstagsverhandlungen aus den stenographischen
Berichten aufmerksam verfolgte, sah den jungen vortragenden Rat in dieser Zeit
mehrmals bei sich zu Tisch, um bei der Pfeife über den einzunehmenden Stand=
punkt mit ihm zu sprechen.

Als die Novelle Gesetzeskraft erlangt hatte, glaubte Bismarck die seltenen
Leistungen Bödiker's mit einer besonderen Anerkennung belohnen zu sollen, und
beantragte für denselben beim Kaiser den Rothen Adler=Orden. Den betreffenden
Immediatbericht zeichnete der Kanzler selbst. Außerdem richtete er an Bödiker
das nachfolgende Privatschreiben:

Berlin, den 7. Juni 1883.

In Erwiderung auf Eurer Hochwohlgeboren Schreiben vom 5. d. Mts.
kann ich Ihnen nur meinen herzlichen Dank für die Tapferkeit aussprechen, mit
der Sie im Reichstage nicht nur Ihre sachliche Aufgabe vertreten, sondern sich
auch der abwesenden Mitglieder des Bundesrats angenommen haben. Daß
die vollen und halben Gegner Ihnen dafür feindlich sind, ist natürlich und
steht mit meiner eigenen langjährigen parlamentarischen Erfahrung in über=
einstimmung. Ich habe gleich Ihnen die Schwierigkeiten kennen gelernt,
welche gebildete und wohlerzogene Leute zu überwinden haben, um die Rohheit
unsrer parlamentarischen Klopffechter mit dem nötigen Maß von Geringschätzung
entgegenzunehmen, und ihnen die unverdiente Ehre der sittlichen Gleichstellung
auch in n erlich zu versagen. Die wiederholten und erbitterten Kämpfe, in
denen Sie allein im Gefecht standen, werden Sie in dem Gefühl der Ver=
achtung für solche Gegner bestärkt haben, welche weder ehrlich noch achtbar
genug sind, um verletzen zu können.

Zu diesem Gewinn tritt der weitere hinzu, daß Sie durch Ihre Tapfer=
keit alle Freunde der Monarchie für sich gewonnen haben, und so dürfen Sie
denn meines Erachtens mit hoher Befriedigung auf Ihre erste parlamentarische
Kampagne zurückblicken. von Bismarck.

Diese Kundgebung ist übrigens nicht die einzige dieser Art. Bereits am
4. Juni 1882 hatte Bismarck aus Friedrichsruh an den Berliner Bürgerverein
Friedrichswerder das folgende Schreiben gerichtet:

Ich danke dem Bürgerverein Friedrichswerder für den Ausdruck seiner
Sympathie[1]) und werde mich freuen, wenn seine Bemühungen den Erfolg

---

[1]) Der Berliner Bürgerverein Friedrichswerder hatte dem Reichskanzler nachfolgende Resolution zugesandt: Der konservative Bürgerverein Friedrichswerder, Stadtbezirk 14, 15 und 16,
erklärt: 1. Das Benehmen eines Mannes, welcher in öffentlicher politischer Versammlung den
ersten Ratgeber Sr. Majestät des Kaisers, den höchsten Beamten des Deutschen Reiches, in
boshafter, verächtlicher Weise nur mit „Er" bezeichnet, ist ein unwürdiges und tadelnswertes.
2. Der konservative Bürgerverein Friedrichswerder spricht seine Mißbilligung aus über das von

haben, die Abweichungen von den Verkehrsformen der Gebildeten, welche in den parlamentarischen Verhandlungen den Ministern gegenüber vorkommen, zu verhüten oder doch seltener zu machen, als sie es in der neuesten Zeit gewesen sind.   von Bismarck[1]).

Ein Besuch Bennigsen's in Varzin im Sommer 1882, von dem die Blätter sprachen, hat nicht stattgefunden[2]). Wohl aber empfand Bismarck Mitte Februar 1883 das Bedürfnis, die Ansichten dieses ruhigen und besonnenen Politikers über die parlamentarische Situation, besonders über die Steuerpolitik einzuholen[3]).

Einen befriedigenden Verlauf nahm die letzte Unterredung, die Bennigsen am 5. Juni 1883 mit Bismarck hatte[4]). Der Abgeordnete hatte als Präsident der Budgetkommission die Absicht geäußert, bevor die zweite Lesung des Etats im Plenum des Reichstags beginne, über den Stand der Dinge mit dem Reichskanzler Rücksprache zu nehmen, um ihm vorzustellen, daß nach Erledigung der Vorberatung des Etats in der Kommission es empfehlenswert erscheine, die zweite Lesung im Plenum nicht zu beginnen, sondern dieselbe nach Vertagung des Reichstags im Herbst erst vorzunehmen, da alsdann Zeit genug für die Beratung des Etats im Plenum sich finden werde, während die Unfallversicherungs-kommission sich mit der sozialpolitischen Gesetzgebung zu beschäftigen habe. Da der Präsident des Reichstags unter Zustimmung der Mehrheit die zweite Lesung des Budgets anfangs Juni auf die Tagesordnung des Reichstags gesetzt hatte, so war Bennigsen entschlossen, auf den beabsichtigten Besuch des Kanzlers zu verzichten. Es war aber seine Absicht zu Ohren des letzteren gelangt, und Bennigsen erhielt infolgedessen einen Brief des Grafen Wilhelm von Bismarck, welcher ihn im Namen seines Vaters freundlichst ersuchte, seine Absicht

einzelnen Mitgliedern der liberalen Partei in neuerer und neuester Zeit beliebte Toben und Lärmen in den parlamentarischen Körperschaften. 3. Der konservative Bürgerverein Friedrichs-werder beschließt, mit allen gesetzlichen Mitteln durch Besprechung in den Versammlungen ꝛc. auf die öffentliche Meinung einzuwirken, damit einem solchen Gebahren, welches die Würde und das Ansehen der parlamentarischen Körperschaften auf das Tiefste schädigt, Einhalt geschieht.

[1]) Kurze Zeit darauf übersandten auch der Bürgerverein Alt-Kölln und der konservative Bürgerverein Moabit dem Reichskanzler Resolutionen, in welcher das unqualifizierbare Verhalten gewisser liberaler parlamentarischer Wortführer gegenüber dem ersten Beamten des Kaisers verurteilt wurde.

[2]) Am 11. Juni 1882 bemerkte der Abgeordnete von Bennigsen bei Gelegenheit einer Programmrede in Hannover, Bismarck habe das Herandrängen der Tendenzen und Interessen-Vertretung geduldet und die Wirtschafts-, Steuer- und politische Frage in deren Sinne angegriffen. Auch sonst enthält die Rede einige Spitzen gegen Bismarck (Schulthess „Europ. Geschichtskalender", S. 108). In einer zweiten Rede vom 2. Juli 1884 in Köln (Schulthess, a. a. O. S. 125) trat der Bismarck unfreundliche Grundgedanke wieder mehr zurück. Bemerkungen der „Badischen Landeszeitung" zur Rede Bennigsen's s. „Post" vom 23. Juni 1882, Nr. 167.

[3]) Vergl. die „Post" vom 2. März 1883, Nr. 60.

[4]) Die Vorgeschichte der Unterredung ist einem Berichte der „Magdeburger Zeitung" entnommen. („Post" vom 8. Juni 1883, Nr. 153.)

auszuführen. Bennigsen hatte demnach am 5. Juni 1883 nachmittags eine Unterredung mit dem Kanzler. Der letztere bezeichnete es hier als unmöglich, nach der Kaiserlichen Botschaft auf die Durchberatung des Etats noch in dieser Session Verzicht zu leisten, und beklagte sich mit ernsten Worten über die Haltung der nationalliberalen Partei gegenüber der Regierung; dabei hielt er dem Führer der Partei ein förmliches Sündenregister vor, bestehend aus einer Zusammen= stellung aller derjenigen Entwürfe, hinsichtlich welcher der Reichskanzler von dem Reichstag dilatorisch behandelt worden war[1]). Bennigsen muß aus dem Kanzler= Palais den Eindruck mitgenommen haben, daß für die nächste Zeit für ihn die Aussicht eines gedeihlichen Zusammenwirkens mit Bismarck geschwunden sei; nur so erklärt sich die wenige Tage später (11. Juni) erfolgte Niederlegung seines Mandats als Reichstags= und als Landtagsabgeordneter.

Zu dem Schreiben, womit Bennigsen seinen Rücktritt aus den Parlamenten ankündigte[2]), brachte Bismarck's Organ, die „Norddeutsche Allgemeine Zeitung",

---

[1]) „Vossische Zeitung" vom 10., 11. und 12. Juni 1883, Nr. 265, 266, 267; „Post", Nr. 156 vom 11. Juni 1883.

[2]) Das an den Vorstand des nationalliberalen Vereins in Berlin gerichtete Schreiben lautet: Geehrte Herren und Freunde! Die so anerkennenden und so freundschaftlichen Worte, welche Sie an mich im Namen und Auftrage der nationalliberalen Fraktionen des Reichstags und des Abgeordnetenhauses richteten, haben in mir Gefühle des lebhaftesten Dankes erweckt. Zugleich führen dieselben mir immer wieder das Schwere und Schmerzliche meines Entschlusses, des Austrittes aus den Parlamenten, vor die Seele. Seit einer langen Reihe von Jahren mit Ihnen menschlich und politisch, in Freud und Leid, in angestrengter und vielfach erfolgreicher Arbeit für die nationale und freiheitliche Entwickelung unsres Vater- landes während einer Zeit großer Umgestaltung aller Verhältnisse verbunden, empfinde ich schwer das Aufhören unsrer gemeinsamen Thätigkeit. Wohl war dieselbe, auch abgesehen von den in den letzten Monaten unnatürlich ineinandergreifenden gleichzeitigen Sitzungen des Reichs- tags und Abgeordnetenhauses, mit mancherlei Hindernissen und Opfern für fast einen jeden von uns verbunden. Schon seit Jahren habe ich gefühlt, daß ich weder im Reichstage noch im Abgeordnetenhause, noch in meiner umfassenden verantwortlichen Wirksamkeit an der Spitze der provinzialstädtischen Verwaltung in der Lage war, meine Pflicht vollständig so zu erfüllen, wie ich es wünschen mußte. All' das blieb, wenn auch schwer, erträglich, so lange für mich die Möglichkeit einer erfolgreichen Thätigkeit für unser Land, wie für unsre gemeinsamen politischen Aufgaben vorhanden war. In den letzten Jahren und insbesondere in diesem Frühjahre habe ich mich leider aber immer stärker davon überzeugen müssen, daß die eingetretene Entwickelung unsrer inneren politischen Zustände, die steigende Verbitterung der Parteien, der immer stärker auftretende Gegensatz zwischen der Reichsregierung und den Parlamenten, die Spaltung unter den Liberalen in wichtigen, selbst entscheidenden Fragen für mich zur Zeit eine auch nur einiger- maßen nützliche und erfolgreiche Thätigkeit im Sinne einer versöhnlichen und ausgleichenden Politik nicht mehr ausführbar erscheinen lassen. Nach meiner ganzen Natur und politischen Veranlagung tief davon durchdrungen, daß für unser neues Deutsches Reich nichts gefährlicher sein muß, als das Hervorkehren des seit 1867 kaum mehr empfundenen Gegensatzes zwischen der berechtigten Stellung der Monarchie und der Parlamente, ein immer stärker die Extreme zur Geltung bringender, haßerfüllter, leidenschaftlicher, mit persönlicher Bitterkeit geführter Streit der Parteien, welche doch darauf angewiesen sind, mit einander auf dem gemeinsamen Boden des Vaterlandes zu leben, habe ich nach schwerem inneren Kampf zur Zeit einer Wirksamkeit entsagt, welche, körperlich und geistig aufreibend, für mich eine Befriedigung und dem öffent- lichen Wohl und meinen politischen Freunden einen irgendwie erheblichen Nutzen nicht versprechen

einen Artikel folgenden Wortlauts: „Herr von Bennigsen hat in dem Schreiben an den Vorstand der nationalliberalen Partei „die Spaltung unter den Liberalen in wichtigen, selbst in entscheidenden Fragen" als den Grund bezeichnet, warum ihm „zur Zeit" eine auch nur einigermaßen nützliche und erfolgreiche Thätigkeit im Sinne einer versöhnlichen und ausgleichenden Politik nicht mehr ausführbar erscheine. Wir können dem nur beistimmen und müssen den Vorwurf Herrn von Bennigsen's gegen unser parlamentarisches Leben als nur zu begründet anerkennen.

Aber das gleiche Zugeständnis wird man ihm nicht machen können, wenn er neben der steigenden Verbitterung der Parteien auf „den immer schärfer hervortretenden Gegensatz zwischen der Reichsregierung und den Parlamenten" als Motiv für seinen Rücktritt aus dem parlamentarischen Leben anführt. Wir finden den Vorwurf, der hier der Reichsregierung implicite gemacht wird, nicht gerechtfertigt. Wir bestreiten überhaupt die Thatsache, daß ein solcher Gegensatz sich herausbildet, soweit er eben nicht auch das Resultat des von Herrn von Bennigsen mit soviel Recht getadelten verbitterten Parteikampfes darstellt. Wo ist eine konstante Majorität in diesem Parlament, zwischen welcher und der Regierung ein nachhaltiger und prinzipieller Gegensatz bestände? Die parlamentarischen Majoritäten, mit welchen Vorlagen der verbündeten Regierungen angenommen oder abgelehnt wurden, sind Konglomerate wechselnden Inhalts, variabel nach dem Bestande der Fraktion, nach der Anwesenheit ihrer Mitglieder und nach den augenblicklichen taktischen Bedürfnissen der Kämpfe der Parteien untereinander. Die Regierung müßte es sonderbar anfangen, in dieser ganz unregelmäßig wechselnden Ebbe und Flut ein konstantes Prinzip herauszufinden, durch dessen Aneignung sie glauben könnte dem Reich zu nützen oder auch nur ihm nicht zu schaden. Wenn Herr von Bennigsen vom Gegensatz der Regierung und der Parlamente spricht, so hat dieses Argument doch nur einen Sinn, wenn man das Wort Parlamente für den Begriff der Mehrheit und ihrer Beschlüsse setzt. Mit diesen existiert aber ein irgendwie konstanter Gegensatz der Reichsregierung nicht, weil der eine Gegner, die parlamentarische Majorität, bisher seine Existenz nicht hat begründen können. Die Reichsregierung hat wiederholt versucht, ihre Politik in Gemeinschaft mit einer konstanten Majorität zu führen. Sie ist dabei von der Fiktion ausgegangen, welche die Grundlage alles parlamentarischen Lebens bildet, daß es in der Hauptsache zwei große Parteien gäbe, eine erhaltende und eine fortbildende, und daß eine von beiden jedesmal eine konstante Majorität

----

konnte. Seien Sie überzeugt, daß in den Tagen der Muße und Sammlung, welche jetzt für mich kommen, mir stets in dankbarer und lebendiger Erinnerung die vielen Jahre gemeinsamen politischen Wirkens stehen werden, welche mich mit Ihnen so eng verknüpft haben und auch in Zukunft verbunden halten werden. Die wohlwollenden und ehrenden Worte, welche Sie mir zugesendet haben, gewähren mir zugleich die mich ergreifende Überzeugung, daß Sie nicht minder Wert darauf legen, daß trotz meines Ausscheidens aus den Parlamenten die nahen freundschaftlichen und politischen Beziehungen unter uns dauernd erhalten bleiben. Ihr

Rudolf von Bennigsen.

besitzen müsse, wenn parlamentarisch regiert werden solle. Sie hat es in diesem Sinne versucht, gestützt auf die konservative Partei, zu regieren, bis sie dem Anspruch begegnet ist, sich von derselben regieren zu lassen und die königliche und kaiserliche Politik der Partei unterzuordnen, oder auf die Unterstützung derselben zu verzichten. Sie hat notgedrungen das letzte gethan, um gestützt auf die Nationalliberalen die Regierung im Sinne der Ausbildung und Befestigung des Reiches weiter zu führen. Die Dinge haben dabei eine etwas andre Gestalt gewonnen, als sie bei Fortsetzung der konservativen Heeresfolge gefunden haben würden. Sie hat aber in ehrlicher Gegenseitigkeit mit den Nationalliberalen und gemäßigten Konservativen an der Ausbildung und Konsolidierung der Reichseinrichtungen fortgearbeitet, bis vor etwa fünf Jahren das, was Herr von Bennigsen „den immer schärfer auftretenden Gegensatz zwischen Reichsregierung und Parlament" nennt, dadurch ins Leben gerufen worden ist, daß die große liberale Partei zu einer aggressiven Politik gegen die Regierung mit der Absicht überging, die verfassungsmäßig bestehende Verteilung der politischen Rechte zum Nachteil der Monarchie und zum Vorteil der Parlamente abzuändern. Wir brauchen nur an die Schlagwörter der konstitutionellen Garantieen, an die Namen Stauffenberg, Lasker, die Stauffenberg'sche Rede im Februar 1878 und die Reihe von kühlen, wenn nicht feindlichen, gegen die Reichsregierung gerichteten Manifestationen der ersten Hälfte des Jahres 1878 zu erinnern. Die Situation kulminierte in den Verhandlungen über die Zollreform und in der Stellung, welcher der Abgeordnete von Forckenbeck als Präsident des Reichstags im Sinne des fortschrittlichen Bürgertums der großen Städte durch seine Rede im Zoologischen Garten nahm. Die Theorie, zu der man sich damals zuerst amtlich bekannt hat, ist neuerdings wieder bei dem Bürgermeister-Diner des Herrn von Forckenbeck in dem Sinne der „Herrschaft des fortschrittlichen Bürgertums in Preußen" proklamiert worden. Wenn auf diese Weise ein Gegensatz zwischen Parlament und Regierung künstlich ins Leben gerufen wird, so trägt an einem solchen die Regierung keine Schuld; sie ist eben nicht in der Möglichkeit, Parteiinteressen zu dienen, namentlich nicht solchen, denen keine konstanten Majoritäten zur Seite stehen, und sie kann nicht die Hand dazu bieten, das in den bestehenden Reichs- und Landesverfassungen gegebene Gleichgewicht nach Parteiwünschen zu ändern.

Wir zweifeln nicht, daß die Wahrheit bezüglich unsrer parlamentarischen Geschichte und die aus derselben für unsre Zukunft zu ziehenden Lehren sich um so klarer Bahn brechen werden, je häufiger und leidenschaftsloser die Vorgänge der letzten Jahrzehnte öffentlich besprochen werden, ohne damit die Absicht einer Ausbeutung im Sinne des Parteikampfes zu verbinden. Wir wünschen aufrichtig das Gedeihen unsrer parlamentarischen Institution, denn wir sehen keinen andern gleich guten oder, wenn man will, weniger bedenklichen Weg, ein großes Land zu regieren. Aber es gehört dazu das Gefühl der Verantwortlichkeit nicht nur bei den Regierungen, sondern auch bei den Parlamenten und ihren Mitgliedern. Auf die Institution und die Bevölkerung fällt die Gefahr zurück, wenn es uns nicht gelingt, die Mängel abzustellen, an denen unsre parlamentarischen Arbeiten bisher leiden, und wenn es den Mitgliedern der Parlamente nicht gelingt, sich ihre höheren vaterländischen Pflichten lebendiger gegenwärtig zu halten, als die, welche jeder gegen seine Fraktion zu haben glaubt. Wir können nicht finden — und wir glauben nicht vereinsamt zu stehen mit unsern Eindrücken — daß die Art, wie unsre parlamentarischen Geschäfte betrieben worden sind, bisher das Ansehen der Institution gesteigert, oder auch nur auf der Höhe, von welcher sie ausgingen, erhalten hätte.

Im vereinigten Landtag von 1847 war das Gefühl von Würde und Patriotismus, welches jedes Mitglied und auch die schärfste Opposition beseelte, stärker als in unsern heutigen großen Parlamenten. Der erste Schritt zur Besserung ist immer die Erkenntnis des Übels, und deshalb sollte jemand in der hochangesehenen Stellung des Herrn von Bennigsen von „dem immer schärfer auftretenden Gegensatz zwischen Reichsregierung und Parlament" unsrer Ansicht nach nur mit dem Zusatz reden, daß die Reichsregierung an diesem Gegensatz, soweit er überhaupt stattfindet, die Schuld nicht trägt. Es wird in jedem Parlament Minoritäten geben, die mit den Resultaten unzufrieden und deshalb geneigt sind, die Regierung anzuklagen."

Ich schließe auch diesen Abschnitt mit der Wiedergabe einiger Briefe, welche der Reichstagsabgeordnete Dr. Hartmann (Plauen) aus der Reichshauptstadt nach Hause gerichtet hat.

Berlin, den 1. Juni 1883.

Gelegentlich der Beratungen dieser Woche kam es zu scharfen Renkontres zwischen den Abgeordneten von Kleist-Retzow und Eugen Richter. Letzterer fand es angemessen, Herrn von Kleist-Retzow Mißgriffe vorzuwerfen, welche derselbe angeblich vor dreißig Jahren als Oberpräsident der Rheinprovinz begangen, und auf die entsprechende Antwort des Angegriffenen gab er zu verstehen, daß das vorgerückte Alter von Kleist-Retzow's dessen Zurechnungsfähigkeit beeinträchtige. Sehr geschmackvoll! Übrigens hat von Kleist-Retzow sich eine ganz wunderbare Frische und Elastizität bewahrt. Sensationell wirkte es, daß am Abend desselben Tages, an welchem dieser Auftritt stattfand, Herrn von Kleist-Retzow im Reichstag ein Schreiben überreicht wurde, inhalts dessen er von dem Kaiser durch die Ernennung zum Wirklichen Geheimen Rat mit dem Titel Excellenz ausgezeichnet worden ist! In Reichstagskreisen faßte man dies als die Besiegelung der Versöhnung des Fürsten Bismarck mit von Kleist-Retzow (Deklaranten!) auf. Thatsächlich führte die Danksagung für die Auszeichnung den Abgeordneten von Kleist-Retzow zum erstenmal seit der Deklarantenzeit in das Haus des Fürsten Bismarck, seines Jugendfreundes und alten Kampfgenossen.

Berlin, den 8. Juni 1883.

Der Führer der Nationalliberalen, Herr von Bennigsen, zugleich Vorsitzender der Budgetkommission, hat vor einigen Tagen den Versuch gemacht, das Einverständnis des Reichskanzlers dazu zu erlangen, daß die Beratung des Etats für jetzt ausgesetzt und der Herbstsession vorbehalten wird. Damit soll er aber sehr übel angekommen sein. Fürst Bismarck soll ihm erklärt haben, daß der Reichstag nur zwischen Durchberatung des Etats und Auflösung die Wahl habe. Seitdem haben die Nationalliberalen ihren Widerstand aufgegeben. Die Opposition besteht jetzt im Wesentlichen nur noch in den Gruppen der vorgeschrittenen Liberalen, Fortschritt, Sezession u. s. w. Aber nicht einmal diese sollen einig sein und unter allen Umständen erkennen sie, daß ihr Widerstand vollkommen nutzlos ist, und gegenüber dem geschlossenen Auftreten der Konservativen und des Centrums auch der Versuch, das Haus durch absichtliches Wegbleiben beschlußunfähig zu machen, aussichtslos ist.

Da ich einmal bei den Gerüchten bin, erwähne ich auch die Nachricht, daß eine Annäherung zwischen dem Reichskanzler und der nationalliberalen Partei im Werke sei. Diese Nachricht pflegt von Zeit zu Zeit aufzutauchen und die Zeitungen zu durchlaufen. Bisher hat sie noch niemals Bestätigung gefunden. Möglich, daß es ihr diesmal besser geht — ich weiß es nicht. Aber wenn sich auch die Thatsache bestätigen sollte, so bedeutungsvoll, wie man vielfach anzunehmen scheint, ist sie nicht. Die heutigen Nationalliberalen sind von den Konservativen nicht so weit entfernt, daß es als ein System-wechsel sich darstellen würde, wenn Fürst Bismarck gegen die Konservativen etwas kühler und gegen die Nationalliberalen etwas wärmer sein sollte. Einen bestimmenden Einfluß räumt der Reichskanzler, wie nun einmal seine gewaltige Persönlichkeit geartet ist, keiner Partei und keinem einzelnen Manne ein. Übrigens wolle man nicht vergessen, daß die nationalliberale Partei im Reichstag 43 Mitglieder zählt, 43 von 397! Mit den 43 Mann allein ist doch offenbar gar nichts zu machen. Da müssen noch andre Kräfte hinzustoßen, und hier würden, wie einmal die Parteiverhältnisse liegen, die Konservativen schlechterdings nicht fehlen können. Daß aber bei einer Verbindung der Konservativen und der Nationalliberalen die Ersteren nicht mit der bescheidenen Rolle eines Schleppenträgers abgespeist werden könnten, dafür bürgt die oft bewährte Selbständigkeit der Gesinnung und das numerische Übergewicht der konservativen Partei. Eine Annäherung des Reichskanzlers an die nationalliberale Partei mag für diese Partei und Herrn von Bennigsen sicher von Bedeutung sein, aber eine wesentliche Änderung der Gesammtlage würde sie nicht zur Folge haben.

Was man von der Unterredung Bismarck's mit Bennigsen erzählte, wies durchaus nicht auf eine annäherungslustige Stimmung des Ersteren hin. Er soll u. a. sich stark über die Haltung der Nationalliberalen beklagt und, als Bennigsen dies nicht in solchem Grade und Umfang hat gelten lassen wollen, einen großen Bogen Papier vorgebracht haben, auf dem die „Sünden" der Nationalliberalen haarklein und aktenmäßig in einer stattlichen Reihe von Nummern verzeichnet waren.

Bekanntlich wurde bald darauf der Reichstag durch die Mitteilung des Präsidenten überrascht, daß der Abgeordnete von Bennigsen sein Mandat niedergelegt habe. Derselbe war bereits in aller Stille von Berlin abgereist und erschien erst infolge der allgemeinen Wahlen von 1887 wieder im Reichstag.

VI. Abschnitt.
Die XIV. preußische Legislatur-Periode.
(28. Oktober 1879—11. Mai 1882 [1]).)

Als am 10. Juli 1879 das Gesetz über die Besteuerung des Tabaks verhandelt wurde, fand Richter dieses Experimentieren in allen Zoll- und Steuerfragen, dieses unbestimmte Umhertappen sehr schädlich. „Keiner weiß, woran er ist. Deutschland wird nicht eher zur Ruhe kommen, als bis dieses Regierungssystem des Reichskanzler aufgehört hat. Man sagt es bereits in weiten Kreisen Deutschlands, nicht eher wird es besser werden, als bis der Reichskanzler überhaupt zu regieren aufgehört." Die „parlamentarische Korrespondenz" Eugen Richter's brachte das auf den präzisern Ausdruck: „Fort mit Bismarck".

Nur kaum drei Monate später gelangte das folgende Telegramm an den Fürsten Bismarck. „Über hundert beim Mittagsmahl vereinte Wahlmänner des Kreises Hagen bringen in ihrer Freude, daß Richter heute hier seinen Richter gefunden, dem großen Kanzler und Einer Deutschlands ein donnerndes Hoch!" Hagen, der alte Wahlkreis Richter's seit 1870, hatte seinen Vertreter desavouiert, und so gab damals die große Mehrheit des preußischen Volkes in gleichem Sinne eine Antwort auf das: „Fort mit Bismarck". Der Herausforderung vom 10. Juli entsprach der Umfang der Niederlage [2]). Die Neuwahlen zum Landtage am 8. Oktober 1879 ergaben eine entschiedene Niederlage der Liberalen und einen entschiedenen Sieg der Konservativen [3]).

Vorübergehend war in dieser Session (1879 und 1880) Mitglied des Abgeordnetenhauses der Geheime Kommerzienrat Baare in Bochum, der mehrfach

---

[1]) Es währte die I. Session der XIV. Legislatur-Periode vom 28. Oktober 1879 bis zum 3. Juli 1880, die II. Session der XIV. Legislatur-Periode vom 28. Oktober 1880 bis zum 23. Februar 1881, die III. Session der XIV. Legislatur-Periode vom 14. Januar bis zum 11. Mai 1882.

[2]) Wiermann a. a. O., Bd. I, S. 38.

[3]) Die „Prov.-Corr." gab folgende Aufstellung des Wahlresultats:

	früher	jetzt	mehr	weniger
Konservative	42	115	73	—
Freikonservative	35	50	15	—
Centrum	89	96	7	—
Nationalliberale	168	105	—	63
Fortschrittler	63	34	—	29
Polen	15	19	4	—
Keiner Fraktion angehörig	21	14	—	7

(Zu den 14 gehören 3 frühere Minister, 1 voraus. Freikonservativer, 1 Centrumsmann, 2 Dänen und 7 Liberale von der Gruppe Löwe.)

mit Bismarck in Berührung kam. Zunächst zog ihn der Kanzler als Mitglied der Eisenzoll-Enquete heran, welche sehr wesentlich mithalf, das frühere Freihandels-system über den Haufen zu werfen. Wesentliche Dienste erwies er Bismarck bei Lösung der Arbeiterversicherung. Diese Frage beschäftigte Bismarck eine Zeit so lebhaft, daß er sie selbst in Kissingen, wo er doch sehr der Erholung bedurfte, nicht aus dem Sinn bekam. Im August 1880 empfing Baare von dort eine Einladung Bismarck's zum Besuche in Berlin oder in Friedrichsruh behufs Be-sprechung der Grundlagen einer rationellen Arbeiterversicherung. Baare, augen-blicklich zur Kur in Marienbad, fragte in Kissingen an, ob die Sache eilig sei oder ob dieselbe bis zu Beendigung seiner Brunnenkur Zeit habe. Hierauf wurde Baare telegraphisch ersucht, seine Kur nicht zu unterbrechen, sich vielmehr später nach Friedrichsruh zu begeben. Dort erfuhr er, daß es sich um die Besprechung eines Gesetzentwurfs für die allgemeine obligatorische Arbeiter-Unfallversicherung handle, worüber Baare im Jahre 1880 dem Staatssekretär des Innern, Staats-minister Hofmann eine Vorlage gemacht hatte, die Bismarck in den Akten fand, und deren Inhalt ihm für seine Zwecke Material bot. Diese Angelegenheit wurde zwischen Bismarck und Baare in Friedrichsruh ausführlich besprochen [1]), dem-nächst richtete Bismarck an den Sachverständigen den Wunsch, er möge einen Gesetzentwurf mit Motiven ausarbeiten und denselben ihm in möglichst kurzer Zeit zur Verfügung stellen. Baare erwiderte, daß er dies natürlich nur in Ver-bindung mit Berufsgenossen und unter juridischer Beihilfe ausführen könne, jedoch bemüht sein wolle, innerhalb 6 Wochen den Gesetzentwurf zur Verfügung zu stellen [2]). Welchen Verlauf die Sache später genommen hat, darf als bekannt vorausgesetzt werden.

Über die auf der parlamentarischen Soirée vom 4. Mai 1880 gefallenen Äußerungen Bismarck's weiß ich noch in Ergänzung des Band I, (2. Aufl.) S. 186 Gesagten folgendes nachzutragen [3]).

„Um dem Papst Leo meine Versöhnlichkeit zu zeigen, habe ich einen Kultus-minister genommen, der dem Papst eine Nummer näher steht als Falk. Herr von Puttkamer ist den Katholiken sehr weit, in einzelnen Fällen vielleicht zu weit entgegengekommen. Vielleicht können wir dazu kommen, zu dem früheren Rüst-zeug zurückkehren zu müssen . . .

---

[1]) Vergl. mein Werk „Fürst Bismarck als Volkswirt", Bd. II., S. 3 und Schulthess „Europäi-schen Geschichtskalender", 1880, S. 221.

[2]) Vergl. Baare's Gesetzentwurf, betreffend die Errichtung einer Arbeiter-Unfallver-sicherungskasse, in der Zeitschrift für deutsche Volkswirtschaft, I. Band. Berlin 1880, und in Hirth's Quellen 1881. Ein Schreiben Bismarck's an den Geheimen Rat Baare d. d. 24. De-zember 1884 aus Anlaß seiner Bereitstellung einer Summe bei Ablehnung der Forderung für die Anstellung eines zweiten Direktors im Auswärtigen Amte durch den Reichstag findet sich abgedruckt in den „Politischen Briefen Bismarcks" aus den Jahren 1849—1889, Bd. III., S. 383.

[3]) Vergl. noch die Berichtigung Bismarck's in der Sitzung des Abgeordnetenhauses vom 4. Mai 1885 über die ihm s. Z. von der Presse in den Mund gelegten Äußerungen in Kohl, „Bis-marck-Reden", Bd. XII., S. 114.

Ich werde nun nicht mehr abwarten, ob und bis Rom den ersten „praktischen" Schritt mit der Anerkennung der Anzeigepflicht thun wird, sondern selbständig in der Gesetzgebung vorgehen.   Ich werde in der bemnächstigen Nachsession des preußischen Landtags demselben einen Gesetzentwurf vorlegen, welcher mich zu einer milden, den Kulturkampf gänzlich vermissen lassenden Ausführung der Maigesetze ermächtigt [1]). Gegen die Zurückberufung der im Auslande weilenden Bischöfe würde ich nichts einzuwenden haben. Diese würden dann ihrerseits durch Besetzung der verwaisten Pfarreien zur weiteren Beseitigung des Kulturkampfes beitragen können. Aber auf der Aufrechthaltung der Maigesetze muß ich bestehen, um, wenn nötig, von denselben jederzeit den entsprechenden Gebrauch machen zu können."

Zu lebhaften Verhandlungen zwischen Bismarck und den Parlamentariern kam es aus Anlaß des dem Abgeordnetenhause in Gemäßheit dieser Zusage am 20. Mai 1880 vorgelegten ersten kirchlichen Friedensgesetzes.   Dieses Gesetz entfernte nicht einen einzigen Eckstein der Maigesetzgebung; die Regierung wünschte aber dadurch in den Besitz von Vollmachten zu gelangen, um dem heiligen Stuhl auf halbem Wege entgegenzukommen und der Kirche gegenüber eine versöhnliche Haltung einnehmen zu können, sobald die Gesinnungen des heiligen Stuhles durch Thaten ihren Ausdruck fanden, sobald die kirchlichen Organe ihre Haltung änderten und Garantien für die Einhaltung eines geänderten Verhaltens gaben. Die Centrumsfraktion wollte die diskretionären Erleichterungen in gesetzliche fixieren, was an dem Willen der Regierung und der ihr ergebenen Parteien scheiterte. Da aber anderseits unter den letzteren manche Bedenken trugen, der Regierung eines konstitutionellen Staates so weitgehende Vollmachten zu erteilen, wie sie verlangt wurden, keine Partei aber wieder einmütig hierin war, so trat ein ungeheures Durcheinander ein [2]), das nur Bismarck selbst zu schlichten vermochte.

Schon vor der Verhandlung der Vorlage im Abgeordnetenhause fühlten die Parlamentarier das Bedürfnis, mit dem leitenden Staatsmann die erste Bresche in das Bollwerk der Maigesetze zu besprechen.

Am 24. Mai hatte der Abgeordnete von Rauchhaupt [3]) eine mehrstündige

---

[1]) Die Regierung wünschte erstens die zerstörten Diözesanverwaltungen dadurch wiederherzustellen, daß sie ermächtigt wurde, abgesetzte Bischöfe wieder einzusetzen und Bistumsverweser da, wo der Bischof gestorben war, unter Dispensation von dem gesetzlich erforderten Treueid anzuerkennen; zweitens wollte sie dem Mangel an Geistlichen dadurch abhelfen, daß sie das Recht beanspruchte, von den gesetzlichen Bedingungen der Vorbildung Abstand zu nehmen; drittens endlich gedachte sie, gewisse Härten der bisherigen Gesetzgebung zu mildern, indem sie die Verfolgung einer Reihe von Gesetzesverletzungen, besonders der unbefugten seelsorgerischen Thätigkeit von dem Antrage des Oberpräsidenten abhängig machte, die Errichtung neuer Niederlassungen von Krankenpflegeorden in das Ermessen der Minister stellte, an Stelle der Entlassung aus dem kirchlichen Amte die Unfähigkeit zur Bekleidung derselben und den Verlust des Einkommens setzte u. dergl. mehr.

[2]) Majunke, Geschichte des Kulturkampfes, S. 494.

[3]) von Rauchhaupt, Wilhelm, Landrat des Kreises Delitzsch, auf Storckwitz bei Delitzsch, geb. 26. Juni 1828, evangelisch. (konservativ.) 1866—67, 1870—73 und 1877—81 Mitglied des Abgeordnetenhauses für denselben Wahlbezirk, 1882—88 für 5 Potsdam. 1867 Mitglied

Konferenz mit dem Kanzler[1]), wobei der letztere das größte Gewicht auf die un=
veränderte Annahme der Regierungsvorlage legte. Rauchhaupt verlangte namens
der konservativen Partei, daß die diskretionäre Gewalt nur auf eine bestimmte
Reihe von Jahren eingeräumt werde. Bismarck sowohl als der Kultusminister
glaubten eine Fristbestimmung zugestehen zu können.

Bei der ersten Lesung am 28. und 29. Mai 1880 verhielten sich Centrum
und Fortschrittspartei durchaus ablehnend, die Konservativen zustimmend, National=
liberale und Freikonservative waren gespalten. Der stärkste Widerspruch richtete
sich gegen den Bischofsparagraphen, den Puttkamer gerade als den Kern des
ganzen Gesetzes verteidigte. In den Kommissionsberatungen wurde er wie
mehrere andre von der Majorität verworfen, bei der Schlußabstimmung aber
auch das ganze Gesetz abgelehnt.

In dieser parlamentarischen Lage sprach sich Fürst Bismarck anfangs Juni
1880 über die Vorlage gegen persönlich befreundete Abgeordnete wie folgt aus:

„Da die Kommissionsverhandlungen kein positives Ergebnis geliefert haben,
werden die Beratungen des Plenums unter Zugrundelegung der Regierungs=
vorlage stattfinden, zu welcher die Stellung der Staatsregierung, meines Erachtens,
heute dieselbe bleiben muß, wie zur Zeit der Einbringung. Die Regierung hält
sich für verpflichtet, unabhängig von Verhandlungen mit Rom, den katholischen
Unterthanen des Königs alles das zu gewähren, was ohne Schädigung der
Gesamtinteressen des Staates gewährt werden kann. Dieser Gedanke ist durch
die Vorlage zum Ausdruck gebracht worden. Es kann nicht erwartet werden,
daß die Regierung ihre Ansicht über das Maß der zulässigen Konzessionen in
den acht oder zehn Tagen der Kommissionsberatungen geändert haben sollte, da
diese Ansicht nicht auf augenblicklichen Erwägungen der parlamentarischen Kon=
stellation, sondern auf der prinzipiellen Erwägung der Bedürfnisse und der un=
veräußerlichen Rechte des Staates beruht. Die Regierung kann sich in ihrer

---

des konstituierenden Reichstags, seit 1887 Mitglied des Reichstags. (Mit Dr. Friedenthal,
Dr. Lasker und von Branchitsch Berichterstatter über die Kreisordnung.) Mitte 1855 übernahm
er das Landratsamt seines Heimatkreises Delitzsch. War Mitglied des Provinziallandtages
und Vorsitzender des Provinzialausschusses. Gestorben im April 1894.

[1]) Vergl. die „Neue Preußische (Kreuz=) Zeitung" Nr. 121 v. 27. Mai 1880 u. die „Germania"
vom 26. Mai 1880. Die „Magdeburger Zeitung" wollte wissen, Bismarck habe besonders an den
§§ 1, 4 und 10 der Vorlage festhalten, im übrigen Amendements nicht völlig von der Hand
weisen wollen. Der Kanzler habe außer mit Herrn von Rauchhaupt auch mit einigen national=
liberalen Führern konferiert. „Der § 4 (der von der Rückberufung der Bischöfe handelt) dürfte
besonders hohe Protektoren haben." Die „National=Zeitung" schrieb: Fürst Bismarck hat in
den letzten Tagen mit einer ganzen Reihe von hervorragenden Abgeordneten, und zwar mit
jedem einzeln vertrauliche Besprechungen gehabt. Über den Inhalt derselben dringt in die
Öffentlichkeit, daß er auf die Durchberatung des Gesetzes den größten Wert legt. Eine Klausel
einzufügen, welche die Gültigkeitsdauer auf kurze Zeit — etwa ein Jahr — beschränkt, ist er
bereit. Eine Angabe der „Germania", wonach der Reichskanzler im übrigen die unveränderte
Annahme des Gesetzes fordert, mag etwas über das Ziel hinausschießen, aber richtig ist, daß
er gerade auf die Beibehaltung derjenigen Bestimmungen besteht, welche in der liberalen Partei
das schwerste Bedenken erregen.

Schätzung der Bereitwilligkeit der einzelnen Fraktionen, den Wünschen der katholi-schen Bevölkerung auch parlamentarisch entgegenzukommen, getäuscht haben; aber auch hiervon ist ein strikter Beweis durch die Kommissionsverhandlungen noch nicht geliefert; nur Plenarbeschlüsse können ihn herstellen. Durch das Votum der Mehrheit eines der beiden Häuser des Landtags kann die Regierung verfassungs-mäßig gehindert werden, der katholischen Bevölkerung diejenigen Konzessionen auf kirchlichem Gebiete zu machen, welche sie für staatlich zulässig hält. Sie kann durch ein solches Votum genötigt werden, auf die Ausführung der Absichten, welche den Entwurf eingegeben und ihm die königliche Genehmigung verschafft haben, ganz oder teilweise zu verzichten. Sie wird natürlich den verfassungs-mäßig bekundeten Willen des Landtags achten. Aber die Regierung würde mit sich selbst in Widerspruch treten, wenn sie ihre in der Vorlage gemachten An-erbietungen oder einen Teil derselben freiwillig zurücknehmen und damit ihrer-seits die Verantwortung für die Versagung der Konzessionen übernehmen wollte, welche sie ohne Schädigung des Staates im Interesse des religiösen Friedens vor drei Wochen gewähren zu können glaubte. Dem kirchlichen Bedürfnis der katho-lischen Preußen weniger zu gewähren, als ihnen ohne Schädigung des Staates gewährt werden kann, würde den landesväterlichen Interessen Sr. Majestät des Königs nicht entsprechen. Die Regierung wird daher, meines Erachtens, an der Vorlage festhalten müssen, bis sie sich einer amtlichen Ablehnung derselben durch eins der Häuser des Landtags gegenüber befindet[1].“

Die zweite Lesung knüpfte also wieder an die Regierungsvorlage an und führte zur Annahme des Bischofsparagraphen, freilich mit der Bedingung, daß die wieder einzusetzenden Bischöfe die Anzeigepflicht anerkennen müßten. Das Centrum stimmte dafür, um zu zeigen, daß eine große Mehrheit im Prinzip für die Rückberufung der Bischöfe sei; aber Windthorst erklärte zugleich, daß es in dritter Lesung gegen das ganze Gesetz stimmen werde, wenn die Anzeigepflicht nicht wieder daraus entfernt werde. Umgekehrt waren Bennigsen und ein Teil der Nationalliberalen entschlossen, wenn der Bischofsparagraph bestehen bleibe, gegen das ganze Gesetz zu stimmen. Dagegen erklärte er sich mit etwa der Hälfte seiner Partei bereit, die Dispensation der Geistlichen von der vor-geschriebenen Vorbildung der Regierung zu gewähren, und schloß in diesem Sinne ein Kompromiß mit den Konservativen.

Zwischen der zweiten und dritten Lesung sah Bismarck wieder Parlamentarier bei sich, und zwar zu Tisch am 23. Juni den Abgeordneten von Rauchhaupt und am folgenden Tage den Abgeordneten von Bennigsen[2]. Der letztere stellte Bismarck vor, daß die Zurückberufung der abgesetzten Bischöfe in ihre Sprengel den übelsten Eindruck machen würde, und er gab sich alle Mühe, den Reichskanzler für das Fallenlassen des Bischofsparagraphen zu gewinnen. Die „Norddeutsche

---

[1] Revue der Presse hierzu in der „Post“ 1880, Nr. 162.

[2] Vergl. die „Post“, Nr. 172, S. 2, und Schultheß „Geschichtskalender“ 1880, S. 193. Über die Haltung Bennigsen's in dieser Kirchenfrage s. Wiermann, „Der Deutsche Reichstag“, Bd. II., S. 46 f.

Algemeine Zeitung" brachte über diese Verhandlungen noch vor der dritten Lesung folgende Notiz:

„Verschiedene Blätter bringen die Nachricht, der Reichskanzler suche gegenwärtig bis zur dritten Lesung der Kirchenvorlage noch einen Kompromiß herbeizuführen. Er habe deshalb die Führer der konservativen und nationalliberalen Fraktionen zu sich entboten, um eine Einigung zwischen den entgegengesetzten Standpunkten derselben anzubahnen, damit das Gesetz in irgend einer Form zur Annahme komme.

Diese Nachricht ist das Gegenteil des wirklichen Herganges. Der Reichskanzler hat durchaus keinen Versuch gemacht, einen Kompromiß herbeizuführen, und die Besprechungen, welche er in den jüngsten Tagen mit Führern der konservativen und nationalliberalen Fraktionen gehabt hat, haben nur dazu gedient und haben keinen andern Zweck gehabt, als den befreundeten Abgeordneten die Gründe darzulegen, welche es der Regierung unmöglich machen, an einem Kompromiß mitzuwirken, sie vielmehr in die Notwendigkeit versetzen, an der vom Staatsministerium beschlossenen und von Sr. Majestät dem Könige sanktionierten Vorlage festzuhalten, weil dieselbe das Maß der Konzessionen darstellt, welche die Regierung glaubt ohne Schaden für den Staat den katholischen Unterthanen des Königs machen zu können. Es ist nicht zu erwarten, daß die Regierung in der dritten Lesung einen andern Standpunkt einnehme als bisher; jedenfalls ist die Nachricht unrichtig, daß der Reichskanzler für Herbeiführung eines Kompromisses auf der Basis irgend welcher Abminderungen jener Konzessionen thätig sei.

Die fortschrittlichen Blätter, wie gewöhnlich hierin Bundesgenossen des Centrums, sind auch heute bemüht, dem Centrum die Ablehnung der Regierungsvorlage zu erleichtern, sie suchen der verbündeten Oppositionsfraktion diesen Dienst dadurch zu leisten, daß sie die Unwahrheit verbreiten, als ob die Regierung auf Art. 4 verzichte. Sie suchen dadurch dem Centrum einen Entschuldigungsgrund für die Fortsetzung des Kampfes zu suppeditieren, denn die Fortschrittspartei bedarf des kämpfenden Centrums an ihrer Seite. In diesem Sinne werden die Nachrichten verbreitet, daß der Minister von Puttkamer erklärt habe, die Regierung sei nunmehr bereit, den Art. 4 der Kirchenvorlage fallen zu lassen. Dies ist unwahr; die Regierung ist dazu nicht bereit; sie wird freiwillig keinen Teil der Vorlage fallen lassen und dem Centrum die Aufgabe nicht ersparen, über den Gesamtinhalt der Vorlage sich entweder annehmend oder ablehnend vor dem Volke zu erklären. Ebenso willkürlich ist die Erfindung, daß Fürst Bismarck Herrn von Rauchhaupt gegenüber den Verzicht auf Art. 4 erklärt oder geleistet habe. Es ist das eine tendenziöse Insinuation, die von Herrn von Rauchhaupt sicher nicht ausgeht.

Die Staatsminister haben noch heute in vertraulicher Besprechung sich gegenseitig darüber vergewissert, daß die Regierung an der königlichen Vorlage, so wie sie eingebracht ist, nach wie vor festzuhalten hat. Alle entgegengesetzten Behauptungen sind im Dienste der Centrumsfraktion erfunden."

Bei der Abstimmung in dritter Lesung fiel der Vorbildungsparagraph mit 198 gegen 197, der Bischofsparagraph mit fast allen Stimmen, der Rest des Gesetzes wurde mit 206 gegen 202 Stimmen angenommen. Die wichtigsten Ermächtigungen, die stehen geblieben, waren die Dispensation der Bistums-verweser vom Eide, die Wiederaufnahme eingestellter Staatsleistungen für ganze Sprengel, die Gestattung von Niederlassung der Krankenpflegeorden. Außerdem wurden die Strafbestimmungen gegen die Amtshandlungen gesetzmäßig angestellter Geistlichen in fremden Pfarreien aufgehoben. Die Dauer der außerordentlichen Vollmachten wurde auf die Zeit bis zum 1. Januar 1882 beschränkt. Herren-haus und Regierung nahmen das so verkürzte Gesetz an, und am 14. Juli 1880 wurde es vom König unterzeichnet.

Über das Verhältnis des Kanzlers zu dem Abgeordneten Rauchhaupt ist noch folgendes zu bemerken. Ihre Wege führten mehr auseinander als zueinander. Schon 1872 machte Rauchhaupt den Versuch, der neuen Kirchen- und Schulpolitik der Regierung Schwierigkeiten zu bereiten. Als 1879 das konservativ-klerikale Bündnis zu stande kam, wurde er mehrfach von dem Reichskanzler als parlamen-tarischer Vertrauensmann benutzt, und gewann dadurch unzweifelhaft eine gewisse Autorität innerhalb seiner Partei. Das Verhältnis dauerte aber nicht lange, da Rauchhaupt sich der Bismarck'schen Autorität in einer Reihe von Fragen nicht fügen wollte[1]. Er (Rauchhaupt) hatte auch gewarnt, im Jahre 1881 das Tabak-monopol so unvorbereitet, wie Bismarck es gethan, in die Wahlen zu werfen. Bereits in einer Rede, die Rauchhaupt im September 1882 in der Sitzung des Centralvereins des zweiten Berliner Reichstagswahlkreises hielt, sprach er von „kleinen Schatten", die in das Verhältnis der konservativen Partei zur Regierung geworfen seien. Ein Ausfluß der Verstimmung zwischen Bismarck und Rauch-haupt lag in der Thatsache, daß letzterer im Jahre 1883 bei den Gnaden-erweisungen in der Provinz Sachsen gelegentlich des Kaisermanövers völlig leer ausging. —

Am 1. Februar 1881 fand bei Bismarck eine Soiree für die Mitglieder des Landtags und des Volkswirtschaftsrates statt, über welche bereits in Bd. I, S. 194—204 der 2. Aufl. berichtet worden ist. Über den Verlauf derselben liegt noch ein Referat des Landtagsabgeordneten von Eynern[2] vor, welcher

---

[1] Rauchhaupt wollte 1882 die soziale Frage lösen durch eine Verbesserung der Armenpflege, Bismarck durch die Arbeiterversicherung. Rauchhaupt bekämpfte Bismarck's Verwendungsgesetz.

[2] von Eynern, Ernst, Kaufmann und Stadtverordneter in Barmen; daselbst geboren am 2. April 1838, lutherisch. Gewählt für Düsseldorf 1. (Lennep, Stadtkreis Remscheid, Solingen). Nationalliberal. Seit 1879 Abgeordneter für denselben Wahlbezirk. Besuchte die Schulen seiner Vaterstadt, nahm dann mehrjährigen Aufenthalt in der Schweiz, Frankreich und England. Trat als Teilhaber ein in das väterliche Geschäft. War bis zur Einführung der neuen Provinzialordnung (1888) Mitglied des ständischen Landtags der Rheinprovinz für Barmen und bis zur Verstaatlichung der bergisch-märkischen Eisenbahn Mitglied der Direktion dieser Gesellschaft. Gegenwärtig noch Aufsichtsrat verschiedener großer Aktienunternehmungen. — Schrieb: „Wider die Sozialdemokratie und Verwandtes" (Leipzig 1874), „Die Neukonser-vativen im Westen" (Elberfeld 1876), und kleinere Aufsätze volkswirtschaftlichen und politischen Inhalts in Zeitschriften und Tagesblättern.

das Glück hatte, an diesem Abende längere Zeit an demselben Tische mit Bismarck zu sitzen und von demselben direkt in die Unterhaltung gezogen zu werden.

Eynern zählt zu den Spitzen der nationalliberalen Partei, und wer immer das Glück hatte, ihm näher zu treten, der wird es begreifen, daß auch Fürst Bismarck von seiner Persönlichkeit sympathisch angezogen wurde. So kommt es, daß Herrn von Eynern, obwohl er, als einer der jüngeren, mit Bismarck ge-schäftlich niemals verhandelt hat, mehr persönliche Erinnerungen an denselben aufbewahrt als mancher andre, dem wiederholt die Ehre persönlicher Audienzen zu teil geworden ist.

Die Soiree schildert von Eynern in einem an seine Frau gerichteten Briefe vom folgenden Tage wie folgt:

Zu der gestrigen parlamentarischen Soiree beim Fürsten Bismarck hatten auch die in meinem Hotel wohnenden Mitglieder des Volkswirtschaftsrats, Ge-heimer Kommerzienrat Wesenfeld aus Barmen und Dr. Jansen aus Dülken, Einladungen erhalten. Deren Erwartung, den großen Staatsmann kennen zu lernen, war keine geringe, und sie fuhren schon gegen neun Uhr ab. Ich folgte eine halbe Stunde später und gab dem Kutscher stolz die Weisung: Zu Bis-marcken! Der Kutscher schlug auf den Gaul, ich drückte mich befriedigt in die Wagenecke und stieg frohen Mutes vor einem glänzend erleuchteten, mit Dienern in großer Livree vollgespickten Portal aus. Bald war ich meines Pelzes ledig, und betrat einen mit Uniformen und Damen in großen Toiletten angefüllten Saal. Die ganze Sache kam mir aber nicht recht geheuer vor, denn ein ganz unbekannter Herr hatte mir unter murmelndem Dank für die ihm durch mein Kommen erwiesene Ehre die Hand geschüttelt, und ich hatte vor einer mir ebenso unbekannten Dame eine tiefe Verbeugung gemacht. Von dem Fürsten Bismarck war nichts zu sehen; ich suchte nach ihm, und da ich ihn nicht fand, suchte ich nach Wesenfeld und Jansen, und als auch hier jeder Erfolg ausblieb, befreite ich einen Diener von einer Tasse Thee und stellte mich wartend an die Seite. Bald gesellte sich der Polizeipräsident von Berlin, Herr von Madai zu mir, und ich bat ihn, mich bei dem zu erwartenden Erscheinen der Fürstin Bismarck dieser vorstellen zu wollen. „Ja — sagte Herr von Madai — sehr gerne, aber dann müssen wir zusammen einige Häuser weiter gehen, hier könnte ich diesen Wunsch nur bei der Gräfin Schleinitz, bei der Sie Gast sind, erfüllen."

Es war richtig, der Kutscher hatte mich im Hausministerium, Wilhelm-straße 73, statt im Reichskanzler-Amt, Wilhelmstraße 76, abgeladen. Beide Hotels haben gleiche Höfe und ähnliche Bauart und die Verwechselung war verzeihlich. Mit meinen Klagen, daß ich nun die Anfangsstunde der Soiree beim Fürsten Bismarck versäumt habe, fand ich Widerhall bei andern anwesenden Abgeordneten, denen die gleiche Verwechselung passiert war und die darüber erst durch mich unterrichtet wurden. Wir enteilten zu etwa einem halben Dutzend Herren nach vorgebrachter Entschuldigung dem gastlichen Dach und begaben uns eilenden Laufes zu der richtigen Hausnummer.

Hier empfing uns der Fürst in Generalsuniform mit Händedruck. Der Frau Fürstin, einer im höchsten Grade sympathischen und „lieben" Erscheinung, wie Du sagen würdest, wurde ich durch Herrn Heimendahl aus Krefeld vorgestellt, der als Introdukteur für den Volkswirtschaftsrat freiwillige Funktion übernommen und diese mit vollendeter Zeremonienmeistermiene und -Haltung ausführte. Tyras, der Reichshund, war auch da und beschnüffelte mich in höchst zudringlicher Weise, so daß ich ihm schleunigst davonlief und in dem Buffetsaal Platz zu finden suchte; es war aber mehr Buffet da als Platz. Ich stand, beladen mit meinem Chapeau claque, einem eroberten Glase Bier und einer Hummerschere ratlos da und schaute hilfesuchend auf mehrere hundert zufrieden dasitzende Herren. Endlich entdeckte ich an der einen Längenwand des Buffetsaales zwei leere Stühle, zu denen ein Tischchen gehörte, an welchem die Kollegen Hollenberg, nationalliberal, Sachse, Sezessionist, und Freiherr von Eckardstein, seit einiger Zeit „wilder Konservativer", Platz genommen hatten. Die Herren rückten zusammen, und kaum saß ich, so bekam ich in dem Fürsten einen weiteren Nachbar. Dieser hatte nach Abschluß des Empfanges (wir waren die letzten gewesen) den Buffetsaal betreten und, die schwierige Situation überschauend, sofort den ersten freien Stuhl besetzt. Es war ein leichter Rohrstuhl und derselbe knarrte erschreckt zusammen. Tyras beschnüffelte ihn sorgsam und legte sich dann, anscheinend über die Haltbarkeit zufriedengestellt, schnarchend unter ihm nieder. Zum weiteren unmittelbaren Gefolge des Fürsten gehörte ein Diener, der den Labetrunk in Gestalt einer Flasche Mineralwasser und einer Flasche eines dunkelgefärbten Stoffes, der auf dem Etikette als alter Jahrgang eines Rüdesheimers bezeichnet war, vor uns hinstellte. Der Fürst wußte zweifellos zunächst nicht, in welch' illustren Kreis er eingetreten war. Besonders mich fixierte er in auffälliger Weise, und Tyras erhob aufmerksam sein Haupt. Nachdem wir uns vorgestellt, sagte er: „Ach so, der Sohn — wenn ich Ihren Namen lese, stelle ich mir darunter immer den alten Herrn vor, und da erkennt man die Jugend nicht gleich wieder[1]). Was macht denn Ihr Vater? Als ich den Namen nach jahrelanger Unterbrechung wieder im Sitzungsbericht der Zeitungen las, hatte ich stets die Vorstellung, es sei der alte Kollege, aber ich hätte mir doch selbst sagen können, daß es ein andrer sein müsse, denn Ihr Vater muß doch gute zehn Jahre älter sein wie ich, und wie könnte er da noch etwas leisten! Ich fühle mich mit meinen fünfundsechzig Jahren schon alt und müde." — Ich machte ihm darauf natürlich das Kompliment, daß man davon in seiner Thätigkeit und Arbeit wenig merke, worauf er ablehnend eine lange Krankheitsgeschichte erzählte, die sehr den Anschein der Wahrscheinlichkeit für sich hatte, denn sein Aussehen war abgespannt und nervös; auch bewegte er sich sehr schwer. Seine Art in Sprache und Bewegung hatte Ähnlichkeit mit derjenigen des alten Herrn Overweg in Letmathe in dessen letzten Lebensjahren. Übrigens ist unser Weihnachts-

---

[1]) Der Vater des Abgeordneten von Eynern war von 1849—1873 Abgeordneter gewesen und dem Fürsten gut bekannt.

bild erstaunlich ähnlich. Unter dem Einfluß einiger Gläser des braunen Weines besserte sich aber sehr bald sein Äußeres. Ich imponierte ihm offenbar sehr wenig, denn seinen Wein schlug ich, „da wir Rheinländer meistens um diese Stunde nur sauren leichten Mosel tränken," höflich aus; darauf befahl er dem Diener, mir eine Flasche des dünnsten Zeugs zu bringen, was aufzutreiben sei. Erst als er den wirklichen Grund meiner Enthaltsamkeit erfuhr, den ich ihm dahin mitteilte, daß ich ohnedem durch die unerwartete Ehre, in seiner Nähe sein zu dürfen, genügend aufgeregt sei, um eines weiteren Aufregungsmittels entbehren zu müssen, wurde ich wieder in Gnaden aufgenommen — so ein junger, kluger Mann, meinte er. Ich aß meinen Hummer und er verteilte in die Gläser meiner Nachbarn seinen Rheinwein, mit sicherem Blick und fester Hand, ohne auch nur einen Tropfen, trotz des unbequemen engen Sitzens, zu verschütten. Offenbar hatte ihn aber die Erinnerung an seinen alten Kollegen elegisch ge= stimmt. Er fuhr fort, seinen schlechten Gesundheitszustand zu schildern. Seitdem er den Bruch mit den Konservativen habe vollziehen müssen[1]), sei er überhaupt nur noch wenig wert. Er müsse jetzt, als alter Mann, überall nach neuen Freunden suchen. Er habe dem Vaterlande das größte persönliche Opfer bringen müssen, was ein Mensch bringen könne, den Zwiespalt mit allen seinen Jugend= freunden. Sie seien ihm jetzt alle, politisch gesprochen, „Luft". Sein Gemüt und Herz sträubten sich dagegen; es sei ein Kampf mit sich selbst, der täglich wiederkehre. Und warum und weshalb sei er auch immer vom Schicksal dazu bestimmt, solche jeden Menschen aufreibende Opfer bringen zu müssen?

Als einer der Herren ihm sagte, über solche erklärliche menschliche Stimmungen helfe allein die Arbeit hinweg, und an solcher fehle es ihm doch nicht, ja, er scheine mit besonderer Vorliebe stets neue zu suchen, meinte der Fürst plötzlich in heiterem Umschwung seiner Stimmung: „Sie spielen damit wohl auf den Handelsminister an, der ich auch noch geworden bin[2]). Ja, da bin ich hinein= gegangen wie Odysseus unter die Freier; ich will den Mann aus Preußen weg= jagen, das Amt gewissermaßen für das Reich erobern. Wir haben keinen preußi= schen, keinen sächsischen, keinen braunschweigischen Handel, nur einen deutschen, und deshalb muß auch unser Handelsministerium eine Reichseinrichtung sein. Es geht aber nicht so schnell damit, das Amt zu beseitigen, denn Preußen ist der partikularistischste Staat in Deutschland. Aber fertig bringe ich es doch noch und zwar dadurch, daß ich mich zur gelegenen Zeit selbst beseitige."

Er schenkte wieder, als ob das Thema damit für ihn abgeschlossen wäre, aufs neue ein. Ich sprach, ihn festhaltend und die Zollanschlußfrage an Hamburg berührend, vom deutschen Handel und seiner immer mehr zunehmenden Bedeutung, welche diejenige der alten Hansa wohl schon überträfe. Diese Bedeutung zeige sich auch in den stets zunehmenden Bestrebungen, eigenen Kolonialbesitz zu er=

---

[1]) Die Anfänge der Verstimmung zwischen Bismarck und den Konservativen reichen bis in das Jahr 1866 hinauf; der Bruch vollzog sich zuerst 1872, die völlige Entfremdung 1873.
[2]) Übernahme des Handelsministeriums (erst provisorisch) am 23. August 1880.

werben. In Düsseldorf sei ein Kolonisationsverein zu dem Zwecke, diese Fragen in schnelleren Fluß zu bringen, gegründet worden.

„Ja wohl." sagte er, sich etwas erregt zu mir wendend, „Sie sind ja auch dabei." Als ich ihm sagte, das sei eine Verwechselung in den Zeitungen mit meinem Bruder, meinte er, solche Bestrebungen könnte man ja fördern, aber dieser Verein sei nicht gut geleitet.

Der Missionsinspektor Fabri, der doch sonst ein kluger und feiner Kopf sei, habe ihm eine Depesche zugeschickt, die ihre Spitze gegen die Kolonisations-bestrebungen der Engländer richte, und sie noch dazu veröffentlicht. So etwas dürfe nicht sein[1]). In England handelten auch die Privatpersonen in ihren großen Unternehmungen stets in Fühlung mit dem Auswärtigen Amt, das die Verantwortlichkeit immer aber nur übernehme, wenn der Erfolg gesichert und die Bahn frei gemacht sei. Unsre deutschen Kolonisationsbestrebungen könnten nur in gleicher Anlehnung an das jetzt mächtig gewordene Auswärtige Amt Erfolg haben. Gar keine Fühlung habe Fabri mit ihm genommen. Wenn England in der Transvaalrepublik Krieg führe, sollte er da unsre Konsuln anweisen, Stellung gegen England zu nehmen? Überall hätten die Engländer die freund-lichsten Beziehungen zu den deutschen Reichsangehörigen, und deren Eigentum und Thätigkeit sei von ihnen stets geschützt worden, so wie das eigene englische. Besonders die Missionare hätten doch wahrhaftig niemals Ursache gehabt, sich zu beklagen. In Kriegszeiten würde jedes Wort eifersüchtig verfolgt und nichts sei dabei so vom Übel, als sich in seinen Sympathien von unklaren Gefühlen leiten, die thatsächlichen, allen Kämpfen zu Grunde liegenden Interessengegensätze un-berücksichtigt zu lassen. Für die Buren fehlten ihm Sympathien nicht, das ging schon aus seiner Freude hervor, daß sich die Leute stolz und selbstbewußt „Buren" nennten, das, was sie wären. — Er ließ sich dann noch des längeren über die Verhältnisse in Transvaal aus, die ihm sehr genau bekannt zu sein schienen.

Während dieser Erörterung nahm ein Abgeordneter und gleichzeitiges Mit-glied des Volkswirtschaftsrat an unserm Tische Platz und fragte, was bei unsern so vielfachen parlamentarischen Vertretungen mit dieser neuen Vertretung bezweckt werde. „Ach — meinte der Fürst — ich weiß ja, die Parlamente wollen eifersüchtig werden, aber gegen diese ist die Institution gar nicht gerichtet. Sie geht gegen den grünen Tisch, von dem aus ein eintrocknender Geheimratswind das Land durchweht." An diesem grünen Tisch säßen ja hochgebildete und tüchtige, theore-tisch außerordentlich kenntnisreiche Leute, und wenn sie ihm ihre ausgearbeiteten Gesetzentwürfe vorgelegt hätten über Dinge, von denen er nichts verstanden, so sei ihm alles stets sehr gut und klar vorgekommen. Habe er sich dann aber selbst in die Materie, die er habe vertreten sollen, eingearbeitet, Berichte eingefordert

---

[1]) Die Kämpfe der Buren für die Unabhängigkeit ihrer Transvaalrepublik gegen die Engländer erregten damals wegen der Nähe des deutschen Kolonialgebietes das besondere Interesse aller deutschen Kolonialfreunde. (Gerade zu dieser Zeit hatten die englischen Truppen empfindliche Niederlagen erlitten, die späterhin zur vorläufigen Unabhängigkeit des Landes führten.

und Umfrage gehalten, dann seien ihm die Arbeiten immer minderwertiger erschienen. Unsre sozialen und wirtschaftlichen Verhältnisse, fuhr er fort, seien so
äußerst kompliziert geworden, daß er die Männer der Praxis habe heranholen
müssen, die übrigens in den Parlamenten, ihrer anderweitigen Pflichten halber,
auch nicht genügend vorhanden seien. Es sei immerhin zu berücksichtigen, daß
er diese Männer der Praxis nur zeitweise versammeln könne, denn sie könnten
sich nicht monatelang ihren Arbeiten entziehen. Er hoffe, sein Vorschlag einer
Organisation mit Ausschüssen, welche die Arbeit verteilen und mit den Hinter-
männern in steter Anregung verkehren könnten, würde diesen Übelstand beseitigen
und ihm einen ständigen Beirat verschaffen.

Den „Volkswirtschaftsrat" habe er zunächst als preußischen Volkswirtschaftsrat
gebildet, weil die deutschen Regierungen mit allen Erwägungen und Bedenken
bis mindestens Juli ihre Zusage hinausgeschoben haben würden, und dann sei
die Zeit des Rates vorüber gewesen. Jetzt spiele er einmal den preußischen
Partikularismus aus, und, wie er seine Leute im Reich kenne, werde es ihn jetzt
nur ein paar höfliche Briefe kosten, um der Beisendung aus den andern deutschen
Staaten sicher zu sein und damit den Volkswirtschaftsrat für Deutschland geschaffen zu haben[1]).

Während dieser Unterhaltungen hatte sich um unsern Tisch eine große
Corona gebildet, die immer mehr herandrängte. Ein Kollege aus dem Abgeordnetenhaus, Weißermel, stand hinter meinem Stuhl und hatte mich verschiedentlich
flüsternd gebeten, ihm vorübergehend meinen Platz abzutreten, worauf ich ihm
ebenso häufig erwidert hatte, daß ich nicht gewillt sein könne, diesen historischen
Moment für mich abzukürzen. Jetzt aber wandte sich der Fürst von der Tischgesellschaft ab und einem herantretenden Mitgliede des Volkswirtschaftsrates,
Tischlermeister van der Brüggen aus Bielefeld, zu. Ich sah, daß unser Unter-
haltungsstündlein geschlagen, wandte mich zu Herrn Weißermel um und fragte
ihn, was er darum gebe, wenn ich ihm jetzt meinen Platz einräume. „Eine
Flasche Sekt," rief er eifrig. Ich stand auf; in demselben Moment, wo der
Aufsteigerer sein Eigentumsrecht ausüben wollte, erhob sich aber auch der Fürst
und schritt durch die Corona andern Tischen zu. Die Flasche Sekt haben wir
aber heute trotzdem getrunken.

Ich zog nun, frei geworden, durch die Räume und stieß in einem Nebenzimmer
auf Paul Lindau, den guten Bekannten aus seiner Elberfelder Zeit, der im
Kreise der einzig geladene Schriftsteller war. Gleichzeitig betrat der Hofprediger
Stöcker dasselbe Zimmer, und Lindau bat mich, ihn mit demselben bekannt zu
machen. Ich entledigte mich dieses Auftrags und ging mit dem frohen Bewußtsein
von dannen, ein gutes Werk vollbracht zu haben. Hatte ich doch Gelegenheit
gefunden, zwei Männer zu einem beiderseits gewiß höchst angenehmen und an-

---

[1]) Diese Hoffnung erfüllte sich bekanntlich nicht, da der Reichstag zweimal mit großen
Majoritäten den Antrag auf Bewilligung von jährlich 85000 Mark Kosten für diesen geplanten
deutschen Volkswirtschaftsrat ablehnte, weil er „eine besondere Vertretung einzelner Klassen und
Stände nicht wolle".

regenden Gedankenaustausch zu vereinigen. Es war Mitternacht geworden. Bei meiner Verabschiedung vom Fürsten nahm ich einen Gruß an Vater mit auf den Weg, den Du wohl gleich übermittelst. —

Am 18. Januar 1881 bethätigte Bismarck sein Interesse für die Einführung der Schlachthäuser[1]) durch einen Besuch des Abgeordnetenhauses, in welchem die betr. Vorlage eben zur Beratung stand. Der Kanzler grüßte eintretend das Haus durch Verneigung, welche die Mehrzahl der anwesenden Abgeordneten durch Erheben von den Sitzen erwiderte. Darauf ließ sich derselbe an seinem gewohnten Eckplatz nieder und unterhielt sich mit dem ihm zunächst sitzenden Abgeordneten Sachse, seinem Bruder, dem Abgeordneten von Bismarck-Flatow, und von Bennigsen, welche an den Ministertisch herantraten. Dem letzteren sagte er u. a., er habe heute im Hause nicht fehlen wollen, da ein Gegenstand seines Ressorts (Schlacht-haus-Vorlage) auf der Tagesordnung stehe. Fürst Bismarck hatte ein geradezu blühend frisches Aussehen[2]). Der starke Umfang seines Körpers, der in den drei letzten Jahren stetig zugenommen hatte und den Bewegungen oft etwas Steifes und Mühseliges gab, hatte sich vermindert, und Gang wie Haltung haben wieder die frühere Elastizität und Sicherheit. Der Kanzler saß nur etwa zehn Minuten im Saal und zog sich darauf in das Ministerzimmer zurück, um mit seinen Kollegen zu konferieren. Nach Beendigung der Sitzung kehrte er noch einmal in den Sitzungssaal zurück. Beim Eintritt bemerkte er zu den Umstehenden: „Wir sind schneller fertig geworden, als ich erwartet hatte." —

Im Jahre 1881 hatte der Abgeordnete von Bennigsen zwei Unterredungen mit Bismarck in Fragen, die das Abgeordnetenhaus beschäftigten. Zuerst am 24. Januar über den dauernden Steuernachlaß (Antrag von Minnigerode)[3]) und dann im Frühjahr über den Kulturkampf. Der Führer der Nationalliberalen soll bei der letzten Gelegenheit dem Kanzler gesagt haben, daß dieser das Spiel verloren habe. Bennigsen sprach die Ansicht aus, daß, wenn die Regierung nur noch einige Jahre fest geblieben wäre, die schon müde römisch-katholische Kirche sich den Maigesetzen gefügt haben würde. Statt dessen habe der Fürst um vorübergehender finanzieller Zwecke sich bei der Tarifreform dazu herbeigelassen, mit dem Centrum zu paktieren; hierdurch, sowie durch die Unterhandlungen mit Rom, sei er auf eine abschüssige Ebene geraten, auf der es keinen Halt mehr gebe[4]).

---

[1]) Vergl. mein Werk „Fürst Bismarck als Volkswirt", Bd. II., S. 39 f.

[2]) Es ist nicht uninteressant, daran zu erinnern, wie die „Vossische Zeitung" in ihrer Nummer vom 9. Januar 1881, in welcher sie die Ankunft des Fürsten Bismarck meldete, das Aussehen desselben geschildert hat: „Der Reichskanzler stieg zuerst aus dem Coupee, gestützt auf die Schultern Rantzau's und seines alten Reisefaktotums Schütz . . . Fürst Bismarck hat mindestens um zehn Jahre gealtert in der Zeit seiner Abwesenheit, wo wir ihn nicht mehr gesehen."

[3]) Vergl. die „Vossische Zeitung" vom 25. Januar 1881, Nr. 39. — 3. März 1881 Rede Bennigsen's in der Fraktion (Schultheß „Geschichtskalender", S. 89).

[4]) Die „Vossische Zeitung" vom 21. November 1882, Nr. 545 (einem Artikel der „Allgemeinen evangelisch-lutherischen Kirchen-Zeitung" entnommen) meint, sehr wahrscheinlich sei gerade diese Unterredung der Ausgangspunkt der neueren schrofferen Stellung des Kanzlers in der Kirchenfrage geworden.

Der Kanzler suchte dies mit dem ganzen Aufwand seiner Dialektik zu bestreiten und zu zeigen, daß er die Sache noch ganz in seiner Hand habe; aber Bennigsen blieb bei seiner Ansicht[1]). War er aber in der Lage, dem Kanzler eine Majorität für die Aufrechthaltung einer im Detail jedenfalls fehlerhaften Kirchenpolitik zur Verfügung zu stellen? Bennigsen irrte außerdem in der Annahme, daß die Kurie nach Jahr und Tag klein beigegeben haben würde.

Über den Richter'schen Steuernachlaß sprach Bismarck auch mit dem Freiherrn von Hammerstein[2]), ohne daß eine Einigung zu erzielen war. Desgleichen unterhandelte er mit diesem Abgeordneten auch über die Reform der direkten Steuern. Eine Aufhebung der Grundsteuer als Staatssteuer schien dem Kanzler keineswegs eine zu radikale Maßregel.

Hammerstein war für eine Beseitigung des Kulturkampfs und darum für Anlehnung der Konservativen an das Centrum. In dem Maße, als Bismarck nach 1881 mittelparteiliche Demarchen machte, lockerte sich Hammerstein's Verhältnis zu Bismarck; es war klar, daß der Kanzler bei einem Bündnis mit den Konservativen, Freikonservativen und den Nationalliberalen den eigentlichen Stützpunkt nicht bei den extremen Konservativen, sondern in der Mittellinie nehmen müsse. 1884 hatte Bismarck das Ziel erreicht. —

Im Februar 1881 nahm der Kanzler Anlaß, sich über das preußische Herrenhaus privatim ungefähr in folgender Weise zu äußern: „Die praktische Beteiligung des Herrenhauses an unsrer Politik ist in der letzten Zeit mangelhaft gewesen, doch dürfen wir die Quelle dieses Übelstandes nicht in ihm allein suchen. Allerdings fällt dabei ein gewisser Mangel an Interesse für staatliche Angelegenheiten, der bei einem großen Teil unsrer Lords zu beobachten ist, erheblich ins Gewicht. Die Hauptschuld jedoch trägt meines Erachtens die Staatsregierung, und zwar deshalb, weil sie nicht nur die finanziellen Vorlagen, sondern gleichzeitig auch alle wichtigen und Interesse erweckenden andern Vorschläge und Entwürfe zuerst an das Abgeordnetenhaus bringt. Jenes ist durch die Verfassung geboten, dieses nicht. Um ein Beispiel hierfür anzuführen, hat man sämtliche Organisationsgesetze, sowohl die, welche für die ganze Monarchie, als die, welche für einzelne Provinzen bestimmt waren, regelmäßig und ausschließlich zunächst dem Abgeordnetenhause vorgelegt, welches sie entweder in seinen Kommissionen liegen oder sie wenigstens nicht vor der Schlußwoche der Session dem Herrenhause zukommen ließ. Manchen Leuten kann dabei eine Variation des Schiller'schen Verses einfallen, die ungefähr lauten würde: Wenn das Laster satt ist, setzt sich die Tugend zu Tisch. Mit andern Worten: Der bescheidene Teil wird seiner Bescheidenheit

---

[1]) Im Angesicht der 1881er Reichstagswahlen sagte der Abgeordnete von Bennigsen auf einer Rede in Hannover: „Ich habe die Überzeugung, daß ein Mann, wie der Fürst Bismarck, dessen historischer Name mit den Kämpfen des Staates gegen unberechtigte Ansprüche der Kirche ebenso verwachsen ist, wie mit der Herstellung des Deutschen Reichs, daß ein solcher Mann unmöglich seine historische Bedeutung selbst preisgeben kann, indem er Rechte, welche der Staat nicht preisgeben darf, wegen einer momentanen politischen Lage aufgeben sollte."

[2]) Vergl. oben S. 73.

gemäß hintangesetzt und übel behandelt . . . Ich bin der Meinung, daß diese
Politik weder recht würdig noch recht praktisch ist. —

Ich kann mich der Befürchtung nicht erwehren, daß spätere Regierungen
den Fehler zu büßen haben werden, welchen die gegenwärtige mit einem Ver=
fahren begeht, das einer Nullifizierung des preußischen Oberhauses nahe kommt.
Der vorhin von mir erwähnte Mangel an Teilnahme für die öffentlichen An=
gelegenheiten, welche die größere Anzahl der Mitglieder des Herrenhauses
charakterisiert, ist ohne Zweifel teilweise die Folge unzweckmäßiger Einrichtungen,
welche jene Körperschaft ihrer Entstehung und Ergänzung zu verdanken hat. In=
folge deren fehlt den meisten Mitgliedern des Hauses eine lebendige Beziehung
zum öffentlichen Leben. Der warme Pulsschlag desselben erreicht sie nicht.

Es wird Politiker geben, die sich noch der ebenso lebhaften als wirksamen
Thätigkeit erinnern, mit welcher die ehemalige erste Kammer, die durch das
Herrenhaus ersetzt worden ist, in das staatliche Leben eingriff, und der solcher
Lebhaftigkeit entsprechenden Teilnahme, welche die öffentliche Meinung damals
gerade vorzugsweise für die Verhandlungen dieser Kammer an den Tag legte,
weil sie in Wahrheit inhaltreicher waren und mehr geistige Kapazität gewahren
ließen, als die Debatten der zweiten. Wem dies wie mir noch gegenwärtig
ist, der kann nicht ohne Bedauern damit das Gewicht und die Wirksamkeit ver=
gleichen, die dem Herrenhause, dem umgestalteten Nachfolger jener Kammer, ver=
blieben sind.

Der Fehler, dem wir hier begegnen, liegt aber nicht lediglich an den unzu=
reichenden Wurzeln, welche das Herrenhaus nach seiner Ergänzung mit dem
Lande verbinden; denn auch so wie der jetzige Senat Preußens besteht und zu=
sammengesetzt ist, würde er mehr Bedeutung haben, wenn die Regierung ihm
mehr Bedeutung beilegen wollte und nicht durch die Art und Weise seiner Be=
teiligung an den Landtagsgeschäften und durch die Auswahl bei den Ernennungen
dazu beitrüge, daß das Haus auf einen nur geringen Anteil an den gesetzgeberischen
Arbeiten beschränkt wird und beschränkt bleibt. Die Form, in welcher unser
Oberhaus seine Beteiligung an diesen Arbeiten hinzunehmen genötigt ist, hat
die Folge, daß die Vorbereitungen in den Kommissionen und die laufenden Ge=
schäfte im wesentlichen von den Mitgliedern in die Hand genommen werden, die
ihren Wohnsitz in der Hauptstadt haben, und letztere sind größtenteils zurück=
getretene und mit ihrem Rücktritt mehr oder weniger unzufriedene Beamte. Ehe=
malige Minister, die wie von Bernuth, Graf Lippe, Friedenthal und Camphausen
freiwillig zurückgetreten sind, haben zum Teil die Neigung, die gewohnte mini=
sterielle Thätigkeit als Parlamentarier fortzusetzen, zum Teil die verdrießliche Em=
pfindung, nach ihrer Verabschiedung nicht wieder ein Portefeuille erhalten zu
haben oder sonstwie verwendet worden zu sein. Sie müßten sich einer unge=
wöhnlich vornehmen Denkart erfreuen, wenn sie Erfolge derer, die jetzt ihre
Posten einnehmen, frei von jeder Mißgunst betrachten oder gar herbeiführen zu
helfen geneigt sein sollten, und es ist nur menschlich, nur natürlich und gewöhn=
lich, wenn bloße Durchschnittsnaturen der Versuchung, den Eindruck hervorzurufen,

daß ihr Rücktritt eine unausfüllbare Lücke in die Regierungsmaschine gerissen
habe, keine höheren patriotischen Rücksichten entgegenzustellen im stande sind.
Ich glaube nicht hoch zu greifen, wenn ich annehme, daß diese Berliner mit
Hinzurechnung einiger Vertreter großer Städte die zur Beschlußfähigkeit erforderliche Zahl sechzig stellen. Die übrigen Mitglieder des Hauses, namentlich die
Vertreter des großen Grundbesitzes in den Provinzen, denen das Hauptgewicht
in dieser Versammlung zugedacht war, erscheinen daneben nur bei den seltenen
Gelegenheiten, wo der Abstimmungsapparat im Verlaufe weniger Tage die Ergebnisse der Session sanktionieren soll, und das ist ein ganz entschiedener Nachteil. Die erste Frage bei vielen der zu jenem Zwecke in Berlin Eintreffenden
ist gewöhnlich die: „Wann wird man wieder heimreisen können?"

Bei der Beratung des Gesetzes über die Feld- und Forstpolizei, welches
gerade für den Großgrundbesitz von höchster Wichtigkeit war und ihn mit uner-
träglicher Veration bedrohte, sind, wenn ich recht zähle, nur etwas mehr als
80 Herrenhausmitglieder zur Abstimmung erschienen, und davon gehörten kaum
zwanzig den durch dieses Gesetz gefährdeten Grundherren aus der Provinz an.

Will daher die Regierung wirksame Politik treiben und nicht bloß einzelne
Ressorts verwalten, so wird sie die Notwendigkeit einsehen müssen, den Versuch
zu unternehmen, ob eine bessere, mehr auf dem Fuße der Gleichheit mit dem Abgeordnetenhause sich bewegende Behandlung des Herrenhauses nicht bewirken
kann, daß dessen Mitglieder sich lebhafter und regelmäßiger an den Landtagsgeschäften beteiligen. So, wie der Geschäftsgang bisher war, darf es fernerhin
nicht gehalten werden, wenn die wünschenswerte Regeneration des Hauses sich
vollziehen soll. Denn wer wollte jetzt etwas Stichhaltiges und überzeugendes
gegen die Ausrede vorbringen, mit welcher die Mehrzahl der 133 Herrenhausmitglieder, die von den 300 bei der letzten namentlichen Abstimmung zugegen
waren, auf den Vorwurf antworten konnten, daß sie erst in den letzten beiden
Wochen in der Mitte der andern erschienen seien, gegen die Frage nämlich:
Was hätten wir denn früher hier gesollt? Etwa an der Thüre des Abgeordnetenhauses warten, bis es den dortigen Herren beliebte, uns den Abhub ihrer
Leistungen zukommen zu lassen? Oder auf die Minister warten, bis die für uns
Zeit haben? Wir können das ganz und gar ebensogut zu Hause thun[1]). —

Am 1. Januar 1882 waren die Vollmachten, welche der Regierung durch
die Art. 2, 3, 4 des Gesetzes vom 14. Juni 1880 verliehen worden waren, ab-
gelaufen. Die Regierung legte deshalb am 16. Januar 1882 dem Landtag
einen neuen Gesetzentwurf vor, welcher den im vorhergegangenen Gesetze vom

---

[1]) Der konservative Bürgerverein der Stadtbezirke Berlins 41—44 hatte gelegentlich seiner
Konstituierung ein Begrüßungstelegramm an den Fürsten Bismarck abgesandt. Darauf
erging an den Vorsitzenden des Vereins, den Landtagsabgeordneten Böhne in Nettelbeck bei
Putlitz folgendes Telegramm: Berlin, den 26. Januar 1882. Ew. Hochwohlgeboren Telegramm vom 24. d. M. ist mir ein erfreulicher Beweis für die nationale Gesinnung des hier
neu gegründeten Bürgervereins. Ew. Hochwohlgeboren und allen an dem Telegramm beteiligten Herren danke ich verbindlichst. von Bismarck.

Landtag abgelehnten Bischofsparagraphen wieder enthielt, ebenso den abgelehnten Dispensparagraphen (Art. 3) bezüglich der jungen Kleriker. In § 4 verlangte die Regierung unumschränkte diskretionäre Gewalten bezüglich des staatlichen Einspruchsrechtes und der Anzeigepflicht.

Die Kommissionsberatungen hatten damals das Resultat, daß die Regierungsvorlage samt denjenigen Anträgen, über welche die Konservativen und Klerikalen sich geeinigt hatten, abgelehnt wurde. Nach dem Kompromiß des Herrn von Hammerstein mit Windthorst und dem Präsidenten von Köller sollte das Gesetz von 1880 über die diskretionären Vollmachten bis zum 1. April 1883 verlängert, der Bischofsartikel angenommen, die Aufhebung des Kulturexamens und die Beseitigung des Instituts der Staatspfarrer beschlossen, die beiden Artikel über das Einspruchsrecht und die Anzeigepflicht aus dem Gesetz entfernt werden. Der Windthorst'sche Antrag über die Freigebung des Meßlesens und des Sakramentespendens wurde zurückgezogen: die Konservativen verpflichteten sich, einen in diesem Sinne gehaltenen Antrag, der an die Stelle der Regierungsvorlage zu treten hätte, bei der zweiten Beratung der letzteren einzubringen. Da die Regierung, um nicht das ganze Gesetz fallen lassen zu müssen, sich mit dem Kompromiß einverstanden erklärte, so war die Annahme desselben im Abgeordnetenhause gegen die Stimmen der Liberalen gesichert. Über die weiteren Verhandlungen brachte damals ein Schreiben interessante Aufschlüsse, welches der Regierungspräsident von Tiedemann[1]) zu Bromberg an einen befreundeten Wahlmann richtete, und worin derselbe das Votum derjenigen Freikonservativen rechtfertigte, welche mit ihm für das Gesetz stimmten. Das Schreiben lautete:

Bromberg, den 8. April 1882.

Verehrter Freund!

Sie wünschen die Gründe kennen zu lernen, welche mich veranlaßt haben, mit einem Teile der Fraktionsgenossen bei der Beratung des kirchenpolitischen Gesetzes gegen einzelne Artikel des von Rauchhaupt'schen Antrages, nach deren Annahme aber bei der Schlußabstimmung für das ganze Gesetz zu stimmen. Ich erfülle um so bereitwilliger Ihren Wunsch, als ich dadurch Gelegenheit

---

[1]) von Tiedemann, Christoph Willers, Regierungspräsident in Bromberg, Mitglied des Staatsrats, geb. 24 September 1836, evangelisch. Gewählt für 3 Bromberg (Schubin, Inowrazlaw, Strelno). [Freikonservativ]. Gehörte 1873—76 und 1879—82 dem Hause für den Wahlbezirk Mettmann an. Seit 1882 Abgeordneter für 3 Bromberg. War 1879 Mitglied der Zolltarif-Kommission und vertrat die aus derselben hervorgegangene Vorlage als Kommissar des Bundesrats im Reichstage. Wurde 1862 Rechtsanwalt zu Segeberg (Holstein), 1861 Landvogt und Deichgraf der Landschaft Stapelholm, 1865 Polizeimeister zu Flensburg, 1870 Dezernent in der Regierungsabteilung des Berliner Polizeipräsidiums, März 1872 kommissarisch, Januar 1873 definitiv Landrat des Kreises Mettmann, Februar 1876 vom Fürsten Bismarck als Hilfsarbeiter in das preußische Staatsministerium berufen, August 1876 Geheimer Regierungs- und vortragender Rat daselbst, Mai 1878 vortragender Rat in der neu gebildeten Reichskanzlei (Centralbureau des Reichskanzlers), Dezember 1879 zum Geheimen Ober-Regierungsrat, März 1880 zum Mitglied des Bundesrats, September 1881 zum Präsidenten der Regierung zu Bromberg ernannt.

erhalte, den Verdächtigungen entgegenzutreten, welche man an die Abstimmung
der Minderheit der freikonservativen Fraktion, speziell an die meinige, geknüpft
hat. Sie wissen aus vielfachen Unterredungen, wie ich über unsre kirchenpolitischen
Wirren denke. Nie würde ich meine Hand dazu bieten, die eigentlichen Boll=
werke niederzureißen, welche unsre Gesetzgebung zum Schutze der staatlichen
Autorität gegen hierarchische Übergriffe aufgerichtet hat. Aber ich verkenne keinen
Augenblick, daß die Maigesetzgebung eine Anzahl von Bestimmungen enthält, die
über den Zweck, dem Staate eine unangreifbare Defensivstellung zu sichern,
weit hinausgehen und gewissermaßen in der Hitze des Kampfes erlassen sind,
lediglich um dem Gegner Wunden zu schlagen. Die Härten und Übertreibungen
dieser Kampfgesetze, welche wir bis zum Abschluß eines dauernden Friedens
leider nicht ganz werden entbehren können, im Interesse unsrer deutschen Mit=
bürger katholischer Konfession zu mildern, giebt es nur ein Mittel: die Erteilung
diskretionärer Vollmachten an die Staatsregierung. Letzterer muß die Möglich=
keit gewährt werden, unter Umständen von der buchstabenmäßigen Anwendung
gewisser unnötig schroffer Bestimmungen Abstand zu nehmen. Wie im Jahre
1880, wo ich infolge meiner damaligen Stellung über die Motive und Ziele der
Staatsregierung genau unterrichtet war, stehe ich daher auch heute voll und ganz
auf dem Boden der Regierungsvorlage.

Das Gesetz über die diskretionären Vollmachten vom 14. Juli 1880,
welches am 1. Januar d. J. außer Wirkung getreten ist, kam gegen die Stimmen
des Centrums, durch einen Kompromiß zwischen den Konservativen und den
Freikonservativen und der Mehrheit der Nationalliberalen zu stande. Auch jetzt
hätte ich gewünscht, daß ein Zusammenwirken dieser drei Fraktionen zu erzielen
gewesen wäre. Nach der unbegreiflichen Haltung aber, welche die Mehrheit der
Nationalliberalen (ihre wirklichen Führer verließen den Sitzungssaal) bei der Ab=
stimmung über die Wiedereinrichtung einer Gesandtschaft beim römischen Stuhle
einnahmen, war hieran nicht mehr zu denken. Sollte überhaupt ein Gesetz zu
stande kommen, so war dies nur unter Mitwirkung des Centrums möglich. Auf
letzteres konnte noch wenige Tage vor Einbringung des von Rauchhaupt'schen
Antrages durchaus nicht gerechnet werden. Die Wortführer des Centrums hatten
bei der ersten Beratung der Vorlage eine schroff ablehnende Haltung angenommen.
Herr Windthorst hatte ausdrücklich erklärt: „Auf dem Boden der diskretionären
Gewalt ist eine Verständigung unmöglich; wir haben nicht zehn Jahre gekämpft,
um nun, wo der Kampf sich zu Ende neigt, statt der in der Maigesetzgebung
geplanten gesetzlichen Vernichtung uns der Gnade und Ungnade eines ungewissen
Ministeriums zu ergeben." — Ähnliche Erklärungen waren von den Mitgliedern
des Centrums in der Kommission abgegeben worden. Dann hatten die Debatten
über den Kultusetat einen Ton angenommen, welcher an die schlimmsten Zeiten
„des Kulturkampfes" erinnert, und endlich war durch Einbringung des Windt=
horst'schen Antrages, nach welchem das Lesen der Messe und das Spenden der
Sakramente unter allen Umständen straflos sein sollte, der Versuch gemacht, eine
wirkliche Bresche in die Maigesetzgebung zu legen. Es mußte daher überraschen,

als bekannt wurde, daß das Centrum bereit sei, für den von Rauchhaupt'schen Antrag zu stimmen, d. h. für eine Fassung des Gesetzes, welche die diskretionären Vollmachten vom 14. Juli 1880 wiederherstellte und wesentlich erweiterte und welche, indem sie die Handhabung verschiedener Maigesetze regelte die Anerkennung der Rechtsgültigkeit derselben zur Voraussetzung hatte. Mit dieser Zustimmung zu dem von Rauchhaupt'schen Antrage verließ das Centrum die Verteidigungs-linie, welche es seit dem Beginn des Kulturkampfes hartnäckig festgehalten hatte: die prinzipielle Negierung der Maigesetze. Es stellte sich auf den Boden der letzteren, es legte die schneidige Waffe, die es in seinem abstrakten non possumus hatte, zum erstenmale aus der Hand, um nach praktischen Rücksichten an der kirchenpolitischen Gesetzgebung mitzuwirken, und — es unterwarf sich der dis-kretionären Gewalt der Staatsregierung. Die politische Bedeutung dieser That-sache ist, meines Erachtens, nirgends genügend gewürdigt worden. Man hat sich liberalerseits die größte Mühe gegeben, den neulichen Kompromiß zwischen Konservativen und Centrum als einen Rückzug der ersteren darzustellen; in Wirklichkeit bedeutet der Kompromiß einen Rückzug des Centrums.

Was nun die einzelnen Punkte des von Rauchhaupt'schen Antrages betrifft, so schlossen sich dieselben im wesentlichen der Regierungsvorlage an. Art. 1 stellte die außer Wirksamkeit getretenen diskretionären Vollmachten des Gesetzes vom 14. Juli 1880 wieder her, welche die Dispensierung der Bistumsverweser vom Eide, die kommissarische Vermögensverwaltung und die Wiederaufnahme eingestellter Staatsleistungen für den Umfang eines Sprengels betrafen. Art. 3 hob das sogenannte Kulturexamen auf, das sich in der Praxis lediglich als eine ebenso drückende wie nutzlose Belästigung der evangelischen Kandidaten der Theologie erwiesen hatte. Art. 4 beseitigte das Institut der Staatspfarrer, die unglücklichste Schöpfung der Maigesetze, deren Unhaltbarkeit, wie ich glaube, von allen Parteien anerkannt wird. Art. 2 endlich, der bestrittenste Punkt, er-möglichte die Restitution staatlicherseits ihres Amtes entsetzter Bischöfe im Wege der Gnade. Die schon in der Kommission vereinbarte Fassung dieses Artikels war meines Erachtens eine wenig glückliche. Durch königliche Gnade können nach staatsrechtlichen Grundsätzen nur die subjektiven, nicht auch die objektiven Folgen eines Straferkenntnisses beseitigt werden. Es kann nur die Strafe er-lassen werden; soll aber beispielsweise ein Staatsdiener, der infolge einer Strafe sein Amt verloren, letzteres wieder erhalten, so bedarf es außer der Begnadigung noch eines zweiten Aktes: der Wiedereinsetzung in das Amt. Indem nun der Artikel 2 des Antrags der Konservativen die Wiedereinsetzung eines Bischofs in das verlorene Amt zu einer unmittelbaren und notwendigen Folge des aus-geübten Begnadigungsrechtes machte, verstieß er gegen die Natur der Sache und gegen die bisherige Staatspraxis. Vollständig korrekt dagegen war der Bischofs-artikel nach der Fassung der Regierungsvorlage. Hier war die Ermächtigung gefordert, einem entlassenen Bischof die staatliche Anerkennung als Bischof seiner früheren Diözese wieder erteilen zu können, die Ermächtigung also zu dem oben-erwähnten Art. 2. Das Begnadigungsrecht, das verfassungsmäßig unbeschränkt

ist, war hier nicht erwähnt. Mit meinen sämtlichen Fraktionsgenossen habe ich
aus den von mir skizzierten Gründen in der zweiten und dritten Lesung gegen
den Artikel 2 des von Rauchhaupt'schen Antrages gestimmt. Wäre die Regierungsvorlage zur Abstimmung gelangt, so würde ich für dieselbe votiert haben, so gut
wie ich das bereits im Jahre 1880 gethan. Nachdem nun aber mit großer
Majorität die Fassung des von Rauchhaupt'schen Antrags angenommen worden
war, mußte ich mir die Frage vorlegen: Bietet diese mangelhafte und theoretisch
anfechtbare Fassung einen genügenden Grund, das ganze Gesetz zu verwerfen?
Und diese Frage mußte ich nach gewissenhafter Frage verneinen. In seiner
praktischen Wirkung ist der jetzige Bischofsartikel gleichbedeutend mit demjenigen
der Regierungsvorlage. Der eine wie der andre gewährt der Staatsregierung
die Möglichkeit, einen entlassenen Bischof in sein früheres Amt zurückzurufen und
damit im Interesse der Seelsorge eine geordnete Diözesenverwaltung wieder herzustellen.

Wenn Sie mir nun in Ihrem Briefe die Frage vorlegen, ob nicht durch
das neue Gesetz die ganze Maigesetzgebung faktisch beseitigt werde, so bitte ich
Sie, verehrter Freund, diese Frage an der Hand der Thatsachen selbst beantworten zu wollen. Rekapitulieren wir, was geschehen ist: definitiv beseitigt ist
das Kulturexamen und das Institut der Staatspfarrer. Dann ist es in das
Ermessen der Staatsregierung gestellt, die Bistumsverweser vom Eide zu dis-
pensieren, die staatliche Vermögensverwaltung und das Sperrgesetz in einzelnen
Diözesen aufzuheben und, wenn es ihr zweckmäßig erscheint, die Rückkehr des
einen oder andern abgesetzten Bischofs zuzulassen. Im übrigen ist die ganze
Maigesetzgebung intakt geblieben. Die Anzeigepflicht, die Absetzbarkeit der Bischöfe,
der kirchliche Gerichtshof ꝛc. ꝛc., alle diese wesentlichsten Punkte des staatlichen
Verteidigungssystems werden durch das Gesetz gar nicht berührt. Kann man
dem gegenüber ohne die heilloseste Übertreibung behaupten, daß unsre kirchenpolitische Gesetzgebung beseitigt sei? Freilich, die oppositionelle Presse giebt sich
die erdenklichste Mühe, den Thatbestand zu verdunkeln. Dieselben Blätter, welche
noch vor wenigen Wochen bereit waren, dem Centrum die weitgehendsten Konzessionen zu machen, ringen jetzt die Hände über die angebliche Niederlage des
Staates oder sprechen gar von einem „Kanossagang", um mit solchen und ähnlichen Redensarten urteilslose politische Kinder graulich zu machen.

Ich wiederhole: Das Gesetz, wie es jetzt vom Abgeordnetenhause angenommen worden, hätte in seiner Fassung besser sein können. Trotzdem be-
haupte ich: Es bezeichnet einen wesentlichen Fortschritt auf der Bahn zu kirchlichem Frieden, ohne der Autorität und Würde des Staates auch nur im geringsten
Abbruch zu thun. Und deswegen habe ich es für meine Pflicht gehalten, für
dasselbe zu stimmen.

Mit herzlichem Gruß bin ich Ihr ganz ergebener   Tiedemann[1]).

----

[1]) Die Norddeutsche Allgemeine Zeitung" konstatierte: „Zwei für die Charakteristik der
Situation entscheidende Thatsachen", welche durch den Brief erst in ein klares Licht gerückt

Die Blätter[1]) wollten damals wissen, konservative Abgeordnete hätten sich an den Fürsten Bismarck in Friedrichsruh mit der Anfrage gewandt, ob er den zu der kirchenpolitischen Vorlage eingegangenen Kompromiß der Konservativen mit den Klerikalen genehmige. Darauf soll der Reichskanzler nicht geantwortet haben, worauf sich die Herren zum zweitenmal an ihn wandten; aber der Reichskanzler beharrte auf seinem Stillschweigen, das nicht mißzuverstehen war. Die Herren legten es sich, gewiß mit Recht, auf folgende Weise aus: „Thut, was Ihr nicht lassen könnt, aber laßt das Ministerium aus dem Spiel. Wir müssen Ehren halber so lange als möglich bei unsrer Vorlage beharren."

Diese Geschichtserzählung ist von Anfang bis zu Ende eine Erfindung[2]).

Unter denjenigen Abgeordneten, welche die Eisenbahnpolitik Bismarck's unterstützten, ist der Abgeordnete Dr. Miquel in erster Reihe zu nennen. Als derselbe im Abgeordnetenhause seine große Verstaatlichungsrede gehalten hatte, erklärte der Minister der öffentlichen Arbeiten Maybach: „Nun brauche ich nicht auch noch zu sprechen. Die Sache ist durch Miquel's Rede entschieden".

Der Kanzler verfolgte bekanntlich den großartig angelegten Plan, alle hauptsächlichen Eisenbahnlinien für das Reich zu erwerben. Miquel sah die Schwierigkeiten, welche dieser Plan bei den Einzelstaaten verursachen würde, voraus, und riet, zunächst in Preußen mit der Verstaatlichung vorzugehen. Auch die Frage der „Garantien", die damals bei der Eisenbahnverstaatlichung beschlossen wurde, ist in der Hauptsache das Werk Miquel's. Leider sind dieselben nicht so durchgeführt worden, wie Miquel es sich dachte, darunter krankte später das preußische Budget.

VII. Abschnitt.
Die vierte Session der V. Legislatur-Periode des Reichstags.
(6. März bis 28. Juni 1884[3]).)

Am 5. März 1884, also am Tage vor der Reichstagseröffnung, erfolgte die Fusion der sogenannten Sezessionisten und der Fortschrittspartei zu einer neuen liberalen Partei, die sich den Namen „Deutschfreisinnige Partei" beilegte und

---

worden seien. „Erstlich, daß das Centrum durch seine Zustimmung zu dem von Rauchhauptschen Kompromißantrag den abstrakt negativen Standpunkt, welchen es bisher festhielt, aufgegeben und die Hand zur positiven Mitwirkung an der kirchenpolitischen Gesetzgebung geboten habe. Zweitens, daß durch Beschränkung des Bodens der diskretionären Gewalt das Prinzip der Staatsautorität nicht geschädigt, sondern bewahrt werde."

[1]) Vergl. die „Vossische Zeitung" Nr. 166 vom 8. April 1882.
[2]) Vergl. die „Post" Nr. 96 und 99 vom 9. u. 13. April 1882 und die „Vossische Zeitung" Nr. 169 vom 12. April 1882. (Dementi der „Norddeutschen Allgemeinen Zeitung".)
[3]) Die 3. Session 1883 war eine außerordentliche gewesen; sie währte nur vom 29. August bis 1. September 1883.

99 Mitglieder stark war. Als Bismarck die Kunde von der Verschmelzung beider Parteien erhielt, war seine erste Bemerkung: „Der Schritt wird den Nationalliberalen zu gute kommen". Die Thatsachen haben ihm recht gegeben. Am 4. Januar 1884 verstarb der Abgeordnete Lasker während einer Reise nach Amerika in New York. Aus diesem Anlaß faßte das Repräsentantenhaus der Vereinigten Staaten eine Resolution, die dem Beileid des amerikanischen Volkes an dem Ableben Lasker's Ausdruck gab[1]). Mr. Sargent, der Gesandte der Vereinigten Staaten in Berlin, entledigte sich des ihm zu teil gewordenen Auftrages, indem er eine Abschrift der betreffenden Resolution dem Auswärtigen Amte in Berlin mit der Bitte einreichte, dieselbe an den Präsidenten des deutschen Reichstags gelangen zu lassen. Bismarck beantwortete diese Zumutung durch folgenden Erlaß an den kaiserlichen Gesandtnch von Eisenbecher in Washington:

Friedrichsruh, den 9. Februar 1884.

Der Gesandte der Vereinigten Staaten von Amerika hat mittels der abschriftlich beigefügten Note vom 1. d. Mts. den ebenfalls angeschlossenen Text eines Beschlusses des amerikanischen Repräsentantenhauses vom 9. v. Mts., in welchem dem Bedauern des Hauses über das Ableben des Dr. Eduard Lasker Ausdruck verliehen wird, hierher übersandt[2]).

[1]) Vergl. Horst Kohl, „Bismarckreden", Bd. 10, S. 8 f.
[2]) Beide Aktenstücke lauten:

Legation of the United States.

Berlin, 1st February 1884.

The Undersigned Envoy Extraordinary and Minister Plenipotentiary of the United States of America has the honor, under instruction from his government, to enclose to His Excellency, Count Hatzfeldt, Imperial Secretary of State for Foreign Affairs, an engrossed copy of a Resolution adopted on the 9th ulto., by the House of Representatives of the Congress of the United States of America, expressing the deep regret with which that body heard of the death in that country of the eminent German Statesman, Edward Lasker, with the respectful request that the same may be transmitted to the President of the Legislative Body of which the late Mr. Lasker was a member.

The Undersigned avails himself of the occasion to renew to His Excellency Count Hatzfeldt the assurances of his most distinguished consideration.

A. A. Sargent.

His Excellency Count Hatzfeldt, Imperial Secretary of State for Foreign Affairs.

Forty-eight Congress
First Session.

Congress of the United States.
In the House of Representatives.

January, 9. 1884.

Mr. Ochiltree submitted the following which was agreed to:

Resolved, That this House has heard witch deep regret of the death of the eminent German Statesman Edward Lasker.

That his loss is not alone to be mourned by the people of his native land, where his firm and constant exposition of, and devotion to free and liberal ideas have materially advanced the social, political, and economic conditions of those people, but by the lovers of liberty throughout the world.

Jede Anerkennung, welche die persönlichen Eigenschaften eines Deutschen im Auslande finden, kann für unser Nationalgefühl nur erfreulich sein, insbesondere, wenn sie von einer so hervorragenden Körperschaft ausgeht wie das amerikanische Repräsentantenhaus. Ich würde deshalb die Mitteilung des Herrn Sargent dankbar entgegengenommen und Se. Majestät den Kaiser um Ermächtigung zur Vorlage derselben an den Reichstag gebeten haben, wenn nicht die Resolution vom 9. v. Mts. zugleich ein Urteil über die Richtung und die Wirkungen der politischen Thätigkeit des Abgeordneten Lasker enthielte, welches mit meiner Überzeugung im Widerspruch steht.

Es heißt in der Resolution mit Bezug auf den Verstorbenen, daß his firm and constant exposition of free and liberal ideas have materially advanced the social, political and economic condition of those people. Nach meiner Kenntnis des Herganges der politischen und wirtschaftlichen Entwickelung des deutschen Volkes kann ich dieses Urteil nicht als ein solches ansehen, welches den von mir erlebten Thatsachen entspricht. Ich würde nicht wagen, mein eigenes Urteil dem einer so erlauchten Körperschaft, wie das Repräsentantenhaus der Vereinigten Staaten, gegenüberzustellen, wenn ich nicht bezüglich der inneren Politik Deutschlands durch eine mehr als 30 jährige aktive Beteiligung an derselben eine Erfahrung gewonnen hätte, die mich ermutigt, auch meinem Urteil innerhalb dieses Gebietes eine gewisse Kompetenz beizulegen.

Ich kann mich nicht entschließen, bei Sr. Majestät dem Kaiser die nötige Ermächtigung zur Mitteilung der Resolution des Repräsentantenhauses der Vereinigten Staaten an den Deutschen Reichstag zu beantragen, weil ich dazu ein Urteil mir amtlich aneignen und bei Sr. Majestät vertreten müßte, welches ich als zutreffend nicht zu erkennen vermag.

Eure Hochwohlgeboren ersuche ich, vorstehende Mitteilung durch Vorlesen zur Kenntnis des Herrn Staatssekretärs Frelinghuysen zu bringen, und demselben Abschrift davon zu lassen, ihm auch unter dem Ausdrucke meines Bedauerns, daß ich dem kundgegebenen Wunsche nicht nachzukommen vermöchte, die beigefügte amtliche Ausfertigung der Resolution des Repräsentantenhauses zurückzustellen.   von Bismarck.

Die von Herrn Sargent dem Reichskanzler gemachte Zumutung war, wie die „Norddeutsche Allgemeine Zeitung" hervorhob [1]), eine so ungewöhnliche, daß man sie nur mit der Unkenntnis des diplomatischen Gebrauches erklären konnte. Zur Beleuchtung der völkerrechtlichen Natur dieses Schrittes genügt es, sich klar zu

---

That a copy of these resolutions be forwarded to the family of the deceased as well as to the Minister of the United States resident at the Capital of the German Empire to be by him communicated through the legitimate channels to the Presiding Officer of the Legislative Body of which he was a member.

Attest:

Jos. B. Clark, jr.
Clerk.

[1]) Vergl. die Nr. 87 vom 21. Februar und die Nr. 91 vom 23. Februar 1884.

machen, daß in demselben nichts weniger als die an den Deutschen Kaiser gestellte Zumutung liegt, sich das Votum einer auswärtigen Körperschaft anzueignen,
und dasselbe, mit seinem Visum versehen, dem Parlamente mitzuteilen. Denn
man darf nicht vergessen, daß der Reichskanzler nur die Allerhöchsten Befehle
auszuführen hat, und daß er nicht im Dienste der internationalen Demokratie,
sondern in dem des Deutschen Kaisers steht. Gerade so gut wie das amerikanische
Repräsentantenhaus die Verherrlichung des verstorbenen Führers der Sezessionisten
durch den Deutschen Kaiser herbeizuführen suchte, könnte irgend eine fortschrittliche
Körperschaft des Auslandes dem Herrn Richter und eine sozialistische dessen
Kollegen Herrn Bebel ein Vertrauensvotum widmen wollen. Schließlich müssen
wir bemerken, daß es uns überhaupt nicht klar ist, wie sich die regierungsfeind-
lichen Blätter den Vorgang, dessen Unterbleiben sie so heftig bewegt [1]), eigentlich
gedacht haben. Sollte der Reichskanzler die Mitteilung stillschweigend weiter-
geben? In diesem Falle wäre jedermann berechtigt gewesen, daraus den Schluß
zu ziehen, daß Se. Majestät der Kaiser und der Reichskanzler sich das Urteil
des amerikanischen Repräsentantenhauses über Dr. Lasker angeeignet und sich
somit ganz einfach in den Dienst der Sezession und deren verstorbenen Führers
begeben hätten. Oder sollte der Reichskanzler etwa sagen, er teile zwar nicht
die Ansicht des amerikanischen Repräsentantenhauses über die Wirksamkeit des
Dr. Lasker, aber er habe sich dennoch veranlaßt gefühlt, die kaiserliche Genehmigung
dafür zu erbitten?

Am 11. März 1884 schrieb Bismarck aus Friedrichsruh an die Absender
einer Adresse aus der Stadt Marggrabowa in betreff der Lasker-Resolution:

Euer Wohlgeboren und Ihrer Mitunterzeichner Schreiben vom 27. v. M.
habe ich mit verbindlichstem Danke erhalten. Ich bin mit Ihnen vollkommen
einverstanden darüber, daß die praktische Ausbildung unsrer gesetzlichen und
wirtschaftlichen Einrichtungen durch die oppositionellen Theoretiker Schaden er-

---

[1]) Die „Kölnische Zeitung" machte dazu die ruhige Bemerkung, daß der Reichskanzler
sich möglicherweise aus formellen Gründen außer stande gesehen habe, eine derartige Resolution
einer fremden gesetzgebenden Körperschaft zur Kenntnis des Reichstags zu bringen. — und
fügte hinzu, vielleicht wäre es besser gewesen, wenn das amerikanische Repräsentantenhaus sich,
wie in früheren Fällen, durch Vermittelung seines Vorsitzenden direkt an den Reichstagspräsidenten
gewendet hätte, und man sähe nicht recht ein, weshalb es diesmal von einem so einfachen
Verfahren abgegangen wäre. Die andern liberalen Zeitungen aber erhoben lautes Geschrei
und machten auch bei dieser Gelegenheit wieder gemeinschaftliche Sache mit den ausländischen
deutschfeindlichen Blättern, um die Regierung mit Vorwürfen, ja sogar mit Verwarnungen
und Drohungen zu überhäufen. Namens der „öffentlichen Meinung", für deren einzig berufenen Vertreter die regierungsfeindliche Presse sich mit kühler Dreistigkeit ausgab, protestierte
sie gegen „die unerhörte Beleidigung", die angeblich den Amerikanern zugefügt sei, und er-
munterte somit geradezu zu auswärtigen Kundgebungen gegen die einheimische Regierung.
Überall in der liberalen Presse gelangte das Bedauern zum Ausdruck, daß nicht sofort alles
Mögliche zur Glorifizierung eines liberalen Abgeordneten geschehen sei; nirgends spürte man
auch nur einen Hauch der Entrüstung darüber, daß eine auswärtige Körperschaft sich in die
inneren Angelegenheiten des Reichs einzumischen versucht hatte.

leidet. Nur möchte ich Sie bitten, dem Mißverständnis nicht Raum zu geben, als ob der Kundgebung des amerikanischen Repräsentantenhauses etwas andres zu Grunde gelegen hätte, als der Wunsch, das Wohlwollen Amerikas für Deutschland zum Ausdruck zu bringen. Die Person, die Stellung und Bedeutung des verstorbenen Dr. Lasker in Deutschland, sowie die Thatsache, daß eine Anerkennung seiner Leistungen gleichzeitig die Verurteilung der Politik der kaiserlichen Regierung enthält, ist wohl nur den deutschen Urhebern des amerikanischen Antrages bekannt gewesen.   von Bismarck[1].

Der Reichstagspräsident besitzt eine Dienstwohnung in der zweiten Etage des Blücher'schen Palais am Pariser Platze. Gleich zu Beginn der Session kam in aller Frühe, als Herr von Levetzow noch im Bette lag, ein Kanzleidiener zu ihm mit der Anfrage, ob der Reichstagspräsident den Kanzler um 9 Uhr früh empfangen wolle. Levetzow wollte dem Kanzler den Weg ersparen und erbot sich, denselben in seinem Palais aufzusuchen; der Fürst ließ es sich aber nicht nicht nehmen, sein Vorhaben auszuführen. Es war das einzige Mal, daß derselbe die Dienstwohnung des Präsidenten des Reichstags betrat.

Den Behörden waren um dieselbe Zeit Drohbriefe zugegangen, welche ein Attentat im Reichstag befürchten ließen, weshalb Fürst Bismarck in weiser Vorsicht an den Präsidenten des Reichstags das Verlangen stellte, auf die Journalistentribüne Geheimpolizisten schicken zu dürfen. Er wollte jedenfalls verhüten, daß ein zu jedem Verbrechen geneigter Sozialist sich dort einschleiche und auf die unmittelbar darunter sitzenden Mitglieder des Bundesrats eine Bombe hinabwerfe. Levetzow berief sich auf die Geschäftsordnung des Reichstags[2], welche ihm, dem Präsidenten, die Polizei im Sitzungssaale einräume; wenn der Fürst ihm Polizeibeamte designiere, so wolle er denselben gerne den Eintritt auf die Journalistentribüne gestatten, er allein aber habe darüber zu befinden.

Bismarck wollte die Berufung auf die Geschäftsordnung nicht gelten lassen, worauf Levetzow bemerkte, daß dieselbe in der Verfassung des Reichs vorgesehen sei und daß er sich darüber nicht hinwegsetzen könne[3].

---

[1]) Zu vergl. über die Haltung Bismarck's zur Frage; die „Post" 1884, Nr. 52, 53, 54, 56, 59, 60, 61, 72, 74, 75, 76, 77 und 80, die „Vossische Zeitung" 1884, Nr. 102 Beil. (Gerüchte über Frictionen zwischen dem Fürsten Bismarck und Herrn von Goßler), Nr. 126, Beil., 131 und 141, und den Artikel „Die Kleinlichkeit des Reichskanzlers" in den „Grenzboten" 43. Jahrgang, 1884, II. Quartal, S. 1—5. (Widerlegung des in mehreren Beispielen erläuterten Vorwurfs. Rechtfertigung der Gesamthaltung des Kanzlers.)

[2]) § 13 der Geschäftsordnung lautet: „Dem Präsidenten liegt die Leitung der Verhandlungen, die Handhabung der Ordnung und die Vertretung des Reichstages nach außen ob . . .

[3]) Der Wunsch des Polizeidirektors Krüger, in allen Räumen resp. auf allen Tribünen des Reichstags Geheimpolizisten schicken zu dürfen, involvierte nach der Ansicht des Reichstagspräsidenten eine Unbeachtung der ihm im Reichstagsgebäude zustehenden Polizeigewalt. Es wurde deßhalb das Arrangement getroffen, daß die in sehr geringer Zahl auf die Tribünen verteilten Geheimpolizisten Karten erhielten, welche sie zum Betreten der speziell namhaft gemachten Tribünen legitimierten.

Dies vorausgeschickt, werden jetzt folgende Stellen in den stenographischen Reichstagsberichten erklärlich. In der 10. Sitzung vom 21. März 1884 bemerkte der Abgeordnete Liebknecht:

„Noch eines interessanten Faktums muß ich hier erwähnen, auf das ich vorhin aufmerksam gemacht worden bin. Es ist nämlich ein ganzer Schwarm von Geheimpolizisten jetzt in diesem Hause — oben auf der Journalistentribüne (Heiterkeit), welche meiner Ansicht nach doch nicht zu dem Zwecke da ist, solche Gesellschaft zu beherbergen (Zurufe rechts: Unsinn!) — Ja, ja, ein ganzer Schwarm — ein ganzer Schwarm, wenn Sie es noch einmal hören wollen! (Zuruf rechts: Wo denn?!) — Wenn sie jetzt fort sind, so sind sie eben, als sie merkten, auf welches Kapitel ich kam, rasch verduftet (große Heiterkeit), ein Beweis, daß sie noch mehr Schamgefühl haben als die, welche sie hergeschickt haben. (Zuruf rechts: Niemand ist weggegangen!)"

Am Schlusse seiner Rede bemerkte der Reichstagspräsident von Levetzow: „Als Handhaber der Polizei in diesem Hause bin ich dem Reichstag die Erklärung schuldig, daß nach den angestellten Ermittelungen während der heutigen Sitzung auf der Journalistentribüne nur Journalisten gewesen sind." (Hört! hört!)

Abgeordneter Liebknecht: „Der Herr Präsident, als Inhaber der Polizeigewalt in diesem Hause, rektifizierte mich vorhin in Bezug auf meine Behauptung, daß Geheimpolizei auf der Journalistentribüne des Hauses anwesend sei. Wie mir seitdem von mehreren Kollegen mitgeteilt wurde, — und zwar auf das positive Zeugnis von Journalisten, welche auf dieser Tribüne ihren Platz haben, — befand sich in der That der Herr Polizeirat Krüger in Begleitung von fünf oder sechs Geheimpolizisten in der Journalistenloge bis zu dem Moment, wo der Herr Reichskanzler den Saal verließ.

Ferner wird mir mitgeteilt, daß auch jetzt noch, wenigstens bis vor zwei Minuten — ich kenne die Polizeiherren nicht, kann also jetzt nicht kontrollieren — der Herr Polizeirat Krüger in obiger Loge noch anwesend sei, oder bis vor zwei Minuten gewesen sei.

Es wird mir weiter versichert, daß zu Anfang der Sitzung sogar 10 bis 12 Geheimpolizisten in der Journalistenloge gewesen seien. Ich glaube, diese Thatsache bedarf einer genaueren Untersuchung; aber jedenfalls wird zugegeben werden müssen, daß ich nicht leichtfertig etwas behauptet habe, was mit Fug und Recht rektifiziert werden könnte."

Präsident: „Ich habe demgegenüber zu erklären, daß die Ermittelungen, die ich infolge der Bemerkungen des Herrn Abgeordneten habe anstellen lassen, zu dem Resultat geführt haben, daß keine andern Personen, als Journalisten, auf der Journalistentribüne anwesend waren. Ich werde demnächst der Sache weiter nachforschen, und wenn das Resultat von meiner Angabe abweichen sollte, so werde ich nicht ermangeln, mich zu rektifizieren." (Bravo!).

Die Angelegenheit fand ihre Erledigung durch nachfolgende Erklärung des Präsidenten des Reichstags in der Sitzung vom 24. März 1884:

„Meine Herren, wie ich mir vorbehielt, berühre ich noch kurz den Zwischenfall am Schluß der letzten Sitzung, die Journalistentribüne betreffend. Aus der
Äußerung eines Redners war für mich die Frage entstanden, ob die bekanntlich
sehr enge Journalistentribüne, welche nur betreten werden soll gegen Vorzeigung
besonders hierfür ausgestellter Karten, von den Dienern des Hauses der getroffenen Anordnung entgegen ohne solche Karten zugänglich gemacht worden sei.
Dies ist nicht der Fall gewesen, wie ich hiermit wiederholt konstatiere. Ich habe
daher das, was ich in der Freitagssitzung sagte, nicht zu berichtigen. Natürlich
weiß ich nicht und kann es nicht wissen, ob übrigens Polizeibeamte in jener
öffentlichen Sitzung auf den Tribünen waren. Dies Haus ist von der Vorsorge
der Polizei für die öffentliche Sicherheit nicht ausgenommen, und es besteht in
dieser Beziehung absolut kein Gegensatz zwischen der Königlichen Polizeibehörde
und den geschäftsordnungsmäßigen Befugnissen des Präsidenten."

Der Schluß der Erklärung von Levetzow's beruhte auf einem vorgängigen
Meinungsaustausch mit dem Reichskanzler. In ihr liegt der Schwerpunkt. Bismarck hatte auch in dieser Frage einen weiten Blick. Ich erinnere an das
Bombenattentat im französischen Abgeordnetenhause, wo es nur an einem Haare
hing, daß nicht die schrecklichsten Folgen erwuchsen. —

Bereits an einer früheren Stelle[1]) sind die Dienste erwähnt worden, welche
der Abgeordnete A. Lohren dem Reichskanzler in Bezug auf die Zolltarif-Reform
leistete. Lohren ist äußerlich nicht so sehr in den Vordergrund getreten, als
beispielsweise Freiherr von Varnbüler; dafür kann er sich aber rühmen, weit
früher als dieser positive Vorschläge zur Reform des Zolltarifs gemacht und dieselben mit größter Sachkenntnis verteidigt zu haben. Er war es, der Bismarck
ermutigte, den Schutz der nationalen Arbeit auf seine Fahne zu schreiben, der
jeden von dem Kanzler auf diesem Gebiete gemachten Schritt freudig begrüßte
und der zuerst das Postulat aufstellte, daß nicht nur die Industrie, sondern auch
die Landwirtschaft Anspruch darauf habe, gegen die auswärtige Konkurrenz geschützt
zu werden.

Auch auf die Maßregeln, welche unter Bismarck zum Wohle der Arbeiter
ergriffen wurden, hat Lohren einen bemerkenswerten Einfluß gehabt. Bei dem
Zustandekommen des Krankenversicherungsgesetzes, des Unfallversicherungsgesetzes,
der Novelle zum Hilfskassengesetz, der Novelle zum Stempelsteuergesetz und der
Ergänzung des Innungsgesetzes war dieser Abgeordnete in hervorragender Weise
beteiligt, sei es als Kommissionsmitglied, sei es als Mitantragsteller. Überall
kämpfte er sozusagen Schulter an Schulter mit Bismarck; die Änderung des
Prinzips, welche der Altersversorgungsentwurf im Reichstag erfuhr, beruht auf
Lohren's Grundgedanken. In den Kommissionen war sein Gedanke mehrfach der
ausschlaggebende; insbesondere war er es, der die Stellung des Geheimrats
Lohmann in der Kommission des Reichstags für das Unfallversicherungsgesetz
erschütterte, indem er im Gegensatz zu dem Regierungskommissär dafür eintrat,

---

[1]) Vergl. Bd. II., S. 217 f.

daß die Unfallversicherung auf der Basis der Berufsgenossenschaft in das Leben gerufen werde, was bekanntlich auch eine Lieblingsidee Bismarck's war.

Nur ein Gebiet giebt es, auf dem sich die Wege Bismarck's von denen Lohren's trennten. Im Gegensatz zu dem Kanzler trat Lohren dafür ein, daß in der Frage des Arbeiterschutzes wenigstens ein Schritt geschehe[1]); Lohren predigte so gut wie Bismarck, daß der erwachsene männliche Arbeiter volle Freiheit über die Verwendung seiner Arbeitskräfte behalten müsse und deshalb durch Gesetze möglichst wenig beschränkt werden dürfe. Eine Ausnahme glaubte er aber in Bezug auf die Arbeit der F r a u e n und jugendlichen Arbeiter statuieren zu müssen und bedauerte oft, daß in diesem Punkte der Fürst die Ansichten Loh= mann's und des Freiherrn von Stumm teilte, welche seiner Ansicht zufolge wohl die Arbeitsverhältnisse der Männer, nicht aber diejenigen der Frauen richtig beur= teilten.

Bei den zwanglosen parlamentarischen Soireen hatte Lohren wiederholt Gelegenheit, das wahrhaft fabelhafte Gedächtnis Bismarck's zu bewundern. In seinen Citaten konnte man dem Fürsten niemals einen Fehler nachweisen. Von seiner Geschichtskenntnis — so bemerkte mir Lohren — gab er erstaunliche Proben. Es war, als ob er bei Berührung irgend eines Ereignisses im Kopfe nur die Seitenzahl eines Geschichtswerkes aufzuschlagen und die betreffende Stelle abzulesen brauchte. So stand mit einem Schlage alles gegenwärtig vor ihm da. Ein ähnliches Gedächtnis hat vielleicht im ganzen Reichstag nur Windthorst gehabt. Der letztere überraschte insbesondere darin, daß er, wenn er auf die Ausführungen eines Vorredners zu sprechen kam, nicht bloß einen, sondern oft zwei bis drei Sätze desselben fast verbo-tenus wiedergab. Seiner Kurzsichtigkeit wegen war dies allerdings auch sehr notwendig, da er Notizen kaum verwerten konnte. Erschienen ihm solche unentbehrlich, so ließ er sie sich von seinem Nachbar notieren und in den kleinen Pausen während seiner Rede zuflüstern. Bei Bismarck ist das in den schwierigsten Situationen niemals vorgekommen. Für ihn war die Pause nur das Werk der staunenswertesten geistigen Concentration seines Gedankenreichtums und der ihm gebotenen diplomatischen Vorsicht in der Wahl der Worte. Bei heftigen seelischen Erregungen trat die Geistesarbeit auch äußer= lich sichtbar in die Erscheinung. Das große Auge nahm einen grellen Glanz an, die Brust dehnte sich und der linke Unterarm geriet in Schwingung. „Der Fürst ist sehr erregt, — äußerte einmal der Abgeordnete Minister von Puttkamer zu Lohren — sehen Sie nur, wie der Arm höher geht; wenn der Ellenbogen einen rechten Winkel erreicht, schlägt der, Blitz ein". — Und richtig, gleich darauf fuhr die Bezeichnung „sujet mixte" auf den Abgeordneten Dr. Bamberger nieder, daß dieser heftig zusammenzuckte. — Solche Momente hatten für männliche Naturen einen unbeschreiblichen Reiz, weil sie meistens den Stempel des Außer=

---

[1]) Ich verweise auf das Werk: Die Reden unsres Landtags- und Reichstagsabgeordneten Herrn A. Lohren 1881—1884. Nach den stenographischen Berichten zusammengestellt vom Konservativen Volksverein des Niederbarnimer Kreises, Berlin 1884; desgleichen II. Teil 1884 bis 1890, Berlin 1890.

gewöhnlichen, des Starken und Erhabenen an der Stirn trugen — das gerade
Gegenteil der Wirkung der Kampfreden des Abgeordneten ....., deren Ausdrucksweise an Widerlichkeit nur übertroffen wurde von der Verzerrung seines Gesichtes.

Am 25. April 1884 erging an den Reichstagsabgeordneten Dr. Frege-
Abtnaundorf[1]) nachstehendes Schreiben:

Euer Hochwohlgeboren danke ich für die freundliche Begrüßung durch die
Adresse vom 15. d. M., welche mir ein neuer Beweis für die lebenskräftige
Entwickelung der reichstreuen Gesinnung im Volke ist. Aus Euer Hochwohlgeboren Begleitschreiben ersehe ich zu meiner Freude, daß sich an dieser Kundgebung die konservativen und liberalen Vertrauensmänner des Wahlkreises
gleichmäßig beteiligt haben, und hoffe ich, daß dieses dankenswerte Beispiel
einmütigen Zusammenhaltens aller Freunde des Reiches und der Monarchie
gegen die bewußten und unbewußten Gegner des einen oder der andern, oder
beider, im ganzen Lande Anklang und Nachahmung finden werde. Die Festigkeit und die gedeihliche Entwickelung des Reiches wird davon abhängen, ob
dem Ganzen und Großen zu Liebe die Parteiunterschiede in den Hintergrund
treten, durch welche die in verschiedene Fraktionen verteilten Anhänger des
Reiches ihre Trennung dokumentieren und verschärfen.

von Bismarck.

In dieser Session bahnte sich wiederum ein leidliches Verhältnis zwischen
dem Reichskanzler und dem Abgeordneten Windthorst an, welcher seit der parlamentarischen Soiree vom 6. Dezember 1881 das Haus Bismarck's gemieden
hatte[2]). Am 10. Mai 1884 wohnte er zum erstenmal wieder der berühmten
„vertraulichen Besprechung" im Kanzlerpalais bei, und verkehrte von da ab bis
zur Entlassung des Kanzlers in dessen Hause gastlich, so bei den parlamentarischen
Frühschoppen am 20. Juni 1884, 12. Mai 1885 und 20. Mai 1889. Bezeichnend
ist aber doch, daß er zu einem parlamentarischen Diner in den letzten Jahren
niemals eingeladen wurde, und daß Bismarck es vorzog, mit dem Freiherrn
von Franckenstein zu verhandeln, wenn es galt, sich die Mitwirkung des Centrums
bei einer parlamentarischen Aktion zu sichern[3]).

Als es dem preußischen Finanzminister Dr. Miquel gelungen war, mit beispiel-
losem Erfolg seine Steuerreform in Preußen durchzusetzen, war auf vieler Munde

---

[1]) von Frege, Arnold Waldemar, Dr.; Rittergutsbesitzer, Vorsitzender des Landwirtschaftlichen Kreisvereins Leipzig, Fürstlich Reuß-Plauenscher Kammerherr. Geb. am 30. Oktober 1848 zu Abtnaundorf; evangelisch-lutherisch. Direktor der Oekonomischen Societät zu
Leipzig und des Distrikts des Landwirtschaftlichen Kreisvereins seit 1879 bis 1887, Mitglied
des Landes-Kulturrats und des Fürstlichen Landwirtschaftsrats (für Reuß), Schriften über Oldenburg, Landwirtschaftsschulen, Zölle ꝛc., Mitglied des Reichstags seit 1878 für Borna-Rochlitz.

[2]) Auszug aus einem Artikel der „Germania", betreffend die Parteistellung Bismarck's,
und Bemerkungen der „Weimarschen Zeitung" hierzu („Post", 1884, Nr. 229 und 230).

[3]) Über die Einleitung einer Untersuchung gegen den Abgeordneten Dr. Möller wegen
Beleidigung des Fürsten Bismarck vergl. die „Post" Nr. 77 vom 18. März 1884.

die Frage, warum Bismarck nicht daran gedacht habe, diesem ausgezeichneten
Parlamentarier ein Portefeuille anzubieten. Eine Minister-Kandidatur Miquel
hat zur Zeit Bismarck's aber wiederholt gespielt. Im Monat April 1884 war
viel von einer Ministerkrise die Rede. Fürst Bismarck wollte, so wurde gemeldet,
sich von der Leitung der Geschäfte Preußens, die er nach der kurzen Unterbrechung
des Ministerpräsidiums des Grafen Roon nahezu ein Vierteljahrhundert geführt,
zurückziehen. In denselben Tagen (15. April 1884) berichtete die „Norddeutsche
Allgemeine Zeitung": Verschiedene Blätter beschäftigen sich mit Verhandlungen,
welche über den Eintritt des Herrn Miquel in das preußische Ministerium stattgefunden haben sollen. Die betreffenden Artikel beruhen ohne Ausnahme auf
Erfindung, ebenso wie die sonstigen Lückenbüßer über Ministerkrisen. Es ist
weder eine Vakanz, noch eine neu zu schaffende Stellung in Aussicht, die zu
dergleichen Mutmaßungen Anlaß geben könnten. Der Ursprung aller dieser Er-
findungen beruht möglicherweise auf subalterner Ausbeutung der Thatsache, daß
der Reichskanzler den Wunsch gehabt hat, Herrn Miquel bei seiner letzten Anwesenheit in Berlin zu sehen, ohne denselben aber verwirklichen zu können, weil
Herr Miquel vor Empfang der erfolgten Einladung Berlin verlassen hatte. Ein
solcher Wunsch hat bei den von jeher guten Beziehungen zwischen dem Reichskanzler und Herrn Miquel an sich nichts Auffälliges und können ehrlicherweise
daraus doch von niemand Rückschlüsse auf Ministerkrisen und Minister-Zukunft
gezogen werden. Fürst Bismarck kann sowohl um der Persönlichkeit des Herrn
Miquel willen, als auch wegen seiner hervorragenden Stellung in einer angesehenen Fraktion, auch wegen seiner Eigenschaft als consul dirigens einer so bedeutenden Stadt wie Frankfurt a. M. [1]) ist, sehr wohl das Bedürfnis nach persönlichem Verkehr mit demselben haben, ohne daß daraus auf eine Ministerkrisis
und Verhandlungen über Neubesetzung noch nicht vakanter Stellen geschlossen
werden dürfte [2])!

Zur Feier der Grundsteinlegung des Reichstagsgebäudes erschien am 9. Juni
1884 um 11¾ Uhr der Reichskanzler in der Uniform seiner Magdeburger
Kürassiere mit wallendem Federbusch, im großen Bande des Schwarzen Adler-

---

[1]) Fürst Bismarck hatte die an ihn ergangene Einladung, welche der Oberbürgermeister
von Frankfurt, Herr Miquel, namens der Stadt zur Teilnahme an dem Kaiferdiner am 27. September 1883 an ihn gelangen ließ, abgelehnt. In dem an Herrn Miquel gerichteten Schreiben
sprach der Reichskanzler sein Bedauern aus, daß sein Gesundheitszustand, der eben erst in der
Genesung begriffen sei, und bestimmte ärztliche Verordnung die Teilnahme am Fest unmöglich
mache. Der Brief schloß: „Es ist mir schmerzlich, mir die Freude versagen zu müssen, die
vielen wohlthuenden Erinnerungen wieder aufzufrischen, welche mich an Frankfurt knüpfen."
[2]) Der orthodox-konservative „Reichsbote" bemerkte hierzu in einem „Wie Dr. Miquel
Minister geworden" überschriebenen Artikel: Gleichwohl hatte das Gerücht einen ernsten Kern
gehabt. Fürst Bismarck wollte damals Herrn Miquel an die Stelle des Ministers von Puttkamer (?) bringen. Der Frankfurter Oberbürgermeister lehnte ab. Drei Jahre später gedachte
der Reichskanzler sein Portefeuille als preußischer Handelsminister niederzulegen und konferierte
wegen des Nachfolgers wiederum mit Dr. Miquel.

Ordens, begleitet von seinem Sohne, dem Grafen Herbert Bismarck, in Dragoner-Uniform, und seiner Tochter, der Gräfin Rantzau. Der Reichskanzler begrüßte in freundschaftlicher Weise die anwesenden Minister und hatte dann eine längere Unterredung mit dem russischen Botschafter Grafen Orloff.

Im Laufe der Festlichkeit wurde der Reichskanzler von dem russischen General Fürsten Dolgorouky, der des Fürsten Kürassier-Uniform bewunderte, gefragt, aus welchem Stoff seine weißen Unaussprechlichen beständen; er antwortete: „Ils sont de peau.“

Auf die Frage: „Trägt man solche auch im Kriege?“ gab der eiserne Kanzler zum größten Gaudium der Umstehenden die diplomatische Antwort: „Je ne sais pas, nous ne faisons plus de guerre!“ (Ich weiß es nicht, wir führen keine Kriege mehr).

Am 16. Juni 1884 erschien Bismarck während der Beratung des Unfall-versicherungsgesetzes [1]) um 1 Uhr im Reichstage und blieb bis zum Schluß der Abstimmung über § 1, welche um 4 Uhr erfolgte, im Hause anwesend. Um 2 Uhr empfing der Reichskanzler in seinem im Reichstage befindlichen Amts-zimmer den persischen Gesandten, welcher in Begleitung seines Sohnes erschienen war, zu einer längeren Konferenz. Darauf erschien der Kanzler wieder im Saale. Es blieb nicht unbemerkt, daß Fürst Bismarck sich vom Bundesratstisch in die Reihen der Abgeordneten begab und sich längere Zeit mit dem Abgeord-neten Windthorst freundschaftlich unterhielt. Auch mit dem Abgeordneten Dietze-Barby sowie mit dem Herzog von Ratibor tauschte der Kanzler einen Hände-druck aus, ebenso hatte er mit Herrn von Levetzow eine längere Unterredung, welche sich auf die parlamentarische Geschäftslage bezog [2]).

Ich reihe auch an den Schluß dieses Abschnittes Auszüge aus Briefen an, welche Oberstaatsanwalt Dr. Hartmann in Plauen [3]) über den Verlauf dieser Session in seine Heimat geschrieben hat.

---

[1]) Fürst Bismarck soll, wie der „Berliner Börsen-Courier“ mitteilte, sich einem Mitgliede des Bundesrats gegenüber in mißfälliger Weise darüber geäußert haben, daß die beiden Haupt-kommissionen des Reichstags — die Sozialistengesetz- und die Unfallversicherungs-Kommission sich thatsächlich geweigert haben, wenigstens während eines Teils der Osterferien an der Fort-beratung der ihnen überwiesenen Vorlagen zu arbeiten. In der Sozialistengesetz-Kommission — sei einzig der Wunsch des Centrums maßgebend gewesen, ihn, den Reichskanzler, dilatorisch zu behandeln, was er zwar nicht billigen, aber doch verstehen könne. Die Unfallgesetz-Kommission dagegen habe ihrem eigenen, einstimmig gefaßten Beschluß zuwider gehandelt, welcher dahin ging, die Pause in den Plenarsitzungen auszunützen.

[2]) Am 25. Juni 1884 erging auf das bei Gelegenheit des oberschwäbischen Parteitages zu Ulm von dem früheren Reichstagsabgeordneten Bürgermeister von Fischer aus Augsburg an Bismarck abgesandte Telegramm folgendes Schreiben an den Ersteren: Es hat mir zur beson-deren Freude gereicht, aus dem Telegramm vom 22. d. M. zu ersehen, daß die Bestrebungen der verbündeten Regierungen bei der Bevölkerung Ihrer gesegneten Heimat Anerkennung finden. Euer Hochwohlgeboren und allen an dem Telegramm beteiligten Herren danke ich verbindlich.

v. Bismarck.

[3]) Vergl. oben S. 94.

Berlin, den 14. März 1884.

Die erste That der aus dem Fortschritt und der Sezession fusionierten „deutsch-freisinnigen Partei" war die Übertragung des Lasker-Skandals aus der Presse in den Reichstag. Dem Abgeordneten Rickert gebührt das Verdienst. Aber er fand in dem konservativen Abgeordneten von Hammerstein einen wachsamen und schlag-fertigen Gegner, und so fiel die Ovation ins Wasser, welche dem toten Sezessio-nistenführer auf Kosten des Reichskanzlers und zum Gaudium des Auslandes zugedacht war.

Gestern wurde uns, nach langer Pause, die Freude zu teil, den Reichs-kanzler Fürsten Bismarck im Hause zu begrüßen: „Der Fürst ist da!" — so ging es von Mund zu Munde. Und richtig, da erschien er, im blauen Überrock seiner Magdeburgischen Kürassiere mit schwefelgelbem Kragen, magerer als sonst, aber noch immer ein hünenhafter Mann, mit geradem Nacken und gesundfarbigem Gesicht, von dem Aussehen eines rüstigen Fünfzigers, nicht wie einer, der am nächsten 1. April in sein siebzigstes Lebensjahr tritt. Die Luft und Lebensweise von Friedrichsruh und ebenso der Dr. Schweninger haben ihre Sache gut ge-macht! So lange ich das Glück genieße, den großen Mann von Angesicht zu Angesicht zu schauen, habe ich ihn noch niemals auch nur annähernd so frisch und gesund aussehend gefunden, wie gerade jetzt.

Der Reichskanzler begann damit, dem Reichstage auseinanderzusetzen, warum er sich verpflichtet gehalten habe, die Beileidsadresse des amerikanischen Re-präsentantenhauses aus Anlaß des Todes des Abgeordneten Lasker nicht an den Reichstag zu befördern, sondern der Regierung der Vereinigten Staaten zurück zu geben. Die Gründe sind bereits genügend bekannt und für jeden Unbefange-nen überzeugend. Als der Reichskanzler davon sprach, daß die Gesinnungs-genossen Lasker's an dessen Sarge die Pietät gegen einen Toten in wucherischer Weise ausgebeutet hätten, ertönte aus den Reihen der Linken ein lautes „Pfui"! Nunmehr schritt der Kanzler, ähnlich wie an jenem berühmten 24. Januar 1882, auf die Sitze der Linken los und forderte den Pfuirufer auf, sich zu nennen. Der aber ließ es bleiben und mußte es nun hinnehmen, daß der Reichskanzler dem anonymen Beleidiger sein Pfui zurückgab. Der fortschrittliche Abgeordnete Hänel versuchte, den Reichskanzler zu widerlegen, aber dieser antwortete in ge-wohnter wuchtiger und treffender Weise, und darauf wurde der Gegenstand ver-lassen.

Berlin, den 21. März 1884.

Am Sonnabend der vergangenen Woche wurde nach dreitägiger Verhandlung die erste Lesung des Gesetzes über die Unfallversicherung der Arbeiter zu Ende geführt. Am dritten Tage ergriff der Reichskanzler das Wort. In markiger, zündender Rede verteidigte er die Sozialreform im Sinne der Kaiserlichen Bot-schaft vom 17. November 1881, und den vorliegenden Gesetzentwurf als Ausfluß derselben. Gleichzeitig bekundete er die denkbar entgegenkommendste Haltung gegenüber den erhobenen Bedenken.

Berlin, den 9. Mai 1884.

Als ein Zeichen der Zeit betrachtet man es, daß der Reichskanzler zu einer morgen Abend stattfindenden Soirée die betreffenden Reichstagsabgeordneten eingeladen hat, ohne ihnen — wie es der Sitte entsprechen würde — den Titel von Reichstagsabgeordneten zu geben. Das wird viel besprochen. Nun, möglicherweise sind wir morgen Abend nicht mehr Abgeordnete. Ich gehöre zu den Eingeladenen und werde auch hingehen[1]).

Berlin, den 15. Mai 1884.

In unmittelbarem Zusammenhang mit der Vorlage wegen Verlängerung des Sozialistengesetzes stand der von den verbündeten Regierungen vorgelegte Entwurf eines Gesetzes gegen den verbrecherischen und gemeingefährlichen Gebrauch von Sprengstoffen. Wir brauchen dies zum wirksameren Schutze gegen die Mordbuben, welche mit Dynamit und dergleichen gegen Menschenleben und Eigentum freveln. Es entsprach so sehr der allgemeinen Stimmung und Lage, daß es in allen drei Lesungen, ohne erhebliche Debatte und ohne Kommissionsberatung, fast einstimmig angenommen worden ist. Nur von den Deutschfreisinnigen stimmten einige dagegen. Die Sozialdemokraten enthielten sich der Abstimmung, nachdem in ihrem Namen der Abgeordnete Hasenclever eine konfuse Erklärung abgegeben hatte. Das Gesetz wurde von dem konservativen Freiherrn von Minnigerode als ein „drakonisches Gesetz gegen die Bestialität" bezeichnet. Mit vollem Recht. Es ist in der That gegen die Bestialität gerichtet und überaus streng. Auch der friedliche, wohlgesinnte Bürger möge sich durch diese Zeilen warnen lassen. Es ist sehr leicht, diesem Gesetze zu verfallen, und darum befasse sich niemand mit Dynamit, wer es nicht muß, und gerechte Ursache dazu hat.

Anfangs war alle Welt — die Konservativen und Nationalliberalen inbegriffen — darüber einig, daß das wichtige Gesetz, das schwere Strafen androht und sogar einen neuen Fall der Todesstrafe einführt — einer Kommissionsberatung unterzogen werden müsse. Aber Fürst Bismarck war ganz dagegen, er fürchtete davon nicht nur unerwünschten Aufschub, sondern auch eine Verwässerung der Vorlage. Er setzte die ganze Wucht seiner Persönlichkeit ein, stieg während der Sitzung in die Bänke der Reichstagsabgeordneten, nahm in den Reihen der Konservativen neben dem Abgeordneten von Kleist-Retzow Platz und bearbeitete diesen und durch ihn die Konservativen; dann ging er zu den Nationalliberalen und sprach mit dem Abgeordneten von Bennigsen. Ob und wie das Centrum bearbeitet worden ist, weiß ich nicht; genug, der Abgeordnete Dr. Windthorst erklärte, daß von seiten des Centrums Kommissionsberatung nicht mehr verlangt werde, nachdem man von andrer Seite davon abgekommen sei. Von keiner Seite wurde Kommissionsberatung beantragt, und man trat ohne solche sofort in die 2. Lesung ein.

---

[1]) Wegen Verlängerung des Sozialistengesetzes befürchtete man eine Auflösung des Reichstags.

Das gesellschaftliche Leben war in den vergangenen Wochen noch sehr rege. Mir wurden mehrfach Einladungen bei Ministern und Staatssekretären, wie auch dem sächsischen Gesandten Herrn von Nostiz Wallwitz zu teil. Die Krone von allen Festlichkeiten aber war die parlamentarische Soirée, welche der Reichskanzler am vergangenen Sonnabend (10. Mai) gab [1]. — Die erste seit Dezember 1881. Geheimnisvoll war die Fassung der Einladung. Nicht der Reichskanzler lud ein, sondern der Königlich preußische Ministerpräsident; auf der Adresse fehlte, ganz der Sitte zuwider, der „Reichstagsabgeordnete"; als Zweck der Einladung war eine „vertrauliche Besprechung" bezeichnet. Über die beiden ersten Punkte ließ sich leicht hinwegkommen — der Reichskanzler wußte nicht, ob nicht zwischen der Einladung und der Festlichkeit selbst der Reichstag aufgelöst würde — deshalb die Unregelmäßigkeit in den Titulaturen. Aber die „vertrauliche Besprechung"?! Das hat mehr als einem Abgeordneten den Kopf verkehrt, bis er erfuhr, daß außer ihm noch etwa fünfhundert andre Staubgeborene mit genau der gleichen Einladung beehrt worden waren. Es sollen da Geschichtchen vorgekommen sein, welche den geneigten Leser sicher höchlich ergötzen würden, aber mit Rücksicht auf den knapp bemessenen Raum hier unterdrückt werden müssen. Richtig aufgeklärt ist die Sache nicht, obgleich der eine und der andre von uns gelegentlich der Soirée den Fürsten Reichskanzler darauf „anzuzapfen" versuchte. Wahrscheinlich hat man es nur mit der Faselei irgend eines Büreaubeamten zu thun [2]), welcher die betreffenden Formulare verwechselt hat. Genug, „vertrauliche Besprechungen" gab es an jenem Abend im Reichskanzlerpalais nicht, wohl aber einen liebenswürdigen Wirt, etwa dreihundert Gäste und ausgezeichnete Verpflegung.

Berlin, den 13. Juni 1884.

Der vergangene Montag sah, nach mehrwöchentlicher Pause, die Reichsboten wieder hier versammelt, und zwar vorerst nicht zu ernster Arbeit, sondern zu festlichem Thun. Es galt der Legung des Grundsteins zum Reichstagsgebäude, jenen stolzen Bau, welchen die Nation ihren Vertretern bestimmt hat, zugleich zu dem herrlichsten Denk- und Siegesmal für die deutschen Heere und dem gewaltigsten Wahrzeichen des wieder aufgerichteten Reiches. Die Feier ging in seltener Pracht und Großartigkeit vor sich. Als Prinz Wilhelm, der hoffnungsvolle Erstgeborene des Kronprinzen, so recht forsch seine drei Hammerschläge auf den Grundstein that, durchbrauste halbunterdrückter Jubel die dort versammelten Tausende — man hörte darin die Freude über das jugendfrische, kräftige Auftreten des künftigen dritten Kaisers im neuen Reich. Die Königliche Familie hatte, mit Ausnahme der leider durch Krankheit behinderten Kaiserin, die Hammerschläge gethan, da schritt der Kaiser nochmals, entblößten Hauptes, aus dem Kaiserzelte nach dem Grundstein, ergriff wiederum den Hammer und that von neuem drei Schläge mit den Worten: „Im Namen der Kaiserin und Königin" — nicht ohne tiefe Rührung wurde das ritterliche Thun des Kaiserlichen Herrn von der versammelten

---

[1]) Vergl. darüber Bd. I (2. Aufl.), S. 256.

[2]) Diese Auffassung trifft nicht zu, der Witz steht auf dem Conto des Grafen Wilhelm Bismarck.

Menge aufgenommen. Unmittelbar darauf vollzog Fürst Bismarck die drei
Hammerschläge, dann Graf Moltke. Nachdem dies geschehen, rief der Kaiser
erst den Kanzler, dann auch den Grafen Moltke heran, reichte jedem eine Hand
und hielt sie so, während er mit ihnen sprach, offenbar in überaus gnädiger
Weise — eine Gruppe, an der jedes deutsche Herz seine helle Freude haben
mußte, ein dankbarer Vorwurf für einen vaterländischen Historienmaler! —
Einen sehr guten Eindruck machte es auch, als am Ende der Feier ein Patriot
auf einer der Tribünen ein Hoch „auf unsern alten Kaiser" ausbrachte; es stand
nicht im Programm und war offenbar nur der spontane Ausbruch patriotischer
Gesinnung, aber es fand eine sehr gute, freudige Aufnahme bei den Festgenossen.

Berlin, den 20. Juni 1884.

Lebhaftes Bedauern wird, wie ich glaube, die große Mehrheit des deutschen Volkes
darüber empfinden, daß die Vorlage wegen der Dampfersubventionen unerledigt
bleibt. Das Bedürfnis direkten Verkehrs durch Schnellschiffe mit Ostasien und
Australien ist allgemein anerkannt; unser Handel, unsere Post, unsere Marine
brauchen direkte schnelle Verbindung mit jenen Gegenden. Jetzt fehlt es uns
daran. Von selbst wird so etwas nicht; auch die „praktischen" Engländer, die
uns so oft als Muster vorgehalten werden, subventionieren derartige Dampfer-
linien, die Franzosen desgleichen. Die verbündeten Regierungen wollten
deshalb entsprechende Unternehmungen in Hamburg oder Bremen, mit
4 Millionen Mark jährlich, 15 Jahre lang, subventionieren. Daß da-
hinter noch mehr steckt, nämlich ein vielleicht außerordentlich folgenreicher
Vorstoß auf dem Gebiet der Kolonialpolitik, das hat sich wohl ungefähr jeder
halbwegs verständige Schuljunge in Deutschland gesagt. Freilich, es ist viel
Geld — die 4 Millionen auf 15 Jahre repräsentiren, kaufmännisch gerechnet,
ein Kapital von 45 Millionen Mark, und eine Rente für dieses Kapital läßt
sich nicht ausrechnen. Es ist ungefähr dieselbe Lage, als wenn der Staat nach
Gegenden, welche wenig Verkehr haben, Eisenbahnen baut. Daß das Geld auf
absehbare Zeit sich nicht verzinsen wird, ist gewiß. Aber ebenso gewiß ist, daß
die betreffende Gegend, ihr Wohlstand, ihre Steuerkraft gehoben, daß somit das
Kapital im höchsten Grade nutzbringend angelegt wird. Von derartigen Anschauungen hat sich die Eisenbahnpolitik des Staates Sachsen bisher leiten lassen,
und das hat unbestritten unserm engern Vaterlande großen Segen gebracht.
Aber die Freisinnigen, Eugen Richter und Dr. Bamberger voran, wollen womöglich Zinsgarantien sehen. Für Maßnahmen, welche das Produktionsgebiet
Deutschlands erweitern, seiner Industrie lohnenden Absatz, seinen Arbeitern
Arbeitsgelegenheit schaffen, fehlt es ihnen an Verständnis. So nörgelten sie
denn an der Vorlage herum, verlangten Kommissionsberatung und setzten dies
durch, mit Hilfe des Centrums, welches hier wieder einmal seine Unberechenbarkeit darthat. Es zeigte sich von neuem, daß die verbündeten Regierungen für
Unternehmungen mit nationalem Beigeschmack nur auf die Konservativen und
die Nationalliberalen rechnen können; diese für sich allein verfügen nicht über

die Majorität in diesem Reichstag. Die Kommiſſion wird das Grab der Vorlage ſein, ſie mag ad acta Samoa gelegt werden. Daß die heimiſche Handelskammer in Plauen mit Energie für das fragliche Unternehmen eingetreten iſt,
hat mir große Freude gemacht. Freilich wird ſie ſich den Hohn Eugen Richter's
gefallen laſſen müſſen, welcher findet, daß die Schwärmerei für überſeeiſche Dinge
bei den Leuten um ſo größer iſt, je entfernter ſie von der See wohnen.

Heute fand der vielbeſprochene „parlamentariſche Frühſchoppen" beim Reichskanzler ſtatt[1]). Mir war diesmal das Glück wieder recht hold — unberufen!

Ich ſaß mit einigen Herren der konſervativen und der nationalliberalen
Partei ſowie des Centrums an einem der in dem ſogenannten Kongreßſaal auf-
geſtellten Tiſche, und wir thaten uns gerade an dem wirklich ſelten ſchönen Kaviar
gütlich, als der Fürſt ſich unſerm Tiſche näherte und bei uns niederließ. Er
hat wohl nahezu eine Stunde bei uns verweilt. Anfangs bewegte ſich das Geſpräch um gleichgültige Dinge, die Vorzüge des Hofbräus, eines leichten Moſel-
weins und dergl. Der Kanzler bedauerte dabei, daß das unfreundliche Wetter
es ihm unmöglich gemacht, uns in ſeinem Garten zu bewirten; wenn das Wetter
ſich beſſere, werde er uns in nächſter Woche wiederum bitten, einen Frühſchoppen
bei ihm zu genehmigen, dann aber im Garten. Später wendete ſich das Geſpräch
auf die Vorgänge um die Jahreswende 1870/71.

Fürſt Bismarck erzählte, über die Kriegskontribution von 200 Millionen
Franken, welche damals noch vor dem Friedensſchluß der Stadt Paris auferlegt
worden, habe er mit dem „kleinen" Thiers verhandelt, als ſie miteinander die
Treppe hinuntergegangen ſeien. Er habe zu Thiers geſagt: „Wir würden
glauben, Paris zu beleidigen, wenn wir weniger als eine Milliarde verlangen
wollten." Thiers ſei ob der Höhe der Summe bald vom Stengel gefallen.
Die Verhandlungen ſeien fortgeſetzt worden, und als man unten an der Treppe
angelangt, ſei man darüber einig geweſen, daß Paris 200 Millionen Franken
zu zahlen habe. Dieſe ſeien denn auch entrichtet worden. Er, Bismarck, habe
darauf im preußiſchen Miniſterrat beantragt, daß dieſe Summe, die erſte Einnahme aus dem mit vereinten Kräften geführten Nationalkriege, dazu verwendet
werde, den deutſchen Bundesgenoſſen die Kriegskoſtenentſchädigungen zurückzu-
zahlen, welche ſie im Jahre 1866 an das ſiegreiche Preußen hatten zahlen müſſen.
Er ſei da auf lebhaften Widerſtand geſtoßen, man habe ihm erwidert: „Dieſe
Dinge gehören der Vergangenheit an!" Er habe entgegnet: „Es iſt nicht nur für
die Vergangenheit, ſondern auch für die Zukunft, wir ſchmieden damit das neue
Reich feſter zuſammen." Er ſei aber in der Minorität geblieben oder vielmehr
ganz allein, keiner ſeiner Kollegen habe mit ihm geſtimmt.

Weiter beſprach er die Vorgänge vor der Kaiſerproklamation am 17. bezw.
18. Januar 1871 und die Beteiligung des Königs von Bayern dabei. Letzterer
habe ihn ſchon damals, wie bis heute, mit ſeinem Vertrauen beehrt. Bei früheren
Verhandlungen mit dem König von Bayern habe er dieſem einmal geſagt: „Ew.

---

[1]) Vergl. darüber Bd. I (2. Aufl.), S. 263 f.

Majestät, wir Bismarck's sind altbayerische Vasallen, unsre Besitzungen in der Mark danken wir dem deutschen Kaiser Ludwig dem Bayern; schon darum werde ich Ew. Majestät niemals etwas anraten, was ich für Ew. Majestät schädlich erachte." Der König habe ihm seitdem Vertrauen geschenkt und er, Bismarck, sei nachmals öfter in der Lage gewesen, den König zu beraten; er könne mit gutem Gewissen sagen, daß er ihn stets gut beraten habe. Damals, im Januar 1871, habe er an den König von Bayern geschrieben, um ihn zu bestimmen, daß er die Proklamation des Königs von Preußen zum Deutschen Kaiser herbeiführe. Er habe ihm vorgestellt, daß er, der König, durch die Versailler Verträge schon mehr zugestanden habe, als der König von Bayern dem König von Preußen einräumen könne: dem Deutschen Kaiser aber könne er das alles zugestehen; darum solle der König von Preußen zum Deutschen Kaiser ausgerufen werden. Abends zwischen 7 und 8 Uhr habe er den Brief in aller Eile geschrieben. Gleichzeitig habe er dem Grafen Holnstein, Oberststallmeister des Königs von Bayern, sagen lassen, daß er um 9 Uhr abreisen müsse, um den Brief an den König von Bayern auf Schloß Berg zu bestellen und die Antwort zurückzubringen. Richtig sei Graf Holnstein abends um 9 Uhr abgereist und er habe es fertiggebracht, binnen sieben Tagen nach Schloß Berg zu gelangen, dort den Brief an den König von Bayern und dessen Antwort sodann in Versailles zu überreichen. Darauf sei die Kaiserproklamation erfolgt.

Fürst Bismarck erwähnte bei obigem Gespräch, daß der König von Bayern anfangs das Ansinnen, den König Wilhelm im Namen und Auftrag der deutschen Fürsten und freien Städte die deutsche Kaiserwürde anzutragen, abgelehnt habe. Darauf sei man an den König Johann von Sachsen mit der Frage getreten, ob er es thun wolle. Dieser habe ohne Besinnen bejaht, unter dem Vorbehalt, daß es eben der Bayer nicht thun würde. Nunmehr habe er dem König von Bayern davon Kenntnis gegeben, daß, wenn er es nicht thue, es durch den König von Sachsen geschehen werde. Darauf habe der König von Bayern seinen Widerstand aufgegeben [1]). — Jetzt sind beide Könige tot, da kann er dies wohl erzählen. —

Ich benutzte die Gelegenheit, da das Haus des Fürsten Bismarck bei hellem Tageslicht Hunderten von Gästen preisgegeben war, um nicht nur den anstoßenden Park zu besichtigen, sondern auch in sein Arbeitszimmer zu ebener Erde und das daneben befindliche Allerheiligste mit dem Hünensofa einzudringen. Es war mir ein eigenartiger Genuß, in dem Raume zu verweilen, wo der Mann des Jahrhunderts seiner Tagesarbeit obzuliegen pflegt. Zum Andenken nahm ich mir aus dem Feuerzeug auf dem Schreibtisch einige Streichhölzer, riesenhaft wie alles an ihm und um ihn, schon mehr Spähne. Ein paar davon habe ich nachmals an andre Bismarckverehrer verschenkt, zwei besitze ich noch, sie liegen in meinem Reliquienschrein.

---

[1]) Vergl. über diese Frage mein Werk „Fürst Bismarck, Neue Tischgespräche und Interviews," S. 91, Note, und „von Unruh, Erinnerungen aus meinem Leben," S. 316.

Berlin, den 27. Juni 1884.

Der gestrige Tag gehörte fast ausschließlich der Vorlage über die Dampfersubventionen. Nicht, daß der Gegenstand auf der Tagesordnung gestanden hätte
— nein, das haben die Freisinnigen im Bunde mit dem Centrum bisher zu
hintertreiben gewußt, und aller Voraussicht nach wird diese Session und damit
die ganze Legislatur-Periode enden, ohne daß das Plenum in die Lage kommen
wird, über diese Angelegenheit von höchster wirtschaftlicher und nationaler Bedeutung sich schlüssig zu machen. Eben deshalb benutzten die Konservativen die
Beratung des Handels-, Freundschafts- und Schiffahrtsvertrages mit Korea,
um durch den Freiherrn von Maltzahn-Gültz die Dampfersubvention und die
Kolonialfrage überhaupt in die Besprechung zu ziehen. Am Montag bereits
hatte der Reichskanzler in der Kommission die erschöpfendsten Erklärungen über
beide Gegenstände gegeben. Er war zugleich in der Lage, mitzuteilen, daß inhalts einer ihm am Tage zuvor zugegangenen Nachricht von London die englische
Regierung den Widerspruch gegen die deutsche Niederlassung in Angra Pequena
an der Westküste von Afrika aufgegeben und das Deutsche Reich zu seiner ersten
Kolonie beglückwünscht hat.

Ich habe der Sitzung als Zuhörer beigewohnt und kann bezeugen, daß der
Eindruck dieser Mitteilung ein ganz gewaltiger war. Die Konservativen und
die Nationalliberalen wenigstens machten aus ihrer patriotischen Freude kein
Hehl. Die Freisinnigen blieben kühl; in ihren Augen ist Angra Pequena nur
eine Sandwüste mit zwei Holzhütten, welche, wie Eugen Richter mit höhnendem
Anklang an die bekannte stolze Depesche Bismarck's an die britische Kapregierung
bemerkte, „unter dem Schutz des Reiches stehen". Kühl blieben sie auch bei der
Eröffnung der Reichskanzlers, daß er noch andres dieser Art in petto habe,
daß er aber seine Eisen aus dem Feuer nehmen und kalt werden lassen müsse,
wenn er rücksichtlich der Dampfersubvention abermals auf ein Nein stoße, wie
seinerzeit bei der Samoavorlage. Seine weiteren Darlegungen ließen klar erkennen, wie nüchtern und besonnen er die Dinge betrachtet, wie thatkräftig er
aber auch vorzugehen gedenkt, wenn ihm die Unterstützung der Volksvertretung
zu teil wird. Alles umsonst! Eugen Richter, Bamberger und Rickert verlangten
Rentabilitätsnachweise, und da ihnen diese der Natur der Sache nach nicht gegeben
werden konnten, erklärten sie, daß sie gegen die Vorlage stimmen würden. Die
nächste Sitzung der Kommission wurde auf heute, Freitag, Abend anberaumt,
trotz des energischen Widerspruchs des konservativen Abgeordneten Dr. Frege
gegen solche Verschleppung, trotz seines Hinweises darauf, daß voraussichtlich
heute oder doch morgen der Reichstag geschlossen werden würde.

Die Deutschfreisinnigen haben mit dem Centrum zusammen die Majorität
in der Kommission, und sie beliebten die Fortsetzung der Beratung erst am Freitag. Nun, gestern erfolgte wenigstens die öffentliche Besprechung der Sache,
dank der Initiative der konservativen Partei. Das Bild war ungefähr dasselbe
wie in der Kommission. Auf der einen Seite der Reichskanzler mit den Konservativen und den Nationalliberalen für die Vorlage und für eine ebenso that-

kräftige als vorsichtige Kolonialpolitik kämpfend — ihnen gegenüber die Deutsch-freisinnigen mit hohnvollem Nein — in der Mitte das Centrum mit wenns und abers in Hülle und Fülle. Das Gute hatte aber die Verhandlung doch, daß selbst die Freisinnigen schließlich sich nicht getrauten, ihr Nein mit der früheren Schroffheit aufrecht zu halten. Zur Klärung der öffentlichen Meinung in Deutschland wird diese Verhandlung ganz wesentlich beitragen. Nach welcher Seite die öffentliche Meinung sich neigen wird, das scheint mir zweifellos zu sein.

Von dem vorhin beschriebenen parlamentarischen Frühschoppen vom 20. Juni 1884 ist noch ein charakteristischer Vorgang nachzutragen. Der Kanzler hatte an einem Tische inmitten von Nationalliberalen Platz genommen, und sprach nicht eben sehr respektvoll von Windthorst. In dem Augenblicke betritt die Perle von Meppen den Saal. Bismarck eilt demselben entgegen und behandelte ihn mit Aus-zeichnung. Als Bismarck wieder zu seinem Stammtisch zurückkehrte und ihm von den Nationalliberalen der Kontrast seiner eben vernommenen Worte über Windt-horst und seines Benehmens gegen denselben scherzend vorgehalten wurde, bemerkte er: „Wie sollte ich nicht, — bei dem großen Corps, das er hinter sich hat."

Von demselben Frühschoppen kam ein Abgeordneter schwer beladen in den Reichstag, verschwand aber bald aus dem Wandelgange und wurde nach einiger Zeit auf einem verunreinigten Orte aufgefunden. Die Freunde des Abgeordneten machten sich nun daran, ihren Kollegen in eine Droschke zu packen. Zu weiser Vorsicht wurde der Kutscher genau instruiert, es wurde ihm die Hausnummer an-gegeben, wo der Herr wohnte, und bemerkt, er solle zurückkommen und melden, wie er den Fahrgast nach Hause gebracht. Als der Kutscher zurückkam, fragte ihn ein Abgeordneter, ob er für die Verunreinigung der Droschke etwa noch etwas zu erhalten habe. — „Nein — antwortete der Kutscher — ich habe den Braten schon gerochen und ihm den Futtersack umgebunden."

VIII. Abschnitt.
Die XV. preussische Legislatur-Periode.
(Vom 14. November 1882 bis zum 9. Mai 1885[1]).)

Die im Jahre 1882 zum Abgeordnetenhaus vollzogenen Wahlen konnten als ein Bismarck gegebenes Vertrauensvotum für seine Wirtschafts- und Sozialpolitik angesehen werden. Das Verhältnis wurde für die Regierung dadurch noch günstiger, daß die von der nationalliberalen Partei nach links abgeschwenkten

---

[1] Es währte die I. Session der XV. Legislatur-Periode vom 14. November 1882 bis zum 2. Juli 1883, die II. Session der XV. Legislatur-Periode vom 20. November 1883 bis zum 19. Mai 1884, die III. Session der XV. Legislatur-Periode vom 15. Januar bis zum 9. Mai 1885.

Elemente sich im vorigen Frühjahr mit der abstrakten Opposition verschmolzen, so daß die Nationalliberalen mehr als je auf das Zusammengehen mit der Rechten hingewiesen wurden[1]).

Kurze Zeit vor den Wahlen hatte Bismarck die persönliche Bekanntschaft des Abgeordneten Christop Joseph Cremer[2]) gemacht. Derselbe arbeitete seit 1864 in der Journalistik, war im Jahre 1875 von dem zweiten Kölner Wahlkreise in das Abgeordnetenhaus gewählt worden, und kandidierte im Jahre 1881 für den Reichstag in Berlin. Im Jahre darauf wurde er in das Abgeordnetenhaus unterhalb der Mauern Berlins von einer rein protestantischen Bevölkerung gewählt. Die Bedeutung der Kandidatur eines Katholiken in dem protestantischen Berlin lag auf der Hand[3]).

Die erste Anregung der direkten und persönlichen Beziehungen des Abgeordneten Cremer zu dem Fürsten Bismarck erfolgte durch den damaligen Freiherrn, jetzigen Grafen von Mirbach. Letzterer kannte Cremer als Mitarbeiter am „Deutschen Tageblatt“ und als eifrigen Verfechter konservativer und nationaler Ideen und sagte im Herbst 1881 zu demselben: „Sie müssen den Fürsten Bismarck kennen lernen!“ Cremer verhielt sich zu diesem Vorschlage keineswegs ablehnend, that aber seinerseits keinen Schritt zur Verwirklichung desselben. Am 1. März 1882 vermittelte Freiherr von Mirbach in seinem Absteigequartier im Hotel Royal in Berlin die Bekanntschaft Cremer’s mit dem Chef der Reichskanzlei, Geheimrat Dr. von Rottenburg. Kurze Zeit darauf sagte Rottenburg zum Abgeordneten Cremer auf einem Balle bei dem Minister Maybach: „Der Fürst Bismarck wünscht Sie morgen zu sprechen. Ich werde Sie vom Abgeordnetenhause abholen.“ Rottenburg fuhr am andern Tage dort auch vor, jedoch nur um ihm zu sagen, daß der Reichskanzler an diesem Tage infolge rheumatischer Schmerzen verhindert sei, Cremer zu empfangen.

---

[1]) Ein offiziöser Korrespondent wollte im August 1882 dem Publikum glauben machen, daß Fürst Bismarck sofort nach Ablehnung des Tabakmonopols es in einer Ministerialsitzung entschieden abgelehnt habe, auf die Wahlen einzuwirken. Er habe damals die volle Verantwortung für das Weitere Herrn von Puttkamer zugeschoben und demselben ziemlich scharf angelassen: „Besorgen Sie die Wahlen und schaffen Sie mir das Verwendungsgesetz. Eher bekümmere ich mich nicht mehr um die innere Politik.“ Die Nachricht klang sehr unwahrscheinlich.

[2]) Cremer, Christoph Joseph, Redakteur in Berlin, geboren in Bonn am 15. Juli 1840, katholisch. Seit 1875 Mitglied des Abgeordnetenhauses. Sein politischer Standpunkt ist der christlich-konservative. Cremer trat anfangs April 1864 in die Redaktion der „Kölner Blätter“ (jetzt „Kölnische Volkszeitung“) ein. Bald darauf übernahm er die „Kölnische Handelszeitung“ unter eigener Verantwortung. Im Jahre 1868 ging er auf zwei Jahre nach Frankreich; im Juni 1870 nach Deutschland zurückgekehrt, übernahm er die Redaktion des „Westfälischen Merkurs“ in Münster. Dann kam er nach Berlin zur „Germania“, deren Redaktion er im Jahre 1875 selbständig leitete, 1877 redigierte er kurze Zeit die in Würzburg erscheinende „Bavaria“.

[3]) Vergl. Wiermann a. a. O. Bd. II., S. 332.

Ende August 1882 erhielt der Abgeordnete von Massow auf Rohr in Pommern von Herrn von Rottenburg eine Zuschrift, worin derselbe äußerte: „Wie ich höre, besucht Sie demnächst der Abgeordnete Cremer[1]. Bringen Sie ihn doch einmal mit nach Varzin." Augenscheinlich hegte Fürst Bismarck den Wunsch, den Mann kennen zu lernen, der in Berlin und in den Provinzen so kräftig für die antifortschrittliche Richtung agitierte.

Herr von Massow schrieb darauf unter dem 29. August von Rohr aus an Cremer: „Heute Morgen erhielt ich aus der Reichskanzlei ein Schreiben, in welchem ich gebeten werde, falls Sie mich in Rohr besuchten, mit Ihnen einen Ausflug nach Varzin zu machen. Übermorgen fahre ich nun voraussichtlich allein dorthin und werde vermelden, daß Sie mir für Mitte September Ihren Besuch in Aussicht gestellt hätten und ich Sie dann einführen würde. Dies wird Sie vielleicht bewegen, Ihren Besuch nicht in das Unbestimmte hinauszuschieben." Cremer erwiderte, daß er seinen Besuch in Rohr unter allen Umständen gemacht haben würde und sagte zu, am 16. September dort einzutreffen.

Zwischenzeitlich fuhr Herr von Massow selbst nach Varzin und ließ durch den Grafen Rantzau fragen, wann dem Fürsten Bismarck der Besuch der beiden Abgeordneten angenehm sei. Als dieser Zeitpunkt wurde der 21. September bezeichnet. Am bestimmten Tage fuhr man von Rohr zu Wagen nach Varzin, wo man kurz vor der Dinerzeit eintraf. Der Fürst empfing seinen langjährigen Gutsnachbarn, Herrn von Massow, auf das freundschaftlichste und behandelte Herrn Cremer, den er sofort in ein längeres Gespräch zog, mit Auszeichnung. Als man sich gerade zu Tisch begeben wollte, ertönte vom Gutshofe her das Signal einer Extrapost. „Da kommt Friedberg! — sagte der Fürst — er ist auf einer Inspektionsreise begriffen, und ich habe ihn gebeten, bei mir vorzusprechen." Dann meinte er zu Cremer gewendet, daß er ihn gebeten haben würde, die Nacht in Varzin zu bleiben, nunmehr aber auf Gewährung seines Wunsches bestehen müsse, weil er sonst zu wenig Gelegenheit finden würde, sich mit Cremer eingehender zu unterhalten, denn der Justizminister, der am folgenden Morgen wieder abreise, würde ihn (den Fürsten) bis dahin vollständig in Anspruch nehmen. Nachdem der Minister Dr. Friedberg den Salon betreten hatte, ging man zur Tafel. Der Minister führte die Fürstin, der Abgeordnete Cremer die Gräfin Rantzau zu Tisch und saß während des Mahles zur linken Seite des Fürsten. Nach Tisch zogen sich Fürst Bismarck und Dr. Friedberg zu einer langen Konferenz zurück. Am andern Morgen zeigte die Fürstin Herrn von Massow und Cremer den Park, und nach dem Frühstück erfolgte eine Ausfahrt Bismarck's mit Massow und Cremer, die sich bis kurz vor die Dinerzeit ausdehnte. Die Fahrt erstreckte sich über einen großen Teil des Varziner Gebietes. Fürst Bismarck war bei bester Laune, erzählte unermüdlich die reizendsten Episoden aus seinem Leben,

---

[1] Cremer befand sich damals auf einer politischen Agitationsreise von Breslau über Rügen nach Königsberg und Tilsit, da die preußischen Abgeordnetenhauswahlen vor der Thür standen.

sprach über Politik und Politiker, versäumte aber keine Gelegenheit, seine Vorliebe für Landwirtschaft und das Landleben an den Tag zu legen. Er versicherte
allen Ernstes, daß, wenn ihm nicht die Politik in die Quere gekommen wäre, er
es in der Landwirtschaft zu etwas Tüchtigem gebracht haben würde. Die Unterhaltung gewann somit einen durchaus gemütlichen Ton. Als das Gefährt in
einen richtigen pommerschen Sandweg einlenkte, dessen Bestimmung ein Täfelchen
an einem Baume als „Holzweg" charakterisierte, machte Cremer mit Bezug
darauf den Scherz, daß er aus eigenster Erfahrung eine Behauptung aufstellen
könne, die kein Diplomat der Welt wagen könne, ohne sich unendlich lächerlich
zu machen, nämlich, daß er den Fürsten Bismarck auf dem Holzwege gesehen
habe. In bester Stimmung langte die Gesellschaft in Varzin wieder an. Als
es zur Tafel ging, hatte Cremer die Ehre, die Fürstin Bismarck zu Tisch führen
zu dürfen, und an der rechten Seite des Fürsten Platz zu nehmen. Nach Tisch
besprach Fürst Bismarck mit Cremer die gesamte politische Lage, namentlich
mit Rücksicht auf die damals bevorstehenden Wahlen. Cremer entwickelte seine
Grundsätze, und Fürst Bismarck machte ihm gegenüber aus seinen intimsten
Gedanken kein Hehl. Herr von Massow war an dieser Unterhaltung nicht beteiligt. Wiederholt trat die Fürstin an ihren Gemahl heran mit der Mahnung:
„Otto, Du mußt Dir endlich Ruhe gönnen; Du mutest Dir wieder zu viel zu!"
Aber der Fürst winkte in liebenswürdigster Weise ab mit den Worten: „Laß
mich, Johanna, wir unterhalten uns ausgezeichnet, und das ermüdet auch nie!" Am
Schlusse konnte Cremer konstatieren, daß er fast in allen Punkten mit Bismarck
übereinstimmte. Bismarck bat Cremer wiederholt, die entwickelten Theorien mit
Nachdruck weiter zu verteidigen, ohne im mindesten die eigenen Anschauungen
desselben zu beeinflussen, und fragte schließlich, ob er etwas für ihn thun könne.
Cremer erwiderte, er habe nur den einen Wunsch, Bismarck möchte seinen Einfluß dahin aufwenden, daß er staatlicherseits weder Anerkennung noch Auszeichnung
erhalte, und bemerkte etwas drastisch: „Ein Band ins Knopfloch wäre für mich
die Strippe ums Bein. Sobald ich einen Titel oder Orden hätte, würde man
sagen: Er muß! Ich will aber nicht müssen, ich will wollen!" Bismarck
war anfangs frappiert. Dann meinte er lachend: „Während man sich sonst die
Gesellschaft kaum vom Halse halten kann, die einen um alles Mögliche bittet,
verlangen Sie das Gegenteil. Den Gefallen kann man Ihnen thun, und Recht
haben Sie obendrauf!"

Nach der Abreise von Varzin sagte Massow dem Abgeordneten Cremer, daß
von dem in Varzin Gesprochenen nichts lautbar werden dürfe.

Auf der Rückreise nach Berlin traf Cremer unterwegs mit dem Grafen
Wilhelm Bismarck zusammen. Cremer frug den Grafen, wie er sich zu verhalten
habe, falls die Thatsache seines Varziner Besuches in der Presse verlautbare.
Graf Wilhelm erwiderte, daß Cremer absolut keine Veranlassung habe, aus der
Thatsache selber ein Geheimnis zu machen, daß er sich aber in Bezug auf die
Einzelheiten Reserve auferlegen möge. Es dauerte volle sechs Wochen, bis die
Anwesenheit Cremer's in Varzin öffentlich bekannt wurde. Zunächst geschah dies

in Form eines schlechten Witzes von Eugen Richter, der seinen Lesern die große Neuigkeit auftischte, Cremer habe „im Nachthemde des Reichskanzlers" geschlafen [1]). Das wahrscheinlich von einem Reporter aus einer gelegentlichen Unterhaltung in privaten Kreisen aufgeschnappte Faktum ist allerdings „historisch" richtig, aber keineswegs das einzige Bemerkenswerte an jener Begegnung. Die praktische Folge war, daß Cremer bis zum Abgange Bismarck's in der Presse für die Politik desselben eintrat, und auch in der Folge nie zu denen gehört hat, die mit Rücksicht auf die veränderte Situation sich auf die Gegenseite stellten. Im übrigen darf hier bemerkt werden, daß Cremer schon seit Jahren auch als Mitglied des Centrums zu den treuesten Verehrern des Fürsten Bismarck gehörte, dem er im Hinblick auf dessen weltgeschichtliche Leistungen für die Ehre und die Größe des deutschen Vaterlandes alle Nachsicht für eine Kirchenpolitik angedeihen ließ, die er (Cremer) als einen verhängnisvollen Mißgriff betrachtete. Hatte Cremer es doch schon im Jahre 1879 gewagt, eine parlamentarische Soiree des Fürsten zu besuchen, ohne sich durch die Stichelreden und die Grobheiten seiner Kollegen vom Centrum in seiner Haltung beirren zu lassen [2]).

Am 18. September 1882 sandte der neue Wahlverein in Osthavelland nachstehendes Telegramm an den Fürsten Bismarck: „Der heute in Nauen versammelte neue Wahlverein stellt Herrn Professor Wagner in Berlin als Kandidaten zum Abgeordnetenhause für das Osthavelland auf und beglückwünscht sich,

---

[1]) Die „Post" Nr. 288 vom 22. Oktober 1882 schrieb: „Der Abgeordnete Cremer soll, wie vor einiger Zeit von mehreren Zeitungen gemeldet worden, ohne daß dieser Meldung widersprochen wurde, bei dem Fürsten Reichskanzler in Varzin gewesen sein. Die Meldung scheint richtig zu sein. Denn der „Kölnischen Volkszeitung" wird jetzt geschrieben: Herr Cremer fand in Varzin, wo er 1 ½ Tage verweilte, beim Reichskanzler die freundlichste Aufnahme. Er wurde zur Tafel gezogen und übernachtete auf der Besitzung des Fürsten. Der Reichskanzler habe vorher den Wunsch ausgesprochen, gern den Mann sehen zu wollen, der in Berlin und in den Provinzen so kräftig für die antifortschrittliche Richtung agitiere, und habe ihn deshalb durch den Landrat von Massow zu sich entbieten lassen, welcher Einladung Cremer in Begleitung des Landrats gefolgt sei. Dabei sei er auch zufällig mit dem Justizminister Friedberg in Varzin zusammengekommen; Cremer sei schließlich mit ermutigendem Händedruck vom Kanzler geschieden, und beabsichtige er, falls er gewählt werde, der konservativen Fraktion nicht beizutreten und „wild" zu bleiben, um eventuell nach allen Seiten hin Hiebe austeilen zu können."

[2]) Cremer's Stellung zum Kulturkampf erhellt aus einer Rede vom Februar 1883, worin es heißt: „So lange der Staat einseitig durch seine Gesetze, insbesondere auf der ganz falschen Grundlage der Maigesetze, seine Verhältnisse zur Kirche regelte, gehörte ich dem Centrum an. Von dem Augenblicke an aber, wo im Jahre 1878 die Unterredung zwischen Kanzler und Nuntius in Kissingen stattfand — ich erhielt die Nachricht gerade, als ich mich mit dem Fürst-Bischof Förster im Gespräch befand — da sagte ich sofort: „Jetzt ist eine Wendung eingetreten; der Staat läßt sein bisheriges Prinzip fallen; jetzt ist es die Pflicht eines patriotischen Preußen, ihm in der Beseitigung des Kulturkampfes beizustehen." Erst dann können wir den Kulturkampf überwinden, wenn jeder von uns „mit wahrhaft preußischer, patriotischer Gesinnung an die Lösung dieser Aufgabe herantritt, und bei aller Hochachtung, die ich vor Herrn Windthorst habe, möchte ich doch sehr in Zweifel ziehen, ob er im stande sei, eine wirklich preußische Politik zu treiben."

in dem Genannten einen Mann gefunden zu haben, welcher in der Lage und froh bereit ist, die hohen Ziele der Regierung Sr. Majestät, besonders auf dem Gebiete der inneren Politik, zu fördern und zu stützen und die Ideale Euer Durchlaucht zum Besten der Nation verwirklichen zu helfen."

Darauf erging (Ende September) die Antwort:

Ich danke für das freundliche Telegramm des Neuen Wahlvereins und werde mich freuen, wenn eine Kraft von der Bedeutung des Herrn Professors Wagner für die parlamentarische Vertretung der wirtschaftlichen Politik, welche die Regierung nach Maßgabe der Kaiserlichen Botschaft vom 17. November verfolgt, gewonnen werden kann.

von Bismarck.

Wagner war in der That eine wertvolle Unterstützung Bismarck's und es sollen ihm die Worte nicht vergessen werden, welche er im August 1881 in Elber= feld sprach, um den Vorwurf zu entkräften, die Finanz= und Wirtschaftspolitik des Reichskanzlers entbehre der wissenschaftlichen Begründung. In dieser Beziehung sagte Professor Wagner folgendes: Ich erlaube mir zunächst einige Worte im eigenen Interesse zu sagen, da ich sehr wohl weiß, daß diejenigen, welche, wie ich, als Theoretiker die heutige Politik des Reichskanzler Fürsten Bismarck vertreten, sofort von den Gegnern verdächtigt werden, aber wir Universitätslehrer haben schon länger eingesehen, daß die Theorie des neuen Wirtschaftssystems, die Theorie der freien Konkurrenz, höchst einseitig ist, daß sie den Menschen durchaus nicht auffaßt, wie er ist, mit allen seinen Schwächen und Vorzügen, sondern den Menschen viel zu günstig behandelt, indem sie voraussetzt, daß er überall ein bedeutendes Maß von Intelligenz, Charakterstärke und Tüchtigkeit auch in körperlicher Beziehung dar= stellt, was einfach nicht der Fall ist. Wir Theoretiker aber haben gesucht, den Menschen zu nehmen, wie er sich in Wirklichkeit findet, realistisch, mit allen seinen Schwächen und Vorzügen, und wir haben uns deshalb überzeugt, daß die Theorie der freien Konkurrenz und die Praxis der freien Konkurrenz in dieser Weise nicht haltbar sind, wie sie in neuerer Zeit zur Geltung gekommen sind. Diese Ansichten, welche in der That von einem erheblichen Teil der deutschen wissenschaftlichen Männer vertreten werden, mögen angefochten werden — aber es sind doch nicht etwa Ansichten, die erst gestern aufgestellt worden sind, weil Fürst Bismarck und andre mächtige Staatsmänner sie vertreten, es sind vielmehr Ansichten, die eine lange Zeit hindurch sehr unpopulär waren, und wegen deren wir ausgespottet wurden. Ich prätendiere durchaus nicht, bei Ihnen die Ansicht zu erwecken, daß wir paar Theoretiker es gewesen wären, die einen Mann, wie den Reichskanzler Fürsten Bismarck, bestimmt hätten; gewiß nicht, ein Mann, wie der Reichskanzler, hat ja auch nicht einmal die Zeit dafür, sich mit solchen theo= retischen Ansichten zu beschäftigen. Aber das spricht doch auch für seine Politik, daß, während wir Theoretiker von dem Boden der reinen Theorie aus ganz ähn= liche Tendenzen geltend gemacht haben, er auf einem ganz andern Wege zu seinen Ansichten, wie er sie vertritt, gekommen ist, und da wird man doch die alte

Regel gelten laffen, wenn zwei auf ganz verschiedenen Wegen zu ziemlich denselben Zielpunkten und Vorschlägen kommen, so spricht auch das für eine gewisse
innere Wahrheit dieser Ideen . . . Bismarck schreckt nicht zurück vor dem Gedanken,
den er den Gegnern, den Sozialisten, entnommen hat, sondern er sagt, wo mir
ein Gedanke richtig und ausführbar erscheint, da nehme ich ihn an, einerlei, von
wem er gekommen ist, und verwende zu seiner Ausführung die Mittel des Staates.
Er sagt ganz mit Recht, wir wollen gerade unsern Arbeitern zeigen, daß der
Staat in der That sich nicht scheut, auch mit materieller Hilfe für sie einzutreten,
wo es notwendig ist. —

Auf dem kirchenpolitischen Gebiet dauerten die Bestrebungen Bismarck's, den
Boden für den Kulturkampffrieden zu ebnen, fort.

Von den im Bischofsparagraphen des Kirchengesetzes vom 31. Mai 1882
enthaltenen Vollmachten machte die Regierung zu Anfang nur bezüglich der
Bischöfe von Limburg und Münster Gebrauch. Die Metropoliten von Köln und
Gnesen-Posen blieben im Exil. An eine Rückberufung des Kardinals Ledochowski
hat Bismarck wohl nie gedacht, eher war er geneigt, den Erzbischof Melchers
aus dem Exil zurückzuberufen[1]). Bismarck beriet sich über die Opportunität
einer solchen Maßregel mit mehreren nationalliberalen Abgeordneten.

Dr. von Sybel, der früher zu den heftigsten Kulturkämpfern gehört hatte,
meinte, wie die Sache jetzt liege, einen Widerspruch gegen die Absicht Bismarck's
nicht erheben zu sollen. „Was kann da sein, — meinte er — die Kölner werden
am Tage seines Einzuges etwas mehr Maiwein trinken." Denselben Abgeordneten
hatte Bismarck zuerst in seine Absicht, dem Kulturkampf ein Ende machen zu
wollen, eingeweiht. Es war die Zeit, da die Wogen des Kulturkampfs am
höchsten gingen, als derselbe inmitten einer längeren, höchst interessanten Entwickelung der Lage, der Hindernisse welche seine Politik durchkreuzten, die Notwendigkeit einer Frontveränderung auseinandersetzte. „Ich habe jetzt die Sache
satt. Ich werde den Kulturkampf beseitigen, aber nicht auf dem Wege von staatsrechtlichen, nein, von völkerrechtlichen Verhandlungen."

Als dieser sehr antiklerikal gesinnte Abgeordnete Bismarck erstaunt fragte, wie
ihm denn dieser Entschluß so plötzlich gekommen sei, erwiderte Bismarck, der
Gedanke sei ihm in einer schlaflosen Nacht gekommen.

Zwei andre nationalliberale Abgeordnete, welche Bismarck gleichfalls zu
sich bat (darunter von Bennigsen), waren der Ansicht, daß die Rückberufung des
Erzbischofs von Köln nicht beschlossen werden könne, ohne das Ansehen des Staates
auf das empfindlichste zu verletzen. Bismarck war andrer Ansicht und begründete
dieselbe mit solcher Lebhaftigkeit, daß die Abgeordneten nach ihrem Hut griffen
und sich von ihm verabschiedeten.

Auf der Treppe begegnete denselben ein hoher Würdenträger, der sich zum
Vortrage beim Kanzler melden wollte. Einer der Abgeordneten rief ihm zu:

---

[1]) In dieser Beziehung hatte sich eine lebhafte Agitation gebildet. Vergl. H. Biermann,
Geschichte des Kulturkampfs. Leipzig 1885, S. 269, 298, 304.

„Wählen Sie lieber eine andre Stunde; der Kanzler ist sehr aufgebracht." Der betreffende Beamte ließ sich aber in seinem Vorhaben nicht abhalten, und trat in Bismarck's Arbeitszimmer ein. Nach einer Stunde traf er zufällig den Abgeordneten, der ihn gewarnt hatte, wieder: „Nun, wie haben Sie den Kanzler getroffen?" „Ich habe in seiner Stimmung nichts gemerkt; er war ruhig wie sonst und sagte nur: „Soeben haben mich die Abgeordneten (N. N.) verlassen; wir haben über die Rückberufung des Erzbischofs von Köln diskutiert. Im Grunde haben sie ganz recht gehabt[1]."

Melchers sollte in seine Diözese in der That nicht mehr zurückkehren. Er wie Ledochowski hatten schon längst ihre Resignation in die Hände des Papstes gelegt und diesem die Entscheidung anheimgestellt. Am 15. Dezember 1885 zog Dr. Krementz, bisher Bischof von Ermland, als Erzbischof in Köln ein, von den Spitzen der Regierungs- und städtischen Behörden empfangen. Der ihm zu Ehren veranstaltete Fackelzug wies 20 000 Teilnehmer auf.

Während die Regierung im Jahre 1883 mit der Kurie über die Anzeigepflicht verhandelte, brachte das Centrum im Abgeordnetenhause den im vergangenen Jahre abgelehnten Antrag auf vollständige Freigebung des Messelesens und Sakramentespendens ein[2].

Als die Absicht der Windthorst'schen Aktion bekannt wurde, sah Bismarck seinen alten Jagdfreund, den Abgeordneten von Dietze-Barby bei sich zu Tisch, und erklärte demselben offen, er sei im Grunde kein Gegner des Antrags[3], ja, es frage sich, ob, da Windthorst die Frage einmal wieder auf die Tagesordnung bringe, es nicht das Beste sein würde, ihm von seiten der Regierung zuvorzukommen.

In diesem Sinne verhandelte Bismarck mit seinen Kollegen, stieß aber beim Kultusminister von Goßler auf entschiedenen Widerstand. Goßler setzte in einer größeren und wohldurchdachten Denkschrift auseinander, daß durch eine solche unbedingte Freigebung der geistlichen Verrichtungen die ganze preußische kirchliche Gesetzgebung der letzten zehn Jahre durchlöchert und wertlos gemacht werde, und verhehlte nicht, daß er seine Hand nicht dazu bieten könne. Ihm trat nicht bloß das Staatsministerium, sondern auch der Abgeordnete von Bennigsen bei. Genug, Fürst Bismarck überzeugte sich, daß der Weg, den er einschlagen wollte, nicht gangbar sei, und er äußerte sich in diesem Sinne in einer zweiten Unterredung Dietze-Barby gegenüber. Die Konservativen wußten um die veränderte Stimmung des Fürsten Bismarck bei der Beratung des Windthorstschen Antrages noch nicht und glaubten, in seinem Sinne gehandelt zu haben, als sie demselben nicht entgegentraten.

---

[1] Ich führe den Vorgang an, um zu beweisen, wie wenig Bismarck an einer vorgefaßten Meinung festhielt. Für ihn gab es nur Gründe, und keine Vorurteile.
[2] Vergl. Wiermann, Geschichte des Kulturkampfes, S. 278 und 290.
[3] Als Dietze-Barby die Nachricht dem Abgeordneten Windthorst im Reichstage mitteilte, bemerkte dieser letztere: „Sie sind die Friedenstaube mit dem Ölblatt."

Wie in vorliegendem Falle, so fungierte auch in vielen andern Dieße-Barby als Sprachrohr des Kanzlers den Parlamentariern gegenüber. Er operierte dabei mit großer Vorsicht. Wenn Bismarck sich einmal für eine Ansicht aussprach, so pflegte Dieße davon nichts verlauten zu lassen. Kam der Kanzler aber öfter und mit Nachdruck darauf zurück, so pflegte er zu fragen: „Durchlaucht, liegt es in Ihrem Wunsche, daß dies bekannt wird?" Auf diese Weise war er sicher, niemals eine Indiskretion zu begehen. Dieße-Barby hat das große Verdienst, den Professor Schweninger zu Bismarck gebracht zu haben. Der Kanzler wollte von einem Wechsel in der Person seines Hausarztes lange nichts wissen. Schließlich arrangierte man es so, daß man endlich dessen Jawort erlangte, und den bereit gehaltenen Schweniger sofort in das Gemach Bismarck's einführte. Als Bismarck am dritten Tage eine ihm von Schweninger nicht erlaubte Speise essen wollte, nahm letzterer ihm den Teller vor der Nase weg und schüttete den Inhalt durch das Gartenfenster.

Die Reichstagsmitglieder aus dem Centrum, mit denen Bismarck persönlich verhandelt hat, kann man an den Fingern abzählen. Franckenstein, Windthorst, Hertling, Schalscha, die beiden Reichensperger, Schorlemer-Alst, Preysing und Freiherr von Huene[1]. Der letztere hat sich hauptsächlich der Behandlung finanzieller, wirtschaftlicher und militärischer Fragen zugewandt und innerhalb seiner Fraktion darin eine gewisse Stellung erworben. Er war Vorsitzender der großen Steuerkommissionen (1890—91 und 1892—93) im preußischen Abgeordnetenhause, und während mehrerer Jahre der Budgetkommission des Reichstags; zur Zeit hat er diese letztere Stellung im Abgeordnetenhause. Es ist ihm vor allem die Gabe eigen, die Regierungsentwürfe in der Weise zu amendieren, daß sie der parlamentarischen Mehrheit annehmbar erscheinen.

Hervorragend beteiligt war Freiherr von Huene an dem Zustandekommen des preußischen Gesetzes vom 14. Mai 1885, betreffend die Überweisung von Beträgen, welche aus landwirtschaftlichen Zöllen eingehen, an die Kommunalverbände (Gesetzsammlung S. 129), indem er einen Initiativantrag einbrachte, aus welchem dies Gesetz sich entwickelt hat. Dasselbe hatte den Zweck, die durch die beabsichtigte Änderung des Zolltarifs erwachsenden Einnahmen zu benützen, um damit zugleich auch die Erleichterung der kommunalen Lasten herbeizuführen. Das Einverständnis Bismarck's zu der lex Huene wurde durch Verhandlungen erzielt, welche Freiherr von Huene mit dem Grafen Herbert Bismarck führte.

Das Gesetz war im Abgeordnetenhause angenommen und lag dem Herrenhause vor. Im Reichstage stand man vor dem Abschluß der Beratungen über

---

[1] Freiherr von Hoiningen-Huene, Karl, Major a. D., Rittergutsbesitzer auf Groß-Mahlendorf (Poststt. Grölzen, Ober-Schlesien), zuletzt Wahlkr. 8. Reg.-Bez. Breslau (Landkr. Breslau-Neumarkt). — Centrum. — Geb. am 24. Oktober 1837; römisch-katholisch. 1859—73 in der preußischen Armee; Feldzüge 1864, 1866 und 1870—71. Amtsvorsteher, Mitglied des Kreistags und des Kreisausschusses des Kreises Falkenberg in O.-Schl., Mitglied des Landeseisenbahnrats, des Ausschusses für Hochwasserverhältnisse. Mitglied des preuß. Hauses der Abgeordneten, des Staatsrats und von 1884—1893 des Reichstags.

die Erhöhung der Getreidezölle. Nachdem einige dreißig Centrumsabgeordnete aus dem Westen den Beschluß gefaßt hatten, nur unter der Bedingung der Erhöhung der Getreidezölle zuzustimmen, daß die Einführung des Überweisungsgesetzes in Preußen feststehe, erhielt dasselbe die Bedeutung, die Annahme des Zolltarifs zu sichern, zudem da nicht feststand, wie viel andre Reichstagsabgeordnete sich noch den obigen anschließen würden. Der Reichskanzler wünschte aber die baldige Erledigung des Zolltarifgesetzes. In diesem Stadium der Angelegenheit ließ sich Graf Herbert Bismarck durch den Prinzen Arenberg im Foyer des Reichstags mit Huene bekannt machen, teilte ihm diesen Wunsch seines Vaters mit und fragte, wie man wohl die durch die noch nicht abgeschlossene Beratung des Überweisungsgesetzes bestehende Schwierigkeit beseitigen könne. Huene machte den Vorschlag, der Fürst möge als Mitglied des Herrenhauses bei den Beratungen des Überweisungsgesetzes anwesend sein und dafür stimmen. Erhalte dasselbe so die Majorität, so sei das Gesetz schon als publiziert anzusehen.

Am andern Tage teilte Graf Herbert mit, daß sein Vater auf den Vorschlag eingehe. Es wurde demgemäß verfahren und das Gesetz in namentlicher Abstimmung am 9. Mai angenommen. Am 11. folgte die Annahme der Erhöhung der Getreidezölle im Reichstage; Roggenzoll mit 188 gegen 139 Stimmen, also nur mit 24 über die absolute Majorität.

Später äußerte der Fürst gegenüber dem Abgeordneten Windthorst bei einem parlamentarischen Frühstück hinsichtlich des Gesetzes: „Es war ein geschickter Schachzug, der aber auf unserm Wege lag.“

Zur Feier des siebzigsten Geburtstags Bismarck's hielt der Landtagsabgeordnete Dr. Karl Theodor am 28. März 1885 in Barmen eine Rede, in welcher er besonders die Verdienste des Jubilars auf dem innerpolitischen und wirtschaftlichen Gebiete pries.

In Folge seiner Thätigkeit stünden die „nationalen Interessen jetzt unangefochten über allen andern"; er sei der Förderer des großen Handelsbetriebes, der Großindustrie, des Mittel und Handwerkerstandes, gewissermaßen der Testamentsvollstrecker von Justus Möser geworden, er habe dem von Staat und Gesellschaft vergessenen sogenannten vierten Stand, den großen Stand des lohnarbeitenden Volkes, wieder seinen Grad von Lebenswürdigkeit und Ehre gegeben. In seine große Art des Denkens und der Arbeit habe Fürst Bismarck allmählich die deutsche Nation hineingezogen. Niemals — seit Goethe — sei das rein Persönliche eines Mannes so fruchtbar anregend, die Beschäftigung mit ihm so voller umstimmender Einwirkung auf die Volksseele gewesen.

IX. Abschnitt.

Die erste Session der VI. Legislatur-Periode des Reichstags.

(20. November 1884—15. Mai 1885[1]).)

Die aus der Wilhelmstraße inspirierte Presse empfahl vor den Wahlen ein Zusammenwirken der konservativen Partei mit denjenigen Liberalen, welche, auf dem Boden des Heidelberger Programms stehend, zum voraus ihre Bereitwilligkeit zur Unterstützung der Reichspolitik in einer Reihe der wichtigsten und zunächst zur Entscheidung stehenden Fragen zu erkennen gegeben hatten[2]). In demselben Sinne lauteten alle diejenigen Kundgebungen, welche von Bismarck persönlich aus Anlaß der Neuwahlen ausgingen. Dem Vorsitzenden des konservativen Vereins der Rheinprovinz dankte er für „die vermittelnde Thätigkeit, welche derselbe in richtiger Würdigung des staatlichen Gesamtbedürfnisses gegenüber der Schärfe der Gegensätze entfaltet hatte, die in Deutschland auch unter ehrlichen Parteien das Zusammenwirken für gemeinsame Zwecke so wesentlich erschwert.“

In Schmalkalden war eine Einigung der gemäßigten Parteien auf den freikonservativen Gutsbesitzer von Christen aus Werleshausen zur Bekämpfung des deutschfreisinnigen Rechtsanwalts Frieß in Kassel zu stande gekommen. Aus diesem Anlaß richtete am 12. Oktober eine in Schmalkalden stattgehabte äußerst zahlreich besuchte Wählerversammlung folgendes Telegramm an den Fürsten Bismarck: „Mehrere Hunderte nationalliberaler und freikonservativer, zum Kampfe gegen die Fortschrittler geeinter Wähler aus dem Kreise Schmalkalden bringen Ew. Durchlaucht begeisterten Gruß und das Versprechen warmer Förderung Ihrer Pläne.“ Auch dem Unterzeichner dieses Telegramms, dem Abgeordneten Pfannstiel zu Weidebrunn, sprach der Kanzler seine Freude über die Einigung der gemäßigten Parteien zu gemeinsamer Arbeit aus.

Der am 28. Oktober 1884 gewählte neue Reichstag ergab eine aus Deutschfreisinnigen, Centrum, Sozialdemokraten, Welfen, Dänen und Elsässern gebildete Mehrheit, die über 240 Stimmen verfügte und trotz aller prinzipiellen Gegensätze in dem einen Punkte einig war, dem Fürsten Bismarck das Leben so sauer als möglich zu machen und wenn möglich seinen Rücktritt herbeizuführen, um freies Feld für eine neue politische Bildung zu schaffen. Die übel berufene Parole „Fort mit Bismarck“ war nach wie vor das Feldgeschrei der Mehrheit[3]).

In Eisenstein gaben bei der Reichstagswahl 34 von 41 Wählern dem Reichskanzler ihre Stimmen. Auf ein noch am Abende des Wahltages an den Reichskanzler abgesandtes Telegramm, in welchem das Ergebnis mitgeteilt und das Einverständnis der Wähler mit der Regierungspolitik des Reichskanzlers

---

[1]) Einen Überblick über die Session s. in Schultheß „Europ. Geschichtskalender“ 1885, S. 92.

[2]) Vergl. den Artikel der „Norddeutschen Allgemeinen Zeitung“ Nr. 484 vom 15. Oktober 1884.

[3]) Kohl, Bismarck-Reden, Bd. X., S. 236.

betont worden war, traf, zu Händen eines Eisenbahn-Assistenten in Bayerisch-Eisenstein, das nachstehende Antwortschreiben[1] ein:

Euer Wohlgeboren danke ich verbindlich für Ihr Telegramm. Wenn ich auch als Mitglied des Bundesrats nach den Bestimmungen der Reichsverfassung nicht wählbar bin, so freue ich mich doch über das Vertrauen, welches Sie mir schenken, und dem durch meine Thätigkeit im Bundesrate zu entsprechen ich mir stets angelegen sein lassen werde.   von Bismarck.

Die nationalliberale Partei in Hessen beglückwünschte er zu ihrem glänzenden Wahlerfolge[2].

Diesmal war es auch dem ältesten Sohne des Reichskanzlers, dem Grafen Herbert Bismarck[3], geglückt, ein Mandat für den Reichstag im 10. Schleswig-Holsteinischen Wahlkreise zu erlangen.

Der Vorstand des nationalliberalen Vereins für den Kreis Herzogtum Lauenburg hatte gelegentlich dieses Wahlsieges an den Fürsten Reichskanzler folgendes Beglückwünschungs-Telegramm abgesandt:

Voll freudiger Genugthuung über die Wahl des Grafen Herbert zu unserm Reichstagsabgeordneten sendet Euer Durchlaucht seinen aufrichtigen Glückwunsch in unwandelbarer Liebe und Verehrung der Vorstand u. s. w.

Hierauf traf folgende Antwort ein:

Berlin, den 30. Oktober 1884.

Für Ihr Begrüßungstelegramm verbindlich dankend, sehe ich in dem Wahlergebnis ein erfreuliches Zeichen der fortschreitenden gegenseitigen Verständigung der nationalen Elemente, durch deren Zusammenwirken allein die großen Aufgaben, die uns gestellt sind, gelöst werden können.   von Bismarck.

Den Wahlsieg seines Sohnes berührt Bismarck auch in folgendem, an den Erblandmarschall von Bülow-Gudow gerichteten Schreiben:

Berlin, den 2. Dezember 1884.

Auf Euer Hochwohlgeboren Telegramm und die ehrenvolle Anerkennung meiner politischen Thätigkeit bitte ich, meinen herzlichen Dank für die Unter-

---

[1] In Kohl's Bismarck-Regesten nicht erwähnt.

[2] Am 16. November 1884 feierten in Darmstadt die Nationalliberalen ihren Sieg und sandten bei dieser Gelegenheit ein Begrüßungstelegramm an den Reichskanzler ab, auf welches an den Vorsitzenden des Ausschusses folgende Antwort einging: Euer Hochwohlgeboren danke ich verbindlich für das Telegramm vom 16. d. M. und beglückwünsche die nationalliberale Partei zu ihren glänzenden Wahlerfolgen in Hessen. Möge es Ihnen gelingen, die gewonnene Stellung zu behaupten! von Bismarck. In Kohl's Bismarck-Regesten ist auch dieses Schreiben des Kanzlers nicht erwähnt.

[3] Graf Bismarck-Schönhausen, Herbert; geb. am 28. Dezember 1849 in Berlin, evangelisch. Besuchte das Friedrich-Werder'sche Gymnasium in Berlin und die Universitäten Bonn und Berlin. 1874 Attaché bei der Gesandtschaft in München, 1876 Gesandtschaftssekretär in Bern, 1881 Legationsrat im Auswärtigen Amte, 1884 Gesandter im Haag, 1885 Unterstaatssekretär im Auswärtigen Amte, 1886 Staatssekretär.

stützung entgegenzunehmen, welche meinem Sohne und indirekt mir selbst seitens seiner Wähler zu teil geworden ist. Die Einigkeit, mit der die dortigen nationalen Elemente sich bei den Wahlen aneinander geschlossen haben, schätze ich — nicht als Eingesessener Lauenburgs, sondern von dem Standpunkte des Reichskanzlers — als ein Zeichen des wahren politischen Fortschritts im Gegensatz zu den unsrer nationalen Entwickelung hinderlichen Elementen.

von Bismarck[1].

Unter den Neugewählten befand sich noch ein zweiter aktiver Beamter des Auswärtigen Amts in der Person des Legationsrats Gerlich[2]. Derselbe verdankte dem Wohlwollen des Reichskanzlers eine verhältnismäßig rasche Carriere, und erhielt noch zu Bismarck's Zeiten die einträgliche Stelle bei der dette publique in Konstantinopel, welche zur Zeit Rudolf Lindau versieht. Gerlich zählt noch heute zu den treuen Anhängern des Fürsten Bismarck und ist noch in diesem Jahr (1894) bei demselben in Varzin zu Gast gewesen. Als Parlamentarier ist derselbe nicht hervorgetreten.

Zur Genugthuung gereichte dem Kanzler die Wiederkehr des nationalgesinnten Bürgermeisters von Augsburg in den Reichstag. In Augsburg fand aus Anlaß des Wahlsieges eine patriotische Festfeier in den „Drei Mohren" statt, deren Teilnehmer an den Reichskanzler folgendes Telegramm richteten:

Mehr als tausend zu Augsburg versammelte deutschgesinnte Schwaben aus Bayern und Württemberg feiern den in Ulm errungenen Wahlsieg der deutschen Partei und senden Ew. Durchlaucht herzlichen Gruß mit der Versicherung, daß das Reichstagsmitglied für Ulm allzeit treu zum Kaiser und seinem Kanzler stehen wird.

Darauf traf an den Vorsitzenden des Festkomitees folgendes Antwortschreiben[3] ein:

An den Bürgermeister Herrn von Fischer, Hochwohlgeboren zu Augsburg.

Berlin, den 19. November 1884.

Den Gruß von der schwäbischen Versammlung zu Augsburg erwidere ich mit herzlichem Danke und freue ich mich über den Sieg der nationalen Partei

---

[1] Graf Herbert selbst antwortete auf ein Begrüßungstelegramm: Herrn Oberlehrer Raydt. Dem nationalliberalen Vereinsvorstand und besonders den Unterzeichneten des eben erhaltenen Telegramms danke ich verbindlichst für die freundlichen Glückwünsche und für Ihre kräftige Hilfe zur Erzielung des mich in hohem Maße ehrenden Wahlresultats.   Graf Bismarck.

[2] Gerlich, Hermann, Wirklicher Legationsrat in Berlin. Geb. 1844 zu Bankau, Kreis Schwetz, Provinz Westpreußen. 1872 in den auswärtigen Dienst des Deutschen Reichs getreten, war er zuerst in Kairo, später in New York, zuletzt in St. Louis als kaiserlicher Konsul beschäftigt; sodann, nachdem er inzwischen zeitweilig im Auswärtigen Amt und dem königlich preußischen Handelsministerium zu Berlin Verwendung gefunden, 1883 als vortragender Rat in das Auswärtige Amt berufen. (Deutschkonservativ.)

[3] In H. Kohl's Bismarck-Regesten nicht erwähnt.

in Ulm um so mehr, als er dem Reichstage ein bewährtes Mitglied wieder zurückgegeben hat, dessen Fehlen mit Bedauern empfunden wurde.

von Bismarck.

Einem Wähler im Reichstagskreise Heidenheim bei Ulm, der in der Freude des Wahlsieges den Sieg der Freikonservativen dem Reichskanzler mit dem Bemerken mitteilte, daß die Gegner die Kandidatur des Bürgermeisters von Fischer in Augsburg einen dummen Schwabenstreich nannten, wurde folgende Antwort zu teil:

Berlin, den 4. November 1884.

Für die Begrüßung durch Ihr Schreiben vom 30. d. M. danke ich verbindlichst und freue mich, daß der 14. Wahlkreis seine reichstreue Gesinnung durch die Wahl des Bürgermeisters von Fischer so erfolgreich bestätigt hat. Wenn das ein Schwabenstreich ist, so ist er es im Sinne von Uhland's bekanntem Gedicht, zur Ehre des schwäbischen Namens.

von Bismarck.

Die Nachricht, der Kanzler habe die Wahl des Sozialdemokraten Adolf Sabor, Lehrer in Frankfurt, begünstigt[1]), trägt so deutlich den Stempel „des Märchens" an der Stirn, daß wir uns damit nicht weiter zu beschäftigen haben.

Bei Beginn der Session nahm Bismarck gegen das Centrum eine scharfe Stellung ein. Der wieder in den Reichstag gewählte Abgeordnete von Helldorff hatte mit der Leitung der Fraktion gleichzeitig auch wieder die des Wahlvereins der Deutschkonservativen übernommen, nachdem Freiherr von Hammerstein von 1881 ab diesen Posten versehen, den er jetzt, durch persönliche Verhältnisse gezwungen, niederlegen mußte.

Wie sich Helldorff im einzelnen zu den politischen Tagesfragen stellte, erhellt aus der Rede, die derselbe in der Generalversammlung des konservativen Vereins für den Kreis Wittenberg am 15. Oktober 1884 hielt. Helldorff verurteilte hier die Opposition, welche die aus den Sezessionisten und den Fortschrittlern hervorgegangene „deutschfreisinnige Partei" dem Fürsten Bismarck machte, und erklärte dieselbe als unverständlich und unpatriotisch[2]). Wie man im

---

[1]) Die „Frankfurter Zeitung", Nr. 163 vom 14. Juni 1893, schrieb in dieser Beziehung: „Sofort bei Ansicht Ihrer Notiz in Nr. 161, Abendblatt der „Frankfurter Zeitung", habe ich vorausgesehen, daß Sie eine Berichtigung von Herrn Dr. Lucius erhalten würden, da es mir bekannt war, daß das betreffende Telegramm s. Z. nicht an diesen Herrn gelangt ist. Nichtsdestoweniger ist die Sache richtig, daß ein Telegramm „Fürst wünscht Sabor" 1884 vor der Stichwahl an eine namhafte Persönlichkeit in Frankfurt und zwar von einer Seite gerichtet worden ist, welche in dieser Sache gut unterrichtet sein konnte. Dieses Faktum ist vor der Wahl und seit jener Zeit unter den Angehörigen aller Parteien der Stadt oft besprochen, auch im Reichstage erwähnt, später aber niemals in Abrede gestellt worden. Heute hat es nur noch einen historischen Wert, ob der Absender des Telegramms wirklich über die Absicht des Fürsten Bismarck unterrichtet war oder nicht. Seine Wirkung bei der damaligen Wahl hat das Telegramm jedenfalls gethan (Sabor wurde in den Reichstag gewählt), und damals ist dessen Inhalt nicht in Zweifel gestellt worden."

[2]) „Charakteristisch für diese Partei ist es, daß ihre Agitation sich recht eigentlich und persönlich gegen unsern großen Staatsmann Bismarck richtet. Vergegenwärtigen wir uns doch

Ausland darüber dachte, das illustrierte er an einer kleinen Anekdote: In einer
deutschen Stadt waren zu großen städtischen Anlagen, Wasserleitung, Pferdebahn
oder dergleichen, ausländische Unternehmer herangezogen worden. Nach Beendigung
des Baues fand ein großes Festessen statt, viele Reden wurden gehalten, auf
mancherlei getoastet. Schließlich erhebt sich einer der ausländischen Unternehmer,
klopft an sein Glas und sagt in gebrochenem Deutsch: er müsse seine Verwunderung
darüber aussprechen, daß unter allen Toasten keiner Bismarck gegolten. Wenn
sein Heimatland einen Mann hätte, der wie dieser das Land groß gemacht und
seine Wohlfahrt gefördert, es würde seiner bei solchen Gelegenheiten gewiß in
erster Linie gedacht werden. Er wolle das Versäumte nachholen und bringe ein
Hoch auf Bismarck aus. Der Redner, meine Herren, soll ein Däne, und den
freisinnigen Vätern der Stadt die Sache recht peinlich gewesen sein.

Während der Reichstag tagte, fanden mehrere Besprechungen Bismarck's mit
Helldorff statt, so am 2. Dezember 1884 über den Antrag Windthorst's auf
Aufhebung des Gesetzes vom 4. Mai 1874, betreffend die Verhinderung der un-
befugten Ausübung von Kirchenämtern (Nr. 17 der Drucksachen).

In jener Zeit markierte sich in der konservativen Partei mehr und mehr jene
centrumsfreundliche Richtung, welche für den Antrag Windthorst stimmen wollte.
Da Helldorff in der ganzen politischen Situation die Stellungnahme auf Seite
der Regierung für geboten hielt, während man von der andern Seite sich auf
die Konsequenz einer Abstimmung über denselben Gegenstand im Vorjahr stützte, so
war ein starker Dissens in der Fraktion die Folge, der zu mehrfachen Besprechungen
Anlaß gab.

Am Tage nach der Unterredung mit Bismarck nahm Helldorff bei Beratung
dieses Antrages das Wort, um in einer kurzen aber kräftigen Rede die Gründe
auszuführen, welche ihn bestimmten, augenblicklich gegen die Aufhebung des Gesetzes vom 4. Mai 1874 zu stimmen [1]). Am 4. Dezember 1884 ließ Bismarck
während der Reichstagsverhandlungen Helldorff rufen und sprach demselben für
seine Haltung in dieser inzwischen erledigten Sache [2]) seinen Dank aus.

Es folgten nun weitere Verhandlungen am 15. Dezember. Benehmen über
die an diesem Tage beginnende Debatte wegen Bewilligung eines zweiten Direktors im Auswärtigen Amt [3]).

---

die jetzige Lage im Vergleich zur Vergangenheit! Vor kaum zwanzig Jahren wurde Preußen
vielfach kaum als voll zu den Großmächten gehörig angesehen. Jetzt nimmt Preußen, das
unter ihm geeinigte Deutschland, geradezu eine dominierende Stellung in Europa ein, nie hat
ein deutscher Kaiser eine solche Fülle von Macht und Achtung in sich vereinigt, wie unser erhabener
Kaiser Wilhelm, kaum je hat ein Staatsmann eine solche Stellung in der Welt behauptet, wie
Fürst Bismarck."

[1]) Stenographischer Bericht, S. 169.
[2]) Bei namentlicher Abstimmung hatten für den Antrag 217 Abgeordnete gestimmt. Die
Minderheit (darunter Helldorff) hatte es auf 93 Stimmen gebracht.
[3]) Am gleichen Tage und in derselben Sache ergriff Helldorff das Wort im Reichstag;
vergl. die Stenographischen Berichte, S. 369.

Die Ablehnung dieses Postulats am 15. Dezember 1884 rief einen Sturm der Entrüstung in der Nation hervor. Aus Stuttgart ging folgende Adresse an den Fürsten Bismarck ab: Angesichts der feindseligen, das Vaterland schädigenden Haltung der Reichstagsmehrheit vom 15. d. M. fühlen wir uns gedrungen, Ew. Durchlaucht unser rückhaltsloses Vertrauen und den ehrfurchtsvollsten Dank für die energische Wahrung der deutschen Interessen auszudrücken. Möge das deutsche Volk, dessen Herz Ew. Durchlaucht gewonnen hat, den auf seine Größe und sein Wohl gerichteten Bestrebungen Ew. Durchlaucht künftig verständnisvoller und entschiedener Unterstützung gewähren!

Im Namen von 44 Mitgliedern der württembergischen Kammer der Abgeordneten: W. Wolff, Landtagsabgeordneter der Stadt Tübingen.

In einem Schreiben an Herrn von Laster in Berlin, d. d. 26. Dezember 1884, äußerte Fürst Bismarck aus Anlaß des Reichstagsbeschlusses vom 15. Dezember 1884: die Deutschen im Auslande hätten augenscheinlich „ein wärmeres Herz für das Vaterland, als die Reichstagsfraktionen, welche die Mehrheit des Volkes zu vertreten glauben".

Und dem Abgeordneten von Benda schrieb der Kanzler in Erwiderung auf eine aus seinem Wahlkreise (Wanzleben) überreichte Adresse:

Ew. Hochwohlgeboren gefälliges Schreiben sowie die demselben beigefügte Adresse habe ich empfangen und bitte Sie, Ihren Wählern für diese Beurkundung ihres Wohlwollens und Vertrauens meinen verbindlichsten Dank aussprechen zu wollen. Die große Zahl der Unterschriften unter der Adresse ist ein erfreuliches Zeichen für die fortschreitende Erkenntnis der Gefahr, welche für die Zukunft des Reichs in der Zersetzung unsrer Volksvertretung durch die Fraktionspolitik liegt, und darin finde ich die Ermutigung, im Kampfe gegen die feindliche Koalition verneinender Geister auszuharren.

von Bismarck.

In Bezug auf die kolonialen Fragen war es für den Kanzler von Wert, in dieser Legislatur-Periode in der Person des Reichstagsabgeordneten Adolf Woermann[1]) einen praktischen Sachverständigen zur Seite zu haben. Bereits am 28. April 1884 hatte Bismarck eine Unterredung mit demselben, woran noch teilnahmen: Lüderitz, Dyes aus Bremen und der Geheime Legationsrat von Kusserow, auf dessen Anregung die Unterredung arrangiert war. Der Fürst führte namentlich aus, daß das Deutsche Reich nicht französische Kolonialpolitik treiben wolle; man könne nicht Kriegsschiffe aussenden, um überseeische Länder zu erobern, auch könne die deutsche Regierung nicht fremde Länder ohne weiteres in Besitz nehmen; dagegen solle der deutsche Kaufmann geschützt werden, wo

---

[1]) Adolf Woermann, Kaufmann (Chef der Firma C. Woermann, Hamburg), geboren den 10. Dezember 1847 zu Hamburg (evangelisch). 1868—1870 Reisen nach Asien und Amerika, 1871—72 zwei Reisen nach der Westküste Afrikas mit einjährigem Aufenthalt in Liberia. Mitglied der Handelskammer Hamburg, 1884 Vorsitzender derselben. Mitglied der Bürgerschaft Hamburgs. Mitglied des Reichstags (III. Wahlkreis Hamburg) seit 1884 bis 1890. Nationalliberal.

er sich niedergelassen habe, und wo der deutsche Kaufmann von dem Lande Besitz ergriffen habe, da werde die deutsche Regierung bereit sein, dem Kaufmann zu folgen, wie das England stets gethan habe. Mit Bezug auf die Verwaltung solcher Länderstrecken schwebe ihm ebenfalls das Vorbild Englands vor, welches großen Gesellschaften eine sogenannte Charter erteilt habe, so daß die Verwaltung ganz in den Händen solcher Gesellschaften gelegen habe. Er wies auf die East Indian Company hin und auf die neuerdings der Borneo Company von England erteilte Charter.

Der Fürst teilte darauf mit, daß ein deutsches Kriegsschiff und ein Reichskommissar (Dr. Nachtigal) nach Westafrika gesandt seien, und wünschte zu wissen, welche Instruktionen diesem in betreff der Erwerbung von Küstenstrecken zu erteilen seien.

Woermann entledigte sich dieses Auftrages in einer unterm 30. April 1884 an den Reichskanzler gerichteten Eingabe[1]). Dieselbe wurde vom Reichskanzler der am 19. Mai 1884 dem Generalkonsul Dr. Nachtigal erteilten Instruktion beigegeben.

Nachdem dann im Laufe des Sommers die Berichte des Dr. Nachtigal eingetroffen waren, nach welchen das jetzige Kamerun sowie das Togogebiet unter deutschen Schutz gestellt waren, fanden sich auf Einladung des Reichskanzlers die Inhaber der Firmen C. Woermann und Jantzen & Thormählen in Hamburg, die Herren Ad. Woermann, C. Bohlen, W. Jantzen und J. Thormählen, zu einer Besprechung der ihre Niederlassungen im Biafragebiete betreffenden Angelegenheiten am 25. September 1884 in Friedrichsruh ein.

Im Laufe der Unterredung sowie während des sich anschließenden Frühstücks fielen manche sehr charakteristische Äußerungen des Fürsten, von denen namentlich zwei schon damals einen besonderen Eindruck auf die Anwesenden machten. Dieselben sind einer ausdrücklichen Erwähnung schon deshalb wert, weil ihre Richtigkeit erst in späterer Zeit recht zu Tage getreten ist.

Fürst Bismarck sprach wiederholt davon, daß die praktischen Kaufleute bei der Kolonialpolitik das Beste thun müßten; mit den Bureaukraten könne er keine Kolonialpolitik treiben, „ich kann Ihnen doch keinen preußischen Landrat nach Kamerun setzen".

Ferner erwähnte der Fürst, daß ihm von manchen Seiten und zwar von „sehr klugen" Leuten geraten sei, Angra Pequena (Deutsch-Südwestafrika) den Engländern zu überlassen und dagegen von diesen Helgoland einzutauschen; er beurteile aber den Wert von Südwestafrika anders.

Der Fürst kam auch auf das Verhältnis Deutschlands zu England und Frankreich in Bezug auf die Kolonialpolitik zu sprechen. Als er der englischen Regierung Mitteilung von der Besitznahme Angra Pequenas gemacht, habe er erwartet, daß das Eintreten Deutschlands in die Kolonialpolitik von seiten

---

[1]) Dieselbe findet sich abgedruckt in von Roschützki: „Kolonialgeschichte", Bd. II., S. 130, Note. Vergl. auch Müller: „Politische Geschichte", S. 176.

Englands freundlich begrüßt werden würde, und daß es uns infolge dieser Besitz=
nahme sowie auch infolge der Besitznahme Kameruns keinerlei Schwierigkeiten
machen würde, so daß ein gemeinsames Vorgehen Deutschlands mit England
möglich gewesen wäre. Als aber das Gegenteil eingetreten sei, habe er sich mit
Frankreich verständigen müssen, und deshalb sei es wichtig, bei dem Vorgehen in
Westafrika und an andern Orten die Empfindlichkeiten Frankreichs zu schonen
(siehe Weißbuch Seite 36, Nummer 9). Unmöglich könne Deutschland Kolonialpolitik treiben, wenn es sowohl England als auch Frankreich zu Gegnern habe.
— England habe jetzt „den Anschluß verfehlt", und deshalb sei die Verständigung
mit Frankreich erfolgt.

Fürst Bismarck erwähnte bei dieser Gelegenheit einer Eingabe der Hamburger
Handelskammer an das Auswärtige Amt, in welcher darauf hingewiesen war,
daß bei den gerade damals ausgebrochenen Differenzen zwischen Frankreich und
China über verschiedene Häfen Chinas von Frankreich die Blockade verhängt,
ohne daß diese Blockade effektiv geworden sei, was gegen die völkerrechtlichen
Abmachungen verstoße. Die Handelskammer hatte darauf das Ersuchen an den
Reichskanzler gerichtet, bei Frankreich diesbezügliche Vorstellungen zu machen im
Interesse der deutschen Schiffahrt in China. — Der Fürst sprach seine Verwunderung darüber aus, daß gerade die Hamburger Handelskammer eine derartige
Eingabe habe machen können. Er könne sich nicht in die Angelegenheiten Frankreichs einmischen; es würde daraus unter Umständen die Gefahr entstehen, daß
französische Kriegsschiffe die Elbe blockierten, das würde aber den Hamburgern
teurer zu stehen kommen als der durch die Blockade in China entstehende
Schaden [1]).

Auf Ansuchen des Reichstagsabgeordneten Adolf Woermann erteilte Fürst
Bismarck demselben im Laufe des Winters 1884 eine Audienz in betreff der
Vorlage über die Dampfersubvention. Woermann hielt es für richtiger, daß die
Zweiglinie Brindisi-Alexandria nicht eingerichtet würde, sondern daß die Haupt-
dampfer nach Übernahme der Post von Brindisi direkt durch den Suezkanal nach
Ostasien und Australien gehen sollten. Der Fürst folgte indessen in dieser Hin-
sicht den Vorschlägen des früheren Reichstagsabgeordneten, Präsidenten des Nord-
deutschen Lloyd Hermann Heinrich Meier in Bremen.

In der Folge aber hat sich die erwähnte Zweiglinie doch als unhaltbar
herausgestellt, und hat der Vertrag des Reiches mit dem Norddeutschen Lloyd
eine entsprechende Änderung erfahren.

Auf Veranlassung des Fürsten Bismarck wurde der Reichstagsabgeordnete
Adolf Woermann auch zum Délégué adjoint der Kongokonferenz ernannt; ferner
erwies der Fürst demselben die Ehre, ihn zu beauftragen, mit dem damaligen

---

[1]) Nach dieser Unterredung erfolgte Woermann's Wahl (im November 1884) in den
Reichstag. Im Laufe der ersten Session hatte derselbe mehrfach Gelegenheit, den Fürsten Bis-
marck bei parlamentarischen Diners und Soireen zu sehen, ohne aber selbst in die nähere
Unterhaltung des Kanzlers gezogen zu werden, abgesehen von dem Diner mit Stanley bei dem
Fürsten, wovon in Bd. I., S. 274 (der 2. Auflage) die Rede ist.

französischen Botschafter Baron de Courcel über die Abgrenzungen der französischen und deutschen Gebiete an der Goldküste und in der Biafra-Bai zu verhandeln.

Mehrfach lud der Kanzler Herrn Woermann nach Friedrichsruh ein. Der Fürst machte dann häufig Bemerkungen darüber, daß ihm in der Kolonialpolitik namentlich von den Kaufleuten nicht die genügende Unterstützung zu teil würde.

Er fragte Woermann auch einmal, woher es wohl kommen möge, daß die Beamten in den Kolonien sich so selten unter einander vertragen könnten, es schiene ihm, daß die meisten von ihnen von dem „furor regiminalis" ergriffen würden. Woermann erwiderte darauf, daß es den Kaufleuten mit ihren Angestellten auch nicht besser erginge; zu allen Schwächen, welche in Europa die Menschen beherrschten, kämen in Afrika noch das Klimafieber und viele andre Verhältnisse hinzu, welche den Charakter der Europäer beeinflußten.

Bei einer andern Gelegenheit sprach der Fürst noch über Wißmann. Er habe diesem stets volles Vertrauen geschenkt und ihm plein pouvoir gegeben, da er selbst von Berlin in die Einzelheiten in Ostafrika nicht habe sachkundig eingreifen können. Wißmann habe dies Vertrauen niemals mißbraucht oder getäuscht; in allen schwierigen Verhältnissen, in die er gekommen sei, habe Wißmann sich stets „eine vollkommen weiße Weste" erhalten.

Bei einer Gelegenheit fragte Woermann den Fürsten Bismarck, wie Kaiser Wilhelm I. persönlich zu der Kolonialpolitik stehe, ob er sich auch dafür interessiere oder nicht. Der Fürst erwiderte, daß der Kaiser sich kaum für die Einzelheiten interessiere, daß er aber die Überzeugung gewonnen habe, daß es für ein großes, mächtiges Reich, wie das jetzige Deutschland, auch „dazu gehöre", die überseeischen Unternehmungen seiner Angehörigen zu fördern und zu schützen, und daß von diesem Gesichtspunkte aus Seine Majestät der Kolonialpolitik zugestimmt habe.

Am 19. Dezember 1884 sprach Bismarck den Abgeordneten von Helldorff von 1½—2½ Uhr) über die Lage; am 21. Januar 1885 speisten die Abgeordneten von Helldorff und von Minnigerode bei Bismarck.

Am 10. Februar 1885 stand auf der Tagesordnung des Reichstags die erste Beratung des Gesetzentwurfs, betr. die Abänderung des Zolltarifgesetzes vom 15. Juli 1879, zu dessen Verteidigung Fürst Bismarck das Wort ergriff, um sich in der Hauptsache über die Notwendigkeit eines genügenden Zollschutzes für Holz und Getreide auszusprechen. Als nächster Redner ergriff der Abgeordnete von Schalscha das Wort, um sich zunächst gegen den Abgeordneten Rickert zu wenden und dann die ihm sympathische Vorlage der Regierung zu verteidigen. Am Schluß der Rede kam der Abgeordnete auf die Doppelwährung zu sprechen und bemerkte, er werde gerne den größten Teil der Zölle preisgeben, wenn die Regierung zur Doppelwährung übergehe. Der Kanzler war nach Schluß seiner Rede bereits im Begriffe, den Reichstag zu verlassen, als ihn die Ausführungen von Schalscha's zu fesseln schienen. Genug, er blieb, und hörte dessen Rede bis zum Schlusse an. Noch am gleichen Tage erhielt Herr von Schalscha durch Geheimrat von Rottenburg eine Einladung des Fürsten Bismarck, ihn am folgenden

Tage zu besuchen. Die Audienz währte eine halbe Stunde. Bismarck kam demselben in gewinnender Weise entgegen und besprach sodann mit dem Abgeordneten eine Reihe von Zollfragen, insbesondere die Frage der Einführung eines Kohlenzolls, die von Schalscha in seiner Rede auch gelegentlich berührt hatte. Von Schalscha versuchte wiederholt, das Gespräch auf die Währungsfrage überzuspielen, doch ging der Kanzler darauf nicht im mindesten ein. Der Anlaß zu einem Gespräche über die letztere ergab sich nach einem parlamentarischen Diner des Fürsten, bei dem auch Freiherr von Franckenstein und Graf Mirbach zugegen waren. Sobald sich das Gespräch dieser Frage zugewendet hatte, wurde von Schalscha als Sachverständiger vorgeschoben, und er war es, der mit dem Fürsten längere Zeit die Konversation führte. Bismarck hütete sich aber, zur Frage irgendwie selbst positiv Stellung zu nehmen. Er beschränkte sich vielmehr ausschließlich darauf, Zweifel über die Vorteile der Doppelwährung und die Möglichkeit ihrer Einführung auszusprechen und Fragen zu stellen, die allerdings ersehen ließen, daß die Sache anfing, ihn zu beschäftigen. „Wie wollen Sie es hindern, daß der Preis des Silbers heruntergeht?" — „Wie kann man nur zwischen zwei Waren einen Wert bezw. ein Preisverhältnis fixieren?" — — „Es geschieht das doch Tag für Tag. Man denke nur, wie oft mächtige Faktoren, z. B. Hamburger Kaufleute, den Preis einer Ware festsetzen — ohne daran rütteln zu lassen. Entschließt sich erst gar der mächtige Staat bezw. die großen Kulturstaaten zu einer solchen Festsetzung, so wird dieselbe unzweifelhaft durchführbar sein."

„Mit demselben Rechte — fuhr Bismarck fort — könnte ein festes Preisverhältnis auch zwischen Silber und Eisen statuiert werden."

„Doch nicht. Denn Eisen kann man in beliebigen Quantitäten produzieren, bei Silber und Gold, den Edelmetallen, ist das ausgeschlossen."

In ähnlichen Wendungen drehte sich die Tischunterhaltung, die ein praktisches Ergebnis zwar nicht hatte, den Fürsten aber jedenfalls auch von dem Vorhandensein guter Gründe für die Beseitigung der Goldwährung überzeugen mußte [1]).

Bereits in Bd. I (2. Aufl.), S. 275 f. ist erwähnt, in welcher dürftigen Form der Reichstag dem Fürsten Bismarck seine Glückwünsche zum 70. Geburtstag (1. April 1885) darbrachte. Dafür feierten ihn die regierungsfreundlichen Fraktionen [2]) durch Übersendung von Adressen.

---

[1]) Auf eine mit 6003 Unterschriften bedeckte Adresse aus dem Landkreise Breslau-Neumarkt erging im März 1885 an den Reichstagsabgeordneten Herzog von Ratibor nachstehendes Schreiben: Die Adresse, welche Eure Durchlaucht mir zu übermitteln die Güte gehabt haben, beweist das Verständnis, welches die nationalen Bestrebungen der Politik Seiner Majestät des Kaisers bei den Wählern Ihres Kreises finden. Eure Durchlaucht darf ich bitten, den Beteiligten meinen verbindlichsten Dank für diese Kundgebung ihrer wohlwollenden Gesinnung und für ihre bereitwillige Unterstützung ausdrücken zu wollen.   von Bismarck.

[2]) 1. April 1885 hielt in Plauen im Vogtlande die öffentliche Festrede zu Ehren des 70. Geburtstages und 50jährigen Amtsjubiläums des Reichskanzlers der Superintendent Landmann; den Kaisertoast brachte der Reichstagsabgeordnete Dr. Hartmann aus. Vergl. den „Vogtl. Anzeiger und Tageblatt" Nr. 77 vom 3. April 1885.

Dem Abgeordneten Regierungsrat Althaus, als dem in der alphabetischen Reihenfolge ersten Unterzeichner der von der konservativen Fraktion zum Geburtstage des Reichskanzlers überreichten Adresse, ging das nachstehende Dankschreiben zu:

Ew. Hochwohlgeboren und Ihren Herren Fraktionsgenossen danke ich verbindlichst für die freundlichen Glückwünsche, mit welchen Sie mich zu meinem Geburtstage beehrt haben.   v. Bismarck.

An die freikonservative Fraktion erging folgendes [1]) Schreiben:

Berlin, den 20. April 1885.

Für die freundlichen Glückwünsche, welche in der mir zu meinem siebzigsten Geburtstage übersandten Adresse einen für mich so ehrenvollen Ausdruck gefunden haben, sage ich meinen verbindlichsten Dank.   v. Bismarck[2]).

An den Abgeordneten von Benda richtete Bismarck folgende Zeilen:

Berlin, den 20. April 1885.

Euer Hochwohlgeboren bitte ich, den Mitgliedern der nationalliberalen Fraktion im Reichstage und Abgeordnetenhause für die freundlichen Glückwünsche, mit denen die Herren mich zu meinem Geburtstage beehrt haben, meinen verbindlichsten Dank auszusprechen.   v. Bismarck[3]).

Die Adresse, welche die noch lebenden Veteranen der erbkaiserlichen Partei von 1849, die für den „Erbkaiser" stimmenden Mitglieder des Frankfurter Parlaments, an den Reichskanzler richteten, hatte folgenden Wortlaut:

Durchlauchtigster Fürst! Vor mehr als drei Jahrzehnten berufen, dem langen Sehnen des deutschen Volkes nach Vereinigung seiner Glieder zur Erfüllung zu helfen, vermochten die ehrerbietigst Unterzeichneten damals nur, auf den Weg hinzuweisen, der die Nation zur Einheit führen könne; ihnen war mehr nicht vergönnt, als ihrer Überzeugung, daß der deutsche Bundesstaat nur unter der Führung des Hohenzollernstaates zu gründen sei, festen Ausdruck und bestimmte Fassung zu geben, und diese gegen Anfechtung, Thorheit und Leidenschaft aufrecht zu halten. Daß wir jene Bahn in stürmischen Tagen betreten, die Fahne erhoben und unentwegt zu ihr gestanden haben, giebt uns ein Anrecht, dem Manne, der unsern Glauben zur That gemacht und uns zum Ziele geführt hat, den Dankeszoll, der ihm in unsern Herzen lebt, heute auszusprechen. Wer hat eindringlicher und schmerzlicher

---

[1]) In Horst Kohl's Bismarck-Regesten nicht erwähnt.

[2]) Auch mit dem Abgeordneten von Forckenbeck entwickelte sich eine Korrespondenz Bismarck's, jedoch nur in der Eigenschaft des ersteren als Oberbürgermeister von Berlin. Die betr. Schreiben d. d. 20. April 1885 und 31. März 1885 finden sich abgedruckt in der „Vossischen Zeitung" vom 25. April 1885, Nr. 191, und „Neuen Preuß. (Kreuz-)Zeitung" vom 5. April 1885 (im Berl. Zuschauer).

[3]) Eine Charakteristik des Fürsten Bismarck seitens des nationalliberalen Reichstagsabgeordneten Theodor Brünings in einem Rechenschaftsbericht an seine Wähler findet man in der „Post" Nr. 215 vom 9. August 1895.

als wir erfahren, welche Kluft Streben und Erreichen, Gedanken und Voll-
bringen trennt? Wer könnte deutlicher die volle Wucht der Aufgabe empfinden,
die Ew. Durchlaucht inmitten widerstrebender Kräfte, inmitten feindseliger
Mächte auf sich genommen, wer aufrichtiger und lebhafter bewundern, was
Ew. Durchlaucht vollbracht haben: die Erweckung der versunkenen Herrlichkeit
der deutschen Nation zu neuem Leben und hellem Glanze! Politische Größe
ruhte niemals auf Weitsicht, Kühnheit und Kraft allein, nicht minder auf
Mäßigung und Selbstüberwindung; wie zu gespanntestem, verantwortlichstem
Handeln, ist sie zu geduldigem Ausharren berufen. Was die einsam in schweren
Stunden errungenen Entschlüsse kosten, ermißt, der sie zu fassen hatte, allein.
Möge Ew. Durchlaucht zu dem einen wie zu dem andern auch hinfort die
von innerster Überzeugung getragene Kraft nicht fehlen, möge Ew. Durchlaucht
beschieden sein, nach glorreichsten Kriegen Deutschland und Europa den Frieden
zu erhalten, das Deutsche Reich weiter und weiter erstarken zu lassen, über
das heut vollendete Lebensjahr hinaus noch lange zum Heile der lebenden
und der kommenden Geschlechter fortzuführen!

Entworfen war das Aktenstück von Geheimrat Max Duncker, es trug unter
andern die Namen: Präsident Simson (Senatspräsident des Reichsgerichts),
Drechsler (Kanzler der Universität Tübingen), von Rümelin, Geheimrat Beseler,
Geheimrat Waitz, Dr. Löwe, Professor Biedermann[1]), Professor Markowiczka,
Graf Keller, Dr. Pinkert in Erfurt[2]).

Auf diese Glückwunschadresse wurde der frühere Reichstagsabgeordnete Dr.
Beseler durch nachstehende Antwort erfreut:

Berlin, den 20. April 1885.

Ew. Hochwohlgeboren und Ihren Herrn Genossen aus der Zeit des Frankfurter Parlaments danke ich verbindlichst für Ihre freundlichen Glückwünsche zu
meinem Geburtstage.

Ihre wohlwollenden Worte der Anerkennung meiner politischen Thätigkeit
sind für mich von um so größerer Bedeutung, als sie aus dem Munde von
Männern kommen, welche von Anbeginn unsres parlamentarischen Lebens mit
stets gleicher Hingebung für die Einigung unsres Vaterlandes eingetreten sind.

v. Bismarck.

Mitte April 1885 hielt der Abgeordnete Graf Herbert Bismarck[3]) in Ratzeburg vor seinen Wählern seine Jungfernrede. Dabei zeigte er sich als getreuen
Interpreten der wiederholt von seinem großen Vater öffentlich dargelegten Anschauungen. Graf Herbert beleuchtete den allgemeinen Finanzzustand, die Notwendigkeit der Bewilligung höherer Einnahmen und die Zweckmäßigkeit der Ein-

---

[1]) Biedermann schrieb zum Jubiläum einen biographischen Aufsatz über Bismarck in
der Zeitschrift „Nord und Süd" (anonym).

[2]) Namhaftmachung derjenigen Persönlichkeiten, welche als frühere Mitglieder des Frankfurter Parlaments die Adresse an den Reichskanzler nicht unterschrieben haben, in der „Vossischen Zeitung" vom 10. April 1885, Nr. 166, Beilage.

[3]) Vergl. S. 145.

führung des Branntweinmonopols.   Daß auch er gleich wie sein Vater auf die
Liberalen schlecht zu sprechen war, verwunderte nicht, und ebensowenig, daß er
denselben den oft gehörten Vorwurf der Obstruktionspolitik machte.   Die Zuhörer
fanden, daß der Graf selbst in der Redeweise seinem Vater ähnlich sei[1]). —

Am 29. April und 6. Mai 1885 sprach Fürst Bismarck mit dem Abgeordneten
von Helldorff über die Börsensteuer und den Schluß des Reichstags[2]).

Auch über den Verlauf dieser Session liegt mir eine Anzahl Berichte des
Reichstagsabgeordneten Dr. Hartmann[3]) (Plauen) vor, denen ich nachfolgende
Stellen entnehme.

Berlin, den 21. November 1884.

An den Eröffnungsfeierlichkeiten am 20. November 1884 nahm Fürst Bismarck teil.   Bei Sr. Majestät dem Kaiser traten die Anzeichen des Alters und
der dadurch bedingten körperlichen Schwäche viel stärker hervor, als gegenüber
den stereotypen Versicherungen der Tagespresse von Spannkraft, Frische und dergl
anzunehmen gewesen wäre.   Die Thronrede war mit großen, mehrere Centimeter
hohen und entsprechend starken Buchstaben gedruckt, die beim Umwenden auch
für den ziemlich entfernt Stehenden sichtbar wurden.   Gleichwohl vermochte der
Kaiser nur stockend zu lesen.   Mehrmals verblätterte er sich beim Umwenden,
wodurch jedesmal ein peinlicher Aufenthalt veranlaßt wurde.   Über das Wort
Skierniewice — Ort der Zusammenkunft mit den Kaisern von Österreich und Rußland — kam er nur mit Mühe hinweg.

Als er nach Verlesung der Thronrede vom Thron herabgestiegen und von dem
Teppich auf das unbedeckte Parkett gelangt war, kam er ins Schwanken, und es
hatte einige Sekunden lang den Anschein, daß er stürzen würde.   Der Kronprinz
rechts und Fürst Bismarck links näherten sich in möglichst unauffälliger Weise
— augenscheinlich, um ihn äußersten Falles zu stützen.   Doch wären sie wohl
zu spät gekommen, wenn nicht der Kaiser selbst noch die Kraft gefunden hätte,
die Hacken zusammen zu schlagen und sich wieder aufzurichten.   Daß ihm dies
Genugthuung bereitete, konnte man ihm deutlich vom Gesicht ablesen.   Aber
peinliche Augenblicke waren es, und ich sagte unwillkürlich zu meiner Umgebung:
„Das war das letzte Mal, daß Wilhelm der Siegreiche einen deutschen Reichstag eröffnet hat." — So ist es geworden.   Der kaiserliche Herr hat noch eine Reichstagseröffnung erlebt, die von 1887, und er würde damals gewiß mit besonderer
Freude den Anstrengungen der Eröffnungsfeierlichkeit sich unterzogen haben; aber
er vermochte es nicht mehr.

---

[1]) Vergl. die „Allgemeine Lauenburgische Landeszeitung" Nr. 87 vom 15. April 1885.

[2]) In einem am Schlusse der I. Session für die Mitglieder seiner Partei geschriebenen Aufsatze
bemerkte Helldorff, nachdem er die Erfolge des Kanzlers auf dem Gebiete der Kolonial-, Sozial-
und Zollpolitik beleuchtet hatte: In wachsender Erkenntnis dieser Beziehungen sieht die Mehrheit
der Nation in Bismarck auch auf diesen genialen Vorkämpfer des nationalen Ge-
dankens und wendet sich mehr und mehr einer praktischen politischen Auffassung zu, — welche
die hergebrachten Parteidoktrinen und Parteischablonen zu durchbrechen droht.

[3]) Vergl. S. 126.

Berlin den 12. Dezember 1884.

Einen peinlichen Verlauf nahm die Debatte über einen Posten von 2700 M. jährlich, welcher zur Aufbesserung der Gehälter von drei Subalternbeamten der Reichskanzlei gefordert wurde. Der Reihe nach traten der Chef der Reichskanzlei, Geheimer Oberregierungsrat Rottenburg, ferner der Abgeordnete Graf Herbert Bismarck, Sohn des Reichskanzlers, endlich dieser selbst für die Vorlage ein. Sie alle vermochten die sogenannten Deutschfreisinnigen und das Centrum nicht von der Notwendigkeit der Ausgabe zu überzeugen. Die Sache wurde an die Budgetkommission zur Vorberatung verwiesen, gegen die Stimmen der Konservativen. In der Budgetkommission ist aber die Sache sehr glatt und schnell abgegangen. Die Forderung wurde bewilligt, gegen die alleinigen Stimmen des Centrums — ein Beweis dafür, daß mit der Opposition nichts weiter beabsichtigt war, als den Fürsten Bismarck zu kränken. Er hat es auch so aufgefaßt, beim Verlassen des Sitzungssaales soll er geäußert haben: „Man muß sich vor dem Ausland schämen!"

Der Gedanke an das Ausland lag sehr nahe, da gerade jetzt die Konferenz zur Regelung der afrikanischen Angelegenheiten in Berlin tagt. Aus der ganzen civilisierten Welt sind auf die Einladung des Kaisers hin die Diplomaten hierher geeilt, um unter dem Vorsitz des Fürsten Bismarck über die Geschicke eines Erdteils zu beschließen; sie folgen — freudig oder widerwillig, gleichviel — der überlegenen Leitung des genialen Mannes, und zur selbigen Zeit versagt ihm das Parlament 2700 M., obgleich er die Ausgabe für unerläßlich erklärt und mit seiner zweifellos höchsten Sachkunde dafür eintritt! Übrigens hielt bei dieser Gelegenheit Graf Herbert Bismarck seine Jungfernrede, und aus diesem Anlaß wohnte die ganze Familie des Reichskanzlers in einer der Logen der Verhandlung bei.

Unter den wichtigeren Gegenständen, welche uns in der letzten Zeit beschäftigten, nenne ich eine alte Bekannte, die Vorlage wegen der Postdampfersubventionen. Das Bild war ungefähr das nämliche, wie im vergangenen Monat Juni: die Konservativen und die Nationalliberalen entschieden eintretend für die nationalen und praktischen Ziele der Vorlage, das Centrum kühl und unentschieden, die „Deutschfreisinnigen" und die Sozialdemokraten mehr oder weniger feindselig. Die Vorlage wurde an eine Kommission verwiesen. Daß diese den Centrumsmann Grafen Ballestrem zum Vorsitzenden und den „deutschfreisinnigen" Abgeordneten Bamberger, den erklärten und entschiedenen Gegner der Vorlage, zum stellvertretenden Vorsitzenden wählte, scheint nicht gerade geeignet, bei den Freunden der Vorlage Hoffnungen zu erwecken. Indessen wird man doch das Ende mit verhältnismäßiger Seelenruhe abwarten können. Mir ist es ganz unwahrscheinlich, daß bei der entscheidenden Abstimmung eine Mehrheit sich zusammenfindet, welche es wagen sollte, entgegen dem erklärten einmütigen Willen der Nation die Vorlage abzulehnen. Die Kommission hat inzwischen mehrere Sitzungen abgehalten und ich habe denselben größtenteils beigewohnt. Bamberger und Genossen nörgelten immer und verlangten Rentabilitätsberechnungen, aber die Regierungskommissare, die Abgeordneten Meier (Handelsherr in Bremen), Woermann von Hamburg, Gerlich (konservativ), Hammacher (nationalliberal) u. s. w. verteidigten die Vorlage in überzeugendster Weise. Interessant war es, aus dem Munde des Abgeordneten Bebel zu vernehmen, daß er zwar entschiedener Gegner der Dampfersubvention sei, aber damit in seiner, der sozialdemokratischen Fraktion, sich in der Minorität befinde; die Majorität seiner Fraktionsgenossen werde für die Vorlage stimmen.

Der enge Zusammenhang des Gesetzentwurfes über die Postdampfer-subventionen mit der neuerdings seitens des Reiches mit Thatkraft und Umsicht eingeschlagenen Kolonialpolitik liegt klar zu Tage. Das stolze Wort „Unter dem Schutz des Reiches!" klang vor wenig Monaten zum erstenmal in zwei Jahr-tausenden deutscher Geschichte hinaus über das Weltmeer — die Nationen, vor allem das seegewaltige England, haben das Wort vernommen und geachtet — Deutschlands Banner wehen auf afrikanischer Erde! Wer das vor 25 Jahren auch nur zu hoffen gewagt hätte, wäre für verrückt erklärt worden. Nun gilt es, das, was durch Gottes Gnade und die Weisheit der Staatsleitung im Reiche so hoffnungsreich begonnen ist, zur Ehre und zum Wohl des deutschen Volkes hinauszuführen. Die Postdampfersubvention ist ein Glied in der Kette der hierauf abzielenden Maßregeln. Weiteres wird und muß folgen. Mit Gottes Hilfe wird der Segen bald sichtbar, werden vor allem unsre Industrie und unser Handel die Früchte einheimsen können! Das Wort Bebel's, der Arbeiter werde nichts davon haben, ist ganz und gar thöricht. Vermehrte Arbeitsgelegenheit und in der weiteren Entwickelung auch höhere Löhne können gar nicht ausbleiben, wenn unsrer Industrie neue und gesicherte Absatzgebiete von unabsehbarer Aus-dehnung gewonnen werden.

In der vorigen Woche wurde viel Staub aufgewirbelt durch den Antrag des Centrumführers Dr. Windthorst auf Aufhebung des Expatriirungsgesetzes. Der Antrag ist bereits zweimal vom Reichstag mit großer Mehrheit angenommen, und ebenso oft vom Bundesrat abgelehnt worden, zuletzt erst vor einigen Wochen. Gleichwohl brachte Windthorst den Antrag gleich nach dem Zusammentritt des Reichs-tags wieder ein, offenbar ohne alle Hoffnung auf Annahme seitens des Bundes-rats und nur zum Zweck der Demonstration. Früher hatte der Bundesrat im Reichstag zu dem Antrag geschwiegen. Jetzt trat kein Geringerer gegen ihn auf als Fürst Bismarck, und zwar mit vollster Entschiedenheit. Er fand in dem Antrag die Absicht, den verbündeten Regierungen die Mißachtung des Reichstags auszudrücken, und ihr Ansehen zu beeinträchtigen, erklärte das Gesetz für unent-behrlich gegenüber den Umtrieben der Polen und bat um Ablehnung des Antrages. Das Redeturnier zwischen ihm und Windthorst war höchst interessant. Letzterer sprach von Tyrannen, welche den Völkern die Religion nehmen und sie dadurch zum Aufruhr treiben, vom Interdikt und andern dergl. Dingen, während die Ausführungen des Reichskanzlers in dem alten Kampfruf gipfelten: „Hie Kaiser, hie Papst"! Unter solchen Umständen entschloß ich mich, diesmal gegen den Antrag zu stimmen, obschon ich das vorige Mal mit ja votiert hatte. Die

Situation war eben jetzt eine andre und ich spüre durchaus keinen Beruf in mir, eine bloße Schachfigur in der Hand des klugen Parlamentstaktikers Windthorst zu sein. Der größere Teil der Deutschkonservativen, die Freikonservativen (deutsche Reichspartei) und die Nationalliberalen stimmten mit nein, wir brachten aber nur 93 Stimmen zusammen. Das Centrum, die sogenannten Deutsch= freisinnigen, die Polen, die Welfen, die Elsaß=Lothringer, die Sozialdemokraten, kurz alle übrigen stimmten mit ja, und so erlangte der Antrag 217 Stimmen. Er ist im Reichstag angenommen, wird aber vom Bundesrat selbstverständlich zum drittenmal abgelehnt werden. Wie lange wird es dauern, bis er wieder kommt? Dann stimme ich vielleicht mit ja, vielleicht abermals mit nein, je nach der Gesamtlage der Dinge, wie sie sich da gerade darstellen wird. Wenn andre Leute mit derartigen Dingen Schach spielen, thue ich es auch.

Berlin, den 16. Januar 1885.

Die Eröffnung unsrer Verhandlungen am 8. I. M. stand, wie das Ende im Dezember des vergangenen Jahres, im Zeichen der Kolonialpolitik. Schon am ersten Tage beschäftigte man sich mit ihr aus Anlaß verschiedener Wünsche und Beschwerden betreffs des Auswanderungswesens. Den Höhepunkt aber er= reichte die Verhandlung infolge einer sehr deplacierten Bemerkung des deutsch= freisinnigen Abgeordneten Dirichlet, welcher die Kühnheit besaß, unsre starke Aus= wanderung mit dem üblen Einfluß zu erklären, welcher nach Ansicht dieses un= belehrbaren Manchestermannes die gegenwärtige Wirtschaftspolitik des Reichs auf den Wohlstand unsres Volkes ausübt. Nun, die Thatsachen vor und nach 1879 reden laut und unzweideutig genug: vorher sichtliche, erschreckenden Umfang an= nehmende Verarmung, seitdem zahlreiche und unbestreitbare Anzeichen wachsenden Nationalwohlstandes an allen Ecken und Enden — die alleinige Landwirtschaft ausgenommen. So hatte Fürst Bismarck leichtes Spiel mit seinen freihändlerischen Gegnern aus den Reihen der sogenannten Deutschfreisinnigen. Dabei konnte er nicht umhin, die Notlage unsrer Landwirtschaft zu schildern und ihre Hilfe durch eine angemessene Erhöhung der Zölle auf verschiedene landwirtschaftliche Erzeug= nisse in Aussicht zu stellen. Diese Ankündigung wurde von dem Abgeordneten Eugen Richter mit lautem Triumphgeschrei aufgenommen. Der Führer der so= genannten Deutschfreisinnigen hofft, die Parole von der Verteuerung des Brotes im nächsten Wahlkampf ausbeuten und damit die Scharte auswetzen zu können, welche der famose 15. Dezember den sogenannten Deutschfreisinnigen eingebracht hat [1].

Fürst Bismarck legte nochmals die unabweisbare Notwendigkeit dar, der Landwirtschaft zu helfen, und schloß mit den Worten: „Wenn der Herr Ab= geordnete Richter dem widerspricht, so versteht er nicht sein Land und seine Zeit!" — Wer Ohren hat zu hören, der höre!

Am 9. Januar beschäftigten wir uns hauptsächlich mit einem Etatsposten von 150000 M., Jahresbeitrag an die Afrikanische Gesellschaft, behufs Er=

[1] Vergl. S. 148.

forschung des „dunklen Kontinents". In den früheren Jahren schon ist zu gleichen Zwecken der Betrag von 100000 M. bewilligt worden. Jetzt fordert die Regierung 50 000 M. mehr, weil unser Interesse an der Erforschung Innerafrikas außerordentlich gestiegen ist, seit wir aktive Kolonialpolitik treiben und in dem Forschungsreisenden den Pionier unsrer Kolonialbestrebungen zu erblicken haben. Um diese 50000 M. mehr entbrannte ein hitziger Streit. Das Centrum und die sogenannten Deutschfreisinnigen vermochten nicht zu verstehen, warum wir jetzt auf einmal 50000 M. mehr für diese Zwecke ausgeben wollen. Die ganze Beredsamkeit des Fürsten Bismarck vermochte sie nicht zu überzeugen. Sie verlangten Zurückverweisung an die Kommission und beharrten dabei, obschon ihnen der Reichskanzler versicherte, daß er uns alles gesagt habe, was er mitteilen könne und dürfe, und daß in der Kommission keinerlei weitere Aufklärung zu erwarten sei. Sie setzten ihren Willen durch in namentlicher Abstimmung mit 135 gegen 128 Stimmen. Die Minorität bestand aus den Konservativen und den Nationalliberalen, sowie vereinzelten Mitgliedern andrer Parteien. Inzwischen sind in der Kommission die Würfel gefallen. Sie hat mit allen gegen eine Stimme die Forderung bewilligt, und das, ohne weitere Aufklärung von seiten der verbündeten Regierungen erhalten zu haben. Genau so, wie bei den 2700 M. für die Unterbeamten des Auswärtigen Amtes! Kann man eine solche Opposition als eine sachliche anerkennen?

Nach der erwähnten Abstimmung that ein Abgeordneter aus der sogenannten deutschfreisinnigen Fraktion, mit welchem ich privatim in freundlichem Verkehr stehe, zu mir die Äußerung: „Sie sehen, was der Adressensturm genützt hat!" Ich antwortete: „Es stehen uns unendlich wichtigere Dinge bevor und wir wollen abwarten, ob Sie es wagen werden, da dem ausgesprochenen, unzweideutigen Willen der Nation zu trotzen; dann werden wir weiter mit einander reden."

Welcher von beiden Standpunkten der richtige war, das ergab sich bereits am folgenden Tage. Da gelangte der Gesetzentwurf zur Beratung, durch welchen 180000 M. zum Bau zweier Dampfschiffe für den dienstlichen Gebrauch unsres Gouverneurs in Kamerun an der Westküste von Afrika gefordert werden. Der Gouverneur, oder richtiger das Gehalt für denselben ist noch nicht bewilligt, das kommt später daran, die Vorlage wegen der Schiffe ist viel dringlicher, weil diese erst gebaut werden müssen und dazu eine Zeit von ungefähr sechs Monaten nötig ist. Es handelte sich darum, die allererste Geldbewilligung auszusprechen, welche mit unsrer Kolonialpolitik in direktem Zusammenhang steht, und es war für jedermann von vornherein klar: wer die Anschaffung der Schiffe für den Gouverneur in Kamerun gutheißt, der billigt auch die Anstellung des Gouverneurs selbst, der billigt es, daß das Kamerungebiet unter den Schutz von Kaiser und Reich genommen ist, der billigt die ganze Kolonialpolitik, wie sie bis jetzt sich entwickelt hat. Und siehe da, die Vorlage ging mit Pauken und Trompeten durch. Windthorst wollte auch hier, treu seiner bisherigen Haltung, Kommissionsberatung und damit Aufschub der Entscheidung, aber die sogenannten Deutschfreisinnigen ließen ihn im Stich. That da der „Adressenschwindel", wie die so-

genannten Deutschfreisinnigen die imposanten Kundgebungen des deutschen Volkes
für die nationale Politik unsres großen Kanzlers zu nennen pflegen, seine Wirkung?
Genug, Eugen Richter erklärte, für ihn und seine Gesinnungsgenossen sei die
Sache klar genug, die Vorlage bewege sich in dem Rahmen derjenigen Kolonialpolitik, welche von ihnen gebilligt werde, und deshalb erscheine ihnen eine
Kommissionsberatung überflüssig. Nun blieb dem Centrumsführer Dr. Windthorst
nichts übrig, als sein Verlangen nach Kommissionsberatung aufzugeben. Man
trat sofort in die zweite Lesung ein und in dieser wurde die Vorlage ohne weitere
Debatte mit erdrückender Mehrheit angenommen. Soviel ich sehen konnte, hat
höchstens eine Handel Leute dagegen gestimmt: einige Centrumsmänner, einige
Polen, der „deutschfreisinnige" Dr. Bamberger und wohl auch einige Sozialdemokraten. Das war der 10. Januar 1885, ein Merkstein in der deutschen
Geschichte! —

Die Debatte bewegte sich auf der Höhe der Situation und es wäre wohl
der Mühe wert, auf die Einzelheiten, insbesondere auf die großartigen und weit-
sichtigen Darlegungen Bismarck's über die deutsche Politik auf dem Kontinent
und jenseits der Meere des weiteren einzugehen. Ein eigentümliches Zusammen-
treffen war es, daß am Morgen dieses Tages die Nachricht von den Kämpfen
hier eintraf, welche unsre Marinetruppen im Dezember mit den Eingeborenen
von Kamerun gehabt haben. Der Aufstand ist niedergeschlagen worden, aber
nicht ohne blutige Opfer auf unsrer Seite. Anzettelungen dort wohnhafter Engländer werden vermutet. Da hätten wir nun die erste jener überseeischen Verwickelungen, welche im vergangenen Sommer dem Abgeordneten Dr. Bamberger
so tiefes Grauen einflößten. Er hätte nun rufen können, daß er recht behalten;
aber er schwieg, gewiß mit gutem Grunde. Die Stimmung war so, daß man
sich lebhaft an jenes geflügelte Wort Bismarck's erinnert fühlte: „Der Appell an
die Furcht findet keinen Widerhall in deutschen Herzen!" Wer des Vorzuges
teilhaftig ist, von deutschen Eltern gezeugt zu sein, der weiß, daß jenes Wort
wahr ist. Nun deutsches Blut jenseits des Weltmeeres geflossen, giebt es erst
recht kein Zurückweichen auf der Bahn, welche das Reich mit ebensoviel Entschlossenheit als Umsicht betreten hat.

Berlin, den 30. Januar 1885.

Endlich hat der Reichstag die Forderung von 150000 Mark, Beitrag an
die Afrikanische Gesellschaft zur Erforschung von Innerafrika, doch noch mit
großer Mehrheit bewilligt. Nur das Centrum und vereinzelte „Freisinnige"
stimmten dagegen. Bei dieser Gelegenheit und sonst wiederholt kam die Rede
auf den Adressensturm aus Anlaß der Abstimmung vom 15. Dezember v. J.
Offenbar hat jene großartige Erklärung des Volkswillens die Majorität des
15. Dezember, das Centrum und die sogenannten Deutschfreisinnigen, auf das
empfindlichste getroffen. Sie wetteiferten daher im Zorn über den „Adressenschwindel", sprachen von „bestellter Arbeit" und verhöhnten die Deutschen im
Auslande, welche oft genug aus unlauteren Gründen das Vaterland verlassen

hätten und nun mit reden wollten, ohne etwas zu bezahlen. Es erschien ihnen als unerhörte Dreistigkeit, daß das deutsche Volk eine andre Meinung zu haben und auszusprechen wagt, als seine, von ihm selbst gewählten Vertreter; Windthorst bezeichnete ein solches Beginnen geradezu und wörtlich als revolutionär; kurz, die Lehre vom beschränkten Unterthanenverstand feierte ihre Auferstehung, nur diesmal ins Parlamentarische übersetzt. Daß die Herren unrecht hatten, ist ganz zweifellos.

Berlin, den 6. März 1885.

Am vergangenen Montag trat der Reichstag wieder zusammen. Die Woche fing gut an. An der Spitze der Tagesordnung stand die zweite Lesung über die Forderung der Regierungen für die Gehälter von neuen Beamten in unsern afrikanischen Schutzgebieten, d. h. in Kamerun, Togo und Angra Pequena, sowie für die nötigsten Bauten in denselben. Die Forderung belief sich auf im ganzen 248 000 Mark für das Etatsjahr 1885/86. Aber die Bedeutung der Sache liegt nicht in der verhältnismäßig geringen Summe, sondern darin, daß die Verwilligung oder die Versagung derselben eine folgenschwere Entscheidung des Reichstags für oder gegen die Kolonialpolitik des Reiches enthalten mußte, vor Deutschland, vor dem futterneidischen England, vor aller Welt. Der Reichstag zeigte sich, mit großer Genugthuung darf ich das sagen, des großen Momentes würdig. Von den Abgeordneten deutscher Nationalität gewannen nur die Sozialdemokraten, einige wenige Mitglieder des Centrums und der „deutschfreisinnige" Dr. Bamberger es über sich, gegen die Forderung zu stimmen; mit ihnen gingen die Polen, getreu ihrem Prinzip, in allen Fragen von nationalem Beigeschmack sich als Fremdlinge im Reiche deutscher Nation zu gebärden. Alle übrigen stimmten zu. Nach allem, was seit Jahr und Tag vorgekommen ist, mußte es dem Patrioten zur größten Freude gereichen, aus dem Munde des Abgeordneten von Stauffenberg für die sogenannten Deutschfreisinnigen und des Abgeordneten Dr. Windthorst für das Centrum die feierliche Versicherung zu hören, daß unser ganzer Parteihader nur häuslicher Zwist unter Brüdern ist und daß wir alle einig sind, sobald das Ausland es wagt, die Ehre und die Sicherheit des Vaterlandes zu bedrohen. Es war nicht überflüssig, dies auszusprechen, schon in Anbetracht der sehr unfreundlichen Haltung, welche neuerdings von England Deutschland gegenüber eingenommen worden ist. Näheres erfuhren wir aus dem Munde des Fürsten Bismarck. Er hielt eine hochbedeutsame Rede, welche an Deutlichkeit nichts zu wünschen übrig ließ und zweifelsohne jenseits des Kanals verstanden werden wird. Insoweit das Verständnis unsrer englischen Vettern noch der Nachhilfe bedürfen sollte, hat der Reichskanzler hierfür gesorgt, indem er unmittelbar nach dieser Reichstagsverhandlung seinen Sohn, den Grafen Herbert Bismarck, gen London entsendet hat.

Der Gesamteindruck bleibt ungeschmälert, daß die überseeische Politik des Reichskanzlers in der Volksvertretung Erfolge errungen hat, wie sie noch vor wenig Monaten von der Opposition für unmöglich gehalten worden sind.

20. März 1885.

Vier volle Sitzungen und einen Teil einer fünften Sitzung nahm die zweite Lesung der Postdampfervorlage in Anspruch. Es handelt sich dabei um die Gewährung von Subventionen aus Reichsmitteln für die Einrichtung und Erhaltung von deutschen Schnelldampferlinien nach Ostasien, nach Australien und nach Afrika. Fürst Bismarck führte uns auf die Höhen der auswärtigen, insbesondere der überseeischen Politik, und auch dem blödesten Auge mußte es klar werden, welch' einen weitblickenden und thatkräftigen Staatsmann, welch' einen warmfühlenden Patrioten wir an ihm besitzen. Ergreifend war die Scene, als er, am Freitag, die Auferstehung von Kaiser und Reich als den deutschen Völkerfrühling pries und mit tiefem Schmerz die Gefahren schilderte, welche dem herrlichen Werk der deutschen Einheit durch den Zwist der Parteien drohen. Er redete, als wenn eine Inspiration über ihn gekommen sei — die Sprache, sonst zögernd und stockend, floß leicht dahin, die Stimme tönte gewaltig durch den weiten Raum, sein Antlitz rötete sich, die Augen wurden feucht. Vielleicht noch niemals in seinem ganzen öffentlichen Leben hat Fürst Bismarck Herzen und Sinne der Hörer so gefangen genommen, wie an jenem Tage. Brausender, nicht enden wollender Zuruf folgte, nicht allein von zahlreichen Mitgliedern des Reichstags, nein, auch von den Zuhörern auf den dicht gefüllten Tribünen, aus der Hofloge, wo Prinz und Prinzessin Wilhelm Platz genommen hatten — das war nicht bloß der Beifall, welcher einer gelungenen Rede zu folgen pflegt, das war der Jubelruf eines dankbaren Volkes, in welchen der zukünftige Träger der Kaiserkrone freudig und herzhaft einstimmte. Ähnliches hat der Reichstag zuvor vielleicht nur ein Mal erlebt, an jenem Julitag des Jahres 1870, als die Kriegserklärung Frankreichs verlesen wurde.

Am 2. Juni 1885 richtete der Reichstagsabgeordnete Graf B. Bernstorff-Gartow[1] das folgende Schreiben an den Bundesrat, z. H. des Reichskanzlers Fürsten von Bismarck:

Die königlich preußische Regierung hat den am 21. Mai beim Bundesrate eingereichten Antrag, worin die deutschen Regierungen auszusprechen aufgefordert werden: daß die Regierung des Herzogs von Cumberland in Braunschweig mit dem inneren Frieden und der Sicherheit des Reichs nicht verträglich sei, zum größten Teil auf eine Beurteilung des Verhaltens der hannoverschen Bevölkerung, insbesondere der Welfenpartei gestützt, welche unter Hinweisung auf die notorischen Thatsachen als irrig zurückzuweisen, mir, der ich seit Jahren mit der Führung dieser Partei im Wahldirektorio und mit ihrer Vertretung beim Reichstage beehrt bin, unabweisliche Pflicht erscheint. In dem Antrage der preußischen Regierung wird behauptet: Die Haltung der

---

[1] Graf Bernstorff, Bechtold; Majoratsherr zu Gartow, Poststation Gartow, Eisenbahnstation Lenzen a. d. Elbe. Wahlkreis: 15. Hannover (Lüchow-Ülzen). — Centrum. — Geboren am 25. Oktober 1803 in Berlin; lutherisch. Erhielt Privatunterricht, besuchte von 1824 die Universität in Berlin, 1826—27 Göttingen; nachher ständischer Landrat in Hannover, dann bis 1866 Geheimer Rat und Virilstimme der Hannov. I. Kammer, seit 1876 Mitglied des Reichstags.

Anhänger des Herzogs vom Cumberland im hannoverschen Lande bis in die Gegenwart sei von der Art, daß selbst ein persönlicher Verzicht des Herzogs von Cumberland auf die von ihm erhobenen Ansprüche an Hannover der königlichen Regierung keine Bürgschaft für das Aufhören der auf Losreißung Hannovers von Preußen gerichteten Bestrebungen der Welfenpartei gewähren würde, ferner: Der bei diesen Bestrebungen gemachte Vorbehalt, daß die Abtrennung des Königreichs Hannover von Preußen auf gesetzlichem Wege herbeigeführt werden solle, sei bedeutungslos, da der gesetzliche Weg durch die gegebenen Verhältnisse naturgemäß ausgeschlossen und nur der gewaltsame möglich sei, ferner: Der Herzog von Cumberland würde sich auch als Herzog von Braunschweig den Einflüssen der Partei, an deren Spitze Se. königliche Hoheit bisher steht, und deren vornehmste Leiter als seine Mandatare für seine Interessen thätig seien, nicht entziehen können, ferner: In Braunschweig würde sich unter der staatlichen Autorität eines der Teilhaber an der souverainen Bundesgewalt ein Stützpunkt für verfassungswidrige Bestrebungen bilden, ferner: Der Herzog von Cumberland würde in seiner benachbarten Residenz nicht im stande sein, Verbindungen und Zumutungen abzuwehren, welche den inneren Frieden des Reichs in Frage stellen, endlich): Unter diesen Umständen würde die Regierung des Herzogs von Cumberland in Braunschweig politisch unzulässig sein, weil die innere Sicherheit des Reichs dadurch gefährdet würde. Alle diese Anschuldigungen entbehren jedes thatsächlichen Grundes. Die Welfenpartei, worin die große Mehrheit des hannoverschen Volkes aller Stände ihre politische Organisation für die parlamentarischen Wahlen findet, hat keine verfassungswidrigen Bestrebungen. Sie gefährdet nicht die Sicherheit des Reichs. Sie ist gar nicht in der Lage, den inneren Frieden in Frage stellen zu können. Die Welfenpartei übt keinen Einfluß auf den Herzog von Cumberland. Der Herzog steht nicht an der Spitze einer Partei. Die Welfenpartei hält sich auf das sorgfältigste im gesetzlichen Wege. Sie hat keine Vorbehalte gemacht und bedarf deren nicht. Der gewaltsame Weg ist für sie ausgeschlossen, er ist naturgemäß, nach den gegebenen Verhältnissen, nach ihren Prinzipien, in ihrem Interesse und nach dem wohlbekannten Charakter des hannoverschen Volkes unmöglich.

Mit dieser Erklärung habe ich nur der Annahme begegnen wollen, als ob durch ein Schweigen unserseits die Behauptungen rechtswidriger Bestrebungen irgendwie und auch nur in einem kleinsten Punkte zugestanden würden.

Für jetzt: Brunnen in der Schweiz, den 2. Juni 1885.

Graf B. Bernstorff-Gartow,
Reichstagsabgeordneter.

Darauf erging d. d. Kissingen, 6. Juni 1885, folgendes Antwortschreiben des Reichskanzlers:

Ew. Hochgeboren Schreiben an den Bundesrat vom 2. d. M. habe ich zu erhalten die Ehre gehabt, und zweifle nicht an der Aufrichtigkeit Ihrer eigenen Überzeugung bezüglich der zukünftigen Haltung der Welfenpartei. Dagegen teile ich die Auffassung nicht, daß die Führung und die Zwecke der Partei von Ew. Hochgeboren abhängig und Sie Ihrerseits in der Lage sind, authentische Zusicherungen über die Mittel zu geben, mit welchen die Partei ihre Bestrebungen zu verwirklichen beabsichtigt. Aber auch wenn ich glaubte, daß die Leitung der Partei in Ew. Hochgeboren Händen läge, so würde ich mich doch nicht für berufen halten, in eine amtliche Beantwortung Ihrer Eingabe einzutreten.

Ich beschränke mich deshalb auf die private Mitteilung, daß ich Ew. Hochgeboren Schreiben, wie jede an den Bundesrat gerichtete Eingabe, ohne derselben eine Beziehung zu der braunschweigischen Frage beizulegen, zur Kenntnis des Bundesrats bringen werde.

Genehmigen Ew. Hochgeboren den Ausdruck meiner besonderen Hochachtung.   **von Bismarck.**

X. Abschnitt.
Die zweite Session der VI. Legislatur-Periode des Reichstags.
(19. November 1885—26. Juni 1886.)

In der zweiten Session der VI. Legislatur-Periode war der Abgeordnete von Helldorff bei den Verhandlungen über Gestaltung der sozialpolitischen Gesetze lebhaft beteiligt; ebenso hat derselbe, obgleich nicht Mitglied des preußischen Landtags, für das Zustandekommen der kirchenpolitischen Gesetze in demselben gewirkt, was durch viele Beziehungen zu Freunden möglich wurde.

Helldorff's Auffassung der politischen Fragen erhellt aus einem von demselben im Mai 1886 geschriebenen Artikel des „Wahlvereins der deutschen Konservativen". Dieser Artikel verdient um deswillen erhöhte Beachtung, weil die darin erörterten politischen Fragen von dem Verfasser vielfach mit Bismarck durchgesprochen worden waren.

13. Januar 1886. Der Abgeordnete von Helldorff morgens beim Kanzler. Das Gespräch wurde durch Fürst Dolgorouky's Besuch unterbrochen.

Am 6. Februar 1886 richtete der Reichstagsabgeordnete Graf Herbert Bismarck an das Mitglied des Vereins der Gastwirte, Herrn Stapelfeld-Ratzeburg, ein Schreiben, worin er das Monopol als die erträglichste Form bezeichnete, um den Branntwein zur Besteuerung heranzuziehen. Im Falle der Ablehnung des Branntweinmonopols werde die preußische Regierung nicht darauf verzichten können, die für sie nötigen Geldmittel durch eine andre, im preußischen Landtage zu beantragende Form der Besteuerung der Genußmittel, und namentlich der Getränke, zu beschaffen. Der Weg, welcher dann voraussichtlich betreten werden dürfte, sei der der Erhöhung der Gewerbesteuer für den Ausschank geistiger Getränke bis zur Höhe des Bedarfs. Diese Höhe würde eine so bedeutende sein müssen, daß der Verkehr mit Branntwein mit ähnlichen strengen Kontrollen und hohen Strafen umgeben werden würde, wie dies in den meisten andern Ländern, wie England, Frankreich, Amerika, bereits der Fall ist. Diese Maßregeln werden eine Verminderung des Verbrauchs zur Folge haben, weil sie den Preis der davon betroffenen Genußmittel in sehr viel höherem Maße verteuern werden, als es durch das Monopol geschehen würde; dann aber auch werden sie die Folge haben, daß das Gewerbe der Gastwirtschaft größere Mittel und größere Anstrengungen unter schärferer Kontrole der Steuerbehörde erforderlich machen wird. Sollte sich die Zahl der Schankwirte dadurch vermindern, so würden die Übrigbleibenden notwendig denselben Gesamtsteuerbetrag aufbringen müssen, welchen der Staat von dem Gesamtverbrauch geistiger Getränke beansprucht: erst dann wird die volle Last der Steuer die Gewerbegruppe treffen, welche, wie die gedruckte Petition vom 29. v. M. sich ausdrückt, den Stand der Gast- und Schankwirte bildet. Ich halte nach diesen Erwägungen für die Herren Gastwirte von Ratzeburg das Branntweinmonopol immer noch für die erträglichere Form, um den Verbrauch geistiger Getränke in der für die Reichsfinanzen unentbehrlichen Höhe zur Beisteuer heranzuziehen; wenn ich auch nicht bestreiten kann, daß jedes Monopol und jede Steuer an sich eine unerwünschte, aber leider unvermeidliche Zugabe zu den Vorteilen eines geordneten Staatswesens bildet. Ich glaube deshalb das Interesse nicht nur des Reichs, sondern auch speziell das der Gemeinde Ratzeburg und der Herren Gastwirte daselbst zu vertreten, wenn ich die Einführung des Branntweinmonopols befürworte, ohne gerade an jeder einzelnen Bestimmung des im Bundesrat eingebrachten Entwurfs festzuhalten.

Der Gastwirtsverein in Ratzeburg zog seine dem Reichstagsabgeordneten Grafen Herbert Bismarck gegen das Branntweinmonopol überreichte Petition zurück und sprach die Bitte aus, die Einführung desselben im Reichstage befürwortend vertreten zu wollen. Auf die betr. Zuschrift ging an den Vorsitzenden des Gastwirtsvereins folgende Antwort ein:

Berlin, den 1. März 1886.

Ew. Wohlgeboren danke ich verbindlichst für die namens Ihres Vereins an mich gerichtete freundliche Zuschrift vom 21. v. M. Dieselbe hat mir zur lebhaften Befriedigung gereicht, und ich habe mich sehr gefreut, daraus zu ersehen, daß unsre beiderseitigen Standpunkte in Bezug auf die zu erstrebende finanzielle Unabhängigkeit des Reichs vollkommen harmonisch sind. Ich würde Ew. Wohlgeboren dankbar sein, wenn Sie auch Ihren Herren Kollegen meine Genugthuung über die Gemeinsamkeit unsrer Auffassung aussprechen wollen, und bitte Sie zugleich, die Versicherung meiner vollkommensten Hochachtung entgegen zu nehmen.   Graf Bismarck.

6. März 1886. Der Abgeordnete von Helldorff erwirkt, daß der Kanzler sich gegenüber dem umhergetragenen Klatsch für das Festhalten am Monopol erklärt [1]).

---

[1]) Näheres darüber s. in den Aufzeichnungen des Abgeordneten Dr. Hartmann S. 169.

Der 1. April war wieder nicht ohne die üblichen Beglückwünschungen durch die Parlamentarier verlaufen. Darauf bezieht sich das folgende Schreiben[1]):

Berlin, den 4. April 1886.

Für die freundlichen Glückwünsche, mit denen der Vorstand der national-liberalen Partei mich auch in diesem Jahre zu meinem Geburtstage beehrt hat, bitte ich die Herren meinen verbindlichsten Dank entgegenzunehmen.

von Bismarck.

10. April 1886. Dr. Miquel abends bei Bismarck.

Mit Interesse verfolgte der Kanzler in dieser Periode die Bemühungen des Abgeordneten Oechelhäuser[2]) um das Zustandekommen der Deutsch-Ostafrikanischen Gesellschaft. Die Bekanntschaft Oechelhäuser's mit Bismarck reicht bis in die Zeit seiner Eigenschaft als Bundestagsgesandter zurück. Es war im Jahre 1852, als Bismarck denselben mit andern Deputierten des Handels im Schlafrock empfing und sich in offenster Weise mit ihm unterhielt. Auf die Unglaubwürdigkeit von Prokesch-Osten[3]) fiel bei dem damaligen Gespräch mancher Seitenhieb. In den Reichstag wurde Oechelhäuser erst im Jahre 1878 gewählt, und da er sich zum Freihandel bekannt hatte, so fehlte es zunächst an Berührungspunkten mit Bismarck. Erst die Kolonialfrage hatte solche im Gefolge. Oechelhäuser begann seine Thätigkeit in derselben am 18. November 1885 auf Aufforderung des Geheimen Legationsrats Kayser unter spezieller Zustimmung des Fürsten Bismarck. Außer Oechelhäuser wurde noch Geheimrat Langen und von beiden als dritter Geheimrat Delbrück zugezogen. Es gelang denselben rasch, die bestehende Deutsch-Ostafrikanische Gesellschaft zu begründen, und zwar im Februar 1886, nachdem die frühere Kommanditgesellschaft Peters & Comp. sich aufgelöst hatte. Seit dieser Zeit war Oechelhäuser fortgesetzt in der Verwaltung der Deutsch-Ostafrikanischen Gesellschaft thätig und darf in dieser Beziehung auf die Geschäftsberichte derselben von 1888 bis 1890 verwiesen werden. —

Zur Ergänzung des von mir in „Fürst Bismarck und die Parlamentarier" Bd. I., 2. Auflage, S. 284 mitgeteilten Referats über das parlamentarische Diner bei Bismarck vom 2. März 1886 lasse ich noch folgen, was der Abgeordnete Dr.

---

[1]) In Kohl's Bismarck-Regesten nicht erwähnt. Der Adressat ist vermutlich der Abgeordnete von Benda.

[2]) Oechelhäuser, Wilhelm, Königlich preußischer Geheimer Kommerzienrat in Dessau. Wahlkreis 2: Anhalt (Bernburg). — Nationalliberal — Geboren am 26. August 1820 in Siegen, evangelisch. Bis 1848 in der Papier- und Maschinenfabrikation; dann 3 Jahre Beamter (Sekretär, später Assessor) des Reichshandelsministeriums und der Centralbundeskommission in Frankfurt a. M.; von 1852—56 Bürgermeister in Mülheim a. d. Ruhr; von 1856 ab 33 Jahre lang Generaldirektor, gegenwärtig Vorsitzender des Direktoriums der Deutschen Continental-Gasgesellschaft in Dessau. Ehrenbürger der Stadt Dessau. Wurde 1883 geadelt, verzichtete jedoch für seine Person auf die Führung des Adelstitels. Verfasser verschiedener handelspolitischer und sozialer Schriften. 1852—53 Mitglied des preußischen Abgeordnetenhauses; seit 1878 Mitglied des Reichstags.

[3]) Vergl. hierüber auch die von mir herausgegebenen Erinnerungen aus dem Leben von Hans Viktor von Unruh, S. 194.

Hartmann (Plauen)[1]) in einem Briefe vom 5. März 1886 darüber zu melden weiß:

Am vergangenen Dienstag — so schreibt derselbe — hatte ich die Ehre, an einem parlamentarischen Diner beim Reichskanzler Fürsten von Bismarck teil zu nehmen. Die Gäste, etwa dreißig an der Zahl, wurden von dem Fürsten und seiner Tochter, der Frau Gräfin Rantzau, auf das liebenswürdigste empfangen. Die Frau Fürstin war leider krank und bettlägerig. Graf Herbert Bismarck, Graf Rantzau und Geheimrat Rottenburg assistierten dem Fürsten in den Pflichten des Hausherrn. Gegessen wurde in dem bekannten Kongreßsaal. Auffällig war mir, daß die Speisekarte durch und durch in französischer Sprache abgefaßt war, sogar die Überschrift: Mardi, le 2. Mars — in dem Hause des deutschesten aller Deutschen nur erklärlich durch die Notwendigkeit, häufig Ausländer (Diplomaten und dergl.) bei sich zu sehen, welche der deutschen Sprache nicht mächtig sind. Der eigentliche Schwerpunkt dieser parlamentarischen Diners beim Fürsten Bismarck liegt bekanntlich in dem Kaffeestündchen nach Tisch. So war es diesmal auch. Man gruppierte sich im Rauchzimmer, Kaffee und Cigarren wurden gereicht, dem Fürsten selbst aber anstatt der Cigarre eine gewaltige, lange Pfeife — und nun gab es eine zwanglose Konversation über verschiedene Gegenstände. Ich war unmittelbar neben dem Fürsten, zu seiner Linken, zu sitzen gekommen, und dankte diesem Umstand ein Zwiegespräch mit ihm über sächsische Verhältnisse. Dann kam man auf die Währungsfrage, und nun traten die Bimetallisten in die Aktion. Von rechts näherte sich der Reichstagsabgeordnete von Schalscha (Centrum)[2]) und von links der konservative Landtagsabgeordnete Freiherr von Mirbach. Letzterem zu liebe rückte ich etwas in den Hintergrund, und so konnte ich das Gespräch um so genauer verfolgen. Bimetallist rechts, Bimetallist links, der Kanzler in der Mitten, eingehüllt in dicke Wolken, wie Zeus Kronion — das Bild wirkte unverkennbar erheiternd auf die ganze Gesellschaft. Der Inhalt des Gespräches ist bereits von den größeren Zeitungen berichtet worden und zwar, wie ich bezeugen muß, in zutreffender Weise. Daher beschränke ich mich auf die Bemerkung, daß mir Fürst Bismarck von der Bekehrung zum Bimetallismus noch sehr weit entfernt zu sein schien.

Bei dem Währungsgespräch mit von Schalscha und Freiherrn von Mirbach bezweifelte Fürst Bismarck insbesondere die Richtigkeit der Behauptung, daß das Gold eine geringere und schwankendere Währung bei Zwangskurs im Inland die Kaufkraft besitze, die seinem Nominalwert entspricht. Er exemplifizierte auf Rußland, wo z. B. ein Knecht in der Landwirtschaft neben freier Station 70 Rubel Jahreslohn empfange. Die Lebenshaltung dieser Leute vertrage sich nicht mit der Annahme, daß diese 70 Rubel mit ihrem Nominalwert entsprechende Kaufkraft besitzen.

Nach etwa einstündiger Unterhaltung entfernten wir uns, um eine köstliche Erinnerung reicher.

---

[1]) Vergl. oben S. 156.
[2]) Vergl. oben S. 153.

Als am 4. März und die folgenden Tage die erste Lesung des Branntweinmonopols im Reichstag stattfand, erregte eine Notiz der „Magdeburger Zeitung"
großes Aufsehen, wonach Fürst Bismarck bei dem parlamentarischen Diner am
2. desselben Monats den Nationalliberalen geraten haben sollte, „sich nicht in
diesen Schlund — des Branntweinmonopols — zu stürzen". Man erklärte sich
damit die überraschende Stellung der Nationalliberalen gegen das Monopol.
Wie mir damals von vertrauenswürdiger Seite mitgeteilt wurde, hat sich der
Führer der Konservativen, Abgeordneter von Helldorff-Bedra, zum Grafen Herbert
Bismarck begeben und um Aufklärung dieses Gerüchtes, das begreiflicherweise
in den Reihen der Konservativen Unruhe und Verwirrung hervorgerufen hatte,
gebeten[1]. Graf Herbert habe dann sofort seinen Vater aufgesucht und von
demselben den Bescheid zurückgebracht, er wünsche nach wie vor das Zustandekommen des Branntweinmonopols, die Notiz der „Magdeburger Zeitung" sei
Wort für Wort erlogen. Der Kanzler soll so wütend darüber gewesen sein, daß
er gleich das Rasiermesser, mit dem er sich gerade den Bart abnahm, in die Ecke
gefeuert hat. — Zu der That soll die fragliche Warnung bei Gelegenheit des
erwähnten Kanzler-Diners den Nationalliberalen zu teil geworden sein, nur nicht
seitens des Fürsten Bismarck, sondern von einer andern ihm nahestehenden Person.

Auf den 2. Juni 1886 fiel ein Kommers aller Corpsstudenten in Leipzig,
bei welcher Gelegenheit der Reichstagsabgeordnete Dr. Hartmann[2] den vor einem
halben Jahrhundert der Hannovera in Göttingen angehörenden größten Corpsstudenten Fürsten Bismarck in folgender Weise feierte:

Es ist ein halbes Jahrhundert und länger her, da schmückte die Corpsmütze
der Hannovera zu Göttingen das blonde Lockenhaupt eines jungen märkischen
Edelmanns. Er hat die Lust der Lieder und der Waffen mit vollen Zügen genossen und, als es zum Scheiden kam, durften seine Corpsbrüder ihm mit Wahrheit nachrufen: „Sein Herz wie auch sein Eisen stets brav geschlagen hat!"

Jahrzehnte sind vergangen, da sehen wir ihn durch das Vertrauen seines
Königs an die Spitze der preußischen Staatsregierung gestellt. Jetzt beginnt
eine Thätigkeit von weltgeschichtlicher Bedeutung. Mit wenigen wuchtigen
Schlägen zimmert er das Deutsche Reich von neuem zusammen — stolz und gewaltig steht der Bau da, als hätte er niemals in Schutt und Trümmern gelegen
— des Kaisers Majestät und des Reiches Herrlichkeit, seit lange nur ein schöner
Traum, sind Wirklichkeit geworden.

Seitdem hat der alte Corpsbursch der Hannovera als Kanzler und erster
Rat des Kaisers die deutschen Angelegenheiten geleitet. Das Reich, im Augenblicke seiner Auferstehung schon die erste Großmacht Europas, reckt und dehnt
sich zur Weltmacht. Es ist der waffengewaltigste Hort des Rechtes und des
Friedens. Auf fast allen Gebieten des staatlichen Lebens erscheint es führend,
bahnbrechend, ein leuchtendes Beispiel für andere Nationen. Und allezeit hält er
als treuer Eckart scharfe Wacht.

---

[1] Vergl. oben S. 166.

[2] Dr. Hartmann ist alter Herr der Lusatia zu Leipzig.

Noch wirkt er in voller Kraft trotz der 71 Jahre, die über seinen Scheitel dahin gezogen sind; noch darf man — so Gott will! — weiter Großes von ihm erwarten. Aber schon das, was er bisher ersonnen und gethan hat, sichert ihm für alle künftigen Jahrhunderte, Jahrtausende einen ruhmvollen Platz in der Geschichte. Sein Name wird, neben dem ehrwürdigen ersten Kaiser im neuen Reich, mit Ehrfurcht und in Dankbarkeit genannt werden, so lange auf dieser ganzen weiten Erde auch nur ein einziger Mann noch lebt, in dessen Adern deutsches Blut rinnt.

Der große Mann gehört der ganzen Nation. Wir aber dürfen ihn noch in einem engeren Sinn den Unsrigen nennen.

Daß er einmal Corpsstudent war, ist mehr als eine bloße Arabeske in seiner Lebensgeschichte, ist ganz zweifellos für die Entwickelung des großen Mannes von Einfluß gewesen.

Mir ist es durch ein Mandat zum Reichstag seit einer Reihe von Jahren vergönnt, ihn in seiner amtlichen Thätigkeit zu sehen; öfters war ich Gast in seinem Hause; mehr als einmal hatte ich das Glück eines Zwiegespräches mit ihm — immer und überall trat mir in ihm jener männliche und ritterliche Geist entgegen, der auf den Universitäten vorzugsweise von den Corps gepflegt wird, und äußerlich jenes undefinierbare Etwas, welches dem profanen Auge verborgen bleibt, dem Kundigen aber auf den ersten Blick verrät: Das ist ein alter Corps-student! — Man muß ihn sehen, wenn er im Reichstag sich anschickt zu reden, unwillkürlich sagt man sich: „Jetzt wird er p. p. fechten!" — es ist ja auch stets pro patria — und ganz von selbst klingt einem das altvertraute Kommando durch die Ohren: „Auf die Mensur!" „Bindet die Klingen!" u. s. w.

So ist er doppelt der Unsrige!

Darum reiben wir mit doppeltem Feuer einen urkräftigen Salamander auf den Fürsten Bismarck, den Stolz der ganzen Nation und den größten deutschen Corpsstudenten!

Im Juni 1886 machte das Ratzeburger Gymnasium einen Ausflug nach dem Sachsenwalde. Zu den Primanern sagte der ihnen begegnende Fürst: „Reichskanzler können Sie nicht alle werden, aber wenn Sie einmal Reichstags-abgeordneter werden, so machen Sie Ihrem Reichskanzler das Leben nicht allzu sauer. Es ist leichter, zu kritisieren, als zu regieren."

XI. Abschnitt.
Die dritte Session der VI. Legislatur-Periode des Reichstags.
(16. bis 20. September 1886.)

Vom 16. bis 20. September 1886 war der Reichstag zu einer außerordent-lichen Sitzung zusammenberufen, um die Verlängerung des am 12. Juli 1883 zwischen dem Deutschen Reich und Spanien abgeschlossenen Handels- und Schiff-fahrtsvertrages zu beschließen.

Am 12. September 1886 erging seitens des Kanzlers an den Reichstagsabgeordneten von Helldorff in seiner Eigenschaft als Leiter der konservativen
Fraktion ein Brief, worin er denselben bat, für die Präsenz seiner Fraktionsgenossen zu sorgen, da die lästige Sitzung unvermeidlich sei.

XII. Abschnitt.
Die vierte Session der VI. Legislatur-Periode des Reichstags.
(25. November 1886 bis 14. Januar 1887.)

Während des Beginns der Herbstsession von 1886 war Bismarck von Berlin
abwesend. Das Hauptinteresse konzentrierte sich um die Septennatsvorlage[1]).
Der Konflikt, der längst in der Luft lag, begann sich zuzuspitzen. Mächtige Einflüsse waren für ein Nachgeben der Regierung thätig. — Der Abgeordnete von
Helldorff vertrat die Ansicht, daß man dem Konflikt nicht aus dem Wege gehen
dürfe, daß vielmehr ein energisches Eintreten die Zwecke der Regierung nur
fördern könne. von Helldorff hatte in diesem Sinne mehrfache Besprechungen
mit dem Staatssekretär des Auswärtigen Amts Grafen Herbert Bismarck, dem Chef
der Reichskanzlei Dr. von Rottenburg, dem Kriegsminister und damit indirekt
auch mit dem Fürsten Bismarck, so namentlich in den ersten Tagen des
Dezember 1886.

Am 8. Januar 1887 traf der Kanzler in Berlin ein, und bereits am
Abend des 10. Januar hatte von Helldorff mit demselben eine Besprechung
über eine eventuelle Reichstagsauflösung und die Wahl des günstigsten Momentes
zu diesem Schritte.

Am 11. Januar 1887 hielt Bismarck im Reichstag eine hochpolitische Rede
zu Gunsten der Militärvorlage, die ihm beim Verlassen desselben auf dem Wege
in sein Palais begeisterte Kundgebungen einbrachte[2]).

---

[1]) Vergl. Kohl Bismarck-Reden, Bd. XII., S. 143.

[2]) Über die Anwesenheit Bismarck's bei der zweiten Lesung der Militärvorlage im Reichstage am 11. Januar 1887 ist zu berichten: Während einer Oppositionsrede des Abgeordneten
von Stauffenberg verbreitete sich 1 Uhr 12 Minuten die Kunde, daß soeben der Reichskanzler
das Haus betreten, „stramm, hoch aufgerichtet, in einen großen, grauen Reitermantel gehüllt,
und festen und sicheren Schrittes." Der Reichskanzler erschien am Bundesratstisch etwa 6 Minuten
später, griff sofort nach einer großen schwarzen Mappe und wandte seine Aufmerksamkeit dem
Redner zu, der soeben von den schlimmen Konsequenzen der Militärlast sprach. Von Stauffenberg wurde zum Schluß hin sehr heftig, indem er rief, es läge durchaus nicht in der Absicht
seiner Partei, eine Herabminderung der Schlagfertigkeit der Armee zu erstreben. Sieben Jahre
stellten ebenso ein Provisorium dar, wie drei Jahre, ein Unterschied im Prinzip sei somit
zwischen den Meinungen seiner Partei und der Regierungsvorlage nicht vorhanden, es handle
sich nur um Zweckmäßigkeitsfragen, über die man verschiedener Ansicht sei. Währenddessen hat
Fürst Bismarck sich wieder in das Studium der vor ihm liegenden Schriftstücke vertieft und
setzt dies auch fort, nachdem der Redner um 1 Uhr 40 Minuten geendet, da sich nunmehr eine
längere Geschäftsordnungs-Debatte entspinnt. Nach deren Abschluß meldete sich der Reichskanzler zum Wort.

Auf eine Adresse, welche der deutsche Bürgerverein „Fürst Bismarck" aus Anlaß dieser Rede am 12. Januar dem Kanzler überreicht hatte[1]), erging an den Vorsitzenden Wendel nachstehende Zuschrift:

> Eure Wohlgeboren bitte ich, dem von Ihnen geleiteten „Deutschen Bürgerverein" für dessen patriotische Kundgebung vom 12. d. M. meinen verbindlichsten Dank übermitteln zu wollen.   von Bismarck.

Ein zu den Spitzen der nationalliberalen Partei gehöriger Abgeordneter hatte Bismarck geraten, sich doch mit dem Quinquennat zu begnügen. Der Kanzler fühlte es aber genau heraus, daß er für das Septennat die Mehrzahl der Wähler auf seiner Seite habe. Er schritt zur Reichstagsauflösung in der festen Überzeugung, daß er einen guten Reichstag erhalten werde. Und er hat sich nicht getäuscht. Am 14. Januar 1887 erfolgte die Auflösung des Reichstags, nachdem derselbe mit 186 gegen 154 Stimmen das Septennat abgelehnt hatte. —

Auch für die wichtigste Beratungswoche dieser Session liegt eine Aufzeichnung des sächsischen Reichstagsabgeordneten Dr. Hartmann (Plauen) vor, der ich nachfolgende Stelle entnehme.

Berlin, 14. Januar 1887.

Diese Woche gehörte der Militärvorlage. Die Friedenspräsenz des deutschen Heeres ist durch das Reichsgesetz von 1880 auf rund 427 000 Mann festgesetzt, und zwar für sieben Jahre. Jetzt verlangen die verbündeten Regierungen eine Erhöhung auf rund 468 000 Mann (= 1 Prozent der Bevölkerung von 1885), wiederum für sieben Jahre. Am Dienstag begann die zweite Lesung im Plenum, auch Mittwoch und Donnerstag wurden davon voll in Anspruch genommen. Man kann sagen: Das war eine der größten Aktionen, welche bisher im deutschen Reichstage vorgekommen sind. Schon äußerlich trat dies hervor — die Reichsboten in seltener Vollzähligkeit anwesend, die Plätze des Bundesrates gestopft voll, in der Hofloge Prinz Wilhelm und Gemahlin, die Diplomatenloge mit den Botschaftern und Gesandten der fremden Mächte gefüllt. Sturm des Publikums auf die Eintrittskarten, Hunderte und Tausende vor dem Reichstagsgebäude und in der Nähe desselben angesammelt,

---

[1]) Die Adresse lautete: Eure Durchlaucht haben in der Reichstagssitzung vom 11. d. M. in überzeugendster Weise wiederum der Wahrheit Ausdruck gegeben, daß nur durch ein starkes kaiserliches, nicht durch ein Parlamentsheer unser Deutsches Reich erhalten und, wenn überhaupt so nur auf diesem Wege uns wie den andern Kulturvölkern die Segnungen des Friedens bewahrt bleiben können. Der in regelmäßiger Sitzung versammelte „Deutsche Bürgerverein Fürst Bismarck", welcher Eurer Durchlaucht aufopferndes Wirken für das deutsche Vaterland mit stets dankbarer Anteilnahme begleitet und nach seinen Kräften unterstützt, bittet Eure Durchlaucht, für Ihr weltgeschichtlich bedeutsames Auftreten am gestrigen Tage seinen ganz besonders tiefempfundenen Dank und seine begeisterte Zustimmung hochgeneigtest entgegennehmen zu wollen. Möchte der Samen, welcher in Eurer Durchlaucht Worten wie Thaten ausgestreut wird, in alle Ewigkeit Früchte tragen zur Kräftigung unsres Reiches und der Vaterlandsliebe seiner Bürger, als Schutz und Trutz gegen äußere Feinde und innere Gegner des Reiches. Das walte Gott! (In Kohl's Bismarck-Regesten ist weder die Adresse noch die Antwort Bismarck's erwähnt.)

den Fürsten Bismarck bei der An- und Abfahrt mit donnernden Hochrufen be-
grüßend und bis an sein Palais zurück geleitend, das war das Bild, welches
dem Auge sich darbot. Aber die Majorität des Reichstags stand nicht auf der
Höhe der Lage. Nörgeln und Feilschen ohne Ende!

Die Deutschfreisinnigen beantragten eine Erhöhung um 14000 Mann auf
drei Jahre, überdies vorübergehend 14000 Mann auf das erste Jahr, das heißt
¹⁄₃ der Regierungsforderung auf ein Jahr, ¹⁄₃ auf weitere zwei Jahre, gar nichts
auf die folgenden vier Jahre. Ähnlich hielt sich das Centrum, nur wollte dieses
auf ein Jahr die ganze Erhöhung um 41000 Mann verwilligen. Einige
Centrumsleute erklärten sich bereit, diese 41000 auf drei Jahre zu genehmigen.
Die Konservativen und die Nationalliberalen traten voll und ganz für die Regierungsvorlage ein, wie sie dies unentwegt vom ersten Tage an gethan haben.

Das beste im Kampfe leistete Fürst Bismarck, wie immer. Er schilderte vor
allem die Gefahr, welche uns von Frankreichs Seite droht — Frankreich werde
uns anfallen, sobald ihm die Zeit passend erscheine, in zehn Jahren oder in zehn
Tagen, gleichviel; — er schilderte die fürchterlichen Drangsale, welche das be-
siegte Deutschland von dem siegreichen Frankreich in früheren Zeiten erduldet hat
und in gleichem Fall auch künftig über sich ergehen lassen müßte; er wies darauf
hin, daß die Regierungen früher die Feststellung der Friedenspräsenz auf unbegrenzte Zeit gefordert haben und daß ihr Zurückgehen auf sieben Jahre eine
große Nachgiebigkeit gegen den Reichstag enthalte, daß man nicht weiter nachgeben könne, ohne die Tüchtigkeit und Sicherheit der Armee, des vornehmsten
Bollwerks und der wichtigsten Einrichtung des Reichs, zu gefährden und ohne
die verfassungsmäßige Stellung der verbündeten Regierungen herabzudrücken; er
legte dar, wie schädlich die häufige Wiederkehr solcher Krisen und Erschütterungen,
wie sie jedesmal durch die Beratung dieses Gegenstandes hervorgerufen werden,
auf den Frieden im Innern und auf unser Ansehen nach außen einwirken müssen;
er rief den guten Genius der Nation an, mit den höchsten Accenten, deren unsre
Sprache fähig ist. Wahrlich, er sprach Worte von welthistorischem Ernst. Seine
Reden waren Fundgruben für die Geschichte und die gegenwärtige Lage Deutschlands, Schätze an Geist, Thatkraft und reinster Vaterlandsliebe. Sie gehen durch
alle Zeitungen; jeder Deutsche möge sie lesen, wenn er seinen Geist erleuchten
und sein Herz erwärmen will! Wie undankbar und kurzsichtig wird die Mehrheit
des jetzt lebenden Geschlechts unsern Enkeln erscheinen, wenn sie von diesen
Kämpfen des einzigen Mannes für Kaiser und Reich, wenn sie von den
Nörgeleien seiner Gegner im Volk und in der Volksvertretung lesen!

Der preußische Kriegsminister Bronsart von Schellendorff stand dem Reichskanzler wacker zur Seite; für ihn fochten die Konservativen (von Moltke, von
Helldorff, Graf Behr) und die Nationalliberalen (Hobrecht und Dr. Buhl), gegen
ihn alle andern von Windthorst bis zu Hasenclever.

Wiederholt erklärte der Reichskanzler, daß die verbündeten Regierungen auf
unveränderter Annahme der Vorlage bestehen und andernfalls zur Auflösung des

Reichstags schreiten müßten. Die Opposition gab zu erkennen, daß sie es darauf ankommen lassen wolle.

Heute kam es zur Abstimmung. Zuvor zogen die „Freisinnigen" ihren beschränkenden Antrag zurück, um nunmehr mit dem Centrum gemeinschaftlich die geforderten 468000 Mann zu verwilligen, aber nur auf drei Jahre. So wurde denn auch beschlossen mit 183 gegen 154 Stimmen, während 31 Abgeordnete sich der Abstimmung enthielten (Summe der Abstimmenden 368 Mann). Die Minorität bestand aus den Konservativen beider Fraktionen und den National-liberalen; diese Parteien stimmten Mann für Mann gegen drei Jahre, weil sie sieben Jahre bewilligen wollten.

Unmittelbar nach der Verkündung des Abstimmungsergebnisses erhob sich Fürst Bismarck und verlas eine kaiserliche Botschaft, inhalts deren der Bundesrat mit Zustimmung des Kaisers die Auflösung des Reichstags beschlossen hat. Das ganze Haus hatte sich erhoben, um stehend die Botschaft entgegen zu nehmen. Auf der linken Seite des Hauses besaßen einige Herren die Dreistigkeit, beim Vorlesen der Botschaft Bravo zu rufen. Die Erklärung des Reichskanzlers, daß der Reichstag nun geschlossen sei, — ein Hoch auf Se. Majestät den Kaiser, von dem Präsidenten von Wedell-Piesdorf ausgebracht und vom Hause mit Begeisterung aufgenommen, während im Hintergrunde Sozialdemokraten u. s. w. aus dem Sitzungssaale flüchteten, um nicht einstimmen zu müssen, — allgemeines Abschiednehmen und Händeschütteln, und alles war vorüber.

Fürst Bismarck wurde auf der Straße von dem zu Tausenden angesammelten Publikum mit tosenden Beifalls- und Hochrufen empfangen und bis an sein Palais geleitet. Wenn man daraus auf die Stimmung der Nation schließen darf, dann können die Regierungen und die regierungsfreundlichen Parteien den Neuwahlen unbesorgt entgegen sehen.

XIII. Abschnitt.
Die XVI. preussische Legislatur-Periode.
(14. Januar 1886 bis 26. Mai 1888[1].)

Auf den 10. Februar 1886 war der Gesamtvorstand des Hauses der Abgeordneten von dem Fürsten Bismarck zu Tisch geladen worden.

Über dieses Diner schreibt der Abgeordnete von Eynern in einem Briefe vom 11. Februar 1886:

Vorgestern Abend übergab mir der Portier des Hotels ein Schreiben, welches er vergessen habe mir nach Barmen nachzusenden; es läge schon ungefähr eine

---

[1] Es währte die I. Session der XVI. Legislatur-Periode vom 14. Januar bis zum 30. Juni 1886, die II. Session der XVI. Legislatur-Periode vom 15. Januar bis zum 14. Mai 1887, die III. Session der XVI. Legislatur-Periode vom 14. Januar bis zum 26. Mai 1888.

Woche in seiner Loge. Es war eine Einladung zum Diner beim Fürsten Bismarck zum 3. Februar, abends sechs Uhr[1]). Sie hatte ich nun weder befolgen noch beantworten können. Da ich weiß, wie empfindlich der Fürst über jede Vernachlässigung der gesellschaftlichen Formen denkt, fuhr ich gestern sofort in die Reichskanzlei und bat Herrn von Rottenburg, mich bei dem Fürsten, unter Darlegung des Sachverhaltes, entschuldigen zu wollen. Die Antwort bestand in einer neuen Dinereinladung auf denselben Tag, gestern[2]). Liebenswürdiger kann man doch nicht sein.

Ich traf eine große Gesellschaft, etwa vierzig Personen, aus unsrer Fraktion: Gneist, Mithoff, von Benda. Der Fürst nahm mich gleich in Beschlag, um Anekdoten über ihm widerfahrene Unannehmlichkeiten durch mangelhafte Bestellungen von Zusendungen in Gasthöfen zu erzählen. „Aber, wo so etwas passiert ist, bleibt man doch nicht wohnen", bemerkte er ingrimmig. Dann machte er mir ein Kompliment über meine Rede in den letzten Tagen gegen Rickert und über die Stellungnahme der Nationalliberalen in der Polenfrage. Bismarck trug eine Kürassierinterimsuniform, die ihm gut stand; die Fürstin, liebenswürdig und reizend natürlich wie immer, trug schwarze Seide. Mit dem Empfang der Gäste waren Graf Herbert, Graf und Gräfin Rantzau und Rottenburg beschäftigt. Sehr feines Diner mit französischem Menu an einer überreich mit goldenen und silbernen Zierraten, Geschenken von Kaisern und Königen, geschmückten Tafel. Ich saß zwischen Graf Saurma und Landrat Schneider. Nach der Tafel, bei Kaffee und Cigarre, zog der Fürst mich wieder in ein kurzes Gespräch, dann setzte er sich mit langer Pfeife in die Plauderecke unter dem Krönungsbild und neben ihn setzte sich der alte Peter Reichensperger und erzählte ihm Geschichten aus der gemeinsamen Vergangenheit. Unter den sich immer mehr steigernden Rauchwolken, die der Bismarck'schen Pfeife entströmten, flüchtete ich an einen Nebentisch, wo Graf Herbert und Rottenburg tiefsinnige Gespräche vollführten. Gegen neun Uhr brach die Gesellschaft auf.

Auch die XVI. Legislatur-Periode ging nicht zu Ende, ohne daß wieder Fortschritte in der Versöhnung zwischen Kirche und Staat erzielt wurden. Am 14. Februar 1886 ging die neue kirchenpolitische Vorlage[3]) zur allgemeinen Überraschung zuerst nicht dem Abgeordnetenhause, sondern dem Herrenhause zu, und der Bischof D. Kopp von Fulda[4]) wurde durch königliches Vertrauen in dasselbe berufen, um hier als Mittelsperson zwischen der Regierung und dem heiligen Stuhle zu verhandeln. Diese Taktik hatte viel für sich. Das Auftreten des Bischofs Kopp versprach von vornherein Erfolg, weil Bismarck gegen denselben nicht die Abneigung

---

[1]) Eine Schilderung desselben findet man in meinem Werke „Fürst Bismarck und die Parlamentarier", Bd. I. (2. Aufl.), S. 280.

[2]) Eine Beschreibung befindet sich a. a. O., S. 283.

[3]) Vergl. darüber Kohl, Bismarck-Reden, Bd. XII., S. 65 ff.

[4]) D. Kopp (Georg), Fürstbischof von Breslau und Mitglied des Staatsrats, kath., geb. den 25. Juli 1837 zu Duderstadt in der Provinz Hannover, wohnhaft zu Breslau; berufen durch Allerhöchsten Erlaß vom 18. Januar 1886 aus besonderem königlichen Vertrauen auf Lebenszeit; eingetreten den 24. Februar 1886.

hegte[1]), wie gegen Windthorst und Genossen; auch war ein Bischof als solcher viel geeigneter zur Vermittlerrolle zwischen Rom und Berlin als die Laien des Centrums.

Bismarck legte überdies Wert darauf, daß in der Kommission des Herrenhauses kein Mitglied des Centrums saß, damit Kopp allein die Sache dirigieren könnte. Er verhandelte nur mit diesem, mit keinem andern Centrumsführer.

Windthorst und selbst Schorlemer-Alst waren sehr ungehalten über diesen Schachzug. Sie wollten die Sache selbst machen; nun hatte Bismarck über ihre Häupter hinweg alles mit Rom arrangiert, und Bischof Kopp war sein parlamentarischer Helfershelfer. Windthorst sprach sich in starken Ausdrücken über die Haltung des Bischofs aus; er contrekarriere die ganze Aktion des Centrums; nun wollten sie die Hände in den Schoß legen.

Der Bischof D. Kopp hat sich bei diesen Verhandlungen als ein ebenso geschickter Diplomat, wie als gewandter und schlagfertiger Parlamentarier bewährt, der im Interesse der Kirche auf das beste zu operieren verstand. Derselbe hatte während der Herrenhaus-Session mehrfache Unterredungen mit Bismarck[2]), und er verließ Berlin mit dem Eindruck, daß der Kanzler ein Friedensbedürfnis ohne Hintergedanken habe[3]). Nach der „Schlesischen Volkszeitung" soll Bismarck zu Kopp sogar gesagt haben, er würde selbst nicht gegen die alsbaldige Rückkehr der Orden, einschließlich der Jesuiten, etwas einzuwenden haben, aber, meinte er weiter, von den Ministerkollegen würden noch wohl einige darüber stolpern müssen[4]).

Über die kirchenpolitische Frage sprach Bismarck gelegentlich auch mit dem Mitgliede des Herrenhauses Freiherrn von Landsberg[5]). Derselbe war bereits in

---

[1]) Bismarck kannte Kopp schon vom Anfang der siebziger Jahre als einen maßvollen Geistlichen. Über den Empfang desselben durch Bismarck nach der Ernennung zum Bischof vergl. die „Post" Nr. 11 vom 12. Januar 1882.

[2]) Am 27. März 1886 bewegte sich Bismarck bei seiner Anwesenheit im Herrenhause in ungezwungener, geselliger Weise unter den in lebhaftem Gespräche befindlichen Mitgliedern im Saale und unterhielt sich u. a. namentlich auch mit dem Bischof Kopp. („Post" 1886, Nr. 86.) 29. März 1886 Kopp bei Bismarck.

[3]) Die „Post" 1886, Nr. 111. Die klerikale „Reißer Zeitung" teilte mit, Bischof Kopp habe vor seiner Abreise aus Berlin eine Unterredung mit dem Fürsten Bismarck gehabt, in welcher ihm der Kanzler versicherte, daß das Kirchengesetz zu stande komme, dafür stehe er ein.

[4]) 24. Januar 1888 Besuch des Fürstbischofs von Breslau D. Kopp in Friedrichsruh. Über Kopp's Friedenspolitik s. noch Schultheß Geschichtskalender 1887. S. 175, und 1889, S. 9. Verhältnis des Reichskanzlers zum Centrum nach Mitteilung des „Pest Lloyd" mit Bezug auf die kirchenpolitische Frage, s. „Vossische Zeitung" Nr. 130 vom 18. März 1886. Eindrücke des französischen Abgeordneten Jul. Roche, der sich eine Zeit lang in Berlin aufgehalten hat, über eine parlamentarische Verhandlung im preußischen Abgeordnetenhause pp. und über den Fürsten Bismarck bei seinen parlamentarischen Reden und bei seinem Gange nach der Wohnung, s. „Vossische Zeitung" Nr. 247 vom 29. Mai 1886.

[5]) Freiherr von Landsberg-Velen-Steinfurt (Ignaz Franz Karl Engelbert Maria), Landrat des Landkreises Münster und königlicher Kammerherr, katholisch, geboren den 9. Febr. 1830 zu Münster, wohnhaft zu Steinfurt bei Dreusteinfurt und zu Münster; landtagsfähiger

den fünfziger Jahren mit Bismarck bekannt. Als die erste Pariser Weltaus-
stellung war, hielt sich Freiherr von Landsberg bei seinem Verwandten, dem
preußischen Gesandten Grafen Hatzfeldt in Paris besuchsweise auf. Bismarck,
damals noch Bundestagsgesandter in Frankfurt a/M., war auch etwa vierzehn
Tage im selben Hause zu Gast. Derselbe schloß sich mit Unbefangenheit an den
weit jüngeren Landsberg an, und beide lernten damals Paris gründlich kennen.
Als Bismarck als Minister nach Berlin kam, war Freiherr von Landsberg im
Hause Bismarck's ein gern gesehener Gast; so oft er wollte, konnte er dort den
Thee einnehmen. Als der Krieg gegen Frankreich ausbrach, ernannte Bismarck
Herrn von Landsberg zum Präfekten des okkupierten Departements der Aisne zu
Laon. Noch während Landsberg in Frankreich war, erhielt er die Nachricht,
daß er als Reichstagskandidat aufgestellt sei. Landsberg nahm an und verkehrte
bis zum Beginn des Kulturkampfes häufig im Hause Bismarck's; während des-
selben stellte er seinen Verkehr dort ganz ein. Als der Kulturkampf sich seinem
Ende zuneigte und Landsberg wieder bei Bismarck erschien, wurde er von demselben
freudig begrüßt.

Mit Bezug auf die oben erwähnte Kirchenvorlage sagte Bismarck zu Landsberg: „Was ich dem Herrenhause angeboten habe, ist das Äußerste, was ich
habe erreichen können; ich will den Streit mit den katholischen Unterthanen beseitigt haben, was in meinen Kräften stand, habe ich gethan. Meinethalben
hätte noch mehr bewilligt werden können; ich hätte auch nichts gegen die Rückberufung der Jesuiten, aber ich habe noch mit andern Faktoren zu rechnen.
Glauben Sie, daß das Abgeordnetenhaus die von dem Herrenhause acceptierte
Vorlage annehmen wird?" Landsberg bejahte diese Frage, da das Centrum nicht
katholischer sein könnte als der Papst, und seine Prophezeiung ist auch in Erfüllung gegangen.

Nachdem die kirchenpolitische Novelle am 13. April 1886 im Herrenhause
angenommen worden war, hatte dieselbe noch das Abgeordnetenhaus zu passieren.
Da das Centrum und die Konservativen die Vorlage in der vom Herrenhause
beschlossenen Fassung anzunehmen bereit waren, so galt es in der Hauptsache nur
den Widerspruch der Nationalliberalen zu besiegen. Bismarck griff zu diesem
Behufe am 4. Mai 1886 mit einer längeren Rede in die Diskussion ein[1]).

Über die Haltung Bismarck's und dessen Laune in dieser Sitzung wurde
der „Vossischen Zeitung" geschrieben[2]): Fürst Bismarck hat im Parlament
selten eine so gute Laune zur Schau getragen, als am ersten Tage der Beratung
über die kirchenpolitische Vorlage. Mit dem heitersten Gesicht betrat er den
Sitzungssaal, in seinen sehr lebhaft geführten Privatgesprächen lachte er viel, und
ebenso stimmte er vielfach in jovialster Weise in die Heiterkeitsausbrüche des

---

Besitz: Rittergüter Offenbeck und Steinfurt; berufen in das Herrenhaus auf Präsentation des
Verbandes des alten und des befestigten Grundbesitzes im Landschaftsbezirke Münsterland durch
Allerhöchsten Erlaß vom 27. Januar 1866 auf Lebenszeit; eingetreten den 7. August 1866.
  [1]) Kohl, Bismarck-Reden Bd. XII., S. 105 ff.
  [2]) Vergl. Nr. 207 vom 5. Mai 1886, 1. Beilage.

Hauses ein. Er lachte auch, als der Abgeordnete Seyffarth in Goethe's Citaten seinem Mißtrauen gegen die Politik der römischen Kurie Luft machte, als der Redner dann aber mit den Worten aus dem „Tasso" schloß: „Wer fänd' im Vatikan nicht seinen Meister?" war die lachende Miene blitzschnell verschwunden und die Brauen zogen sich ärgerlich zusammen. Von Herzen schienen ihm die Zeichen der Heiterkeit überhaupt nicht zu kommen, am wenigsten die lachende Ironie, welche er der Richter'schen Rede entgegenzusetzen suchte. Er schien sich vor Lachen fast ausschütten zu wollen, indessen bedurfte es keines besonderen Scharfsinns, um zu erkennen, daß der Reichskanzler innerlich durch diese schonungslose Aufdeckung der Situation, in welche seine Kirchenpolitik den preußischen Staat geführt hat, leidenschaftlich erregt war.

Im Laufe der Sitzung hatte Bismarck eine Unterredung mit einem national-liberalen Abgeordneten — ich vermute mit Professor Dr. Gneist — worüber die „Nationalzeitung"[1]) berichtete: „Fürst Bismarck sprach sich nicht ohne Besorgnis über den Gesundheitszustand seines Sohnes, des Grafen Herbert Bismarck aus, bei welchem zwar das Fieber aufgehört, trotzdem aber das Delirium noch drei Tage angehalten habe. Er selbst sei in Ermangelung von geeigneten Ersatzkräften gezwungen, für seinen Sohn einzutreten, der eine ungewöhnliche Arbeitskraft besitze. Sehr eingehend äußerte sich Bismarck über die kirchenpolitische Frage. Seit acht Jahren sei er bestrebt gewesen, zu dem Ziele zu gelangen, dem er sich jetzt genähert habe, und zwar sei das wesentlich geschehen unter Berücksichtigung der dringenden Wünsche maßgebender Personen. Dr. Falk habe als Kultusminister die Dinge mit großer juristischer Feinheit[2]) und Geschicklichkeit behandelt, aber eben nur mit juristischer, während ihm der politische Blick zuweilen gemangelt habe. Immerhin sei es Dr. Falk gewesen, der ihm, dem Reichskanzler, den Stuhl vor die Thüre gesetzt, denn er selbst habe bis zum letzten Augenblick nicht aufgehört, dem Kollegen behilflich zur Seite zu stehen, wenn es sich darum handelte, bei dem Kaiser die Genehmigung zu einer Vorlage zu erlangen, was nicht immer leicht war. Diese Bemerkung war vorzugsweise dadurch provoziert, daß von der andern Seite entgegengehalten war, Dr. Falk habe seiner Zeit über eine Abnahme der kollegialischen Hilfsbereitschaft des Kanzlers geklagt. Im übrigen ergab sich aus der Unterredung, daß Fürst Bismarck keinerlei Mißstimmung empfand wegen der ablehnenden Haltung der Nationalliberalen gegenüber der kirchenpolitischen Vorlage.

Über ein Familiendiner bei Bismarck am 25. Januar 1887 schreibt der Landtagsabgeordnete von Eynern[3]) am folgenden Tage in seine Heimat:

„Aus den Zeitungen wirst Du schon erfahren haben, daß vorgestern im Abgeordnetenhause sich einer jener großen Vorgänge abspielte, die unauslöschlich

---

[1]) Vergl. die Nr. 288 vom 6. Mai 1886.

[2]) Der Minister Falk bemerkte im Jahre 1872 dem Abgeordneten von Mallinckrodt gegenüber, der vollen freien Bewegung der Kirchengemeinschaften werde er nicht hindernd in den Weg treten, aber da, wo Rechte des Staates auf dem Spiele ständen, werde man ihn als „Juristen" finden.

[3]) Vergl. oben S. 102.

in der Erinnerung bleiben. Bei der Beratung des „Etats' des Ministeriums für die auswärtigen Angelegenheiten" erschien, allen unerwartet, Fürst Bismarck im Hause und setzte sich an die rechte Seite des Ministertisches, also ganz in meine Nähe. Wir Nationalliberalen begrüßten ihn durch Erheben von unsern Plätzen. In kurzer Unterhaltung sagte er mir, er habe so vieles auszusprechen, daß er länger nicht damit zurückhalten könne; er werde sofort vorgehen. Das that er dann auch, nachdem Graf Limburg eine zweifellos vorher vereinbarte, in Beschwerden über die Haltung des Reichstags in der Militärfrage sich bewegende Anfrage an ihn gerichtet, in einstündiger Rede[1] und in einer Weise, daß uns allen der Atem stockte. Du kennst die wunderbare Art und Gewalt seiner Rede, wie er oft anscheinend nach dem richtigen Ausdruck sucht, so daß man in Spannung mitsucht und helfen möchte, und wo dann plötzlich der Lichtfunken durchbricht, so daß man mit seinem eigenen armen Geist in Dunkel gehüllt dasitzt. Diesmal ging es wohl vorbereitet ziemlich flott von Anfang an.

An seine Ausführungen schlossen sich große und ausgezeichnete Reden von Windthorst und Richter. Des letzteren Ausführungen reizten mich zur Meldung zum Wort, und ich erhielt dasselbe unmittelbar nach einer zweiten Rede des Fürsten. Ich sprach[2] in sehr zuversichtlichem Tone mit Verteidigung unsrer Kartellpolitik und mit der Versicherung, daß wir den Reichstagswahlen siegesfreudig entgegengingen und die militärischen Anschauungen des Kaisers und seiner Paladine schon zur Anerkennung bringen würden. Die glückliche Abwehr eines Zwischenrufes von Richter (daß ich gerne darauf verzichten wolle, in seinem Sinne ein „feiner Mann" zu sein) veranlaßte durch die Heiterkeit des Hauses eine kurze Pause in meinen Ausführungen. Ich benützte sie, um mich nach dem Fürsten umzusehen, und sah dessen Gesicht mit einem unglaublichen Ausdrucke inneren Behagens und befriedigter Gegnerschaft auf Eugen Richter gerichtet.

Am andern Morgen, kaum erwacht, (es war allerdings recht spät) erhielt ich einen Brief mit einer Einladung zum Familien-Diner bei Fürst und Fürstin Bismarck auf denselben Abend sechs Uhr. Ich sagte dankend zu und traf außer der Familie (Fürst, Fürstin, Graf Herbert, Graf und Gräfin Wilhelm und Graf und Gräfin Rantzau) nur noch Dr. Schweninger und die Abgeordneten Graf Limburg, Freiherr von Zedlitz-Neukirch und Freiherr von Minnigerode. Ich saß links neben der Fürstin, rechts neben der Tochter, Gräfin Rantzau. Das Essen, ähnlich wie unser Familientagsessen: Suppe, Fisch, Erbsen und Gänsebrust, Hammelrücken mit Salat, Pudding, Äpfel und Käse. Es servierten nur zwei Diener und die Beleuchtung bestand in Lampen, was, zusammen mit der artigen, zwanglosen Unterhaltung, alles sehr gemütlich machte. Der Fürst hatte guten Appetit und Durst und war in der heitersten Stimmung. Die Fürstin versicherte,

---

[1] Dieselbe findet sich abgedruckt in den Stenographischen Berichten vom 24. Januar 1887, S. 94.
[2] Vergl. die Stenographischen Berichte a. a. O. S. 113.

12*

der gestrige Tag habe ihn wieder ganz gesund gemacht, und meine Rede, „bei der ja Richter ganz blaß geworden wäre," habe dazu auch beigetragen.

Nach aufgehobener Tafel allgemeine Unterhaltung bei Kaffee und Cigarre. Ein Teil der Gäste entfernte sich, ich werde aber eingeladen, mich zum Fürsten zu setzen, der sich behaglich auf seinem Ruhesofa ausstreckt und seine Pfeife raucht. Der Fürst hat viel zu erzählen und manches zu fragen, speziell will er über die Aussichten meiner Reichstagskandidatur in Hagen, wozu ich mich nur auf sein Andrängen widerwillig entschlossen, unterrichtet sein. Dann unterhalten wir uns über die Aussichten der Kleist-Hammerstein'schen Bewegung, welche durch die Versammlung in Barmen nach dem Westen getragen sei, wo sie doch keinen Boden finden könne. Hieran, an diesen Zwiespalt im evangelischen Lager, reihten sich Klagen allgemeiner Art über die Friktionen bei Hof und in den Verwaltungen und über die augenblicklich schwebenden politischen Fragen. Dann kam, ohne eigentlichen Übergang, die Rede auf den Bimetallismus. Schon die Fürstin hatte mich bei Tisch gefragt, ob ich davon etwas verstände; ihr Mann sei für diese Sache sehr wissensdurstig. Ich hatte ihr lachend erwidert, daß ich allerdings mein ganzes Leben lang durch meine geschäftlichen Beziehungen zu Silberländern praktisch mich damit habe beschäftigen müssen, und ich hätte auch letztes Jahr eine lange Rede darüber gehalten, aber in den Augen der unmittelbar Interessierten und der Theoretiker sei ich doch mit allen andern Antisilbermännern ein unergründlich dummer Kerl, gewissermaßen dumm aus reiner Bosheit.

Nun entwickelte ich dem Fürsten meine Ansichten ziemlich ausführlich und fand den aufmerksamsten Zuhörer; besonders als ich die Sistierung unsrer Silberverkäufe als einen Fehler nachzuweisen suchte und eine künstliche Preishaltung oder Preiserhöhung des Silbers gegen Gold mit der Assignatenwirtschaft in ihrer Wirkung auf gleiche Höhe hinstellte. Zunächst eine allgemeine Preissteigerung, dann ein um so tieferes Fallen.

Im weiteren Verlauf wurden noch manche Fragen berührt; bei Erwähnung notwendiger Finanzreformen erschien, ich glaube von mir zuerst genannt, der Name von Freund Miquel in unserm Gespräch. Die Fürstin ging ab und zu, und der Fürst gab dann dem Gespräch stets eine heitere Wendung. Halb scherz-, halb ernsthaft beklagte er sich einmal über die Zudringlichkeit seiner Verehrer. Er sei wie ein Gefangener in seinem Hause, kaum betrete er die Straße, so hemmten Menschenmengen jeden seiner Schritte.

Es war ein Kabinettstückchen humorvoller Schilderung. Als ich ihm sagte, mit etwas Unbequemlichkeit sei die Berühmtheit stets verbunden, ich würde aber meiner Frau alles wiedererzählen, damit sie eine Besserung der Damenwelt herbeiführe, denn auch sie habe letzten Winter die ganze Wilhelmstraße durchlaufen, um ihn zu sehen, sagte er: „Da wollen wir vorbeugen; wenn Ihre Frau nach Berlin kommt, müssen Sie mir dieselbe zuführen. Ich werde mich freuen, einer Verehrerin meinen Anblick bequemer gestalten zu können."

„Da aber — meinte die Fürstin — Frau von Eynern diesen Winter nicht kommt, könntest Du Dich ihr zunächst durch Übersendung Deiner Photographie vorstellen."

Inzwischen trat Graf Herbert Bismarck ins Zimmer mit einem eben eingetroffenen Schreiben des Kaisers. Die beiden Herren unterhielten sich leise über den Inhalt. Ich trat zurück, da ich aber wider Willen das Gespräch verstehen konnte, setzte ich mich entfernter zur Fürstin und sagte ihr, es sei wohl Zeit, aufzubrechen. „Noch nicht — meinte sie — ich gebe Ihnen schon den Wink." Graf Herbert brachte uns das Couvert des Briefes. Es war eines jener großen Telegrammcouverts des Auswärtigen Amts mit der gedruckten Adresse: Seiner Majestät dem Kaiser und Könige. Der sparsame Monarch hatte es zur Rückantwort benützt, über diesen Druck ein „Von" gesetzt und darunter den Adressaten geschrieben, so daß die Inschrift jetzt hieß: Von Seiner Majestät dem Kaiser und Könige an den Staatssekretär Grafen Bismarck. Ein neuer Verschluß war durch ein großes rotes Siegel mit der Krone, welches das erste Siegel überdeckte, an der aufgerissenen Stelle hergestellt worden. Ich durfte das Couvert mitnehmen, und wir wollen es unter Glas und Rahmen aufbewahren. Als ich mich wieder zum Fürsten setzte, bemerkte ich, daß er andern Gedanken nachhing, und ich stand, nach einem Blick auf die Fürstin, auf. Diese aber enteilte noch in das Nebenzimmer und kehrte mit Tinte und Feder und einer größeren Photographie des Fürsten zurück. Der Fürst erhob sich vom Sofa, legte die Pfeife weg und schrieb mit großen Buchstaben: v. Bismarck unter das Bild. Dann fragte er mich nach dem heutigen Datum. Der Fünfundzwanzigste. „Nein — sagte er — den wollen wir als Erinnerungstag nicht nehmen. Essen können Sie noch öfter bei mir, aber eine so gute Rede wie gestern halten, das werden Sie sobald nicht wieder fertig bringen, den Tag wollen wir festhalten."

Und er schrieb unter unsrer Heiterkeit hinter seinen Namen: 24. Januar 1887. —

Am 22. Februar 1887 legte die Regierung dem Herrenhause ein neues Kirchengesetz für die katholische Kirche vor, welche eine Anzahl in der vorjährigen Novelle nicht geregelte Gegenstände in den Kreis ihrer Erwägung zog[1]). Wieder war es der Bischof Kopp, der im Einverständnis mit Bismarck dem Gesetze zu seiner Annahme verhalf.

Am 30. März 1887 hatte Bismarck über die Kirchennovelle eine Besprechung mit dem Reichstagsabgeordneten von Helldorff; derselbe verhalf damals der versöhnlichen Kirchenpolitik des Kanzlers zum Siege, indem er seinen Einfluß in dem Sinne in die Wagschale warf, daß die konservative Fraktion im Abgeordnetenhause schließlich gegen ihren Führer von Rauchhaupt sich der Auffassung der Regierung anschloß. Ein unerwarteter Widerspruch seiner Kirchenpolitik erwuchs dem Kanzler im Herrenhause in der Person des Professors Dr. Beseler[2]). Der-

---

[1]) Vergl. Kohl, Bismarck-Reden, Bd. XII., S. 330 ff.
[2]) Vergl. Bd. II., S. 190 und 329.

selbe war keineswegs ein unbedingter Anhänger der Falk'schen Kirchenpolitik gewesen, deren Tendenz er zwar zustimmte, deren einzelne Schritte aber durchaus
nicht seinen Beifall hatten. Beispielsweise bezeichnete er manche zu Gunsten
der Altkatholiken gestellten Forderungen in vertraulichen Kreisen als geradezu
unerträglich für die römischen Katholiken. Ebensowenig war er jedoch später mit
der Wendung der Regierungspolitik, insbesondere mit dem Eingehen auf die
Vermittelung des Bischofs Kopp einverstanden.

Beseler suchte im Herrenhause[1]) die nach seiner Überzeugung den Rechten
des Staates drohenden Gefahren, unbeirrt durch die Aussichtslosigkeit seiner Bemühungen und ungeachtet der Anfeindungen seitens der äußersten Rechten, mit
Nachdruck klarzulegen. Es war der letzte und vielleicht größte Kummer seines
Lebens, daß Fürst Bismarck dies, nur vollster Hingabe für das Staatswohl ent-
sprungene Auftreten dazu benutzte, um Beseler als einen allezeit kritischen Nörgler
zu charakterisieren, „dessen vollen Einverständnisses zu irgend einem Vorgehen
in seinem Leben zu erlangen ihm niemals gelungen sei", und „dessen vollen Bei-
falls sich noch keine Handlung in seinem Leben erfreut habe".

Daß diese Worte dem bisher guten Verhältnisse Beseler's zum Fürsten Bismarck ein Ende bereitete, bedarf keiner Bemerkung.

Zu den Gegnern des Kulturkampfes gehörte der am 5. April 1893 verstorbene Graf Brühl, Standesherr zu Forst und Pförten, Mitglied des Herrenhauses seit 1856. Während er im Verfassungsstreit 1862—66 jeder mit der
Verfassung vereinbaren Maßregel der Regierung eifrig zugestimmt hatte, wurde
er in den siebziger Jahren ein ebenso heftiger Gegner des Fürsten Bismarck,
mit dem er damals manchen Zusammenstoß im Herrenhause hatte.

Nach Beseitigung des Kulturkampfes hat sich Graf Brühl mit dem Fürsten
Bismarck vollständig ausgesöhnt. Es war bei Gelegenheit einer Sitzung im
Herrenhaus über die Kirchengesetzgebung, und zwar, als es sich um die den
Kulturkampf beseitigenden Gesetze handelte. Graf Brühl war wegen vor-
gerückter Zeit verhindert, eine beabsichtigte Rede zu halten. Es drängte ihn aber,
Bismarck sein Einverständnis mit dessen neuer Kirchenpolitik mündlich auszusprechen. Deshalb ging er auf den Ministertisch zu, um dem Ministerpräsidenten
sein Herz auszuschütten. Die Scene war bewegt. Als der Kaiser Wilhelm I.
zu Neujahr 1888 einen außerordentlichen Botschafter nach Rom entsandte, um
dem Papste Leo XIII. Geschenke und ein eigenhändiges Glückwunschschreiben zum
50jährigen Priesterjubiläum zu überbringen, fiel die Wahl auf den Grafen Brühl.
Derselbe hatte die Aufgabe, noch einige politische Fragen mit dem Papste zu
besprechen, und er verhandelte darüber vor der Abreise mit dem Grafen Herbert
Bismarck. Auf Wunsch des Grafen Brühl gestattete Fürst Bismarck, daß dessen
Sohn, Offizier bei den Gardes du Corps, die Römerreise mitmachte[2]).

---

[1]) Vergl. die stenographische Verhandlung über die Sitzung vom 12. und 13. April 1886
und 23. März 1887.

[2]) Wegen der Staatskatholiken-Adresse vergl. Schulthess, Europäischer Geschichtskalender
1887, S. 134 und 135.

Eine ernste Differenz entspann sich in der zweiten Session der XVI. preußischen Legislatur-Periode zwischen Bismarck und dem Abgeordneten Freiherrn von Hammerstein[1]) aus Anlaß des sogenannten Hammerstein-Kleist'schen Antrages, welcher bezweckte, auch der protestantischen Kirche in Preußen eine höhere Basis zu geben[2]). Bismarck zeigte für die hierauf abzielenden Bestrebungen keine Sympathie, indem er von der Annahme ausging, daß von der geplanten Reform nur die protestantische Hierarchie Nutzen ziehen würde. Wenn es ihm zu bunt würde, würde er in die böhmische Gemeinde eintreten. Es kam zu heftigen Auseinandersetzungen. Am 20. April 1887 erklärte Freiherr von Hammerstein dem Fürsten Bismarck während einer ihm bewilligten Audienz: „Morgen bei Beratung des Gesetzentwurfs, betreffend Abänderung der kirchenpolitischen Gesetze, werde ich Sie im Abgeordnetenhause offen aber entschieden angreifen." Bismarck kam aber dem Angriff zuvor und ergriff sofort seinerseits in der Sitzung des Abgeordnetenhauses vom 21. April das Wort, während Hammerstein, der erst später auf der Rednerliste stand, dadurch taktisch aus der Offensive etwas in die Defensive gedrängt wurde. Am 22. April 1887 sprach sodann Hammerstein, dem Fürst Bismarck sofort antwortete. In diesen Reden kann man die Gegensätze entdecken, welche zwischen beiden in den vorhergehenden Besprechungen zu Tage getreten waren[3]).

Von da ab hat Freiherr von Hammerstein den Fürsten Bismarck nicht mehr gesprochen[4]). —

Auf eine Ergebenheitsadresse, welche die polnischen Mitglieder des Reichstags an Kaiser Friedrich gerichtet hatten, erging an das Mitglied des Herrenhauses Grafen von Bninski folgende Antwort:

Berlin, den 29. Mai 1888.

Seine Majestät der Kaiser und König haben Allergnädigst geruht, die von Eurer Hochgeboren und Mitunterzeichnern unter dem 4. d. M. eingereichte Ergebenheitsadresse dem Staatsministerium mit dem Befehle zugehen zu lassen, dieselbe in Allerhöchstdero Namen zu beantworten.

Das Staatsministerium entledigt sich dieses ihm gewordenen Allerhöchsten Auftrages mit dem Versichern, daß Seine Majestät der König an der Treue, mit welcher die Preußen polnischer Abstammung an dem Throne und dem Staate hängen, niemals gezweifelt haben. Aber es hat Seiner Majestät Freude

---

[1]) Vergl. oben S. 73.

[2]) Vergl. Kohl. Bismarck-Reden, Bd. XII., S. 390 ff.

[3]) „Ich schicke voraus — bemerkte Herr von Hammerstein — daß der Fürst Bismarck augenscheinlich für die objektive Bedeutung der kirchlichen Institution nicht dasjenige Maß von innerem Verständnis besitzt, wie er es für die Bedeutung des subjektiven Christentums jederzeit offen an den Tag legt." Bismarck antwortete gereizt.

[4]) Die Haltung der von dem Freiherrn von Hammerstein redigierten „Kreuzzeitung" war nach Bismarck's Entlassung ihm gegenüber eine freundlichere als die mancher Zeitungen, welche ihn ehedem vergöttert hatten („Kölnische Zeitung", von der „Norddeutschen Allgemeinen Zeitung" gar nicht zu sprechen).

gemacht, dasselbe Gefühl, von welchem Allerhöchstdero polnisch redende Unterthanen in ihrer großen Mehrheit jederzeit beseelt gewesen sind, auch in der
Abresse vom 4. d. M. ausgedrückt zu finden. Se. Majestät entnehmen daraus
die Zuversicht, daß die Herren Unterzeichner der Abresse das Gefühl der treuen
Anhänglichkeit und der Dankbarkeit für die Wohlthaten geordneter staatlicher
Einrichtungen auch in ihrer Beteiligung an den parlamentarischen Arbeiten
des Reichs- und des Landtages im Interesse des preußischen Staates bethätigen
werden.

Das Staatsministerium stellt Ew Hochgeboren anheim, den Herren
Mitunterzeichnern der Abresse vom 4. d. M. eine entsprechende Mitteilung
zugehen lassen zu wollen.   Das Staatsministerium.
                                                             von Bismarck.

Als die Neuwahlen für das Abgeordnetenhaus vor der Thüre standen, fiel
allgemein ein Artikel der „Norddeutschen Allgemeinen Zeitung" auf, welcher als
eine Kriegserklärung gegen den Führer der Konservativen von Rauchhaupt[1] anzusehen war. Derselbe hatte in der „Halleschen Zeitung" eine Erklärung veröffentlicht, in welcher er die politische Wirksamkeit der nationalliberalen Partei auf
das heftigste angriff, und derselben in unverblümter Weise für die bevorstehenden
Wahlen zum Landtage der Kampf angekündigt wurde.

Darauf antwortete das Blatt Bismarcks: „Der Umstand allein, daß die
nationalliberale Parteileitung die Erneuerung des für die letzten Reichstagswahlen
abgeschlossenen Kartells für die Landtagswahlen bisher beanstandet hat, kann
unsres Dafürhaltens eine genügende Erklärung für das Auftreten des Herrn von
Rauchhaupt nicht abgeben, zumal bisher aus keinem Wahlbezirke verlautet hat,
daß die Nationalliberalen den Konservativen das Mandat streitig zu machen versucht hätten, während das Umgekehrte von verschiedenen Seiten berichtet worden
ist. Wir können daher die Stellungnahme des Herrn von Rauchhaupt nur auf
die Haltung zurückführen, welche er bei den noch in frischer Erinnerung befindlichen Verhandlungen über das Schullastengesetz eingenommen hat. Es konnte
keinem unbefangenen Beurteiler entgehen, daß das Verfahren des Herrn von
Rauchhaupt schon damals dazu führen mußte, zwischen die drei Parteien, welche
bisher in fast allen wichtigen Fragen zusammengestanden hatten, einen Keil zu
treiben und die konservative Partei von neuem in das Lager des Centrums herüber-
zuführen. Der Versuch mißlang, da bei der entscheidenden Abstimmung die weitaus größere Anzahl der Konservativen ihren Führer im Stich ließen und in
Gemeinschaft mit den Freikonservativen und Nationalliberalen das stark gefährdete
Gesetz glücklich unter Dach und Fach brachte. Es scheint fast, als ob Herr von
Rauchhaupt den jetzigen Augenblick für geeignet hält, den mißlungenen Versuch
zu erneuern und sich der ihm unbequemen Bundesgenossenschaft der nationalliberalen Partei zu entledigen. Hierfür spricht insbesondere die freudige Zustimmung,
welche das Vorgehen des konservativen Führers bei der „Germania" und der

---

[1] Vergl. oben S. 98.

„Kreuzzeitung" gefunden hat. Ruft doch letztere mit Frohlocken aus: „Wo ist im Abgeordnetenhause noch ein gemeinsamer Boden für ein ersprießliches Zusammenwirken der konservativen und nationalliberalen Partei?"

Wir verzichten darauf, mit der „Kreuzzeitung" über die Nützlichkeit und Notwendigkeit des Kartells in Erörterungen einzutreten. In kleinlicher Parteipolitik befangen, hat dieses Blatt schon längst den Blick für die wahren Interessen des Vaterlandes verloren. Das Bündnis mit dem jeder staatlichen Autorität widerstrebenden Centrum ist seiner politischen Weisheit letzter Schluß, und in tiefgewurzeltem Hasse gegen alle, die nicht ihren spezifisch kirchlichen Standpunkt teilen, scheut die „Kreuzzeitung" nicht davor zurück, zur Bekämpfung der nationalen Elemente in der Provinz Hannover auf die Hilfe der Welfen zu rechnen, trotzdem dieses Liebeswerben auf seiten der letzteren nur Spott und Hohn gefunden hat.

Anders verhält es sich mit Herrn von Rauchhaupt. Herr von Rauchhaupt ist der anerkannte Führer der konservativen Partei im Abgeordnetenhause. In dieser Eigenschaft liegt ihm die Verpflichtung ob, die Auffassungen nicht eines kleinen Bruchteils, sondern der Gesamtpartei zu vertreten. Die Auffassung der konservativen Partei in ihrer Totalität geht aber nicht dahin, mit der nationalliberalen Partei zu brechen, sondern im Gegenteil mit derselben zu einer Verständigung zu gelangen. Wenn daher Herr von Rauchhaupt im Widerspruche hiermit in seiner neuesten Veröffentlichung offenkundig dazu beiträgt, die naturgemäß zwischen verschiedenen Parteien vorhandenen Gegensätze bis zu einer unüberbrückbaren Kluft zu erweitern, so kann er nicht als der berufene Vertreter der konservativen Partei angesehen werden."

Zwischen Bismarck und Rauchhaupt hat schließlich jeder persönliche Verkehr aufgehört. Der Grund der Entfremdung lag weniger in der Divergenz der politischen Meinungen, als in dem so außerordentlich verschiedenen Temperament beider. Angegeben wurde seinerzeit als direkte Veranlassung zu dem Abbruch eine Indiskretion, welche Rauchhaupt durch öffentliche Wiedergabe einer privaten Äußerung des Fürsten von einigem politischen Belang in einer Volksversammlung in seinem Heimatskreise begangen haben soll.

XIV. Abschnitt.
Die erste Session der VII. Legislatur-Periode des Reichstags.
(3. März—18. Juni 1887.)

In den Tagen nach der Reichstagsauflösung kam das Wahlkartell zwischen den Konservativen und den Nationalliberalen[1]) zu stande, bei dessen Verhandlung von Helldorff lebhaft beteiligt war, nicht ohne Kampf gegen die damals kleine

---

[1]) Vergl. darüber die „Mitteilungen des Wahlvereins der deutschen Konservativen für seine Mitglieder" vom Mai 1887 (aus der Feder von Helldorff's) und Kohl, Bismarck-Reden, Bd. XII, S. 409f.

Gruppe Hammerstein in der Fraktion. Es war schließlich ein scharfer Druck auf die Nationalliberalen von seiten des Kanzlers nötig, wofür von Helldorff (15. Januar) sorgte.

„Das wissen Sie gerade so gut wie ich — sagte Bismarck kurz vor den Wahlen zu dem nationalliberalen Abgeordneten von Eynern — wir leben im Frieden, aber sehen Sie auf die Vorbereitungen Frankreichs, auf die Baracken-bauten, auf Boulanger, auf das seit 16 Jahren ertönende Geschrei der Patrioten-liga, und dann werden Sie wissen, ob und was wir von Frankreich zu fürchten haben [1]."

Bennigsen und Miquel erklärten sich zur Annahme eines Mandats bereit.

Es waren wiederholt an den Reichskanzler Anfragen gelangt, ob eine kaiser-liche Proklamation für die Wahlen ergehen würde. Fürst Bismarck hat dieselben dahin beantwortet, daß eine derartige Maßregel vor der Hand nicht zeitgemäß sein würde. Dieselbe würde erst in Frage kommen, wenn die Wahlen so schlecht ausfallen sollten, daß eine nochmalige Auflösung des Reichstags notwendig würde.

Es erfolgte nun die Wahl und der Sieg der Kartellparteien mit schwacher Mehrheit [2]. Alsbald nach der Eröffnung des Reichstags am 6. März 1887 war von Helldorff allein mittags bei Bismarck, um mit demselben die durch die Neuwahl geschaffene neue Situation zu besprechen.

Der Annahme des Septennats ging eine Unterredung Bismarck's mit dem Abgeordneten Freiherrn von Franckenstein voraus (10. März 1887); in die Ver-handlungen des Reichstags darüber griff derselbe aktiv nicht ein [3].

In der nächsten Zeit trat das Branntweinsteuer-Projekt in den Vordergrund. Von Helldorff interessierte sich lebhaft für das Zustandekommen dieses Gesetzes und verhandelte darüber am 26. März 1887 mit von Rottenburg und demnächst auch mit den andern Parteien.

Am 28. März nahm er mit den Abgeordneten Miquel, von Kardorff und Buhl an einem Diner bei Bismarck teil, bei welcher Gelegenheit die Grund-

[1] Die „Post" 1887, Nr. 45. Über die Stellung der nationalliberalen Partei innerhalb des Kartells bei den Wahlen vom 21. Februar 1887 vergl. Ludwig Bamberger: „Die Nachfolge Bismarck's", autorisierter Sonderabdruck aus der Wochenschrift „Die Nation", Berlin W., Rosenbaum-Hart 1889, 43 Seiten.

[2] Besonders bemerkenswert war außer der Niederlage der freisinnigen Partei das voll-ständige Verschwinden der Volkspartei aus dem Reichstage, der Verlust aller sächsischen Man-date für die Sozialdemokraten und die Fruchtlosigkeit aller Anstrengungen der Reichstreuen in Elsaß-Lothringen, wo der einzige Elsässer, der in rückhaltlosem Anschluß an das Reich für das Septennat eingetreten war, Freiherr Zorn von Bulach, sein Mandat verlor.

[3] Bei der zweiten Lesung der Militärvorlage (8. März 1887) war Bismarck im Reichs-tag aber anwesend. Der Kanzler schien bei guter Stimmung zu sein, unterhielt sich längere Zeit mit dem Minister von Puttkamer und dann mit dem Abgeordneten von Kleist-Retzow. Nachdem das Triennat durch Verwerfung des Antrages Bamberger mit 222 gegen 23 Stimmen — 88 Mitglieder enthielten sich der Abstimmung - abgelehnt worden, entfernte sich der Fürst.

lagen des dem Reichstag unterm 5. Mai 1887 vorgelegten Gesetzes, betreffend die Besteuerung des Branntweins, durchberaten und endgültig beschlossen wurden.

Fürst Bismarck trug nach Tisch, die Pfeife in der Hand, den Inhalt des preußischen Entwurfes vor. Die Parlamentarier machten der Reihe nach ihre Ausstellungen. Am folgenden Tage teilte Bismarck auf Grund der zu stande gekommenen Einigung seinen definitiven Entschluß dem Staatssekretär des Reichsschatzamts Scholz mit.

Auf dieselbe Frage bezogen sich weitere Besprechungen Helldorff's mit dem Chef der Reichskanzlei Dr. von Rottenburg und Bismarck am 30. März 1887.

Ein hübscher Zug des Fürsten Bismarck ist es, daß er sich, als im September 1887 dem früheren Reichstagsabgeordneten Professor Karl Biedermann in Leipzig [1] zum 75sten Geburtstag von seinen nächsten Parteifreunden eine Ehrengabe überreicht wurde, mit einem namhaften Beitrag daran beteiligt hatte. In dem Antwortschreiben auf Biedermann's Dankbrief bemerkte Fürst Bismarck: „Gestatten Sie mir, Ihnen meinen Dank und meine Anerkennung auszusprechen für die Treue Ihres durch keinen Wechsel der politischen Lage beirrten Festhaltens an dem nationalen Gedanken und für die Thätigkeit, welche Sie für die Verwirklichung desselben auch in Zeiten entfaltet haben, wo eine Aussicht auf Erfolg noch nicht vorlag."

Biedermann darf es sich als ein Verdienst anrechnen, daß ihm, dem Sachsen, sogleich im Beginn seiner publizistischen Thätigkeit (1842) der Gedanke einer Hegemonie Preußens als selbstverständlich erschien, und daß er diesen Gedanken lange als der Einzige in der Tagespresse vertrat, und zwar zu Zeiten und unter Umständen, da es jedenfalls für den Sachsen nicht leicht und gefahrlos war, sich zu demselben zu bekennen (z. B. 1866). Vielleicht hat Bismarck bei Abfassung seines Briefes auch an eine frühere Zeit gedacht, z. B. an die Zeit, wo Sachsen von der Union abfiel, und Biedermann mit seinen Gesinnungsgenossen im sächsischen Landtage alles, freilich vergebens, aufbot, um dies zu verhindern, wofür ihn dann die Rache des Herrn von Brust traf.

Bismarck ließ es aber bei der obigen Spende als Beitrag zu der Biedermann gewährten Dotation nicht bewenden. Er wollte ihm eine kaiserliche Pension zuwenden, wie sie Ruge und andre genossen hatten, die von viel weiter links her und viel später schließlich auf nationalem Boden angelangt waren. Die Sache verzögerte sich, weil Bismarck die Sache persönlich bei dem Kaiser vortragen wollte, bis in den Februar 1888. Die schließlich bewilligte Jahrespension von 3000 Mark für Biedermann war eine der letzten Gnadenbewilligungen des alten Kaisers.

---

[1] Vergl. Bd. II., S. 165, und oben S. 155.

XV. Abschnitt.

Die zweite Session der VII. Legislatur-Periode des Reichstags.

(29. November 1887—20. März 1888.)

Die Herbstsession des Reichstags im November 1887 brachte zunächst Debatten über Getreidezölle. Die Regierungsvorlage, betreffend die Erhöhung der Getreidezölle, fand im Reichstag ihre glückliche Erledigung. Die Stellung des landwirtschaftlichen Ministers wurde im Laufe der Debatten dadurch erschwert, daß der Kanzler die Sache der Schutzzöllner während der Beratung im Reichstag nicht bloß mit keinem Worte unterstützte, sondern daß daselbst geradezu das Gerücht verbreitet wurde, es liege demselben überhaupt nichts an den Getreidezöllen. Natürlich wurde dies böswillige Gerücht von den Gegnern der Vorlage absichtlich verbreitet, um dieselbe zum Fall zu bringen. Der Minister Dr. Lucius ließ sich aber durch das Gerede nicht beirren, und hielt sich bei seinem erfolgreichen Eingreifen in die Debatte an die Vorlage, welche die Unterschrift Bismarck's trug.

In der zweiten Session der VII. Legislatur-Periode spielte die Frage des Fortfalls des Identitätsnachweises[1]) eine bedeutende Rolle. Graf Mirbach[2]) war damals Mitglied der Kommission zur Beratung des Gesetzes, betreffend die Abänderung des Zolltarifs, welches unter anderm eine Erhöhung des Zolles auf Weizen und Roggen von drei auf sechs Mark vorschlug[3]). Graf Mirbach und mit ihm die Konservativen hatten den Wunsch, daß gleichzeitig mit der Zollerhöhung auch die Frage des Identitätsnachweises geregelt werde. Als Graf Mirbach nach dieser Richtung zu wirken suchte, äußerte einer der höchsten Beamten des Reichs ihm gegenüber, der Reichskanzler sei sehr böse auf ihn, weil er die Frage der Getreidezollerhöhung mit der über den Fortfall des Identitätsnachweises belaste. Diese Eröffnung veranlaßte den Grafen Mirbach, sich seine Information direkt beim Kanzler zu holen, worauf derselbe ihm in einem Briefe vom 10. Dezember 1887 mitteilte, er, Bismarck, sei gar nicht böse auf Mirbach. „Ich habe davor warnen wollen, das Erreichbare dadurch in Frage zu stellen, daß verschiedenartige petita mit einander untrennbar verbunden werden. Gegen die Aufhebung des Identitätsnachweises sprechen, abgesehen von den Meinungsverschiedenheiten über ihre thatsächliche Wirkung, soviel ich weiß, hauptsächlich finanzielle Bedenken; jedenfalls glaube ich, daß die Verbindung dieser Frage mit der des Getreidezolles die Chancen einer jeden von beiden schlechter stellen würde, als sie bei isolierter Behandlung stehen würden."

Der Antrag wegen des Identitätsnachweises blieb in dieser Session unerledigt.

[1]) Zu vergl. der Antrag der Abgeordneten Ampach und Genossen um Annahme eines Gesetzes, betr. Abänderungen der Zolltarifgesetze vom 15. Juni 1879 und 23. Juni 1882 (Drucksache Nr. 102).
[2]) Vergl. oben S. 49.
[3]) Vergl. die Drucksache Nr. 22.

Der Abgeordnete Lohren hatte in der „Post" die Erhöhung der Kornzölle von 3 auf 4,50 Mark im Zusammenhange mit der Aufhebung des Identitäts- nachweises von Getreide bei der Ausfuhr befürwortet. Damals brachten die Blätter die Nachricht, Bismarck habe ein Schreiben an Lohren gerichtet, in welchem er den Abgeordneten unter Berufung auf seinen ihm (dem Reichskanzler) wohl- bekannten Patriotismus und auf die Verehrung des Abgeordneten für ihn (den Reichskanzler) ersuchte, auf die Einbringung eines Antrages (den Getreidezoll auf 4,50 Mark festzusetzen) zu verzichten. Die Nachricht war aus der Luft ge- griffen. Der Kanzler hat an Lohren in dieser Frage ein Schreiben nicht ge- richtet.

Bereits im ersten Bande [2]) ist eine Unterredung erwähnt, welche zwischen dem Reichskanzler und dem Grafen Mirbach auf der parlamentarischen Soiree vom 2. März 1886 über die Währungsfrage geführt wurde. Über dieselbe Frage konferierte Fürst Bismarck mit dem genannten Parlamentarier am 1. Fe- bruar 1888 bei Gelegenheit einer demselben bewilligten Audienz. Das Gespräch ging von der Versicherung des Fürsten Bismarck aus, daß er ebenso wie Graf Mirbach von der Notwendigkeit durchdrungen sei, der Landwirtschaft die mög- lichste Unterstützung zu gewähren, und daß er gern bereit sei, auch in der Währungsfrage Konzessionen zu machen, jedoch nur in sicherer Vereinbarung mit den andern Ländern; insbesondere könne kein entscheidender Schritt ohne England geschehen.

Das weitere Gespräch bewegte sich in folgendem Ideengange.

Graf Mirbach betonte, in England sei die Bewegung für den Bimetallismus eine so starke, daß wenn von Deutschland eine Kundgebung von Bedeutung im Sinne des Mitgehens von Deutschland erfolge, vielleicht schon in diesem Winter im Unterhause eine Majorität im Sinne der Einführung des internationalen bimetallistischen Systems zu haben sei — ohne eine solche entscheidende Kundgebung freilich schwerlich. Graf Herbert Bismarck habe ihm' erst heute ein Schreiben des Mr. Chaplin, M. of P., gleichzeitig Mitglied des P. Council of H. M., des Führers der englischen Agrarpartei, vorgelegt, welche seine, Mirbach's, Äußerungen bestätigte. Chaplin wünsche eine solche Kundgebung Deutschlands und lege großen Wert darauf. Er, Graf Mirbach, und von Kardorff wünschten deshalb eine Resolution des Reichstags in dem Sinne herbeizuführen, daß Deutsch- land seine Bereitwilligkeit zu gemeinsamem Vorgehen mit England aussprechen sollte, wenn England die Initiative ergriffe.

Fürst Bismarck erwiderte, dies sei ja seit lange der Standpunkt der deutschen Regierung. „Es handelt sich nicht einmal um die Initiative von England. Wenn England mitgeht, gehen wir auch vor."

Nachdem sich das Gespräch über das Agio des Friedrichsd'or und das Wesen der freien Prägung verbreitet hatte, kam Fürst Bismarck auf das Wert- verhältnis zwischen Silber und Gold zu sprechen. Nehme Deutschland im Falle

---

[2]) Vergl. Bd. I., zweite Auflage, S. 234 f.

der Rückkehr zum Bimetallismus, also der in integrum restitutio, die frühere Relation von 1 : 15 ½ an, so laufe Deutschland Gefahr, mit Silber überflutet zu werden. „Die amerikanischen Silberminenbesitzer sollen ihre Minen sperren, mit deren Exploitation darauf wartend, daß das Silber als vollwertiges Münzmetall wiederhergestellt werde."

Graf Mirbach glaubte, in dieser Beziehung den Fürsten Bismarck beruhigen zu können. Die Frage des Wertverhältnisses zwischen Gold und Silber werde sehr überschätzt. „In dem Moment, wo Deutschland und England und so weiter erklären: Wir werden in der Relation 1 : 15½ prägen, ist das Verhältnis so." Die Gefahr einer künftigen Überflutung durch die amerikanischen Silberminenbesitzer könne er, Mirbach, gleichfalls nicht zugeben. „Die Erfahrung lehrt, daß wenn der Preis eines Gegenstandes sinkt, die Produzenten bemüht sind, durch Verstärkung der Produktion die Ausfälle zu decken. Mir ist es auf diesem speziellen Gebiete bekannt, daß der Mansfelder Silberbergwerksbau die Folgen des Fallens der Silberpreise wesentlich dadurch zu eliminieren versucht hat, daß er den Umfang des Betriebes immer mehr steigerte. Ich halte übrigens die Amerikaner auch nicht für so gute Menschen, daß sie nur an ihre Kinder und Enkel denken und auf den gegenwärtigen Gewinn für sich durch Silberausbeute verzichten."

Graf Herbert Bismarck bestätigte den kolossalen Vermögensverfall der englischen Landwirtschaft, in Deutschland werde er nur durch die Zölle noch aufgehalten. „Diese Frage ist die entscheidende. Lösen wir sie nicht durch Restitution des Silbers, so ist die Expropriation des gesamten Grundbesitzes durch das internationale mobile Kapital unvermeidlich — nur eine Frage der Zeit. In jeder Minute nimmt der Wert (die Macht) des hauptsächlich internationalen Großkapitals zu, um ebensoviel verringert sich der Wert aller produktiven Arbeit. Warum quälen wir uns mit allerlei andern wirtschaftlichen, sozialen Gesetzen, sie sind der Macht dieser Frage gegenüber auf die Dauer wirkungslos."

Im weiteren Verlauf des Gesprächs äußerte Fürst Bismarck noch seine Ansicht über die Reform der direkten Steuern. „Meines Erachtens müßte der Coupon, aber nur dieser, höher besteuert werden, die Mühe des Couponabschneidens steht in keinem Verhältnis zu sonstiger Arbeit und Risiko. Der Reform der direkten Steuern, von der ich mir überhaupt nicht viel verspreche, müßte mindestens zuvorgehen eine Beseitigung der Ungerechtigkeit der Grundsteuer, die ohne Rücksicht auf die Verschuldung auferlegt wurde. Die Ungerechtigkeit wird jährlich vervielfältigt durch die Zuschläge."

Einen erregenden Zwischenfall bildete die sogen. Waldersee-Versammlung [1]), die durchaus nicht den Wünschen des Kanzlers entsprach. Aus Anlaß dieser Angelegenheit war der Abgeordnete von Helldorff am 28. Januar 1888 bei dem Fürsten Bismarck in Friedrichsruh. Von dieser Zeit datiert die grundsätzliche Abwendung des Kanzlers von allen Stöcker'schen Bestrebungen.

[1]) Über die Beteiligung Stöcker's daran s. Schulthess, Europäischer Geschichtskalender 1887, S. 190.

Der berühmten Rede Bismarck's vom 6. Februar 1888 bei der ersten Be-
ratung des Gesetzentwurfs, betreffend die Aufnahme einer Anleihe zu militärischen
Zwecken [1], ging der private Empfang mehrerer Mitglieder des Reichstags voraus.
So sah der Kanzler am 31. Januar den Abgeordneten von Bennigsen bei sich.
Voraussichtlich teilte er demselben den Wunsch mit, das Anleihegesetz, sowohl im
Plenum wie in der Kommission des Reichstages mit derjenigen Zurückhaltung
der Öffentlichkeit gegenüber zu behandeln, welche durch die Natur des Gesetzes
allerdings selbstverständlich war.

Am 1. Februar 1888 erhielt Freiherr von Huene eine Einladung des
Reichskanzlers zu einer Besprechung, also kurz vor der großen Rede, welche der
Kanzler am 6. Februar 1888 im Reichstag bei der ersten Beratung des Gesetzentwurfs, betreffend die Aufnahme einer Anleihe zu militärischen Zwecken, hielt,
zu deren Vorbereitung am 3. Februar 1888 die Veröffentlichung des deutsch-
österreichischen Bündnisvertrages vom 7. Oktober 1879 erfolgt war.

Bismarck kam es darauf an, auch innerhalb des Centrums die Überzeugung
von der Notwendigkeit weiterer Rüstungen Deutschlands zu erwecken. Um dieses
Ziel zu erreichen, wandte sich der Kanzler an Huene, der selbst lange Jahre
Offizier gewesen, und der wie kein zweiter im Reichstage das Militärbudget und
die Militärbedürfnisse zu übersehen vermochte.

Mit der Bismarck eigenen Offenheit weihte er seinen Besucher in mannigfache
Verhältnisse der äußeren Politik ein und hielt ihm einen anderthalbstündigen Vortrag
über die Machtverhältnisse Deutschlands und seiner Nachbarn, über die Beziehungen
zu Österreich, Rußland, Frankreich, die Eventualitäten eines Krieges, das Verhältnis Rußlands und Österreichs zu der orientalischen Frage, dann speziell
noch über das rauchlose Pulver, das neue Gewehr und so weiter. Gerade in
letzterer Hinsicht betonte der Fürst, daß die Regierung nicht in der Lage sei,
das, was sie vorhabe, schon öffentlich auszusprechen. Schließlich berührten die
Äußerungen des Fürsten auch Fragen der inneren Politik, namentlich seiner
eigenen Stellung.

Bismarck hat vielleicht noch niemals so viel Genugthuung, Ehre, Erfolg
und innere Befriedigung gehabt, als am 6. Februar 1888. Man sagt nicht zu viel,
wenn man behauptet, die ganze Welt habe auf seine Rede gelauscht, wie auf das
Wort eines Messias. Die Losung: Krieg oder Frieden erwartete Europa aus
seinem Munde. Der Andrang zu den Tribünen des Reichstags war ein noch
nicht dagewesener. Als ich auf dem Wege dahin das Reichskanzler-Palais
Wilhelmstraße 77 passierte, wogten dichte Menschenmassen auf der Straße.

Bismarck sah überaus wohl aus, voller Kraft, seine Gesichtsfarbe war
frisch, seine Stimme sehr verständlich. Nach Annahme der Vorlage durch den
Reichstag war auf seinem Antlitz wahre Herzensfreude zu lesen; er sah förmlich
glücklich aus. Die Zustimmung Rickert's begleitete er mit einem „Bravo".

---

[1] Vergl. hierüber und über die Militärvorlage Kohl's Bismarck-Reden, Bd. XII., S. 440.

Unter den Reichsbeamten war große Aufregung über einen Erlaß, der denselben das Betreten der Bundesrats-Tribüne verbot. Dem Vernehmen nach hatte sich Bismarck bei einer früheren Rede durch die Anwesenheit einer Schar von Reichsbeamten auf der Bundesrats-Tribüne belästigt gefühlt und selbst diesen Ukas veranlaßt, der sogar dem Unterstaatssekretär Eck und dem Direktor Bosse vorgelegt wurde. Die Kollegen im Auswärtigen Amt waren auch davon betroffen. Abends erzählte mir noch einer aus der nächsten Umgebung Bismarck's, derselbe habe seine Rede sogar schriftlich ausgearbeitet; er sei die letzten Tage schwer zugänglich gewesen. In der Sitzung brachte Bismarck als aide memoire ein Oktavblatt von ca. 4 Seiten mit, worin er den Gang der Rede durch Stichworte sich angemerkt hatte. Er warf oft längere Blicke in die Aufzeichnung, gleich als wollte er den weiteren Gang der Rede überfliegen, bevor er damit fortfuhr [1]). —

Der Abgeordnete für Mühlhausen, August Lalance [2]), hatte von Bismarck's Politik in Bezug auf die Reichslande eine Meinung, die in Frankreich wohl gerne gehört, aber selbst dort nicht geglaubt sein wird. Danach besaß Elsaß-Lothringen in Bismarck's Augen lediglich die Bedeutung eines Zankobjekts, an dem sich die beiden Nationalitäten reiben, und wenn erst die deutsche Nationalität in diesem Streite sich soweit gestärkt habe, daß sie endgültig in ihrem Bestande gesichert sei, dann würde Bismarck das Elsaß die Stelle des Mohren spielen lassen, der seine Schuldigkeit gethan hat. Herr Lalance war davon überzeugt, daß Fürst Bismarck seinen Ruhm durch die Rückgabe Elsaß-Lothringens an Frankreich besiegeln und so sein Volk glücklich machen werde. „Denn dieses — so schloß ein von Lalance an Emilio Castelar gerichteter Brief — ist im Grunde friedliebend und sieht nicht ohne Besorgnis, wie das Vaterland Schiller's und Goethe's in eine weite Kaserne umgewandelt wird." Das „Vaterland" Schiller's und Goethe's ist allerdings für Franzosen und solche, die es gern sein oder werden möchten, ein Ideal deutscher Zustände, das sich, wie wir Deutsche hoffen, nie wieder verwirklichen wird.

Um Ostern 1888 brachte die „Norddeutsche Allgemeine Zeitung" einen Artikel, wonach hinter dem Rücken Bismarck's eine Verlobung der Tochter des Kaisers Friedrich mit dem ehemaligen Fürsten von Bulgarien geplant werde, was, wenn es zu stande komme, den Rücktritt des Fürsten Bismarck zur Folge haben müsse. Der nationalliberale Abgeordnete Professor Dr. Biedermann in Leipzig [3]) hielt dafür, daß jeder Patriot thun müsse, was er könne, um eine solche Gefahr wo-

---

[1]) Aus Anlaß der Bismarck'schen Rede hatte der Zeichenlehrer Weidmann in Greiz Bismarck ein schwungvolles Gedicht eingesandt. Darauf erging am 16. Februar 1888 folgende Antwort (in Kohl's Bismarck-Regesten nicht erwähnt): Ich danke Ihnen verbindlichst für die freundliche Anerkennung, mit welcher Sie mich aus Anlaß der Reichstagssitzung vom 6. c. beehrt haben. von Bismarck.

[2]) Geboren den 1. September 1830 in Champagney. Fabrikant in Mühlhausen.

[3]) Vergl. oben S. 187.

möglich abzuwenden. In dieser Überzeugung regte derselbe jene Leipziger Adresse an den Fürsten Bismarck an, die damals mehrseitig, selbst von einzelnen nationalliberalen Zeitungen, bekritelt worden ist[1], andre aber, und mit ihnen Biedermann, noch heute für ebenso berechtigt als nicht inopportun halten. Die Adresse[2] hatte binnen zwei oder drei Tagen wohl viertausend Unterschriften erlangt, wurde aber auf den vom Fürsten Bismarck telegraphisch gegen den Oberbürgermeister Georgi ausgesprochenen Wunsch zurückgezogen, da sich inzwischen die Krisis durch Dazwischenkunft des Kaisers Friedrich verzogen hatte.

Gewisse freisinnige Blätter waren so abgeschmackt, diese politische Aktion Professor Biedermann's damit zu erklären, daß er sich für den oben erwähnten Beitrag des Fürsten Bismarck habe dankbar erweisen wollen — wobei noch insinuiert wurde, derselbe sei wohl aus dem Welfenfonds geleistet worden!

Biedermann's lange politische Thätigkeit, die offen vor aller Welt Augen liegt, spricht ihn von jedem Verdacht eines solchen Handelns aus persönlichen Motiven frei; es bewog denselben zu dem Schritt einzig und allein die schwere Besorgnis vor der Gefahr des Vaterlandes. Biedermann hat sich darüber in

---

[1] Dieselbe lautete: Durchlauchtigster Fürst! Höchstzuverehrender Herr Reichskanzler! Das hierher gelangte Gerücht von der Möglichkeit eines Rücktritts Ew. Durchlaucht von Ihrem hohen Amte hat selbst in dieser unbestimmten Form die schwerste Beunruhigung in der Einwohnerschaft Leipzigs, wie unter den eben jetzt hier anwesenden Angehörigen andrer deutschen Länder verbreitet. Alle politisch Denkenden und patriotisch Fühlenden in Deutschland, welches auch sonst ihr Standpunkt sein mag, treffen doch in der zweifellosen Überzeugung zusammen, daß die Pflege unsrer großen nationalen Angelegenheiten, daß die Wahrung der Machtstellung, ja der Sicherheit Deutschlands nach außen keiner andern Leitung so zuversichtlich anvertraut werden könne, als der so lange und so glänzend bewährten Ew. Durchlaucht. Nicht wir Deutsche allein, sondern in ganz Europa alle die, welche die Erhaltung und Befestigung des Friedens samt der dadurch allein verbürgten Wiederbelebung des schwer darniederliegenden Verkehrs erschnen, blicken hoffend auf den Staatsmann, dessen ebenso feste wie besonnene Politik allein die Geister der Kriegslust, wo immer sich solche regen, im Zaume hält. Zu Ew. Durchlaucht opferwilligem Patriotismus hegen wir die feste Zuversicht, daß Höchstdieselben den weltgeschichtlichen Posten, auf welchen die Vorsehung Ew. Durchlaucht gestellt hat, nicht anders als aus den zwingendsten Gründen aufgeben werden. Mit gleich vertrauensvoller Zuversicht blicken wir ehrfurchtsvoll auf Seine Majestät unsern erhabenen Kaiser Friedrich, dessen allverehrte Weisheit und hochherzige Hingebung an die großen Interessen der Nation gewiß die rechten Mittel und Wege finden wird, um einen so unersetzlichen Verlust von unserm geliebten deutschen Vaterlande abzuwenden.

[2] Die „National-Zeitung" schrieb dazu: Wir können nicht sagen, daß Demonstrationen dieser Art uns erfreulich erscheinen; die Bedenken gegen dieselben liegen dergestalt auf der Hand, daß man sie nicht ausdrücklich hervorzuheben braucht. Auch die Urheber der Kundgebungen werden sich diesen Bedenken nicht verschlossen haben; wenn man dieselben hier und da bei Seite schiebt, so ist dies ein Beweis der Aufregung, welche durch die neuesten Vorgänge hervorgerufen worden. — In denselben Tagen wurde aus Breslau berichtet: Behufs Annahme und unterschriftlicher Vollziehung einer an Se. Majestät den Kaiser zu richtenden Bittschrift, in welcher um Erhaltung des Reichskanzlers Fürsten Bismarck in seinen Ämtern gebeten wird, sind die Vorsitzenden des hiesigen nationalliberalen Wahlvereins, des neuen Wahlvereins und des deutschkonservativen Wahlvereins zu einer Versammlung einberufen.

einer Landesversammlung der Nationalliberalen Sachsens am 3. Juni 1888 öffentlich ausgesprochen und die Genugthuung gehabt, die volle Zustimmung der Versammlung zu seinem Verfahren zu erhalten[1]).

In Verbindung mit der Kanzlerkrisis stand die Thatsache, daß Bennigsen nach Berlin reiste und am 9. April 1888 von Bismarck empfangen wurde[2]). Die Kanzlerkrisis rief übrigens bei einem Reichstagsabgeordneten eine Erinnerung wach, die ihm vor einiger Zeit ein der Reichspartei angehöriges, persönlich befreundetes Reichstagsmitglied gemacht hatte. Dieser Herr hatte eine Unterredung mit dem Fürsten Bismarck, welcher dabei folgende Äußerung that: „Sie glauben gar nicht, wie eigensinnig der alte Herr (der Kaiser) sein kann." Als der Abgeordnete darauf in dem Sinn erwiderte, daß Fürst Bismarck in solchen Fällen wissen werde, was er zu thun habe, habe der Kanzler erwidert: „Sie täuschen sich, der Kaiser bekommt leicht einen andern Kanzler, ich aber bekomme keinen andern Kaiser."

Kaiser Friedrich hatte nach der „Danziger Zeitung" beabsichtigt, mehreren hervorragenden liberalen Parlamentariern Ordensauszeichnungen zu verleihen: Virchow, Mommsen, Hänel und von Stauffenberg. Er verzichtete aber darauf, als Fürst Bismarck das Entlassungsgesuch des gesamten Staatsministeriums in Aussicht gestellt hatte.

Fürst Bismarck begründete den Widerspruch nicht nur im eigenen Namen, sondern auch unter Berufung auf das gesamte preußische Staatsministerium. Die Gesamtpolitik des letzteren würde in allen inneren Angelegenheiten in Frage gestellt, wenn Personen, welche notorisch zur Opposition gegen die von den Ministern geführte Politik gehörten, mit Ordensauszeichnungen bedacht würden. Insbesondere könnte dadurch auch eine Verwirrung in den Auffassungen der Wähler bei den demnächstigen Wahlen zum Abgeordnetenhause hervorgebracht werden, welche die Mehrheit in Frage stelle, auf welche das Ministerium sich stützen müsse. Das Gesamtministerium würde daher nicht in der Lage sein, die Geschäfte fortzuführen, wenn der Kaiser auf seiner Absicht hinsichtlich der gedachten vier Ordensauszeichnungen beharre!

---

[1]) Biedermann hat seine 1890 erschienene „Deutsche Geschichte vom Wiener Kongreß bis zur Errichtung des neuen Deutschen Kaisertums" dem Fürsten Bismarck nach vorher eingeholter und von ihm in liebenswürdigster Weise erteilten Erlaubnis gewidmet.

[2]) Das „Berliner Fremdenblatt" schrieb am 11. April 1888: Dem Besuche des Herrn von Bennigsen beim Fürsten Reichskanzler weiß die „Magd. Ztg." ganz besondere Bedeutung beizulegen, die sie allerdings noch etwas verschleiert. Herr von Bennigsen ist Landesdirektor der Provinz Hannover, von der gleichfalls weite Distrikte vom Hochwasser verheert sind, und schon in voriger Woche, schreibt sie, wurde uns mitgeteilt, daß er zu den Vorberatungen über das Notstandsgesetz, die jetzt thatsächlich in Angriff genommen sind, hier erwartet werde. Die „Post" weiß freilich schon von einer mehrstündigen Unterhaltung des Herrn von Bennigsen mit dem Fürsten Bismarck zu berichten, und diese dürfte sich dann allerdings nicht allein auf die Hochwasserangelegenheit bezogen haben.

Bismarck machte aber dem Kaiser später noch eine Konzeſſion bezüglich Virchow's [1]), welcher dem Herrſcher während ſeiner Krankheit perſönliche Dienſte geleiſtet hatte, als es ſich darum handelte ein dem Kehlkopf entnommenes Fleiſchſtückchen zu unterſuchen [2]).

XVI. Abſchnitt.
Die dritte Seſſion der VII. Legislatur-Periode des Reichstags.
(25.—26. Juni 1888.)

Am 19. Juni 1888, nach dem Tode des Kaiſers Friedrich, war der Abgeordnete von Helldorff bei Bismarck zu Tiſch und hatte eine längere Beſprechung über die Lage. Dieſelbe war inſofern von Intereſſe, als bereits in jener Zeit der energiſche Kampf jener Kreuzzeitungsgruppe gegen Helldorff begann, welche die von Bismarck inaugurierte Kartellpolitik bekämpfte. Dieſe Lage veranlaßte von Helldorff zu einer ausführlichen Darlegung über die Parteiverhältniſſe, welche derſelbe dem Grafen Herbert Bismarck am 3. Auguſt 1888 zur Mitteilung an den Kanzler überreichte. Helldorff's Standpunkt erhellt aus einem Aufſatze, den derſelbe bereits im Mai 1887 in den Mitteilungen des Wahlvereins der deutſchen Konſervativen veröffentlicht hatte.

Bald nach dem am 15. Juni erfolgten Tode des Kaiſers Friedrich hatte auch der frühere Reichstagsabgeordnete Freiherr von Stumm eine Beſprechung mit dem Kanzler, welcher die ganze politiſche Situation ſtreifte.

Am 7. Auguſt 1888 begab ſich Herr von Bennigſen zu einem zweitägigen Beſuche Bismarck's nach Friedrichsruh [3]). Gegenſtand der Verhandlungen war die Frage eines Wiedereintritts des Führers der Nationalliberalen in das Abgeordnetenhaus und die damalige Parteigruppierung. Den Schleier, der zu Anfang über den Beſuch ruhte, hob zuerst ein Gewährsmann des „Hamburger Korreſpondenten", welcher bemerkte: Herrn von Bennigſen zählt der Reichskanzler zu ſeinen perſönlichen Freunden, und er dürfte den Plan, ihn in die Regierung zu berufen, nicht endgültig aufgegeben haben. Es ſind faſt zehn Jahre vergangen ſeit jener bedeutſamen Unterredung beider Männer, welche reſultatlos

---

[1]) Hermann Wagener bemerkte einmal: „Es iſt nicht bekannt, daß Bismarck jemals Luſt verſpürt haben ſollte, ſich Virchow's ärztlichen Rates zu bedienen oder gar eine Schädelmeſſung an ſich vornehmen zu laſſen. „Wenn der Mann ſich auf Staatsmänner nicht beſſer verſteht als auf den Staat, dann iſt es ſehr bedenklich, ſich bei ihm in die Kur zu geben," ſoll der Reichskanzler geſagt haben.

[2]) Am 24. Mai 1888 meldete der „Reichsanzeiger" die Verleihung des Roten Adler-Ordens II. Klaſſe mit Stern und Eichenlaub an Profeſſor Dr. Virchow.

[3]) Man vergl. über dieſen Beſuch die „Nationalzeitung" vom 13. Auguſt 1888, die „Poſt" Nr. 225, 228 (Auslaſſungen der Preſſe), das „Berliner Tageblatt" vom 12., 14., 15., 16., 18., 22., 24. Auguſt 1888, die „Poſener Zeitung" vom 14. Auguſt 1888.

verlief, weil Herr von Bennigsen den Plan, die Reichsfinanzreform mit Hilfe des Tabakmonopols durchzuführen, mißbilligte und keine Garantien dafür erhalten konnte, daß er für seine gemäßigt liberalen Ideen die erforderliche Unterstützung in der Regierung finden würde. Man hat sich seitdem daran gewöhnt, Zusammenkünften des Reichskanzlers mit Herrn von Bennigsen eine hochpolitische Bedeutung beizumessen und um wichtige Dinge wird es sich auch diesmal gehandelt haben. Der gegenwärtige Moment dürfte vielen allerdings kaum günstig für die Ausführung des alten Planes des Reichskanzlers erscheinen, und es wäre nicht leicht, den Wirkungskreis zu bezeichnen, welcher Herrn von Bennigsen gegenwärtig zugewiesen werden könnte. Aber nicht unwahrscheinlich ist es, daß Fürst Bismarck es gerade jetzt für ersprießlich hält, durch Berufung eines gemäßigt liberalen Politikers zu seinem Mitarbeiter seinen Absichten einen stärkeren Nachdruck zu geben.

Ende August 1888[1]) meldeten die Blätter die Ernennung Bennigsen's zum Oberpräsidenten der Provinz Hannover.

Am 12. November 1888 hielt der zweite Vizepräsident des Reichstags von Unruhe-Bomst[2]) bei Gelegenheit der Eröffnung des neuen Buchhändlerhauses in Leipzig eine Rede, die dessen freundschaftliche Beziehungen zu Bismarck gut beleuchtet:

Mir ist — so bemerkte er — die hohe Ehre zu teil geworden, jetzt in der Reihe der Redner den Reichstag zu vertreten. Ich nehme aber damit die viel höhere Ehre in Anspruch, als Mitglied des Hauptes der deutschen Volksvertretung jetzt namens des Deutschen Volkes zu sprechen.

Darum wird es Entschuldigung finden, wenn mir der Rede feine Weise weniger zu Gebote steht als den hochverehrten Rednern, die von mir gesprochen.

Aus des Herzens Wärme jedoch wird mir das Wort gegeben, das, so hoffe ich, auch den Weg zu Ihren Herzen finden wird. Wir haben der guten alten Sitte getreu zuerst dem Kaiser, unserm Schutz- und Schirmherrn, dem edlen Friedensfürsten, sodann dem Landesherrn hier, einem Fürsten, dessen Verdienst

---

[1]) Um dieselbe Zeit bemerkte in einer Versammlung freisinniger Wähler des Stadtteiles Moabit der Abgeordnete Dr. Alexander Meyer: Unwahr sei es, daß die Freisinnigen die Parole ausgegeben: „Fort mit Bismarck!" Die freisinnige Partei kämpfe für den alten Bismarck gegen den neuen, sie rufe nicht: „Fort mit Bismarck!" sondern: „Her mit dem alten Bismarck!" Diese Wendung haben wir schon früher vernommen.

[2]) Freiherr von Unruhe-Bomst, Hans Wilhelm Stanislaus; Wirklicher Geheimer Rat, Schloßhauptmann von Posen und Rittergutsbesitzer zu Langheinersdorf in der Neumark. Deutsche Reichspartei. Geboren am 26. August 1825 zu Berlin; evangelisch. 12. Februar 1853 zum Landrat in Bollstein ernannt. Am 1. April 1893 aus dem Staatsdienst ausgeschieden mit dem Charakter als Wirklicher Geheimer Rat und dem Prädikat Excellenz. In den Jahren 1855 bis 58 und 1866—67 Mitglied des preußischen Abgeordnetenhauses für den Wahlkreis Bomst-Meserip. Am 12. Februar 1867 zum erstenmal als Mitglied des konstituierenden Reichstags des Norddeutschen Bundes gewählt und demnächst Mitglied des Reichstags des Norddeutschen Bundes und der sämtlichen folgenden Deutschen Reichstage immer für denselben Wahlkreis (Meseritz-Bomst). Im Oktober 1891 auf Allerhöchstes Vertrauen zum lebenslänglichen Mitgliede des preußischen Herrenhauses berufen.

um die Begeisterung zündende Gestaltung des 29. Juni in unser aller Herzen tief eingegraben lebt, unsre Huldigung dargebracht. Jetzt ist es mir Herzens= bedürfnis, und ich denke dabei Ihrer Zustimmung gewiß zu sein, den Fürsten Bismarck, unsern großen Kanzler zu feiern.

Nicht will ich seine großen Thaten rühmen; dazu würde der Rahmen einer Tischrede nicht ausreichen, auch erachte ich mich nicht würdig genug dazu.

Ich will ihn preisen als den besten Freund des deutschen Volkes, der wie der Prinz im Märchen die schlafende Seele der Deutschen mit den rettenden Worten wach gerufen hat.

Ich gedenke der Zeit, da Herr von Bismarck=Schönhausen fast einzig, gestützt auf die Huld seines Königlichen Herrn, dessen allergetreuester Diener zu sein stets sein höchster Ruhm gewesen, angefeindet fast von allen Seiten, unbeirrt und festen Fußes auf das sich selbst gesteckte Ziel voranschritt. Wie er, mit nicht gerade sanfter Hand, die unter verschiedenen Namen getrennten Stämme des deutschen Volkes zusammenzwang. Ich gedenke der Zeit, da der Graf Bismarck, nachdem man sein Ziel erkannt und anerkannt hatte, unter weiser Schonung berechtigter oder doch gewohnter, lieb gewonnener Eigentümlichkeiten ein Gemeinwesen schuf, dessen Klassifizierung damals den verschiedensten Staats= rechtslehrern Kopfzerbrechen verursachte. Ich habe es gesehen und sehe es fort= gesetzt bis auf den heutigen Tag, wie dieses Gemeinwesen auf die Anregung des Fürsten Bismarck immer wohnlicher ausgestaltet wurde; wie wir, die wir uns in demselben zusammenfinden, uns immer heimischer darin fühlen, wie wir uns der Zusammengehörigkeit immer bewußter wurden, wie wir, gleichviel welche Mängel der Form des Bandes anhaften, als ein Volk uns anerkannten, wie wir in voller Sicherheit die Werke des Friedens, Handel, Gewerbe, Industrie, auf deutschen Wegen, unter gemeinsamer deutscher Flagge trieben und uns der deutschen Kunst, der deutschen Wissenschaft erfreuen. Ja! meine Herren, wenn ich als Preuße heute hier in Sachsen zu Ihnen spreche und mich doch mit Ihnen auf das innigste verbunden fühle, wenn wir uns Deutsche nennen und in diesem Namen unsern Stolz, unsre Ehre sehen, so danken wir es dem Reichskanzler, der, als unsre Gedanken in träumerischem Sehnen befangen, ja zum Teil sich abirrten von dem gemeinsamen Ziele, uns den Namen, den zu führen wir die Be= rechtigung verloren hatten, wieder finden ließ und nicht nur den Namen uns zurück gab, sondern diesem Namen einen Klang gab, kräftig und schreckend den Feinden und Neidern; anderseits anlockend, wie die Glocken des Gotteshauses am Sonntage, die Landesleute auf dem ganzen Erdball einladend, sich der Zu= gehörigkeit zu erfreuen. Ein weiteres Verdienst um uns ist es, daß er immer aufs neue, wenn wir wieder einmal der alten Verschiedenheit uns zu erinnern und den gemeinsamen Namen zu vergessen scheinen, uns durch ein zündendes Wort denselben wieder zuruft und uns der Zusammengehörigkeit bewußt werden läßt.

Meine Herren, wir sind hier im Saale des neuen deutschen Buchhändler= hauses, eines köstlichen Werkes des vorhin von mir gepriesenen Friedens. Hier ist der Mittelpunkt des geistigen Verkehrs Deutschlands, hier wird das geschriebene, das gedruckte Wort gewogen, ob es wert ist zu bleiben, oder ob es im Wind verwehen soll. Hier ist auch der geeignete Ort, unsern großen Kanzler zu feiern, als den Meister des rettenden Wortes, das eingegraben steht mit unverwüstlicher Schrift in den Herzen des deutschen Volkes.

Meine Herren, ich weiß es, dieser Saal birgt in sich ausgezeichnete Meister des geschriebenen, des gedruckten Wortes; Meister der schönen Rede — aber der Mann, der am 6. Februar dieses Jahres in der Seele des Volkes lesend die Worte sprach: „Wir Deutsche fürchten Gott, sonst nichts auf der Welt!" der Mann, meine Herren Meister, verzeihen Sie es mir, ist Ihnen allen über. Ihm dem getreuesten Diener seines Kaiserlichen Herrn, dem treuesten Freund des deutschen Volkes, lassen Sie uns ein volles Glas widmen.

Es lebe der Fürst Bismarck, unser großer Kanzler! (Anhaltender stürmischer Beifall.)

Freiherr von Unruhe-Bomst kam mit dem Fürsten Bismarck gesellschaftlich viel zusammen, besonders zu der Zeit, da derselbe die Würde eines Vizepräsidenten des Reichstags bekleidete. Wie sehr der Kanzler ihn schätzte, das beweisen die Worte, welche er an die Huldigungsdeputation der Deutschen aus der Provinz Posen richtete. Er nannte hier Unruhe-Bomst seinen „lieben verstorbenen Freund".

Kurz vor Eröffnung der Herbstsession (15. September 1888) wurde das bisherige Reichstagsmitglied Freiherr von Maltzahn Gültz[1]) an Stelle des ausscheidenden Jacobi zum Staatssekretär des Reichsschatzamts ernannt. Freiherr von Maltzahn war der Etatsredner der konservativen Partei, und hatte als solcher wohl die Aufmerksamkeit des Kanzlers auf sich gelenkt. Als Abgeordneter sprach der Kanzler denselben nur gelegentlich; die erste geschäftliche Unterredung erfolgte, nachdem ihm Bismarck durch einen preußischen Staatsminister die Stelle des Schatzsekretärs hatte anbieten lassen. Nachdem Freiherr von Maltzahn die Bereitwilligkeit erklärt hatte, in den Reichsdienst zu treten, teilte ihm Bismarck die Aufgaben mit, die seiner im Reichsschatzamte warteten, und wie er, der Kanzler, sich deren Lösung dachte. Nachdem sich Freiherr von Maltzahn mit den Zielpunkten Bismarck's einverstanden erklärt hatte, erfolgte seine Berufung in die Stelle, die er später unter Caprivi freiwillig niederlegte.

---

[1]) Freiherr von Maltzahn, Helmuth, Rittergutsbesitzer in Gültz, Pommern. Geboren 6. Januar 1840 zu Gültz (evang.-luth.). Regierungsreferendar in Koblenz und in Stettin bis 1866. Dann nach dem Assessorexamen den Abschied genommen. Feldzüge 1866 in Böhmen und 1870 im Kür.-Regt. „Königin" (Pommersches) Nr. 2, dann Landwirt. Staatssekretär des Reichsschatzamts von 1889 bis 1893. Mitglied des Reichstags seit 1871. — Wahlkreis: 1. Reg.-Bezirk Stettin, Anklam-Demmin. (Deutsch-konservativ.)

XVII. Abschnitt.

Die ausserordentliche Session des preussischen Landtags.

Vom 27.—28. Juni 1888.

Am 27. und 28. Juni 1888 waren die beiden Häuser des Landtags durch Allerhöchste Verordnung vom 20. Juni 1888 zu einer außerordentlichen Session berufen worden. In der Sitzung vom 28. Juni 1888 beriet das Herrenhaus den Entwurf einer Adresse an Se. Majestät den Kaiser und König. Bismarck war in dem Hause anwesend, ohne das Wort zu ergreifen; dafür äußerte er sich in einem Kreise von Herrenhausmitgliedern in gewohnter freimütiger Weise über Kaiser Wilhelm II. und die politische Lage. Der Kanzler sprach sich zunächst mit hoher Anerkennung über die Begabung und Tiefe der Auffassung des Kaisers in betreff der ihm gewordenen Aufgabe und über den Eifer, die Bereitwilligkeit und Hingebung sowie die Festigkeit des Willens, mit welcher der junge Kaiser sich der übernommenen Leitung der Regierungsgeschäfte widme, aus und wußte nicht genug die Ruhe und das Verständnis hervorzuheben, welche Kaiser Wilhelm in allen Punkten der mannigfachen Vorkommnisse in der inneren wie äußeren Politik, wie auch in den vielfachsten Angelegenheiten der Verwaltung zu erkennen gebe und die einem erfahrenen Verwaltungsbeamten alle Ehre machen würden.

Der Fürst hob sodann ganz besonders hervor, daß Kaiser Wilhelm bei jeder Gelegenheit und zu wiederholten Malen seine Friedensliebe nach allen Seiten hin zu erkennen gegeben habe, daß der Kaiser ihm auf das entschiedenste und eingehendste versichert habe, wie er die Aufrechterhaltung des Friedens, soweit er sich irgend mit der Ehre, Würde und den Interessen des Reiches und seiner Angehörigen vereinbaren lasse, als das wichtigste und schwerwiegendste Vermächtnis seines Großvaters und Vaters übernommen habe und zur Durchführung zu bringen bestrebt sein werde. Dies erachte er als seine erhabenste Mission nach außen hin, wie er die Fortsetzung der sozialpolitischen Gesetzgebung, die Ausgleichung der religiösen Differenzen und die Hebung der Produktivität des Landes durch Förderung der Landwirtschaft, des Gewerbes, der Industrie und des Handels in gleichem Maße und nach gleicher und gerechter Verteilung der Kräfte als ein gleich wertvolles und erhabenes Vermächtnis seiner beiden großen Vorfahren erachte und dasselbe allezeit vor Augen habe und zur Ausführung bringen wolle. Ihm in diesem Bestreben, wie bisher seinem Großvater und seinem Vater, in gleicher Weise treu zur Seite zu stehen und ihn unterstützen zu wollen, darum habe ihn Kaiser Wilhelm recht aufrichtig und innig gebeten, und er (der Kanzler) habe ihm (dem Kaiser) auch die feste Versicherung gegeben, daß er, so lange ihm dies Leben und Gesundheit gestatten, nicht von seiner Seite weichen werde.

Und dies Versprechen werde er (der Kanzler) auch bis zu seinem letzten Atemzuge halten.

Der Kanzler fügte sodann hinzu, daß er die feste Überzeugung habe, daß unter den jetzt bestehenden Verhältnissen der Weltfriede nicht gestört werde, wenn nicht in andern Staaten die Veranlassung hierzu gegeben würde. Auf Befragen äußerte der Kanzler den Herren, daß er eine derartige Befürchtung für Rußland nicht hege und die feste Überzeugung habe, daß die Differenzen, die früher zwischen Berlin und Petersburg schwebten, jetzt vollkommen beigelegt seien. Allerdings wünsche er wohl, daß er die gleiche Zuversicht in betreff des westlichen Nachbars hegen könne; dies sei ja möglich, so lange es den jetzigen Machthabern in Frankreich gelinge, den verschiedenen dort bestehenden Parteien gegenüber die Hand oben zu behalten. Allein bei dem reichen Zündstoff, welchen Frankreich biete, und bei der leichten Erregbarkeit seiner Bevölkerung sei es schwer, eine Garantie zu übernehmen, daß dieser Zustand auf die Dauer erhalten werde. Der Tropfen, welcher ein volles Gefäß überlaufen mache, schwebe in jenem Lande ständig in der Luft und könne zu einem Zeitpunkt und von einer Stelle aus herabfallen, von wo man dies am allerwenigsten erwarte, und was dann geschehen werde, lasse sich schwerlich jetzt voraussagen. Vorläufig aber glaube er, daß auch hier sobald nicht andre Zustände eintreten werden.

XVIII. Abschnitt.

Die vierte Session der VII. Legislatur-Periode des Reichstags.
(22. November 1888 bis 24. Mai 1889.)

Der Einbringung des Gesetzentwurfs, betr. die Bekämpfung des Sklaven-handels und den Schutz der deutschen Interessen in Ostafrika[1]), welcher durch die Resolution Windthorst's vom 14. Dezember 1888 eingeleitet worden war[2]),

---

[1]) Derselbe lautet: § 1.

Für Maßregeln zur Unterdrückung des Sklavenhandels und zum Schutz der deutschen Interessen in Ostafrika wird eine Summe bis zur Höhe von zwei Millionen Mark zur Ver-fügung gestellt.

§ 2.

Die Ausführung der erforderlichen Maßregeln wird einem Reichskommissar übertragen, welcher gleichzeitig nach den ihm erteilten besonderen Instruktionen die dem Reichskanzler statutenmäßig zustehende Aufsicht über die deutsch-ostafrikanische Gesellschaft und deren An-gestellte in Ostafrika ausübt.

§ 3.

Der Reichskanzler wird ermächtigt, die erforderlichen Beträge nach Maßgabe des ein-tretenden Bedürfnisses aus den bereiten Mitteln der Reichshauptkasse zu entnehmen.

[2]) Der Reichstag hatte in seiner Plenarsitzung vom 14. Dezember 1888 eine Resolution beschlossen, worin derselbe unter Bezugnahme auf die Allerhöchsten Worte der Thronrede die

ging anfangs Januar 1889 eine Konferenz bei dem Fürsten Bismarck voraus, woran Geheimer Legationsrat Krauel, Hauptmann Wißmann und die Reichstagsabgeordneten von Bennigsen und Oechelhäuser teilnahmen.

In dieser Konferenz trug Oechelhäuser dem Reichskanzler eine Zahlenaufstellung vor, wonach es für das Reich finanziell äußerst vorteilhaft sei, mit Übernahme der Hoheitsrechte über den Küstenstreifen den Sultan von Zanzibar mit einem Kapital abzufinden und die Zölle seitens des Reichs zu erheben. Der Reichskanzler brachte dieser Frage großes Interesse entgegen, bemerkte aber, daß ihre Lösung der Zukunft vorbehalten bleiben müsse, einmal weil sie die Durchbringung des beabsichtigten Gesetzentwurfs bezüglich der zwei Millionen im Reichstag gefährde, dann aber auch, weil sie in damaliger Lage auf die Zustimmung Englands nicht rechnen könne.

Oechelhäuser legte hierauf seine Ansichten nochmals in einer Denkschrift nieder, welche er unter ausführlicher mündlicher Erörterung dem damaligen Staatssekretär des Auswärtigen Amts Grafen Herbert Bismarck übergab.

Am 14. Januar 1889 war der Abgeordnete von Helldorff beim Reichskanzler zu Tisch und verhandelte mit dem Geheimrat Krauel gleichfalls über Ostafrika. Die leitenden Mitglieder des Centrums wurden am 15. Januar zu diesen Vorberatungen herangezogen. Bismarck erklärte im Laufe derselben, er werde demnächst im Reichstage das Wort nehmen, und wenn es auch nur zu einem Vogelschutzgesetz wäre, d. h. zu einem Gegenstande, der mit dem, was er vorbringen wollte, nicht im Zusammenhang stand.

Am 23. Januar 1889 hatte der Seniorenkonvent beschlossen, die erste Beratung der Kolonialvorlage am Sonnabend vorzunehmen und nach der ersten Beratung die Vorlage alsdann an eine Kommission zu verweisen. Als Fürst Bismarck von diesem Beschlusse des Seniorenkonvents erfuhr, zeigte er sich sehr ungehalten, fuhr am 24. Januar in den Reichstag und ließ sich erst Freiherrn von Franckenstein, dann Herrn von Bennigsen herausrufen. Letzterer verweilte über eine halbe Stunde beim Reichskanzler und kehrte dann mit sehr gerötetem Antlitz in den Sitzungssaal zurück. Der Kanzler hatte verlangt, daß die erste Kolonialdebatte schon am 25. Januar vorgenommen werde, ohne Kommissionsberatung müsse die zweite Lesung sofort folgen, da der Vorlage eine Mehrheit im Reichstag von vorne herein gesichert sei, auch bei dem jetzigen Stande der Dinge vertrauliche Mitteilungen in der Kommission nicht gemacht werden könnten. Sowohl Herr von Franckenstein wie Herr von Bennigsen wiesen auf die großen Unzuträglichkeiten hin, in den einmal getroffenen Vereinbarungen etwas zu ändern. Nach den Verhandlungen mit den genannten Abgeordneten erschien der Kanzler im Sitzungssaal, und es schien auch eine Zeit lang, als ob er beabsichtigte, nach

---

Überzeugung aussprach, daß die Aufgabe, Afrika für christliche Gesittung zu gewinnen, mit der Bekämpfung des Negerhandels und der Sklavenjagden beginnen müsse. In der Resolution war ferner die Bereitwilligkeit des Reichstags ausgesprochen, die von den verbündeten Regierungen zu diesem Zweck vorzuschlagenden Maßregeln in Erwägung zu ziehen und zu unterstützen.

Schluß der Sitzung bei Besprechung der Tagesordnung noch persönlich einen Versuch zu machen, vor dem Plenum eine Änderung des vereinbarten Geschäftsplanes durchzusetzen. Indes zog sich die Diskussion über die Tabaksteuer sehr lange hin und der Kanzler verließ nach 4 Uhr den Sitzungssaal[1]).

In der konservativen Partei hatte die Stellungnahme der „Kreuzzeitung" aus Anlaß der Gesiden-Affaire und die von der Kreuzzeitungs-Gruppe fortgesetzte Polemik gegen die Kartellpolitik mancherlei Wirren zur Folge. Zwischen dem 21. und 30. Januar 1889 Kommunikationen des Abgeordneten von Helldorff mit Bismarck wegen der Haltung der „Kreuzzeitung".

Am 13. März 1889 stand auf der Tagesordnung des Reichstags u. a. der Rechenschaftsbericht der beteiligten Regierungen über die Ausführung des Sozialistengesetzes. Fürst Bismarck trat eben in den Sitzungssaal, während der Abgeordnete Sabor mit seiner salbungsvollen Rede nicht zu Ende kommen konnte. Nach kurzem Verweilen auf seinem Ministersessel nahm Fürst Bismarck neben dem Abgeordneten von Helldorff Platz. Die Unterredung mit dem Führer der deutschkonservativen Partei, in welcher sich der Fürst auch durch die Apostrophen des sozialdemokratischen Redners nicht stören ließ, währte nahezu eine Viertelstunde und wurde sehr bemerkt. Nach Beendigung dieser Unterredung verließ der Kanzler das Haus[2]).

Am 21. März 1889 hielt Bismarck im Reichstag eine längere Rede zur Befürwortung der Reorganisation in der kaiserlichen Marine. Nach Annahme des Nachtragsetats stieg der Reichskanzler Fürst Bismarck die von der Bundesrats-Tribüne in den Saal führenden Stufen hinab und unterhielt sich einige Zeit mit dem klerikalen Abgeordneten Freiherrn von Franckenstein und später mit dem Abgeordneten von Bennigsen. Im Vorübergehen wechselte er einige herzliche Worte mit dem Grafen Moltke und verließ dann das Haus.

Am 29. März 1889 begegnete Fürst Bismarck Herrn von Helldorff auf dem Wege in den Reichstag. Das Gesprächsthema bildete die auf der Tagesordnung des Reichstags stehende Alters- und Invalidenversicherung. In der konservativen Fraktion bildete sich eine scharfe Opposition gegen das Invalidengesetz. Die Führung der Opposition im Hause gegen dieses Gesetz lag wesentlich in Windthorst's Hand, während Franckenstein für das Gesetz eintrat.

Zu den zahlreichen Huldigungen, die dem Kanzler zum 1. April 1889 zugingen, gesellten sich auch die der Parlamentarier. Gegen 11 Uhr vormittags begab sich der Präsident der Reichstags von Levetzow in das Reichskanzler-Palais und ließ in seinem und des Vorstandes Namen seine Glückwünsche schriftlich überreichen.

---

[1]) Die Beratung im Reichstag erfolgte am 26. Januar 1889.

[2]) Die „Staatsbürger Zeitung" vom 14. März 1889, Nr. 62, schrieb über den Vorgang: Der Reichskanzler hatte sich am Mittwoch gegen Mittag zu Fuß nach dem Reichstagsgebäude begeben, auf dem ganzen Wege von den ehrfurchtsvollen Grüßen der Vorübergehenden begleitet. Nach der Sitzung bewegte sich der Fürst, der sehr frisch und munter aussah, kurze

Der Präsident des Herrenhauses Herzog von Ratibor übersandte, da er sich den Fuß verstaucht hatte, seine schriftliche Gratulation dem Reichskanzler. Der Präsident des Abgeordnetenhauses von Köller erschien persönlich im Reichskanzler-Palais und gab seine Karte ab. Von den Fraktionen des Abgeordnetenhauses erließen die beiden konservativen und die nationalliberale Glückwunschschreiben.

Am 3. April 1889 Verhandlungen von Helldorff's über die Ajournierung der Novelle zum Strafgesetzbuch, zuerst mit von Bennigsen und demnächst mit Bismarck. Die letztere Besprechung erfolgte, wenn ich recht unterrichtet bin, durch Vermittelung des Chefs der Reichskanzlei, Geheimrat Dr. von Rottenburg.

Am 11. Mai 1889 konferierte Bismarck in seinem Palais 1¼ Stunden lang mit dem Abgeordneten von Bennigsen [1]).

Am 18. Mai 1889 hielt Bismarck seine letzte Reichstagsrede über die Alters- und Invaliditätsversicherung der Arbeiter [2]). Das Erscheinen des Reichskanzlers im Reichstage war bis zur Nachmittagsstunde für ungewiß gehalten worden und wirkte, als der Kanzler nach 3 Uhr in das Haus trat, überraschend. Die Photographen, welche seit einer Reihe von Wochen behufs Herausgabe eines Reichstagsalbums Aufnahmen im Foyer machen durften, waren gerade damit beschäftigt, von der Journalistentribüne aus eine Aufnahme des Plenums zu machen, als der Kanzler eintrat; er ließ sich später im Foyer auch mit dem Bundesrat photographieren. Fürst Bismarck kam zu Fuß in den Reichstag und verließ denselben auch zu Fuß. Sein frisches und kräftiges Aussehen und Auftreten hatte allgemein erfreut. Ohne Anstrengung sprach er fast ¾ Stunden,

---

Zeit im Sitzungssaale des Reichstags und unterhielt sich mit verschiedenen Abgeordneten, besonders mit Herrn von Helldorff. Inzwischen war draußen ein mit Regen gemischtes Schneegestöber entstanden, und man legte dem Reichskanzler nahe, einen Wagen kommen zu lassen, der Fürst aber wies die Anerbietungen mit Hinweis auf seinen längeren Aufenthalt auf dem Lande zurück und begab sich zu Fuß durch die Leipziger- und Königgrätzerstraße nach dem hinteren Gartenportal seines Palais. Auch auf diesem Wege wiederholten sich die Aufmerksamkeiten des Publikums.

[1]) Am 2. März 1889 hatte die Einführung des neuen Regierungspräsidenten für den Regierungsbezirk Hannover, Grafen Wilhelm Bismarck, durch den Oberpräsidenten v. Bennigsen stattgefunden, wobei man sich gegenseitig in Liebenswürdigkeiten überbot. Herr v. Bennigsen sprach seine Freude darüber aus, daß an die Spitze der dortigen Regierung der Sohn des um das Vaterland so hochverdienten Reichskanzlers träte. Der Herr Regierungspräsident antwortete, daß es ihm besonders angenehm sei, sein neues Amt unter den Auspizien des Oberpräsidenten v. Bennigsen antreten zu können, der sich seit einer langen Reihe von Jahren große Verdienste erworben habe ꝛc. ꝛc.

[2]) Dem Mitglied des Reichstags, Hofbuchdruckereibesitzer O. Henning in Greiz ging aus der Reichskanzlei nachstehendes (in Kohl's Bismarck-Regesten nicht erwähntes) Schreiben zu: Berlin, den 12. Juni 1889. Euer Hochwohlgeboren beehre ich mich namens des Herrn Reichskanzlers für die übersandten Erläuterungen zu dem Gesetz, betreffend die Invaliditäts- und Altersversorgung der deutschen Arbeiter, verbindlichst zu danken.

von Schwarzkoppen, Legationsrat.

allerdings einigermaßen leise, sodaß das Verständnis auf den Tribünen, ganz besonders auf der Journalistentribüne, erschwert war.

„Ich habe mich — so lautet der Text seiner Rede nach dem stenographischen Berichte S. 1832 — darüber nicht gewundert, daß die Herren von der freisinnigen Partei dagegen stimmen. Ich habe in dem Vierteljahrhundert und mehr, daß ich an dieser Stelle bin, noch nie von diesen Herren eine Zustimmung für irgend etwas gehabt (oho! bei den Freisinnigen) — wenn ich allein vielleicht ausnehme vor Jahr und Tag die letzte Zustimmung zur letzten Hand, die an unsre Wehrverfassung gelegt wurde. Ob sie da aus Liebe zum Reich und in Minderung ihrer Abneigung gegen meine Person gestimmt haben, oder in der fraktionsmäßigen Notlage ihre Zustimmung oder Ihr Schweigen haben geschehen lassen — (Rufe links: Pfui!) — Meine Herren, von „Pfui" ist da nicht die Rede — erlauben Sie, daß ich da ganz offen rede; wer mir „Pfui" sagt, den nenne ich: unverschämt (Bravo! rechts). Ich will den Herrn gar nicht fragen — — Sie mögen die Wahrheit nicht hören; ich bin aber hier, um Ihnen die Wahrheit zu sagen; insultieren lasse ich mich nicht, dann insultiere ich wieder. (Bravo! rechts.) „Pfui" — ich weiß nicht, worauf sich das bezog; ich kann deshalb darauf nicht erwidern. Ich betrachte es als einen allgemeinen Ausdruck des Hasses, dessen Gegenstand ich seit Jahren hier an dieser Stelle für die Herren, welche dort sitzen, gewesen bin. Als Christ kann ich das hinnehmen, aber als Kanzler, so lange ich hier stehe, kämpfe ich dagegen und lasse mir dergleichen nicht sagen, ohne darauf zu reagieren."

Das „Deutsche Tageblatt" hatte anläßlich des „Pfui"-Rufs aus der deutsch-freisinnigen Fraktion und der Erwiderung des Reichskanzlers einen den Präsidenten von Levetzow heftig angreifenden Artikel gebracht. Infolge dessen wurde der Vertreter des „Deutschen Tageblatts" im Reichstage auf Beschluß des Vorstandes von dem Besuch des Reichstags ausgeschlossen; das Blatt wurde im Hause nicht mehr ausgelegt. — In dieser Angelegenheit brachte die „Norddd. Allg. Ztg." folgende hochoffiziöse Erklärung: Bei den konservativen Gruppen des Reichstags hat ein Artikel unangenehme Empfindungen hervorgerufen, in welchem das „Deutsche Tageblatt" den bekannten Zwischenfall in der Sonnabendsitzung des Reichstags, insbesondere das Verhalten des Reichstagspräsidiums gegenüber den Pfui-Rufern im Reichstage einer abfälligen Kritik unterzogen hatte. Wie wir hören, haben jene Empfindungen besonders dadurch eine Verschärfung erfahren, daß in den Parlamentskreisen jene Auslassungen des „Deutschen Tageblatts" für inspiriert gehalten wurden. Diese Voraussetzung entbehrt jedoch jeder Begründung und, wie man zu derselben hat gelangen können, ist völlig unverständlich, nachdem der Reichskanzler selbst Veranlassung genommen hatte, bei der ersten Begegnung mit dem Reichstagspräsidenten nach jener Sitzung demselben sein Bedauern darüber auszusprechen, daß er gegenüber den bekannten Zwischenrufen in der Sonnabendsitzung dem Präsidium in der Ausübung seiner Disziplinargewalt vorgegriffen hatte."

Über die Vorgänge, die sich an die Reichstagsrede Bismarck's am 18. Mai 1889 anschlossen, berichtete ein sächsisches Blatt vom 21. Mai 1889: „Kaum hatte der Reichskanzler seine Rede unter dem Beifall der Freunde der Invaliditätsvorlage geschlossen, so verließ er den Sitzungssaal und begab sich festen Schrittes nach dem Foyer, wo sich bald ein bewegtes Bild bot, denn ihm folgten die meisten Mitglieder des Hauses, sodaß der Saal während Bamberger's Rede fast gelichtet war. Die zwanglosesten Gruppen bildeten sich um den Fürsten, welcher seine Einwilligung auf das an ihn gestellte Ersuchen gab, sich von dem anwesenden Photographen photographieren zu lassen. Der Fürst blieb über eine halbe Stunde in eifrigem Gespräch und knüpfte u. a. mit Freiherrn von Friesen, Freiherrn von Franckenstein, Freiherrn von Wendt, Graf Holstein, Dr. Hartmann, Freiherrn von Manteuffel, Freiherrn von Stumm Unterredungen an.

Erklärend teilte mir der Reichstagsabgeordnete Dr. Hartmann (Plauen) noch folgendes mit: Der Reichskanzler hatte, als der nachfolgende Redner, Dr. Bamberger, sich anschickte, sich mit der Rede des Fürsten Bismarck zu beschäftigen, demonstrativ den Sitzungssaal verlassen und sich in das Foyer begeben, wo damals gerade der Hofphotograph Braatz sein Wesen trieb. Er nahm u. a. auch eine oder mehrere Gruppen mit dem Fürsten Bismarck auf. Dieser ließ sich bestimmen, ihm zu sitzen, und zwar allein auf der Bank am Stirnende des Foyers, links vom Haupteingang. Von dieser Aufnahme, die ich, auf etwa 10 Schritt Entfernung dem Fürsten gegenüberstehend, mit ansah, besitze ich einen Abzug. Das Foyer war gedrängt voll von Reichstagsabgeordneten und Regierungsvertretern. Im Gespräch mit mir meinte der Fürst: „Es muß doch gar niemand drin sein!" (d. h. im Sitzungssaal) und knüpfte daran die Frage: „Wer spricht im Augenblick?" Bei meiner Antwort: „Immer noch Dr. Bamberger", zuckte eine grimmige Freude über sein Gesicht, er that auch eine, mir nicht mehr wörtlich erinnerliche Äußerung der Genugthuung darüber, daß dieser Gegner, auf den er einen besondern Bittern hat, vor einem leeren Hause sprechen mußte. — Die Photographie ist sehr treu ausgefallen, nur die seitliche Haltung des Kopfes ist etwas Ungewohntes an Bismarck.

Kurz nach dem Schluß der Session hatte der Abgeordnete von Helldorff noch die Ehre, von dem Reichskanzler empfangen zu werden. Es war dies am 28. Mai 1889. Die Besprechung berührte mancherlei Gegenstände; so auch die Behandlung der schwebenden Fragen in der evangelischen Kirche.

Es ist der Versuch gemacht worden, den Abgeordneten Miquel als den Urheber einer Bewegung hinzustellen, welche im Jahre 1889 darauf hinauslief, die Nationalliberalen vor Bismarck zu warnen[1]). Eine Agitation fand

---

[1]) Am 20. Mai 1894 (Nr. 115) schrieb der orthodox-konservative „Reichsbote": Im Anfange des Jahres 1889 brachten die „Hamburger Nachrichten" einen Artikel: „Der Reichskanzler und die Nationalliberalen". Der Artikel hatte eine merkwürdige Veranlassung. Von seiten des Generalsekretärs der nationalliberalen Partei war ein Cirkular an eine Anzahl Parteimitglieder gerichtet worden, in welchem sie vor einer allzuweitgehenden Unterstützung des „rasch alternden Reichskanzlers" gewarnt wurden. Es ist kaum glaublich, daß Herr

in der bezeichneten Richtung statt, aber Miquel stand derselben vollständig
fern [1]).

Auch alle sonstigen Versuche, einen Antagonismus zwischen Bismarck und
Miquel zu konstatieren, verweise ich in das Reich der Erfindung [2]). Wo

Patzig dieses Cirkular wirklich ganz auf eigene Faust verbrochen hätte. Der Urheber jener
Warnung war Herr Miquel. Dieser sagte sich damals, der Kanzler könne dem Vaterlande
doch einmal recht schnell entrissen werden; in diesem Falle aber stände eine Partei, die sich
ganz mit ihm identifiziert habe, vis-à-vis de rien. Was dann geschehen würde, wisse man
nicht; schwerlich dürfte es zu einer unveränderten Fortsetzung der Politik Bismarck's kommen,
wenn auch sicher anzunehmen sei, daß Graf H. Bismarck Staatssekretär des Auswärtigen
bleibe, so sei doch kein Zweifel, daß er nicht der leitende Staatsmann in dem Sinne
sein werde, wie dies sein großer Vater jetzt sei, vielmehr stehe anzunehmen, daß irgend ein
andrer als Nachfolger des Fürsten Bismarck in Betracht komme. — Das Cirkular des Herrn
Patzig war dem Reichskanzler bekannt geworden; bekanntlich nahm der Fürst Veranlassung,
selbst im Reichstage der Auffassung entgegenzutreten, als ob er rasch altere. Und in der That,
es konnte keinem Zweifel unterliegen, daß die gewaltige Körperkonstitution des Reichskanzlers
ungebrochen war. Der Artikel der „Hamburger Nachrichten" war eine Verwarnung der
Nationalliberalen, anschließend an das Stillschweigen derselben bei der Erörterung der Geffcken-Angelegenheit
im Reichstage anknüpfte. Dieses Stillschweigen wurde in Verbindung gebracht
mit „gewissen, im Laufe der letzten Zeit gemachten Beobachtungen, welche nicht verfehlen
konnten, die Besorgnis wachzurufen, daß in einigen Kreisen der nationalliberalen Partei das
Bestreben obwalte, sich gegenüber der Politik des Kanzlers „möglichst vorsichtig" zu verhalten".
Nach dieser Feststellung wurde den Nationalliberalen auseinandergesetzt, welche Wege die politische
Klugheit ihnen vorzeichne; für den Fall, daß diese Wege eingeschlagen würden, stellte
der Artikel in Aussicht, daß den Nationalliberalen die Früchte ihrer zweifellos großen Verdienste
um Kaiser und Reich von selbst in den Schoß fallen würden. Andernfalls wurde ihnen
prophezeit, daß die „Weltgeschichte über ihre Köpfe hinweggehen" werde.
[1]) Vergl. den Artikel der „Hamburger Nachrichten" vom 21. Mai 1894, Nr. 117.
[2]) Über die Unterschiede, die sich in der Konversation mit beiden zeigen, sagte ein aufmerksamer
Beobachter im Stuttgarter „N. Tagbl.": Fürst Bismarck spricht das eine Mal
langsam, anscheinend mit größter Bedächtigkeit nach dem treffenden Wort suchend, und selbst
dann, wenn es gefunden ist, es mit Anstrengung über die Lippen bringend, gleichsam als
wollte er noch im letzten Augenblick den wichtigen Ausdruck zurückhalten. Ziemlich lange
Pausen trennen zuweilen die Sätze, namentlich, wenn es sich um die Abgabe eines politischen
Urteils handelt, von dem der Sprecher weiß, daß, wenn es in die Öffentlichkeit gelangt, auf
jede Silbe geprüft wird. In einem andern Teile der Konversation, bei dem minder Wichtiges
zur Frage steht, lösen sich die einzelnen Worte ganz leicht von den Lippen. Der Gesichtsausdruck
wird etwas ironisch, und dann ist der Augenblick gekommen, wo Fürst Bismarck im
Gespräch sich gehen läßt. Er knüpft plötzlich an eine frühere Äußerung wieder an und spricht
nun mit einer weit freieren Ausdrucksweise über dasselbe Thema, das er noch vor wenigen
Minuten mit behutsamer Vorsicht, ja mit Widerstreben behandelt hat. Dann fallen jene
kräftigen Worte wie Hammerschläge; wie befreit von langer und mühsamer Zurückhaltung
reiht sich Satz an Satz. Der Fürst vergißt anscheinend in diesen Momenten gänzlich, daß
seine Worte von andern Ohren aufgefangen werden; er führt gleichsam ein Selbstgespräch.
Und ganz ebenso unvermittelt, wie sie gekommen, bricht diese Phase der Mitteilung ab. Vielleicht,
daß Fürst Bismarck in den Mienen der Zuhörenden den Ausdruck einer gespannten
Aufmerksamkeit, eine Überraschung wahrgenommen hat und dadurch plötzlich kühl wird. So
sind auch die Abschwächungen, die Fürst Bismarck über mit ihm stattgehabte Interviews zu
Teil werden ließ, sehr erklärlich. Ganz anders pflegt sich Miquel im politischen Gespräche zu
geben, vorausgesetzt natürlich, daß er dem Gesprächsteilnehmer Urteil und Verständnis für die

immer sich eine Gelegenheit ergab, hat Bismarck sich anerkennend über Miquel geäußert[1]), und ebenso umgekehrt[2]).

In der Ausstandsbewegung der Grubenarbeiter verhandelte Bismarck mit dem Reichstagsabgeordneten Gamp[3]), dem er den Auftrag erteilte, eine Denkschrift über diejenigen Maßregeln auszuarbeiten, welche Bergarbeiterausstände zu verhindern oder wenigstens abzuschwächen geeignet wären. Diese Denkschrift wurde etwa 8 Tage später Bismarck überreicht und am 6. Juni mit dem Abgeordneten besprochen, der dann das Kommissorium erhielt, in die Ausstandsgebiete zu gehen und die Verhältnisse daselbst einer eingehenden, sorgfältigen Prüfung zu unterziehen. Den mündlichen Bericht über die Ergebnisse dieses Kommissoriums nahm der Kanzler am 15. und 16. Oktober 1889 entgegen. Der Vortrag Gamp's dauerte am 1. Tage gegen 3, am zweiten Tage über 1½ Stunden.

Bismarck folgte diesem Vortrage mit dem regsten Interesse und bethätigte dasselbe durch eine große Zahl von Fragen. Insbesondere informierte er sich auf das genaueste über die Höhe der Löhne und die Lebenshaltung der Bergarbeiter, die Preise der Lebensmittel und Wohnungen, die Ursachen der Ausstandsbewegung, das Verhältnis der Arbeiter zu den Arbeitgebern u. s. w.

Sehr einverstanden erklärte er sich mit den Vorschlägen, die zügellose Freiheit der jugendlichen Arbeiter zu beschränken, um der stetig zunehmenden Verwilderung derselben Einhalt zu thun. Der Fürst bezeichnete die bessere Erziehung der Jugend und die Stärkung der väterlichen Autorität als eine der

---

zu erörternden Fragen zutraut. Zwar beginnt auch Miquel mit einer gewissen Zurückhaltung der Aussprache, aber bald genügt es diesem lebhaften, schnell und energisch denkenden Politiker nicht, in knappen Sätzen zu antworten. Zufällig kommt ein Thema zur Sprache, das ihn besonders interessiert, und im Nu ist alle Bedächtigkeit abgeworfen. Miquel durchmißt dann wohl mit großen Schritten das Zimmer; in glänzender, musterhaft stilisierter Rede legt er seine Ansichten dar, ein geistreicher Gedanke folgt dem andern, Satz um Satz fügt sich zu einer Beweiskette, und wenn man stenographierte, so würde ein politischer Essay von feinster Ausarbeitung der Form und klarster Durchführung der Gedanken sich ergeben. Das eben ist ein interessanter Unterschied zwischen Miquel und Bismarck, daß Miquel niemals, trotz seiner weit größeren äußeren Lebhaftigkeit, ein Ausdruck entschlüpft, der irgendwie einer späteren Abschwächung oder Verstärkung bedürfte.

[1]) Ich erinnere an die Worte, die Bismarck über Miquel gelegentlich eines Interviews dem Redakteur Julius Ritterhaus gegenüber sprach. Vergl. die Schrift von Ritterhaus „Kritisches und Erlebtes". Berlin 1891.

[2]) An den Entwurf eines Artikels, den Ritterhaus zum Geburtstag Bismarck's im Jahre 1890 schrieb, setzte Miquel die Worte: „Vielleicht könnten die Verdienste Bismarck's noch etwas wärmer dargestellt werden".

[3]) Gamp, Karl, Geheimer Ober-Regierungsrat und Rittergutsbesitzer. Geb. am 24. November 1846 zu Massaunen; evangelisch. 1873 Assessor. 1874 Übertritt zur Staatseisenbahnverwaltung, 1878—80 Hilfsarbeiter im Ministerium der öffentlichen Arbeiten. 1. April 1882 Hilfsarbeiter und Januar 1883 vortragender Rat im Handelsministerium. Schriften: Die wirtschaftlich-sozialen Aufgaben unsrer Zeit (Berlin 1880). Der landwirtschaftliche Kredit und seine Befriedigung (Berlin 1883). Referent im Reichstag über die Branntweinsteuervorlagen vom Jahre 1887 und 1891. Mitglied und stellvertretender Vorsitzender der Börsen-Enquete-Kommission. Gehört seit 1884 dem Reichstage an.

wichtigsten Aufgaben und als ein sehr wirksames Mittel zur Bekämpfung der Sozialdemokratie und ihrer Lehren.

In Bezug auf die Schaffung einer Arbeitervertretung durch Errichtung von Arbeiterausschüssen für die einzelnen Großbetriebe war der Fürst der Ansicht, daß derartige Einrichtungen nicht durch die Gesetzgebung zwangsweise ins Leben gerufen werden dürften, sondern sich allmählich entwickeln und von dem Vertrauen der Arbeitgeber und Arbeiter getragen werden müßten, wenn sie segensreich wirken sollten. In dieser Beziehung sei eine gewisse Vorsicht notwendig. Er würde es daher für zweckmäßig halten, vorerst sich auf die Abhaltung bergwirtschaftlicher Konferenzen zu beschränken, mit denen Arbeitgeber und Arbeiter einverstanden seien.

Die Beschäftigung der Strafgefangenen im Bergbau fand die Billigung des Fürsten, sofern sich die technischen Schwierigkeiten überwinden ließen. Daß der Kohlenbergbau mit Gefahren für Leben und Gesundheit der in demselben beschäftigten Arbeiter verbunden sei, könne kein Grund sein, die Strafgefangenen von dieser Arbeit auszuschließen; es sei im Gegenteil mehr gerechtfertigt, Personen, die sich schwer gegen die Rechtsordnung vergangen, diesen Gefahren auszusetzen als freie Arbeiter.

Die Mitteilung des Geheimrats Gamp, daß die unteren Grubenbeamten fast ausnahmslos beim Ausstand treu zu den Arbeitgebern gestanden und oft mit eigener Lebensgefahr deren Interessen verteidigt hätten, veranlaßte den Fürsten zu der Bemerkung, daß er es für sehr erwünscht hielte, wenn alle ausgebildeten, tüchtigen und ständig beschäftigten Bergarbeiter in ein beamtenähnliches Verhältnis zu den Grubenverwaltungen treten möchten, weil sie dann sich weniger an Ausständen beteiligen würden.

Nach Beendigung des Vortrags beauftragte der Fürst den Geheimrat Gamp, seine Beobachtungen und Vorschläge in einer Denkschrift niederzulegen [1]). Bei der Fülle der Materials könne er sich über die einzelnen Vorschläge nicht augenblicklich schlüssig machen, halte es auch für notwendig, daß dieselben zunächst den beteiligten Ressorts mitgeteilt und durch Kommissare derselben vorberaten würden.

Zum Schluß sprach der Fürst dem Geheimrat Gamp seine volle Anerkennung für seine Thätigkeit und sein erfolgreiches Kommissorium aus und gab der Hoffnung Ausdruck, daß seine Mühe und Arbeit dem Vaterlande zum Segen gereichen werden.

Ich lasse hier noch einige Originalberichte über parlamentarische Gesellschaften bei Bismarck folgen, welche mir Abgeordnete zur Verfügung zu stellen die Güte hatten.

Den Verlauf des parlamentarischen Diners beim Fürsten Bismarck am 22. Februar 1889 [2]) schildert der Abgeordnete von Eynern [3]) in einem Briefe an seine Gemahlin d. d. 23. Februar 1889 wie folgt:

---

[1]) Dieselbe findet sich abgedruckt in meinem Werk „Aktenstücke zur Wirtschaftspolitik des Fürsten Bismarck" Bd. II., S. 241 ff.
[2]) Vergl. hierüber „Fürst Bismarck und die Parlamentarier", Bd. I. (2. Aufl.), S. 296.
[3]) Vergl. oben S. 179.

Bei Bismarck war es gestern sehr schön und fein, wie das einliegende
Menu zeigen möge. Empfang im Dreikaisersaal, Diner im Krongreßsaal. Etwa
vierzig Herren. Wir saßen nach dem Alter geordnet, ich zwischen dem Freiherrn
von Erffa und dem Regierungspräsidenten von Tiedemann, dann folgten Graf
Wilhelm Bismarck und Prinz Arenberg.

Der Fürst sah wohl aus, klagte aber, als ich mich nach seinem Befinden erkundigte, über Schlaflosigkeit. Das ihm von mir empfohlene Sulfonat sei gar nichts
wert; er habe es genommen und sich noch den ganzen folgenden Tag „dämelich"
gefühlt. Die Fürstin erkundigte sich nach dem Schicksal der mir vor zwei Jahren
geschenkten Photographie ihres Mannes; ich hätte sie gewiß für mich behalten
und sie nicht ausgeliefert, wie egoistische Männer so etwas ja immer thäten.
Nach dem Diner, bei dem es an unsrer Ecke sehr lustig zuging, wurde der
historische Sofaplatz eingenommen. Franz Reichensperger und Freiherr von
Schorlemer-Alst nahmen daneben Platz, Herr von Schalscha auf dem Sofa
neben dem Fürsten. Ich wurde sehr günstig vis-à-vis placiert und war dadurch
angenehmerweise der unmittelbaren Nähe des schnüffelnden Reichshundes entrückt,
mit dessen Ohren und Schwanz sich der Fürst in den entstehenden kurzen Ge-
sprächspausen sinnreich beschäftigte und sie mit Erörterungen über die Rasse des
Hundes ausfüllte.

Die Unterhaltung nahm der Fürst fast allein auf sich, und hinter unsern
Stühlen bildete sich eine große Corona, die gespannt lauschte, wie wir selbst
natürlich auch. Die Tagespolitik wurde kaum berührt. Bei auftauchenden
Betrachtungen über die Stellung des Monarchen in einem Staat machte aber
der Fürst manche für die redegewandten Berufsparlamentarier wenig schmeichel-
hafte Äußerungen über die zweifelhafte Befähigung derselben, Geschäfte auch
leiten zu können. Er lobe sich eine so einfache, stets auf das richtige Ziel los-
steuernde Natur, wie sie unser Kaiser besitze — der bringe vorwärts. Und daran
anknüpfend, besprach er seine Erlebnisse aus dem Jahre 1848, wo Friedrich
Wilhelm IV. sich hin und her habe ziehen lassen und wo man den Rückzug der
Truppen aus Berlin ohne Befehl des Königs habe geben können. Dann kam
er auf Konfliktserlebnisse, wo auch hin und her geschwankt worden wäre, und
wo man das Gemüt des Königs beunruhigt habe. Und dann erzählte er darüber
folgendes: Als er 1862 zum Minister ernannt worden sei, sei er dem Könige
bis Jüterbog entgegengefahren und habe denselben in größter Niedergeschlagenheit
angetroffen. Die badischen Herrschaften, von denen der König gekommen, hätten
den Konflikt mit dem Landtag für unlösbar gehalten und ihn zum Einlenken
zu bestimmen gesucht. Der König habe zu ihm gesagt: „Minister sind Sie
geworden, aber nur um das Schafott zu besteigen, was auf dem Opernplatz
für Sie errichtet wird; ich selbst, der König, werde nach Ihnen an die Reihe
kommen." „Der König hoffte zweifellos, ich würde ihm diese Dinge ausreden,
— sagte Bismarck —, ich that aber das Gegenteil, weil ich meinen ehrlichen und
gegen jede erkennbare Gefahr mutigen Mann kannte. Ich sagte ihm, die beiden
Fälle hielte ich augenblicklich vielleicht für nicht ganz ausgeschlossen — aber

wenn sie eintreten sollten, was sei dann Großes daran gelegen? Sterben müßten wir alle einmal, und es sei gleichgültig, ob ein bischen früher oder später. Er sterbe dann, wie es seine Pflicht sei, im Dienste seines Königs und Herrn, und der König sterbe dann in Verteidigung seiner heiligen Rechte, was auch seine Pflicht sei gegen sich selbst und gegen sein Volk. Man brauche ja nicht gleich an Ludwig XVI. zu denken, der sei ja unangenehm gestorben, aber Karl I. habe einen höchst anständigen Tod erlitten, ein solcher, der ebenso ehrenvoll gewesen, wie der auf dem Schlachtfelde."

„Als ich — erzählte Bismarck weiter — derart den König als Soldaten an sein Portepee faßte, wurde er noch ernster und dann wurde er sicher, und ich reiste mit einem vergnügten, kampfesfrohen Mann nach Berlin hinein."

So etwas in der Bismarck'schen Art wiederzugeben ist unmöglich, es ist die Gestaltungs- und Schilderungskraft eines Dichters, welche dem Zuhörer die Situation entrollt, als sei man in derselben mitwirkend gewesen.

Bald darauf erhob sich der Fürst, und wir empfahlen uns. Ich bildete mir ein, daß er sein Schlußwort: „Wenn man mutig bleibt, hat man nie etwas zu befürchten", zu mir gewendet gesagt habe. Herr von Schorlemer-Alst nahm es aber für sich auch in Anspruch, und so teilten wir uns friedlich darein.

Zur Ergänzung meines Bd. I. (2. Aufl.), S. 300 gebrachten Referates über das parlamentarische Diner vom 26. März 1889 lasse ich hier noch folgen, was der Abgeordnete Dr. Hartmann (Plauen) darüber aufgezeichnet hat.

„Es geschah zum erstenmal, daß der Kaiser bei einer derartigen Gelegenheit erschien. Die meisten der Eingeladenen erfuhren davon erst, als sie Se. Majestät in der Gesellschaft erblickten. Mir selbst ging es so. Der Kaiser war überpünktlich erschienen. Als ich genau um 6 Uhr eintrat, in das Dreikaiserzimmer, fand ich außer dem fürstlichen Ehepaar und seiner nächsten Umgebung nur sehr wenige Gäste vor, darunter einen Herrn in Marineuniform, der mir in diesem Augenblick den Rücken zuwendete. Als er dann seine Stellung veränderte, so daß ich ihn von der Seite zu sehen bekam, erkannte ich den Kaiser. Gesagt hatte mir auch bis zu diesem Augenblick niemand davon. Einem sehr hervorragenden Reichstagsabgeordneten, der allerdings spät eintrat, stieß es zu, daß er von der Anwesenheit des Kaisers noch nichts wußte, als Se. Majestät der Frau Fürstin den Arm bot, um sie zu Tische zu führen. Er fragte mich: „Wer ist denn der Mariner?" und war ganz überrascht zu hören, daß es der Kaiser war.

Vor Tisch hielt derselbe Umgang unter den im Kreise aufgestellten Gästen, gefolgt vom Präsidenten von Levetzow, der ihm die einzelnen vorstellte. Ich war neben dem Freiherrn von Huene zu stehen gekommen und wurde so Augen- und zum Teil Ohrenzeuge der Scene mit dem Roten Adler-Orden II. Klasse. Der Kaiser begann das Gespräch wörtlich folgendermaßen: „Ich danke Ihnen im Namen meiner Armee" ... Das Weitere — wahrscheinlich ist dann zunächst gekommen: „und meiner Marine" — konnte ich nicht mehr verstehen, weil ich es inzwischen für angemessen gefunden hatte, etwas weg zu treten.

Der Kaiser hielt eine kleine Ansprache an den Freiherrn von Huene, langte dann mit der linken Hand nach rückwärts, empfing aus der Hand eines der ihn begleitenden Offiziere das rote Etui und übergab es dem Freiherrn von Huene. Dieser dankte sichtlich überrascht und hochbeglückt. Als dann der Kaiser sich zu mir gewendet hatte, verschwand Freiherr von Huene, um bald darauf, mit der soeben empfangenen Ordensdekoration um den Hals, wieder zu erscheinen. Nur eins war ihm schmerzlich: Die Dekoration war nicht mit den Schwertern versehen, die sich an der ihm früher verliehenen Dekoration des nämlichen Ordens befinden.

Mit mir sprach der Kaiser über einige, damals höchst aktuelle Rechtsfragen. Er wollte meine Ansichten darüber hören. Ich entwickelte diese in der gebotenen Kürze, der Kaiser begleitete meine Ausführungen mit Zwischenbemerkungen und Fragen, und so wurde dieses Gespräch verhältnismäßig sehr lang, was die Aufmerksamkeit aller erregte, auch des erlauchten Wirtes, der in einiger Entfernung in dem bekannten Ecksofa rechts vom Eingang Stellung genommen hatte. Wie mir nachher erzählt wurde, hat der Fürst darüber seine Bemerkungen gemacht, z. B. „Sehen Sie nur, wie dieser sächsische Staatsanwalt den Kaiser festhält!" — Mit dem „Festhalten" that er mir aber Unrecht, wie aus Vorstehendem hervorgeht.

Bei Tisch waren wir — abgesehen von den Plätzen in der nächsten Umgebung des Kaisers und des fürstlichen Ehepaares — nach dem im Hause des Fürsten herrschenden Brauche nach dem Lebensalter gesetzt. Ich, als einer der Jüngeren, saß infolgedessen nicht eben nahe an dem Mittelpunkt der Tafel, war aber doch nahe genug, um zu beobachten, in welcher liebenswürdigen, jugendlich frischen Art Se. Majestät der Kaiser mit seiner Umgebung verkehrte.

Die Tischkarte war diesmal deutsch. Die Tafelmusik begann mit dem Torgauer Marsch.

Als nach Tisch Cigarren herumgereicht wurden, nahm der Kaiser eine, brannte sie auch nach einiger Zeit an. Die andern Teilnehmer zögerten begreiflicherweise, das gleiche zu thun. Da trat Fürst Bismarck, mit einer langen Pfeife — unangezündet — im Arm, an den Kaiser heran und stellte sich militärisch in Achtung vor ihm, meiner Wahrnehmung nach ohne etwas zu sprechen. Der Kaiser verstand aber die Pantomime sofort und ersuchte den Fürsten in jovialer Weise, ja anzubrennen. Das geschah sofort, und wie mit einem Zauberschlag waren etwa dreißig Cigarren in Brand.

Der Kaiser blieb stehend und sprach so mit einzelnen und Gruppen der Anwesenden. Der Fürst setzte sich auf das bereits erwähnte Ecksofa. Hier wurde mir das Glück zu teil, einige Zeit hindurch neben ihm zu sitzen. Er plauderte zunächst über Rußland, indem er die Beobachtungen und Erlebnisse aus seinem Aufenthalt in Rußland zum besten gab — ein beliebtes Nachtischthema des Fürsten. Mit mir insbesondere sprach er über sächsische Verhältnisse. — Die Stellung der Dynastie zum Volke ꝛc. Zwischenhinein bewunderte er die Ausdauer des Kaisers im Stehen, meinte: „Das brächte ich nicht fertig; er ist zwar jung, aber das ist es nicht allein; die Hohenzollern haben ein kolossales „Stehfleisch";

der Vater und der Großvater hatten es auch; die vielfache Übung mag die hohen
Herren besonders leistungsfähig machen, und schließlich vererbt sich das, wie
andre Vorzüge und auch Mängel" — worauf ein längeres Gespräch über Ata-
vismus folgte.

Ein Jahr später war der Fürst nicht mehr Reichskanzler." —

Endlich hat mir der frühere Reichstagsabgeordnete August Gebhard[1]) einen
Originalbericht über den parlamentarischen Frühschoppen vom 20. Mai 1889
(Bd. I, 2. Aufl., S. 303) zur Verfügung gestellt, der meine frühere Schilderung
desselben[2]) in vielen Punkten ergänzt.

„Im Verlaufe des Frühschoppens am 20. Mai 1889 überzeugte sich Fürst
Bismarck durch Anklopfen an die Fässer, die auf dem in einer Ecke des Saales
hergerichteten Bierausschanke lagen, ob sie noch hinreichend gefüllt seien. Er
wandte sich dann zu den in der Nähe stehenden Reichstagsabgeordneten Zeiß,
Böttcher und Gebhard, und eine von dem Erstgenannten über die Beschaffenheit
des Bieres gemachte Bemerkung, die Fürst Bismarck dahin mißverstand, als sei
Zeiß der Meinung, daß das Bier von der Berliner Bockbrauerei stamme, bot
den Anlaß, daß Fürst Bismarck sich über die Herkunft des Bieres aussprach:
Es stamme aus der Brauerei Thalhausen des Grafen Holnstein. Dieser sei ein
alter Lieferant von ihm, er habe mit seinem Biere auch die Diplomatie in Versailles versorgt. Dort sei gutes Bier schwer zu beschaffen gewesen, und da habe
Graf Holnstein wiederholt dem Hauptquartiere aus der Not geholfen.

„Graf Holnstein war uns auch sonst sehr nützlich; er vermittelte den Verkehr
zwischen uns und dem Könige Ludwig. Dabei konnte ich die Diplomatie nicht
gebrauchen. Graf Holnstein aber stand dem Könige persönlich nahe — er war
Oberststallmeister — und ich mußte mich an ihn wenden, um eine Einwirkung
auf den König selbst ausüben zu können. Graf Holnstein hat dann zweimal
quam citissime die Reise von Paris nach München gemacht, und das war keine
Kleinigkeit; denn es war zu der Zeit, wo noch auf zwanzig Meilen die Eisen-
bahnverbindung fehlte."

Als Zeiß bemerkte, daß die Bayern in Versailles überhaupt einen großen
Einfluß geübt hätten, bestätigte dies Bismarck und fuhr fort: „Zur Annahme
der Kaiserwürde konnte ich anfänglich meinen alten Herrn schwer bewegen; er
war geneigt, sie mehr wie eine höhere Beamtenstellung aufzufassen. Als Kaiser,
sagte er, muß ich thun, was die andern wollen, als König bin ich Herr. Als
König bin ich geboren, was ich dadurch habe, weiß ich; was ich aber als Kaiser

---

[1]) Gebhard, Hermann August Wilhelm Karl. — Nationalliberal. — Geb. am
21. April 1843 zu Braunschweig; evang. 1873—76 Polizeiassessor bei der Herzogl. Polizeidirektion
in Braunschweig, von 1876—80 Stadtrat in Braunschweig, seit 1880 Stadtdirektor in Bremer-
hafen. 1884 Mitglied der Bremischen Bürgerschaft und des Reichstags für den 19. Hannoverschen Reichstagswahlkreis. Veröffentlichte verschiedene Arbeiten volkswirtschaftlichen Inhalts
in Zeitschriften und selbständigen Büchern. Jetzt Direktor der Hanseatischen Versicherungs-
gesellschaft für Invalidität und Altersversorgung in Lübeck.

[2]) Vergl. Bd. I. (2. Aufl.), S. 303.

habe, weiß ich nicht. Es ging ihm, wie einem jungen Lieutenant aus altem Hause; er läßt sich lieber Herr Graf als Herr Lieutenant nennen."

Er (Bismarck) habe nun, um in dieser Sache, wo er nicht nur das Wider= streben der andern Fürsten, sondern gewissermaßen auch das seines alten Herrn gegen sich gehabt habe, den König Ludwig zu gewinnen, an diesen geschrieben, er hätte durch den Eintritt in den Bund schon so viel zugestanden, daß er kaum mehr zugestehen könne. So wie die Sache liege, mache er seine Zugeständnisse dem Könige von Preußen und dieser werde künftig in Bayern in einem gewissen Umfange Befehle zu erteilen haben; da wäre es doch richtiger, die Zugeständnisse dem Kaiser von Deutschland, als sie dem Könige von Preußen zu machen. Er (Bismarck) habe ihn auch an die deutschen Kaiser erinnert, die aus seinem, des bayerischen Königs Hause, hervorgegangen seien, besonders an Ludwig den Bayer — es sei dies recht ad hominem gerichtet gewesen —; auch habe er (Bismarck) erwähnt, daß er aus der Geschichte seiner Familie wisse, daß Ludwig der Bayer ihr ein wohlwollender Herrscher gewesen sei.

Den bewußten Brief habe er im Gasthause am Eßtische geschrieben; er sei darum auch nicht völlig formgerecht gewesen; das Papier sei von einer mangelhaften Beschaffenheit gewesen, und die Schrift sei durchgeschlagen. So habe er den Brief dem Grafen Holnstein mitgeben müssen.

Der König Ludwig habe, als Graf Holnstein bei ihm eingetroffen sei, Zahn= schmerzen gehabt und ihn zunächst nicht empfangen wollen. Darauf habe Graf Holnstein ihm sagen lassen, er habe einen Brief von Bismarck, und da habe König Ludwig gesagt: „Na, dann bringen Sie ihn her!" Der König habe den Brief gelesen, sich ihn zum zweiten und zum drittenmal vorlesen lassen und dann gemeint: „Ja, es ist richtig! Der König von Preußen muß deutscher Kaiser werden!" Er habe dann von Bismarck den Entwurf eines Schreibens verlangt, das er an den König von Preußen richten sollte; Bismarck habe den Entwurf dazu dem König Ludwig übermittelt, dieser habe denselben für gut be= funden und das Schreiben an den König von Preußen abgesandt.

Auf Gebhard's Bemerkung, daß der König Ludwig seine Gunst dem Fürsten Bismarck ja wohl bis zu seinem Tode bewahrt habe, erwiderte der Kanzler: „Ja wohl, ich habe noch acht Tage vor des Königs Tode einen sehr gnädigen Brief von ihm erhalten; in persönlichem Verkehr habe ich aber in den letzten Jahren mit dem Könige nicht mehr gestanden; von Kissingen aus habe ich zwar wieder= holt den Versuch gemacht, den König zu sehen, derselbe habe aber den Besuch stets unter höflichem Vorwande abgelehnt."

Der Abgeordnete Goldfus, der, wie mehrere andre, mit herangetreten war, meinte, dazu sei beim Könige wohl Verlegenheitsgefühl die Veranlassung gewesen, worauf Fürst Bismarck entgegnete, das sei wohl möglich. Zu dem letzten Brief= wechsel hätten des Königs Geldverlegenheiten den Anlaß gegeben. Bismarck habe ihm geschrieben, er möge sich doch an seine Stände wenden, die würden die Sache gern in Ordnung bringen. Darauf habe der König geantwortet, das glaube er wohl, aber das ginge nicht, denn die Stände würden ihm das Bauen verbieten, und ohne Bauen könne er nicht leben. Bei dem Briefwechsel habe es auffallen müssen, wie des Königs Handschrift immer unleserlicher geworden wäre, die Schriftzüge seien weit auseinander gezogen und die Buchstaben immer mehr schief zu einander gestellt gewesen.

Abgeordneter Gebhard warf ein: Professor Riehl erzählte, König Max, der Vater von König Ludwig, habe nach einer ihm (Riehl) gemachten Mitteilung beabsichtigt, seinen Sohn so zu erziehen, daß er bis zu seinem achtzehnten Lebensjahre nur die idealen Seiten des menschlichen Daseins kennen lernen und von dem Bösen, das es in der Welt gäbe, möglichst unberührt bleiben solle; dann habe er seinen Sohn bei der Hand nehmen und ihn mit dem Leben so, wie es wirklich sei, bekannt machen wollen. Ehe er aber seinen Sohn so auf die Widerwärtigkeiten des Lebens hätte vorbereiten können, wäre König Max gestorben.

König Ludwig habe, so erzählte Fürst Bismarck im Anschluß daran weiter, als Kronprinz sich wohlunterrichtet gezeigt. Er, Bismarck, sei damals mit ihm zusammengekommen und habe in dem Lustschloß Nymphenburg bei München an der Tafel mit ihm gesessen, als er etwa 17 Jahre alt gewesen sei. Seine Unterhaltung sei keineswegs die gewöhnliche Prinzenunterhaltung gewesen, wie sie am Hofe beim Cercle geführt werde: "Sind Sie schon lange in Berlin?" "Wann reisen Sie wieder ab?" "Was macht Ihre Frau Mama?" u. s. w. Seine Unterhaltung sei die eines sehr gebildeten jungen Mannes, aber sehr unstät gewesen. Aufgefallen sei es ihm, daß der Kronprinz sehr viel Sekt getrunken und dem einschenkenden Lakai immer das geleerte Glas über die Schulter hingehalten habe, damit es wieder gefüllt werde. Der Diener habe einen Blick nach der Königin geworfen, ob er im Einschänken noch fortfahren dürfe, es wäre aber nichts dagegen geschehen, und man habe ihm, dem Kronprinzen, überhaupt sehr viel freien Willen gelassen. Bei der Unterhaltung wäre es aufgefallen, daß sein Auge stets nach oben gerichtet gewesen sei.

Als der Abgeordnete Gebhard erwähnte, daß König Ludwig diese Eigentümlichkeit mit dem König Georg von Hannover gemein gehabt habe, erwähnte Fürst Bismarck, daß dieser um jene Zeit ganz besonders großen Eifer in der Angelegenheit des Frankfurter Fürstentages an den Tag gelegt habe, da er sich bewußt gewesen wäre, daß sein Königtum nur in engster Verbindung mit der Bundesverfassung Dauer habe. Dabei sei er nur leider ein ganz erbitterter Preußenfeind gewesen.

Bismarck kam durch diese Wendung des Näheren auf den Fürstentag in Frankfurt a. M. von 1863 zu sprechen. Die Sachlage sei damals eine sehr schwierige und insbesondere für ihn, Bismarck, eine sehr anstrengende gewesen. König Wilhelm habe gern dem Fürstentage beiwohnen wollen. "Das war ja auch natürlich, denn fünfundzwanzig Fürsten versammelt und ein König als Courier! Wir waren damals in Baden-Baden und dorthin kam der König von Sachsen. Da war es schwer, abzulehnen!" Nach langem Zögern und Überlegen habe der König doch abzulehnen beschlossen. Er sei zu diesem Beschlusse auf einer Ausfahrt gekommen, die er mit ihm (Bismarck) gemacht und die wohl eine Stunde gedauert habe. Für Bismarck sei sie höchst anstrengend gewesen; die Unterhaltung habe, damit die Dienerschaft sie nicht verstehe, in französischer Sprache geführt werden müssen. Zum Brechen müde sei Bismarck gewesen, als sie zurückgekommen seien. Als sich der König endlich zur Ablehnung entschlossen, habe es sich noch darum gehandelt, den Absagebrief zu schreiben. Nachdem dies geschehen, habe der König noch genau das Verschließen des Briefes beobachtet. Der König habe immer sehr viel darauf gegeben, daß richtig gesiegelt werde, und daß insbesondere das Siegel gerade gesetzt würde. Während Bismarck den Brief zusiegelte, sei der König hinter ihm gestanden und habe ihm zugesehen; nachdem er dann wahrgenommen, daß das Siegel gerade gesessen, habe er sich in einen Sessel gesetzt, zurückgelegt und gesagt: „Nun ist es gut, nun kann ich nicht mehr zurück!"

Er (Bismarck) sei mit dem Briefe dann weggegangen, von dem ganzen Vorgange aber so nervös geworden, daß er, als er die Thür hinter sich geschlossen, den Thürgriff abgerissen hätte. Als er diesen hinter sich geworfen, habe der dienstthuende Adjutant betroffen gefragt, ob etwas Besonderes geschehen sei, das ihn so aufgeregt habe. Bismarck, der inzwischen wieder ruhig geworden — solche nervöse Aufregung beruhige sich ja am schnellsten durch eine körperliche Kraftanstrengung — habe erwidert, es wäre schon wieder gut.

„Wäre ich ein solcher Reaktionär gewesen, — fuhr Bismarck fort — als welcher ich damals immer verschrieen wurde und heute noch bei manchen Leuten gelte, so wären wir nach Frankfurt gegangen. Alsdann wäre die Bundestags-Reaktion, auf so und so viel hunderttausend Bajonette gestützt, zur That geworden. Aus meiner Kindheit war mir diese Reaktion aber noch bekannt und das hat mich zurückgehalten. In der That bin ich nie ein Reaktionär gewesen."

Inzwischen hatte sich der Kreis der Umstehenden immer dichter gestaltet. Der Präsident von Levetzow trat durch denselben an den Fürsten heran und verabschiedete sich. Bismarck, einige verbindliche Abschiedsworte sprechend, wandte sich den hinter ihm Stehenden zu, unter denen sich auch der elsässische Abgeordnete Dr. Petri befand. Dieser wurde Bismarck von dem Präsidenten von Levetzow als ein elsässischer Abgeordneter, der nicht Franzose wäre, vorgestellt. Bismarck sprach seine Freude darüber aus, und der Abgeordnete Petri stellte in Aussicht, daß die Wahlen das nächste Mal noch besser ausfallen würden, worauf Bismarck erwiderte: „Nun gut! Wir können ja warten!" und indem er sich wieder zu seinen früheren Zuhörern wandte: „Wir haben Elsaß-Lothringen als Glacis für Süddeutschland erworben!"

Nachdem Fürst Bismarck sich dann dem zu seiner Linken stehenden Abgeordneten Veiel zugewandt, auch dafür gesorgt, daß dieser ein frisches Glas Bier erhielt, und mit ihm angestoßen hatte, begann er: „Ja, ich bin vorigen

Sonnabend zu weit gegangen[1]). Ich habe es nachher bedauert; aber ich bin solche Insulten nicht gewohnt, man wird erregt und geht dann zu weit."

Als der Abgeordnete Zeiß einwandte, diese Auffassung sei doch nicht allgemein, er, Fürst Bismarck, habe für viele ein erlösendes Wort gesprochen, fuhr dieser fort: „Ja, was soll man machen, wenn einem jemand so zu sagen vor versammeltem Kriegsvolke Pfui zuruft. Es ist das doch gerade, als ob mich jemand anspuckt. Es ist mir das früher schon einmal in meinem parlamentarischen Leben vorgekommen[2]). Damals war es ein Herr vom Centrum, der mir das Wort zurief. Es war noch die Zeit, wo ich immer einen Revolver in der Tasche trug. Als der Zwischenruf erscholl, dachte ich zunächst: „Gehst Du hin und schießt ihn nieder. Nach einer halben Minute Überlegung aber habe ich mir gesagt: Nein! Das ist denn doch nicht Dein Metier!"

Als man dem Fürsten ein frisches Glas reichen wollte, dankte dieser und versprach, später nachzukommen; dann trat Dr. Schweninger hinzu, faßte den Fürsten am Arme und forderte ihn auf, sich zu setzen. Er folgte der Aufforderung, ließ sich seine lange Pfeife reichen und nahm an einem Tische mit dem Kriegsminister, dem Abgeordneten von Wedell-Piesdorff und einigen andern Herren noch für einige Zeit Platz."

Zu dem Frühstück war auch der Amtsgerichtsrat Fritz Kern aus Hameln, ein alter Corpsbruder des Fürsten von der Hannovera in Göttingen, geladen. Kern war am 18. Mai 1889 zum erstenmal in seinem Leben nach der Reichshauptstadt gekommen, zum Besuch seiner dort verheirateten Tochter. Am folgenden Tage morgens klingelte eine Bote der Reichskanzlei in dem Hause in Steglitz, wo Kern wohnte, und überbrachte eine Einladung des Fürsten. — „Aber, wie ist es möglich? Es muß ja ein Irrtum sein, wenn nicht etwa ein Scherz." — „Ja, wir in der Reichskanzlei wissen alles!" — Ein Freund in Hameln hatte dem Geheimrat Dr. von Rottenburg geschrieben, daß dem Fürsten Gelegenheit gegeben sei, einem trefflichen Corpsbruder aus der goldenen Jugendzeit eine freundliche Überraschung zu bereiten. Mit den Worten: „Auf Wiedersehen!" schüttelte der Reichskanzler nach dem Frühschoppen zum Abschiede dem alten Genossen die Hand. „Ja, aber siebenundfünfzig Jahre darf es nicht wieder dauern, Durchlaucht," erwiderte Kern.

---

[1]) Anspielung auf die Reichstagssitzung vom 18. Mai 1889, vergl. oben S. 204.
[2]) In der Reichstagsrede vom 13. März 1884. Vergl. Kohl, Bismarck-Reden, Bd. X., S. 15.

XIX. Abschnitt.

Die I. und II. Session der XVII. preussischen Legislatur-Periode.

(14. Januar 1889 bis zum 13. Juni 1890 [1].)

In weiterer Verfolgung der Ziele der sogenannten lex Huene [2] hatte Freiherr von Huene 1889 von seinen politischen Freunden die Zustimmung zur Einbringung eines Gesetzentwurfs erhalten, welcher die Überweisung zunächst der Hälfte der Grund- und Gebäudesteuer an die kommunalen Verbände vorschlug mit Inaussichtnahme weiterer Überweisung bis zum vollen Betrage; dagegen sollten die Gemeinden und kommunalen Verbände im Verhältnis der überwiesenen Anteile das Recht verlieren, Zuschläge zu diesen Steuern zu erheben. Huene übersandte dem Fürsten noch vor der Einbringung eine Abschrift des Entwurfs. Sogleich erhielt er eine Einladung zu einer Besprechung, welche — bei einer Flasche Pschorrbräu — über eine halbe Stunde dauerte. Huene begründete seinen Antrag, mußte denselben wiederholt verlesen, und auf Wunsch des Fürsten wurde darin der gänzliche Ausschluß der Zuschläge schon gegenüber der Überweisung der Hälfte der Grund- und Gebäudesteuer aufgenommen; der Fürst meinte: „Wir können uns ja abhandeln lassen."

Die Unterhaltung bekundete das lebhafteste Interesse des Fürsten für die Erleichterung des Grundbesitzes. Huene erhielt von ihm die Ermächtigung, auszusprechen, daß der Fürst mit dem Grundgedanken des Antrags durchaus einverstanden sei. „So weit kann ich Eideshelfer sein," sagte er; weiter könne er nicht gehen, da der Antrag dem Staatsministerium noch nicht vorliege. Der Antrag wurde einer Kommission überwiesen, welche zugleich die Beratung des damals in Aussicht stehenden neuen Einkommensteuergesetzes verhandeln sollte. Dieses aber wurde nicht eingebracht und dadurch auch die weitere Beratung des Antrags nicht durchgeführt.

Am 8. April 1889 hielt der freikonservative Abgeordnete Frhr. von Zedlitz-Neukirch [3] bei der durch die königstreuen Arbeitervereine Berlins am 8. April 1889 veranstalteten Bismarckfeier eine Festrede, die von Begeisterung für den großen Staatsmann eingegeben war [4]. Der gedachte Abgeordnete hat wohl mit dem Kanzler politische Gespräche geführt, allein nur bei Gelegenheit von größeren geselligen Vereinigungen.

[1] Es währte die I. Session der XVII. Legislatur-Periode vom 14. Januar bis zum 30. April 1889, die II. Session der XVII. Legislatur-Periode vom 15. Mai bis zum 13. Juni 1890.
[2] Vergl. oben S. 142.
[3] Freiherr von Zedlitz und Neukirch, Geheimer Ober-Regierungsrat im Ministerium der öffentlichen Arbeiten in Berlin, geboren 6. Dezember 1840. 1871—1874 Mitglied des Reichstags, seit 1876 des Abgeordnetenhauses.
[4] Abgedruckt findet sich dieselbe in der „Norddeutschen Allgemeinen Zeitung" Nr. 168 vom 9. April 1889.

Am 16. Februar 1889 erschien Bismarck unerwartet im Herrenhause. Die Mitglieder waren überrascht und erwarteten ganz besondere Dinge. Es war ihm offenbar darum zu thun, bei der, wie vorauszusehen war, einstimmigen Annahme der Vorlage über Erhöhung der Krondotation nicht zu fehlen. Fürst Bismarck unterhielt sich u. a. längere Zeit mit dem Chef des Generalstabes Grafen Waldersee.

XX. Abschnitt.
Die fünfte Session der VII. Legislatur-Periode des Reichstags.
(22. Oktober 1889—25. Januar 1890.)

Im Oktober 1889 begannen die Verhandlungen des Reichstags wieder. Hauptgegenstand war die Verlängerung des Sozialistengesetzes. Bismarck war abwesend und ein Verkehr nur durch Mittelspersonen möglich.

Am 25. November 1889 war der Abgeordnete von Helldorff in Friedrichsruh und besprach mit Bismarck eingehend die Verhandlungen über das Sozialistengesetz und deren Rückwirkung auf die parlamentarische Lage und die Stellung der Parteien.

Am 24. Januar 1890 kam Fürst Bismarck nach Berlin, und auf Helldorff's Wunsch war derselbe am Abend desselben Tages bei dem Reichskanzler und verhandelte mit ihm über das Sozialistengesetz, nach dessen Ablehnung der Reichstag geschlossen wurde.

Im Herbst 1889 entwarf der Abgeordnete Oechelhäuser[1]) die Grundzüge zu einem neuen Abkommen der Deutsch-Ostafrikanischen Gesellschaft mit dem Sultan von Zanzibar, welches einerseits durch den 1888 ausgebrochenen Aufstand in Ostafrika, anderseits durch die Weigerung der Reichsregierung notwendig geworden war, die Entschädigungsansprüche der Deutsch-Ostafrikanischen Gesellschaft aus dem ursprünglichen Sultansvertrage vom 28. April 1888 zu vertreten. Nachdem Graf Bismarck diese Vorschläge als für das Reich acceptabel anerkannt hatte, wurden sie zwischen dem Geheimen Legationsrat Krauel und dem Vertreter der Deutsch-Ostafrikanischen Gesellschaft, Herrn Vohsen, näher präzisiert und am 13. Januar 1890 vom Sultan von Zanzibar acceptiert. Auf Grundlage dieses neuen Vertrages erfolgte dann später, nach Abschluß des deutsch-englischen Abkommens, die Vertragsregelung des Reichs mit der Deutsch-Ostafrikanischen Gesellschaft, unter Übernahme der Hoheitsrechte, die letzterer bisher zugestanden hatten.

Zu einer vierten Berührung des Reichskanzlers mit dem Freiherrn von Huene[2]) gab der von diesem am 12. Dezember 1889 im Reichstag eingebrachte Antrag, betreffend die Wehrpflicht der Geistlichen, Anlaß. Huene schrieb über

---

[1]) Vergl. oben S. 167.
[2]) Vergl. oben S. 142, S. 191 und S. 217.

den betreffenden Initiativantrag an den Fürsten Bismarck nach Friedrichsruh
mit der Bitte um Unterstützung desselben.

Huene schreibt es wesentlich der Einwirkung des Fürsten zu, daß das Gesetz,
welches eine Zeit lang sehr gefährdet war, schließlich im preußischen Staatsministerium die Mehrheit erhielt und damit auch im Bundesrat. Die vor-
bereitenden Schritte zur Durchbringung hatte bereits der frühere Kriegsminister
Bronsart von Schellendorff gethan.

Die letzte Unterhaltung mit dem Fürsten hatte Huene nach dem Diner, welches
Seine Majestät der Kaiser dem Staatsrat gab. Derselbe war bekanntlich zur Vorberatung der sozialpolitischen Gesetzgebung berufen. „Wie gefallen Ihnen diese
Dinge?" fragte der Fürst. Huene sprach seine Übereinstimmung mit der eingeschlagenen Richtung aus und zugleich die Hoffnung, daß der Fürst die Sache
unterstützen werde. Dieser verbreitete sich dann über die Art und Weise, wie
die Dinge behandelt worden seien, und verhehlte nicht seine Unzufriedenheit mit
der Art des Vorgehens. Als dann später Kaiser und Kaiserin, bevor sie den
Saal verließen, auf den Fürsten zugingen, um sich zu verabschieden, war dieser
sichtlich erfreut und erwiderte auf eine Äußerung Huene's über die Art der
Kaiserin: „C'est le charme du coeur".

Die Auszeichnung Huene's durch die persönliche Verleihung des Roten
Adler-Ordens II. Klasse durch Se. Majestät den Kaiser verdankt einer Anregung
des Kriegsministers von Bronsart, welche, wie es scheint, erst am 25. März 1889
erfolgt war, ihre Entstehung, während die Übergehung der III. Klasse, da Huene
nur den Orden IV. Klasse mit Schwertern hatte, wohl auf die Vorschläge des
Fürsten zurückzuführen ist. Huene erhielt am 25. März 1889 abends die Einladung des Reichskanzlers zum Diner am 26. Es war das erste parlamentarische
Diner, welches Seine Majestät mit Allerhöchstseiner Gegenwart beehrten. Beim
Eintreten hatte der Fürst zu Huene gesagt: „Ihnen hat der Kaiser etwas mit-
gebracht wegen Ihrer militärischen Verdienste", dabei machte er eine Handbewegung
um den Hals. Als kurz darauf Huene dem Kaiser vorgestellt wurde, übergab
Allerhöchstderselbe ihm nach einer gnädigen Ansprache den Orden mit der Aufforderung, denselben alsbald anzulegen [1]).

Über das parlamentarische Diner, welches Fürst Bismarck am 4. Februar
1890 gab, ist bereits im ersten Bande (2. Aufl.) S. 308 eingehend berichtet
worden. Ich lasse hier noch eine Aufzeichnung darüber folgen, welche von dem
Landtagsabgeordneten von Eynern [2]) herrührt.

„Vor etwa einem Jahre hatte der Kaiser einem Diner bei dem Reichskanzler
beigewohnt, wozu ausschließlich Mitglieder des Reichstags geladen worden waren.

---

[1]) Bezeichnend für den Vorgang ist ein Schreiben der General-Ordens-Kommission an
Freiherrn von Huene vom 4. April 1889, in welchem es heißt: „Infolge der Allerhöchsten
Kabinettsordre vom 3. d. M., laut welcher Seine Majestät der König Ihnen den Roten
Adler-Orden II. Klasse mit Eichenlaub zu verleihen und am 26. v. M. persönlich zu übergeben
geruht haben 2c.".

[2]) Vergl. oben S. 209.

Der preußische Landtag war auf diese Ehre eifersüchtig und fühlte sich in seiner Bedeutung etwas zurückgesetzt. Man hatte aber für diese Session die Hoffnung auf eine Begegnung mit unserm jungen Kaiser aufgegeben, denn es lag schwül in der Luft; immer mehr schienen sich die Einzelereignisse, welche von differierenden Auffassungen zwischen dem Kaiser und dem Kanzler Kunde gaben, zu einer Katastrophe vereinigen zu wollen. Da brachte unerwartet ein fürstlicher Diener eine große Einladungskarte in meine Wohnung:

> Seine Majestät der Kaiser und König haben Allerhöchst Ihr Erscheinen zugesagt.
>
> **Fürst von Bismarck** beehrt sich
>
> Herrn von Eynern, Mitglied des Abgeordnetenhauses, zum Diner am Dienstag, den 4. Februar um sechs Uhr ganz ergebenst einzuladen.   U. A. w. g.

Wie ich erfuhr, waren gleiche Einladungen an etwa dreißig Personen ergangen, worunter siebzehn Abgeordnete; von unsrer Fraktion außer an mich an die Herren von Benda, Professor Dr. Enneccerus und Konsul Weber (Genthin), sodann an Dr. Miquel als Vizepräsidenten des Herrenhauses.

Der Kaiser erschien auf die Minute, mit ihm seine beiden Flügeladjutanten Oberstlieutenant von Kessel und Major von Bitzewitz. Wir standen im Kreis und wurden vorgestellt. Dann ging es zu der im Kongreßsaal aufgestellten prächtigen Tafel; ich saß neben dem Grafen von Limburg-Stirum, der die Gräfin Wilhelm Bismarck zur Seite hatte, dann folgte Peter Franz Reichensperger, dann der Fürst. Seiner Majestät, die zwischen der Fürstin und von Benda Platz genommen, saß ich schräg gegenüber.

Ich kam mit meinen Nachbarn bald in animierte Unterhaltung, wir sprachen den guten Speisen reichlich zu, und die Gräfin Wilhelm Bismarck spendete mir, nach allem aufgetragenen Lob, ihr Menu zur Erinnerung für meinen Sohn.

Der Kaiser trank gleich zu Beginn der Tafel dem Fürsten zu, der sich kerzengerade erhob, sein Glas mit einem Zuge feierlich und langsam leerte und dann dem Kaiser eine jener tiefen Verbeugungen machte, die ich schon so oft bei Überreichung der Thronreden gesehen und die den ganzen Mann charakterisieren: Gerad, stolz und schlicht und als wenn man Waffenklang dabei hören müßte. Der Kaiser trank dann noch im Laufe der Tafel, an der wir eine knappe Stunde saßen, Dr. Miquel und dem Grafen Douglas zu.

Aus dem Kongreßsaal ging es in das große Empfangszimmer zurück. Cigarren wurden präsentiert, und der Kaiser setzte sich rauchend in eine Sofaecke unter das Bild des Königs von Italien. Der Fürst zündete seine Pfeife an und setzte sich an die andre Seite der Eingangsthür, unter das Bild des Kaisers von Österreich. Ich setzte mich mit Professor Enneccerus und andern zu ihm. Das Gespräch nahm gleich, anknüpfend an die Steuerdebatten, einen lebhaften Charakter an; mit vielem war Fürst Bismarck einverstanden, mit Aufhebung der Zuschläge zur Grund- und Gebäudesteuer, mit besonderer Besteuerung des Renteneinkommens und anderm. Aber er erklärte sich mit größter Entschiedenheit gegen jede progressive Einkommensteuer und wurde ungeduldig, als Enneccerus ihm auseinandersetzte, die wolle man ja auch nicht, sondern nur eine begressive, und daran längere Erörterungen über den Unterschied zwischen progressiv und begressiv knüpfte. Ach — meinte der Fürst — das sei tout la même chose, ob man von oben oder von unten anfange wegzunehmen; wenn man diese sozialistische Richtung verfolge, dann möge man doch gleich die Konsequenz ausüben und etwa bestimmen, daß alles, was ein Bürger, er wolle einmal sagen über 40000 Mark verdiene, als Abgabe vom Staat weggenommen würde. Mit 40000 Mark bleibe man ja immer noch ein wohlhabender Mann und könne noch eine Stellung in der Welt ausfüllen, aber die Vermögensbildung, die Grundlage des staatlichen Wohlstandes, höre auf.

„Was soll dieser soziale Neid! Hätten wir nur in Deutschland um zweitausend Thalermillionäre mehr, wir wären ein ganz andres Volk; sehen Sie auf England, was das durch seine reichen Männer in Unternehmungen über die ganze Erde leistet."

Aber er könne nichts mehr durchsetzen, die Jahre drückten ihn und sein Einfluß schwände immer mehr dahin. Und nun ließ er sich über die Geschähnisse der letzten Tage aus, über die von ihm verfolgten sozialpolitischen Ziele, die in der von ihm selbst — „mit diesen meinen Fingern" niedergeschriebenen ersten Kaiserlichen Botschaft ausgesprochen seien, aber auch begrenzt sein müßten. „Haben Sie den Reichsanzeiger gelesen? Nun, so wird er Ihnen morgen Neues bringen; ich bin schuldlos daran, ich kann so weit weder wünschen noch hoffen." Und wohl in Erinnerung an frühere zu mir bei Gelegenheit seiner Übernahme des Handelsministeriums gemachte Äußerungen meinte er, ich müsse ja wohl den neuen Handelsminister von Berlepsch und dessen Wirksamkeit von Düsseldorf her kennen, auch seine Befähigung zur Durchführung der vom Kaiser beabsichtigten weiteren Reformarbeiten, besonders auf dem Gebiet der Arbeiterschutz-Gesetzgebung und sozialer Wohlfahrtseinrichtungen beurteilen können.

Dann kamen wieder andre Fragen des Tages auf: die durch die Aufhebung des Sozialistengesetzes in den Städten immer mehr um sich greifenden Verführungen der unteren Volksklassen und über die Wanderung der arbeitsfähigen Bevölkerung aus dem Osten nach dem Westen, namentlich in die Städte, die dadurch sich stets fortpflanzende Verschiebung der Erwerbsverhältnisse, dazwischen die Anekdote eines seiner Gutsarbeiter, der auf die Frage, was ihn denn nach Berlin treibe, geantwortet habe, man könne dort so hübsch im Freien sitzen und Bier trinken. Und zweifellos bewegte sich sein Geist immer wieder in Vergleichungen zwischen seinem alten und seinem neuen Herrn: von ersterem erzählte er Erlebnisse, wie er ihm gedient habe, als ein Vasall, das sei er auch den Hohenzollern, und wenn er nicht mehr zu dienen brauche, nun, er habe seine Pflicht gethan und werde sie thun bis zum letzten Atemzuge.

Eine Äußerung, wie sie heute in den Blättern steht, der Kanzler habe gesagt: „Dem Kaiser, so lieb er mich hat, kann ich nicht mehr imponieren," habe ich nicht gehört, ich brach aber, da der Fürst mir sagte, er glaube, der Kaiser wolle gerne mehr Abgeordnete kennen lernen, und ich möge zu dessen Tisch herangehen, vor Beendigung der Gespräche von meinem Platz auf.

Seine Majestät saßen mit dem Freiherrn von Stumm, dem Grafen Udo Stolberg, Freiherrn von Huene, Graf Limburg, Prinz Arenberg und Dr. Miquel, an einem ovalrunden Tisch; die letzen beiden Herren rückten für mich zusammen. Das Gespräch war ein freies und allgemeines und bewegte sich über das Gebiet der Arbeiterverhältnisse und der Arbeiterschutz-Gesetzgebung, namentlich auch über Streiks, deren Behandlung und Vorbeugung, mit Rückblick auf die in Westfalen und an der Saar gemachten Erfahrungen. Die vielfache Heranziehung englischer Vergleichsverhältnisse führte zu einer vom Kaiser angeregten Erörterung über die Befähigung des parlamentarischen Regimes zur Lösung großer sozialer Aufgaben, sodann weitergehend zu Erörterungen über die Lebensansprüche des englischen im Vergleich zum deutschen Arbeiter und zum Vergleich über den frohen und sicheren geschäftlichen Wagemut des englischen Kaufmanns gegenüber dem vorher alles erwägenden und studierenden Thätigkeitssinn des deutschen Kaufmanns.

Die Beispiele, welche der Kaiser zur Beweisführung für seine Anschauungen vorbrachte (so die Schilderung der Anfertigung eines Armstronggeschützes in den englischen königlichen Gießereien, die Bergung der Ladung eines gestrandeten Schiffes an der indischen Küste durch Amerikaner, über die Bewaffnung und Bekleidung der englischen Armee) waren stets so zutreffend, und wurden mit solchem Humor vorgetragen, daß oftmals lautes und frohes Lachen die Runde durchbrach. Immer aber kehrte ein ernster Ton zurück. Den Herren war der Inhalt des im Staatsanzeiger erscheinenden Erlasses des Kaisers an den Reichskanzler, ohne Gegenzeichnung desselben, auf die Anbahnung internationaler Verhandlung behufs Verständigung über der Arbeiter Wünsche und Bedürfnisse bekannt. Dr. Miquel teilte ihn mir mit. Herr von Stumm ließ sich in seiner klaren und eindringlichen Weise über mancherlei Bedenken und Schwierigkeiten aus, die der Kaiser mit gespanntester Aufmerksamkeit anhörte und mit Hinweis auf den Nebentisch als ihm in noch viel weiterem Maße bekannt hinstellte. Zu den Personen, auf deren Sachkunde er rechne, gehöre aber gerade Herr von Stumm, er werde seine Berufung in den Staatsrat vorfinden, und dort sollten Gründe und Gegengründe ihre volle Geltung haben.

Auf eine eingestreute Bemerkung, daß die arbeitenden Klassen ihm doch geringe Anerkennung für sein Thun unter den vorherrschenden Lehren entgegenbringen würden, sprach der Kaiser lebhaft das Wort aus: „Und ob wir nun Dank oder Undank für unsre Bestrebungen ernten, ich werde in denselben nicht erlahmen, und ich rechne auf Ihrer aller Mitarbeit. Ich habe die Überzeugung, daß staatliche Fürsorge allein uns zum Ziele führen kann, die arbeitenden Klassen innerhalb der gesellschaftlichen Ordnung zu versöhnen. Jedenfalls geben diefe Beftrebungen mir für alles, was wir thun, ein ruhiges Gewiffen¹)." Nun fprachen noch Dr. Miquel und Graf Douglas in eingehender Weife über die zur Beruhigung der arbeitenden Klaffen ftaatlicherfeits zur Verfügung ftehenden Mittel, aber der Höhepunkt der Unterhaltung war überfchritten, und es war elf Uhr geworden. Schon vor einer Stunde hatte der Flügeladjutant gemeldet, daß die Wagen vorgefahren feien.

Jetzt erhob fich der Kaifer und begrüßte zum Abfchied uns und mit befonderer Herzlichkeit den Fürften und feine Familie. Die Gäfte brachen nach und nach auch auf. Als folgenden Tags auf Wunfch der politifchen Freunde Profeffor Ennecerus und ich in der Fraktionsfitzung Bericht über die Vorgänge erftatteten, fchloß ich meine Ausführungen mit den Worten: "Zwifchen unferm Kaifer und dem Reichskanzler liegt eine Generation als unausfüllbare Kluft." —

Zu dem Kaifer-Diner am 4. Februar 1890 wurde der Abgeordnete Freiherr von Stumm, welcher fich bereits auf der Rückreife in die Heimat in Frankfurt a. M. befand, von Bismarck telegraphifch eingeladen²). Tags darauf, am 5. Februar, hatte Stumm die letzte Unterredung mit Bismarck vor deffen Rücktritt über die von dem Kaifer geplante internationale Arbeiterfchutz-Gefetzgebung. In der Auffaffung der fozialen Fragen waren Stumm und Bismarck von fehr verfchiedenen Gefichtspunkten ausgegangen. Stumm war es ausfchließlich um die foziale zu thun; Bismarck vorzugsweife um die politifche. Stumm ging Bismarck anfangs nicht weit genug, da derfelbe ein Gegner des Staatszufchuffes bei der Unfallverficherung der Arbeiter war. Später betrachtete er Stumm wieder als Bundesgenoffen. Allerdings hatte Stumm im Gegenfatze zu dem Kanzler fchon 1878 für eine geficherte Sonntagsruhe für die gewerblichen Arbeiter im Reichstage gewirkt und blieb diefem Standpunkte auch im Staatsrate treu, in welchem er fich unumwunden auf den Standpunkt der kaiferlichen Februar-Erlaffe ftellt. In diefem Sinne ift er auch im Reichstage feit dem Abgange Bismarck's aufgetreten. Mit dem jüngften fozial-politifchen Auftreten Stumm's im Reichstag hat fich Fürft Bismarck ausdrücklich einverftanden erklärt.

In dem litterarifchen Nachlaß des verftorbenen Abgeordneten Franz Peter Reichensperger³) fand fich unter der Überfchrift: "Ein denkwürdiges Diner bei Bismarck" folgende Aufzeichnung deffelben.

"Beim Diner des Fürften Bismarck vom 4. Februar 1890, an welchem der Kaifer teilnahm, hatte ich die Ehre, zur Rechten des Fürften gegenüber dem Kaifer zu fitzen und die Gräfin Wilhelm von Bismarck zu Tifch zu führen. Wegen der Unterhaltung nach rechts und links, fowie wegen eines dazwifchen

---

¹) Diefe Worte zeichnete fich Herr von Eynern gleich zu Haufe auf und holte fich durch Excellenz von Lucanus bei Seiner Majeftät die Erlaubnis ein, fie öffentlich benützen zu dürfen, was er zunächft am 11. Februar in einer Rede in Remfcheid that.

²) Wegen der Gefpräche desfelben mit dem Kaifer vergl. "Fürft Bismarck und die Parlamentarier," Bd. I, S. 256.

³) Vergl. Bd. II., S. 38.

stehenden Tafelaufsatzes konnte ich Seine Majestät nicht recht beobachten. Der Kaiser trank zwischen den Weinen viel Wasser und unterhielt sich vielfach und lebhaft mit seiner Nachbarin, der Fürstin Bismarck, mehr aber über seinen Nachbar von Benda hinweg mit Miquel.

Ich fragte unter anderm den Fürsten Bismarck nach dem Ursprung eines auf der Tafel stehenden kostbaren silbernen Humpens, der mit Münzen bedeckt war. Er erwiderte, daß derselbe von seinem mütterlichen Urahn Derfflinger herrühre. Es sei wohl nur eine Legende, daß er Schneidergeselle gewesen.

Auf meine Bemerkung, daß der Festsaal, in welchem er dem Friedenskongresse präsidiert, ihm wohl stets eine stolze Erinnerung biete, erwiderte er, daß er den Nutzen doch höher anschlage als die Ehre.

Graf Douglas trat einmal hinter den Stuhl des Fürsten und erzählte so laut, daß auch der Kaiser aufmerkte, von der leichten Stillung eines Aufstandes in Staßfurt. Ich bemerkte dabei, zum Kaiser gewendet, daß der Marschall Maison einmal mit bestem Erfolg in Paris eine Brandspritze mit Jauche gefüllt angewendet, worauf der Kaiser zustimmend lachte. Zum Fürsten fügte ich hinzu, daß die Spottblätter dem Marschall eine Klystierspritze in die Hand und in sein Wappen gegeben.

Nach Tisch bildeten sich zwei Kreise um den Kaiser und um Bismarck mit der langen Pfeife und dem großen Hunde. Ich als Alter hielt es für geraten, mich zu dem alten Herrn zu halten, und saß neben ihm. Bei Besprechung der Steuerfrage sagte er, die minder Wohlhabenden müßten geschont, die Reichen mehr herangezogen werden. Das Hauptunheil drohe von der Unzufriedenheit der Arbeiterklasse und der Sozialdemokratie. Ich bemerkte darauf, daß die Regierung selbst an dieser Unzufriedenheit schuld sei und sie erzeuge, indem sie das Volksschulwesen überspanne. Wenn man alle Kinder nicht bloß im Lesen, Schreiben und Rechnen und besonders in der Religion unterrichte, sondern ihnen bis zum vollendeten vierzehnten Jahre Halbwissen in Geschichte, Geographie und Naturkunde beibringe, dann hielten sie sich für viel zu „gebildet“, um zufriedene Stall- und Ackerknechte oder Fabrikarbeiter sein zu können.

„Nun — sagte er — das ist seit langem meine Überzeugung, aber bei keinem Kultusminister erreichte ich etwas; die Geheimräte erst sind wie die Wollsäcke, an denen jeder Stoß abprallt!“

Ich erwiderte, daß gerade ein Staatsminister wie er, der dem Kaiser wie den Ministern so sehr imponiere, diesen Widerstand doch brechen könne, wenn er nur wolle. Er: „Da irren Sie sich, der Kaiser läßt sich von niemandem imponieren, er hört mich bereitwillig und gern. Ja, er liebt mich (und dabei schlug er auf die Brust), aber imponieren läßt er sich nicht.“

Als ich ihm leiser bemerkte, daß er bei der letzten kirchenpolitischen Novelle seine imponierende Stellung doch zum Danke von Millionen bewiesen, nickte er beifällig.

Im Kreise des Kaisers war es noch lauter geworden, und schon elf Uhr und sehr warm. „Ja — sagte Bismarck — ich kann doch nicht zuerst aufstehen. Le roi s'amuse.“

Ich: „Gottlob, nicht wie in jener Komödie, sondern, wie man hört, mit sehr ernsten Dingen, besonders der Arbeiterfrage." Der Kaiser erhob sich bald, nachdem sein Wagen anderthalb Stunden gewartet[1]." —

Eine andre Aufzeichnung des Abgeordneten Franz Peter Reichensperger, welche sich gleichfalls in dessen litterarischem Nachlasse befand, betitelt sich: „Ein edler Charakterzug des Fürsten Bismarck" und lautet wie folgt:

„Zur Zeit des schärfsten Paßzwanges in Elsaß-Lothringen erhielt ich von Verwandten die Mitteilung, daß meine Schwägerin, Frau Stoffels de Varsberg, auf ihrem Schlosse Varsberg in Deutsch-Lothringen geistig und körperlich krank darniederliege und sich um so mehr nach dem Besuche ihres einzigen Sohnes, eines Rittmeisters in der französischen Armee, sehne, als ernste Verwickelungen mit ihrem Gutspächter beständen. Es wurde daran die dringende Bitte geknüpft, wenn irgend möglich, die Erlaubnis zu jenem Besuche zu erwirken. Ich entschloß mich, auch einen alten Bekannten, den Staatssekretär von Puttkamer, um Unterstützung anzugehen, erhielt aber von demselben die Antwort, daß jene Frage lediglich in der Hand der deutschen Botschaft in Paris beziehungsweise des Fürsten Bismarck liege. Trotz mancherlei politischer und persönlicher Bedenken stellte ich ihm die Sachlage dar, bat um seine gütige Intervention und erhielt die Antwort, daß er auf meine Bürgschaft hin die Botschaft anweisen werde, keine Schwierigkeit zu erheben, daß dieselbe aber den Paß für einen aktiven Offizier nur unter Zustimmung der obersten Militärbehörde ausstellen dürfe. Bezüglich meiner Bürgschaft war ich vorsichtig genug gewesen, zu sagen, daß ich meinen Neffen seit Jahren nicht gesehen, aber von den Verwandten gehört habe, daß er ein durchaus loyaler, jeder politischen Agitation fern stehender Mann sei.

Mit jenem Bescheide erachtete ich meine Aufgabe für erledigt, erhielt aber in derselben Woche ein zweites Schreiben des Fürsten, in welchem er mir mitteilte, daß er selbst sich an die oberste Militärbehörde gewandt, aber die Erwiderung erhalten habe, daß zu viele schlimme Erfahrungen gemacht worden seien, um die erbetene Genehmigung zu erteilen."

Die nächste Zeit brachte die Kaiserlichen Erlasse über die Arbeiterschutzgesetze[2] und die Beratungen des Staatsrats über dieselben. Bei der Eröffnung des Staatsrats am 11. Februar 1890[3] flüchtige Begegnung des Fürsten Bismarck mit dem Abgeordneten von Helldorff.

Am 2. März 1890 befand sich von Helldorff zum letztenmal bei Bismarck zu Tisch, zugleich mit dem Fürsten Pleß und dem Abgeordneten von Kardorff und Freiherrn von Stumm. Hauptgegenstand des Gesprächs war die Behandlung der Arbeiterschutzgesetze.

---

[1] Nach dem Diner waren noch die Herren Abgeordneten von Koscielski und Professor Schweninger im Palais erschienen und hatten an der Gesellschaft teilgenommen.

[2] Abgedruckt in Kohl's Bismarck-Reden, Bd. XII., S. 665f.

[3] Die Rede des Kaisers zur Eröffnung des Staatsrats s. bei Kohl a. a. O., S. 670.

Am 12. März 1890 fand die letzte Zusammenkunft zwischen Bismarck und Windthorst statt. Dr. Hans Blum schreibt darüber in seinem Werk „Das deutsche Reich zur Zeit Bismarck's" S. 668: Am 12. März 1890 wurde der Abgeordnete Windthorst vom Reichskanzler in längerer Audienz empfangen. Es ist nicht unwahrscheinlich, daß der verschlagene Centrumsführer dem Fürsten Bismarck die Unterstützung der ultramontanen Partei um den Preis bestimmter Gegenleistungen des Reichskanzlers anbot, und zwar auch in den Meinungsverschiedenheiten des letzteren mit seinem kaiserlichen Herrn. Ebenso begründet aber ist die Annahme, daß Windthorst die von ihm erwünschte Antwort seitens des Fürsten Bismarck nicht erhalten hat. Denn sofort gelangten über dieses Gespräch von ultramontaner und bismarckfeindlicher Seite Dinge in die Öffentlichkeit, welche nicht bekannt gemacht worden wären, wenn die von Windthorst geplante Verständigung geglückt wäre. Diese Mitteilungen waren übrigens zum großen Teil unwahr und die wahren und unwahren Einzelheiten nur darauf berechnet, den Kaiser zum völligen Bruch mit dem Kanzler anzutreiben[1]). So wurde wahrheitswidrig berichtet, Fürst Bismarck habe den Centrumsführer zu einer vertraulichen Besprechung förmlich eingeladen, während umgekehrt Windthorst durch Herrn von Bleichröder beim Reichskanzler um Gewähr der Audienz nachgesucht hatte[2]). Ferner sollte in dieser Unterredung die Frage des Welfenfonds erörtert worden sein, was nicht der Fall war. Sicherlich ist aber auch von den Geschäftsleuten, welche an dem Sturze des Fürsten Bismarck arbeiteten (und zu diesen gehörte, nach dem Mißlingen der Verhandlung vom 12. März 1890, auch Windthorst in erster Linie selbst), nicht versäumt worden, den wirklichen Inhalt jener Unterredung sofort zur Kenntnis des Kaisers zu bringen, nur mit einiger von der Wahrheit ab-

---

[1]) Nach einer Mitteilung der „Kölnischen Zeitung" sollen die „Kaufbedingungen", zu welchen der „Chef des kirchenpolitischen Handlungshauses, welches sich Centrum nennt," die Zustimmung des Centrums zu etwaigen Regierungsmaßregeln des Fürsten zu „versichern" beabsichtigte, sich „für das Reich auf die Aufhebung oder Einschränkung des Jesuitengesetzes und für Preußen auf die Unterwerfung der Schule unter die Kirche erstreckt haben.

[2]) In der Nr. 302 vom 20. Dezember 1891, M.-A., bemerkten die „Hamburger Nachrichten": Durch die Presse läuft folgende Notiz über den letzten Besuch Windthorst's beim Fürsten Bismarck: „Windthorst hat nach der „Germania" nicht lange vor seinem Tode über seine Zusammenkunft mit Bismarck geäußert: „Ich hatte das merkwürdige Schicksal, an sein politisches Sterbebett gerufen zu werden." Wenn sich der verstorbene Abgeordnete Windthorst wirklich so geäußert hätte, so wäre das eine thatsächliche Unwahrheit gewesen. Die „Germania" könnte sich am sichersten davon überzeugen, wenn sie bei Herrn von Bleichröder Erkundigungen einzöge. Die Unwahrheit der Angabe in der „Germania" wird auch durch einen Artikel des „Westfälischen Merkur" beleuchtet, nach welchem der Centrumsabgeordnete Dr. Porsch in Breslau geäußert haben soll: „Ich kann z. B. sagen, ich bin mit Windthorst zusammen gewesen, ehe er damals zu Bleichröder ging, und ich bin der erste und einer der wenigen gewesen, mit dem er sofort darüber vertraulich sprach, was ihm Bleichröder gesagt hätte. Das war an einem Sonntag, und am folgenden Montag hatte er die Unterredung mit dem Fürsten Bismarck." Hier wird ein unwillkürliches Zeugnis dafür abgelegt, daß Windthorst die Initiative zu seinem Besuche beim Fürsten Bismarck ergriffen hat. Das Ergebnis der Windthorst'schen Besprechung mit Herrn von Bleichröder war die Mitteilung des letzteren an den damaligen Reichskanzler, daß Windthorst ihn zu sprechen wünsche.

weichenden Färbung, in dem Sinne, als habe der Kanzler sich einer Bundesgenossenschaft mit dem Centrum gegen den Kaiser nicht abgeneigt gezeigt. So
allein läßt sich das weitere erklären.

Im August 1891 lief durch die Presse eine Notiz, wonach Dr. Windthorst
in Ems einem Mitarbeiter der „Essener Volkszeitung" nachfolgendes sagte: „Zwei
Thatsachen vergesse ich nie in meinem Leben: als ich dem König Georg von
Hannover mitteilen mußte, daß es aus sei mit seiner Herrschaft, da stand ich
an dem moralischen Sterbebett eines entthronten Königs; und dann, als mir
Bismarck mit Thränen in den Augen sagte: Man will mich nicht mehr, ich muß
gehen; da stand ich an dem moralischen Sterbelager einer gefallenen Größe." —
Über die Unterredung selbst habe ich nichts erfahren; wohl aber sagte mir Dr.
Windthorst noch, er habe damals dem Fürsten Bismarck, als dieser ihm seinen
Sturz mitgeteilt, geantwortet: „Dann will ich Ihnen sagen, daß Caprivi Ihr
Nachfolger wird." Das erläuterte mir Herr Dr. Windthorst also: Vor fünf
Jahren habe ich in einer Gesellschaft, in welcher über die Frage diskutiert wurde,
wer eventuell der Nachfolger Bismarck's würde, erklärt, Caprivi wird sein Nachfolger. Nach einiger Zeit sagte mir ein Herr, der an dem Gespräche sich beteiligt
hatte und dem Kaiser Friedrich nahe stand, er hätte dem Kaiser Friedrich über
unsre Unterhaltung berichtet, worauf Kaiser Friedrich geantwortet habe, daß
Caprivi ein tüchtiger Soldat sei, wäre bekannt, ob er aber auch ein guter Diplomat sei, darüber wolle man ihn aufs Korn nehmen. Insofern bin ich vielleicht
die Ursache, daß Caprivi der Nachfolger Bismarck's geworden. Ich sage das
post hoc, nicht gerade propter hoc.

Hierzu bemerkten die „Hamburger Nachrichten" (Nr. 190 vom 12. August
1891): Zur Zeit dieser Unterredung stand der Rücktritt des Kanzlers noch nicht
fest und würde außerdem niemals ein Thema zur thränenreichen Erörterung
zwischen diesen beiden Herren abgegeben haben. Für die Eventualität eines
Wechsels in der Kanzlerstellung war schon einige Monate vor der Windthorst'schen
Besprechung der General von Caprivi dem Kaiser von dem Fürsten Bismarck
selbst empfohlen worden; unter Kaiser Friedrich ist davon überhaupt nicht die
Rede gewesen, sondern nur von der Verwendung des jetzigen Reichskanzlers an
der Spitze des Kriegsministeriums oder des Generalstabes. Diese von Kaiser
Friedrich selbst ausgegangene Anregung scheiterte damals an dem Widerspruche
des Grafen Moltke, aber der verstorbene Windthorst ist im Irrtume gewesen,
wenn er in seiner Anregung die Ursache zu finden geglaubt hat, daß Caprivi
der Nachfolger Bismarck's geworden ist. Dieselbe kam, wenn sie überhaupt an
die höchste Adresse gelangt ist, was wir nicht glauben, jedenfalls post festum[1]).

Am 25. November 1891 äußerten sich die „Hamburger Nachrichten"[2]) noch

---

[1]) Zu vergl. darüber, daß Caprivi nichtsdestoweniger der Kandidat des Centrums gewesen sei, die „Hamburger Nachrichten", Nr. 161 vom 8. Juli 1892.

[2]) Vergl. zu diesem Artikel die Raisonnements der „Kölnischen Zeitung" Nr. 951 vom
26. November 1891 und der „Münchener Neuesten Nachrichten" Nr. 544 vom 27. November 1891.

eingehender über die denkwürdige Unterredung, zu der Windthorst einmal zu früh aufgestanden war, folgendermaßen:

. Die Initiative zu der damaligen Unterredung ging von Herrn von Bleichröder aus; durch ihn als Mittelsperson ließ Herr Windthorst beim Fürsten Bismarck vertraulich anfragen, ob er bereit sein werde, ihn zu empfangen. Der erste Eindruck des Reichskanzlers war der der Verwunderung, nicht darüber, daß Windthorst ihn zu sprechen wünsche, sondern darüber, daß derselbe vorher eine Anfrage darüber zu bedürfen glaubte, ob er empfangen werden würde oder nicht. Es war durch eine langjährige Praxis bekannt, daß Bismarck es für seine dienstliche Pflicht hielt, jeden Reichstagsabgeordneten, der sich unter Berufung auf diese seine Eigenschaft bei ihm melden ließ, zu jeder Zeit zu empfangen, um so mehr eine im Reichstag so hervorragende Persönlichkeit wie die des Führers des Centrums. Fürst Bismarck beantwortete die gestellte Anfrage, daß seine Bereitwilligkeit selbstverständlich sei, und empfing den Abgeordneten Windthorst, sobald derselbe sich bei ihm melden ließ. In dem darauf stattgehabten Gespräche, dessen Dauer etwa 1 bis 1 ½ Stunde betragen konnte, hatte Fürst Bismarck natürlich das geschäftliche Bedürfnis, zu erfahren, welche Haltung das Centrum in dem damals neu gewählten Reichstage annehmen werde und welches die Ansprüche seien, die dasselbe stellen werde. Von dem Versuche, irgend eine Kooperation einzuleiten, war zwischen beiden Herren keine Rede. Fürst Bismarck verhielt sich lediglich sondierend und der Abgeordnete Windthorst motivierend, d. h. die Bedürfnisse des Centrums nach Maßgabe der Stimmung der Wähler darlegend. Herr Windthorst hat auch nicht versucht, nach Zerschmetterung der Kartellstützen, wie die „Kölnische Zeitung" sich ausdrückt, eine Anknüpfung der Regierung mit der Centrumspartei herbeizuführen, er hat lediglich auf Sondierung des Fürsten Bismarck präzisiert, was das Centrum haben müsse, um zufrieden zu sein. Der Abgeordnete Windthorst hat sich hierüber klar und präcise dahin ausgesprochen, daß das Centrum die Herstellung des status quo ante 1870 in allen und jeden Beziehungen (!) anstrebe. Mit dieser Erklärung war für den Fürsten Bismarck das Bedürfnis der Sondierung erschöpft. Im übrigen bezog sich die Unterhaltung der beiden Herren auf die Frage des bevorstehenden Kabinettwechsels, wobei der Abgeordnete Windthorst dem Fürsten Bismarck zum Verbleiben in seiner Stellung lebhaft zuredete, für den Fall aber, daß der Wechsel dennoch stattfände, dringend empfahl, die Nachfolge einem Militär, also einem General zu übertragen, indem er dabei die Bedenken geltend machte, die gegen eine civilistische Leitung in der unruhigen Lage der Parteiverhältnisse sprächen. Als Fürst Bismarck auf diesen Gesichtspunkt einging, empfahl der Abgeordnete Windthorst bei einer Besprechung der Personenfrage in erster Linie den General von Caprivi, der sich durch parteilose und sachliche Haltung während seiner Vertretung der Marine im Reichstag auch als Redner das Ansehen erworben habe, mit dem seine Persönlichkeit umgeben sei. Beide Herren verkehrten und trennten sich in den wohlwollenden Formen, die ihre beiderseitige gesellschaftliche Stellung naturgemäß mit sich brachte. Der damalige Reichskanzler war durch diese Unterredung zu der Überzeugung gelangt, welche er in den wenigen Tagen, die er noch im Amte blieb, auch nicht verhehlt hat, daß eine geschäftliche Annäherung der Regierung an das Centrum wegen der zu weit gehenden Forderungen desselben in der damaligen Lage nicht thunlich sei. Wir glauben aber nicht, daß die höfliche Natur der Unterredung den Fürsten Bismarck dazu geführt haben wird, diese Überzeugung Herrn Windthorst gegenüber expressis vorbis auszusprechen. Überraschend war demnächst für den Reichskanzler nur die Schnelligkeit, mit welcher der Vorgang der Unterredung mit Herrn Windthorst und die Thatsache, daß zur Herbeiführung derselben die Vermittlung des Herrn von Bleichröder benutzt worden sei, zur Kenntnis weiterer Kreise und namentlich der höheren Regionen gelangte, und zwar ohne den Zusatz, daß die Vermittlung nicht vom Fürsten Bismarck, sondern von Herrn Windthorst nachgesucht worden war[1]).

In der Nr. 178 vom 28. Juli 1892 bestritten die „Hamburger Nachrichten", daß Bismarck bei seiner letzten Unterredung mit Windthorst, im März 1890, den Verzicht auf die Sperrgelder zugesagt habe. „Wir wiederholen, daß weder diese Frage noch überhaupt irgendwelche gegenseitige Konzession mit einer Silbe zwischen beiden Herren damals zur Sprache gekommen ist."

Zum letztenmal beschäftigten sich die „Hamburger Nachrichten" mit dem Vorgang in der Nr. 193 vom 15. August 1892, woselbst es heißt: Die „Tremonia" veröffentlicht zum Beweise, daß Windthorst nicht am Sturze des Fürsten Bismarck gearbeitet habe und daß Graf Caprivi nicht der Kandidat des Centrums sei, den Wortlaut eines Gespräches, das im Sommer 1890 „ein Pfarrer" mit Windthorst in Ems gehabt haben soll. Die Mitteilungen der

---

[1]) Die „Hamburger Nachrichten" hatten viel zu thun, um der Legendenbildung in der Angelegenheit Bismarck-Windthorst entgegenzutreten. In den ersten Tagen des Dezembers 1891 schrieb der „Pester Lloyd": Am 1. Februar vormittags hatte bereits jene Audienz des Herrn von Caprivi bei dem Kaiser stattgefunden, von welcher angenommen wird, daß sie für die Nachfolgerfrage entscheidend gewesen sei, nachdem schon einige Zeit vorher der Kaiser in Hannover gewesen war und mit Herrn von Caprivi konferiert hatte. Ob Herr Windthorst in Kenntnis dieser Umstände Herrn von Caprivi empfahl, wer kann es wissen? Offenbar aber bekundet seine Empfehlung, daß er die Lage der Dinge richtig taxierte, während der Fürst, selbst als sein Rücktritt schon feststand, über die Nachfolgerfrage noch im Unklaren war, und, als er die Ernennung Caprivi's erfuhr, ausgerufen haben soll: „Gott sei Dank, also doch nicht der andre!" — Wir würden, bemerkten die „Hamburger Nachrichten", in rein historischem Interesse sehr dankbar sein, wenn der Korrespondent des ungarischen Blattes den „andern" namentlich benannt hätte. Wir haben keine Ahnung, welcher „andre" gemeint sein kann. Der „Pester Lloyd" ventiliert auch die Frage einer Kooperation, die zwischen Windthorst und dem Reichskanzler damals geplant worden sei. Andre Blätter haben dies dahin weiter ausgebeutet, daß an eine antikaiserliche Kooperation auf einer der beiden Seiten gedacht worden sei. Die Haltlosigkeit dieser Vermutung bedarf keines Beweises. Ein kaiserlicher Kanzler kann an keiner antikaiserlichen Operation teilnehmen: kein Oppositionsführer wird das für möglich halten und solche Zumutungen stellen. Wenn überhaupt nun jene Zeit eine Kooperation mit dem Centrum in Betracht kam, so konnte dieselbe ausschließlich gegen die Sozialdemokratie gerichtet sein und nicht gegen den Kaiser. Aber der Preis für eine Kooperation gegen die Sozialdemokratie, welchen der Centrumsführer mit der Herstellung des status quo ante 1870 forderte, ist dem damaligen Reichskanzler zu hoch erschienen.

„Tremonia" erhalten den Stempel der Ungenauigkeit schon durch die Behauptung, Fürst Bismarck habe bei seiner Begegnung mit Windthorst im März 1890 diesem „selbst seine Entlassung mitgeteilt". Der Fürst hatte damals noch durchaus keinen Grund zu dem Glauben, daß ihm der Rücktritt geboten werden würde, und er selbst war der Überzeugung, daß dies in betreff der reichskanzlerischen Stellung überhaupt nicht stattfinden werde und daß bezüglich des Ministerpräsidiums die Entscheidung bis nach den ersten Verhandlungen mit dem neuen Reichstage vertagt sei. Geradezu lächerlich ist in dieser Erzählung der Windthorst in den Mund gelegte Satz: „als mir Bismarck mit Thränen in den Augen sagte, man will mich nicht mehr". Fürst Bismarck am Halse des Herrn Windthorst sich ausweinend über seinen politischen Kummer — das ist ein Bild, welches man nach allem, welches über die gegenseitigen Beziehungen der beiden Herren bekannt ist, nur als eine urteilslose Erfindung bezeichnen kann, und das einigermaßen an die Schlußverse aus Schiller's Bürgschaft erinnert, in denen der Tyrann und Möros sich gerührt umarmen; als dritter würde dann Geffcken im Hintergrunde zu denken sein [1]).

---

[1]) Vergl. auch die Schrift: „Wie Bismarck entlassen wurde." Nach authentischen Quellen, Berlin, Hugo Steinitz, S. 59—93. In Horst Kohl „Bismarck-Regesten" wird folgendes mitgeteilt: „Am 14. März ließ Windthorst durch Herrn von Bleichröder vertraulich anfragen, ob Fürst Bismarck bereit sei, ihn zu einer Unterredung zu empfangen. Fürst Bismarck verhehlte dem Vermittler seine Verwunderung darüber nicht, daß ein Mann wie der Abgeordnete Windthorst, der Führer des Centrums, überhaupt erst einer derartigen Anfrage zu bedürfen glaube, da ja durch langjährige Praxis bekannt sei, daß Fürst Bismarck es für seine dienstliche Pflicht halte, jeden Reichstagsabgeordneten, gleichviel welcher Partei, zu empfangen, der sich unter Berufung auf diese seine Eigenschaft bei ihm melden lasse. Er empfing demgemäß alsbald den Abgeordneten Windthorst und hatte eine etwa anderthalbstündige Unterredung mit ihm. Fürst Bismarck hatte das geschäftliche Bedürfnis, zu erfahren, welche Haltung das Centrum in dem neu gewählten Reichstage einnehmen und welche Ansprüche es stellen werde. Von dem Versuche, irgend eine Kooperation einzuleiten, war zwischen Bismarck und Windthorst nicht die Rede; jener verhielt sich lediglich sondierend und dieser entwickelte die Bedürfnisse des Centrums nach Maßgabe der unter den katholischen Wählern herrschenden Stimmung. Die Forderung die er stellte — Herstellung des vollen status quo ante 1870 — war für Fürst Bismarck unannehmbar, eine geschäftliche Annäherung der Regierung an das Centrum wegen der zu weit gehenden Forderungen desselben mithin ausgeschlossen. Im Verlaufe der Unterredung wurde auch die Frage eines Kabinettswechsels erörtert. Der Abgeordnete Windthorst bat dringend den Fürsten Bismarck, in seiner Stellung zu verbleiben, und empfahl nur für den Fall, daß der Entschluß des Reichskanzlers, sein Amt niederzulegen, unabänderlich sei, die Nachfolge einem General zu übertragen, weil er bei der unruhigen Lage der Parteiverhältnisse eine civilistische Leitung für bedenklich hielt. Als Fürst Bismarck auf diesen Gesichtspunkt einging, empfahl der Abgeordnete Windthorst bei einer Besprechung der Personenfrage in erster Linie den General von Caprivi, der sich durch parteilose und sachliche Haltung während seiner Vertretung der Marine im Reichstage auch als Redner das Ansehen erworben habe, mit dem seine Persönlichkeit umgeben sei. Die Thatsache der Unterredung des Fürsten Bismarck mit Windthorst und der Vermittlerrolle, die Herr von Bleichröder dabei gespielt hatte, wurde dem Kaiser mitgeteilt und gab ihm Anlaß, dem Kanzler bei einer Unterredung, die am Morgen des 15. März in der Amtswohnung des Grafen Herbert Bismarck stattfand, sein Befremden darüber auszudrücken. Fürst Bismarck weigerte sich, seinen Verkehr mit Abgeordneten einer Kontrolle unterwerfen zu lassen, und nahm die Überzeugung mit, daß ein Bruch eingetreten sei."

Windthorst starb gerade zur rechten Zeit; ein Weilchen noch, und es wäre mit ihm bergab gegangen; sein Einfluß in der Partei war schon bedenklich ins Wanken gekommen.

Nach Tisch begleitete ein Windthorst nahestehender Centrums-Abgeordneter denselben regelmäßig in seine einfache Wohnung in der Alten Jacobstraße. Der Vertrauensmann öffnete dann die Briefe, und merkte in den Zeitungen an, was der Sekretär Windthorst am folgenden Tage vorlesen sollte. Gewöhnlich schlief Windthorst dann ein bis zwei Stunden. Einmal hatte er eine Halluzination. Plötzlich schrie er aus dem Schlafe laut auf: „Bismarck rückt an". Als er zu sich gekommen, sagte er zu seinem politischen Freunde und Vertrauten, er sehe sehr schwarz in die Zukunft. Windthorst hat keine Tagesaufzeichnungen hinterlassen; er war seit Jahren fast blind; dem Sekretär konnte er nicht alles in die Feder diktieren; dazu war er auch zu mißtrauisch; in England würden sich bei einem Mann von seiner Bedeutung so und so viele junge Leute von Familie gefunden haben, die sich glücklich geschätzt hätten, ihm ihre Dienste anzubieten. Er war und blieb auf sich selbst angewiesen. Von seiner großen Korrespondenz vernichtete er so viel als möglich.

Ich will hier zum Schlusse noch eine Äußerung anhängen, die Bismarck über Windthorst gemacht haben soll. „Es giebt nicht zwei Seelen in der Centrumspartei, sondern sieben Geistesrichtungen, die in allen Farben des politischen Regenbogens schillern, von der äußersten Rechten bis zu der radikalsten Linken. Ich für mein Teil bewundere die Kunstfertigkeit, mit welcher der Kutscher des Centrums (Windthorst) alle diese auseinanderstrebenden Geister so elegant zu lenken versteht."

Hermann Wagener weiß zu berichten, daß Fürst Bismarck sich vielfach recht verdrießlich und auch wohl scharf über die Person und politische Thätigkeit des Dr. Windthorst ausgesprochen habe; doch habe derselbe dabei stets die Bedeutung und die Leistung seines Gegners voll gewürdigt, ja denselben in neuerer Zeit nicht selten in geradezu demonstrativer Weise ausgezeichnet. „Aus dem Munde des Dr. Windthorst selbst wissen wir, daß er sogar zu der Zeit, als die Wogen des Kulturkampfes am höchsten gingen, doch stets unbeirrt an der Überzeugung festgehalten hat, daß der Fürst Bismarck der einzige Mann sei, welcher diesen Kulturkampf im höheren Stiele zu beendigen vermöge. Desgleichen wissen wir von andrer Seite, daß der Allianzvertrag Deutschlands mit Österreich die Meinung des Dr. Windthorst über die politischen und kirchlichen Tendenzen des deutschen Reichskanzlers nicht unwesentlich modifiziert hat, in ähnlicher Weise wie dies ja auch bei der süddeutschen Aristokratie der Fall gewesen ist. Was den Fürsten Bismarck von seiten des Dr. Windthorst am meisten verletzt hat, waren dessen Äußerungen gelegentlich des Kullmann'schen Attentats, in welchen der Reichskanzler eine Nichtachtung seiner Person und seines Lebens erblicken zu müssen glaubte. Wir halten es deshalb auch nicht ganz von ungefähr, daß der Dr. Windthorst gelegentlich des letzten Frühschoppens im Reichskanzler-Amte dem

Dr. Schweninger mit besonderer Wärme seinen Dank für die Wiederherstellung des Reichskanzlers ausgesprochen, ja, wie hiesige Zeitungen versichern, dem Minister von Goßler dessen Ernennung zum Professor ans Herz gelegt hat."

Vom Centrum gewann in der Zeit vor Bismarck's Rücktritt auch der Abgeordnete Graf Preysing[1]) Fühlung mit dem Hause Wilhelmstraße 76. Preysing hat nie um eine Audienz bei Bismarck nachgesucht; aber er hatte Beziehung zu dem Grafen Herbert Bismarck durch seinen Jugendfreund, den Unterstaatssekretär Grafen Berchem im Auswärtigen Amte. Mit dem Sohne des Kanzlers wurde dann allerdings die eine oder die andre politische Frage besprochen.

Zum Schlusse mögen noch ein paar allgemeine Bemerkungen über den Aufenthalt Bismarck's im alten Reichstagsgebäude angereiht werden.

Der Fürst hielt sich, wenn er den Reichstag besuchte, abgesehen von dem Sitzungssaale in der Regel in seinem Konferenzzimmer, mitunter im Zimmer des Reichstags-Präsidenten oder in den Sälen des Bundesrats bei Beratungen desselben auf. Das Foyer betrat er nur das eine Mal, da er sich dort photographieren ließ[2]), der Sitz, den er am Bundesratstisch einnahm, war der Ecksitz; mitunter stieg er die rechte Treppe hinab, die zu den Abgeordneten führte. Er nahm dann zuweilen bei ihm befreundeten oder nahe stehenden Abgeordneten Platz. Wenn Fürst Bismarck in den Reichstag kam, so war oft vorher bereits ein Kanzleidiener desselben gekommen, der die Ankunft des Kanzlers signalisierte. Ohne eine solche vorgängige Mitteilung hätte der Fürst den Thorweg des Reichstags für seine Equipage verschlossen gefunden. War sein Besuch angekündigt, so wurden alle Vorkehrungen getroffen, welche die Sicherheit seiner Person verbürgten. Der Polizeidirektor Krüger erwartete Bismarck oft selbst vor dem Reichstagsgebäude und begleitete alsdann den Wagen des Kanzlers, hinter dem sich alsbald die Einfahrtsthore schlossen. Auf der andern Seite waren alle in den Hof führenden verschiedenen Thüren geschlossen worden, um zu verhüten, daß der Fürst beim Verlassen des Wagens behelligt werde.

In der letzten Zeit seiner Amtsführung kam der Fürst mehrfach ohne Begleitung zu Fuß in den Reichstag und ging ebenso auch wieder fort.

Die großen Ovationen, die dem Fürsten vor dem Reichstagsgebäude gebracht wurden, wo ein gebildetes Publikum, Damen und Herren der besseren Stände, den Wagen umringten, sind einzig und unvergeßlich. Elegante Damen wollten oft wertvolle Blumenspenden dem Fürsten in das Arbeitszimmer im Reichstag bringen, welche der Direktor in der Regel in das Haus des Fürsten wies.

---

[1]) Graf von Preysing-Lichtenegg-Moos, Konrad; königlicher Kämmerer, erbl. Reichsrat der Krone Bayern, Kapitular-Komthur des bayer. St. Georgs-Ritter-Ordens, in München. Wahlkreis: 2. Niederbayern (Straubing). — Centrum. — Geboren am 16. März 1843 auf Schloß Zeil (Württemberg); katholisch. Mitglied des Reichstags seit 1871—1893.

[2]) Vergl. oben S. 206.

An den Kommissionssitzungen hat sich Fürst Bismarck am 23. Juni und 27. Juni 1884, und zwar hervorragend beteiligt bei Beratung des ersten Gesetzentwurfs, betreffend Postdampfschiffsverbindungen mit überseeischen Ländern.

Seine Reichstagsreden hielt Bismarck wohl frei, aber nicht unvorbereitet. Er studierte dieselben sorgfältig aus, bis auf einzelne Redewendungen. Als zu Anfang Februar 1878 die orientalische Frage auf der Tagesordnung war, befand sich Bismarck in Varzin. Er wünschte, sich über die Frage zu äußern, und ließ deshalb bei Bennigsen anfragen, ob er eine entsprechende Interpellation einbringen wolle. Als die Frage bejaht wurde, überdachte sich Bismarck seine Rede in Varzin; beim Ausritt fragte er seinen Begleiter: „Wie wäre es, wenn ich sagte: Deutschland hat kein Interesse an den Dingen am Balkan; es kann Gewehr bei Fuß dastehen? Oder es kann dasitzen wie ein Zuschauer im Cirkus? Notieren Sie sich einmal das." Am andern Tage brachte Bismarck neue Wendungen, und fragte: „Wie habe ich doch gestern gesagt?" Schließlich verfiel er auf den treffenden Ausdruck „Ehrlicher Makler".

In den Reichstag nahm er bei dieser denkwürdigen Sitzung nur ein kleines Stück Papier mit, worauf einige Stichworte standen. Bei der Größe seiner Schriftzüge war nicht für viele Raum.

Bei Beratung des Zolltarifs saß neben dem Kanzler ein höherer Beamter, der ihm während einer Rede ein Zettelchen hinschob, worauf stand: „Die Schiffe, die die Themse nach London hinauffahren, haben sich einer viermaligen Zollkontrolle zu unterziehen." Bismarck bemerkte dann auch richtig im Laufe der Rede: „Es ist doch allbekannt, daß die Schiffe u. s. w." Nach Schluß der Rede fragte er den nebenan sitzenden Geheimrat: „Woher haben Sie die Notiz, ist sie richtig?"

Ein andrer Parlamentarier, der zu den Intimen des Hauses Bismarck gehörte, erzählte mir noch folgendes: Als ich abends einmal das Glück hatte, den Kanzler zu sehen, fing er an, in langen Ausführungen, als wenn es sich um eine wohleinstudierte Rede handelte, in der er mich für eine Auffassung gewinnen wollte, über eine Frage zu sprechen. Am andern Tage hörte ich ihn dieselbe Rede im Parlamente vortragen, mit denselben Worten und allen Redewendungen von gestern. Ich verzog keine Miene, merkte aber wohl, daß es sich Tags vorher nur um eine Generalprobe seiner Rede gehandelt habe, die er schon vollständig durchdacht und memoriert im Kopfe umhertrug.

Im Jahre 1887 hatte Fürst Bismarck eine Unterredung mit dem Bureau-Direktor bei dem Reichstage, Geheimrat Knack, den er in sein Konferenzzimmer bitten ließ. Der Fürst beschwerte sich, daß seine Reden im Reichstag durch sozialistisch angehauchte Stenographen ungenau wiedergegeben würden. Geheimrat Knack bemerkte dem Fürsten, er sei falsch berichtet, wenn er glaube, daß sich unter den Stenographen des Reichstags Leute mit sozialistischer Gesinnung befänden; dieselben seien sämtlich akademisch gebildete Leute und es würden nur solche gewählt, welche sich durch eine lange Reihe von Jahren in einem Landtage ausgezeichnet hätten. Die nicht treue Wiedergabe der Reden des Fürsten beruhe vielmehr in der Schwierigkeit ihrer wörtlichen Reproduktion; oft zeige ja das langſame Tempo der Rede, daß der Fürſt ſich jedes Wort überlege und nach dem treffenden Ausdruck zuweilen förmlich ringe, dafür gäbe es aber häufigere Momente, wo ihm die Rede nur ſo aus dem Munde fließe, wo ein Wort das andre dränge, einem Gebirgsſtrom gleich, wo die Fluten ſich überſtürzen.

Es gelang dem Geheimrat Knack ohne Mühe, den Fürſten Bismarck davon zu überzeugen, daß ihm eine falſche Meinung über die Reichstags-Stenographen beigebracht worden ſei; um aber für die Zukunft keinen Anlaß zu weiteren Beſchwerden zu geben, verſprach Knack, ſo oft der Fürſt ſpreche, einen beſonders gewandten dritten Stenographen (Dr. Engel) hinzuzuziehen. Dies geſchah auch ſofort im Reichstage und ſpäter auch im Abgeordnetenhauſe, und ſeitdem ſind Klagen des Fürſten Bismarck in dieſer Richtung nicht mehr vorgekommen.

Unter den Beſprechungen, welche Fürſt Bismarck mit dem Bureau-Direktor Geheimrat Knack hatte, iſt noch diejenige zu erwähnen, welche die Verwendung des Reichstagsgebäudes für die Zwecke des Abgeordnetenhauſes betraf. Die Unterredung fand im Sommer 1889 im Garten des Herrenhauſes an der ſüdlichen Front des Reichstagsgebäudes ſtatt und hatte folgenden Verlauf:

Der Fürſt bemühte ſich aus Veranlaſſung eines beabſichtigten Neubaues des Dienſtgebäudes des preußiſchen Abgeordnetenhauſes, der zum Teil in dem ſchönen Garten des Herrenhauſes errichtet werden ſollte, in dem letzteren einige Meſſungen vorzunehmen. Er erklärte gegen den Direktor, der bei den Meſſungen beſtrebt war dem Fürſten zu helfen, daß nach ſeiner Meinung ein Neubau des Abgeordneten-hauſes vermieden werden könnte, wenn das Reichstagsgebäude ſpäter dazu an-gemeſſen verändert würde. Er befragte den Direktor über verſchiedene lokale Angelegenheiten, die ihm mit Hilfe ſchnell herbeigeholter Akten beantwortet wurden, und äußerte mit Befriedigung, daß das Gebäude nach und nach wirklich praktiſch geworden und daß die früheren Übelſtände des Zuges beſeitigt wären. Der Direktor beſtätigte, daß die Mitglieder des Reichstags ſich in dem Gebäude ſeiner Bequemlichkeit wegen auch recht wohl fühlten. Nachdem noch ein Ab-ſchreiten der Front in der Leipzigerſtraße angeordnet worden und Se. Durchlaucht auf Grund dieſer Ergebniſſe ſeine von ihm notierten Berechnungen kontrolliert hatte, verließ er das Gebäude.

Nachtrag zum II. Bande (1847—1879).

Seit dem Erscheinen des zweiten Bandes sind mir aus der Zeit, die derselbe behandelt, noch zahlreiche Mitteilungen über Bismarck's Verhältnis zu einzelnen Parlamentariern zugegangen.

Da sobald keine Aussicht besteht, diese Notizen in einer vermehrten Ausgabe des zweiten Bandes verwerten zu können, so mögen dieselben hier als am Schlusse des Werkes Aufnahme finden.

1. Hans Hugo von Kleist-Retzow.

In der „Gartenlaube" erschien einmal ein Artikel, betitelt: Silhouetten aus dem Herrenhause, worin es heißt:

„ . . . Der Herr dort, welcher eben im Geschwindschritt den Saal betritt und auf seinen Platz eilt, ist jedenfalls viel schlimmer noch als der Graf Arnim. Es ist Herr von Kleist-Retzow[1]), der jetzige Hauptheld des Herrenhauses und Erbe der Stahl'schen Herrschaft daselbst. Als Chef der Ultrafeudalen setzte ihn die Reaktion im Anfang der 1850er Jahre als Oberpräsidenten über die Rheinprovinz, und der Mann hat dafür gesorgt, daß er im Gedächtnis der Rheinländer noch lange weiter leben wird. Durch Präsentation der Familie von Kleist kam er 1858 unter die gesinnungsähnlicheren Pairs, während er bis dahin stets im

---

[1]) von Kleist-Retzow, Hans Hugo, königlich preußischer Wirklicher Geheimerat und Oberpräsident a. D., Besitzer der Rittergüter Kieckow, Klein-Tröslin im Kreise Belgard und Lanzen im Kreise Neu-Stettin. Geboren 25. November 1814 in Kieckow (lutherisch). Besuchte das Gymnasium in Schulpforta und die Universitäten in Berlin und Göttingen. Kammergerichtsassessor, Landrat des Kreises Belgard von 1844—1851. Oberpräsident der Rheinprovinz von 1851—1858, Mitglied des Kreistages zu Belgard und des Kreissynodalvorstandes, des Provinziallandtags, wie des Provinzial-Synodalvorstandes von Pommern, des Herrenhauses und Reichstags, wie des General-Synodalvorstandes. Vorsitzender des sogenannten Junkerparlaments, des Abgeordnetenhauses von 1849 an, des Staatenhauses in Erfurt, im preußischen Herrenhause, Vorstand der Fraktion Stahl.

Abgeordnetenhause gesessen hatte. Dieser Mann nun ist der ideale Vertreter des Kreuzrittertums und unstreitig einer der gescheitesten Köpfe desselben, jetzt wohl auch der beste Redner des Herrenhauses. Er hat eine natürliche Beredsamkeit, und was er spricht, ist weniger geistvoll als klar, bestimmt, haftig, polemischer Natur. Dazu besitzt er eines der angenehmsten, klangvollsten und kräftigsten Organe. Sein Naturell muß sehr lebhaft sein. Auf der Straße sieht man ihn mit der Mappe unterm Arm wie einen Schulknaben ins Herrenhaus traben auf der Rednerbühne äußert sich diese Lebhaftigkeit in dem Charakteristischen der Sprache. Der kleine Mann hat etwas Raubvogelartiges in seiner Erscheinung; mit dem schneeweißen, dickbuschigen Haar und dem schwarzen Schnurrbart unter der gebogenen Nase sieht er aus wie ein bös gewordener Kakadu."

Dieses Bild wird für diejenigen unkenntlich sein, die Kleist-Retzow in seinen letzten Jahren gekannt haben. Damals verrieten seine Züge Energie, Charakter-festigkeit und Geist. In seinen Augen aber lag ein Zug besonderen Wohlwollens und großer Menschenfreundlichkeit.

Die im Jahre 1885 erschienene dritte Abteilung der Geschichte des Geschlechts von Kleist brachte eine überaus wertvolle Biographie[1] dieses Parlamentariers, die zum größten Teil nach Aufzeichnungen desselben ausgearbeitet ist und jeden-falls vor der Drucklegung demselben vorgelegen hat. Dieselbe giebt zum ersten-mal authentischen Aufschluß über das Verhältnis von Kleist-Retzow's zu Bismarck, von dem man bisher nur wußte, daß es ursprünglich ein sehr freundschaftliches, dann acht Jahre lang vom Erlaß des Schulaufsichtsgesetzes bis zum Sozialisten-gesetz getrübt war, um schließlich einen familiären, des Politischen mehr entkleideten Charakter anzunehmen.

Kleist-Retzow wurde sehr religiös erzogen; vom zehnten Jahre ab bei einem Pastor in Gr. Tychow, vom dreizehnten Jahre ab auf der Landesschule in Pforta. 1840 arbeitete er als Referendar bei dem Oberlandesgericht zu Frank-furt a. O. unter dem Vizepräsidenten von Gerlach, dessen kirchliche Weltanschauung auf ihn überging. Bereits 1844 wurde er zum Landrat des Belgarder Kreises ernannt, um dessen wirtschaftliche Entwickelung er sich große Verdienste erworben hat. Die Sicherheit und Entschlossenheit, mit welcher der Landrat von Kleist-Retzow den revolutionären Tendenzen des Jahres 1848 gegenübertrat, sammelte bald den ganzen Kreis fest geeint um ihn und wirkte auch in den benachbarten Kreisen anziehend. Als der Prinz von Preußen im Jahre 1848 nach England gegangen war, war es der Belgarder Kreis, der zuerst in einer Adresse ihn um seine Rückkehr bat und dadurch das Signal zu zahlreichen ähnlichen Erklärun-gen gab.

Schon aus dieser Zeit datieren die herzlichen und engen Beziehungen zwischen Kleist-Retzow und Herrn von Bismarck-Schönhausen. Sie lernten sich kennen

---

[1] Der vollständige Titel des im Buchhandel nicht erschienenen Werkes lautet: „Geschichte des Geschlechts von Kleist Dritter Teil. Dritte Abteilung." enthaltend die Biographien der Muttrin-Demen'schen Linie, entworfen von G. Hyple, Pastor in Bäche bei Marienfließ, Pommern, Berlin, Trowitzsch und Sohn 1885.

auf der Hochzeit ihres gemeinsamen Freundes von Blanckenburg-Zimmerhausen mit der Tochter des Herrn von Thadden-Trieglaff[1]). Von Blanckenburg hatte beide vorher glauben gemacht, daß der andre schwer höre; deshalb folgte die ganze anwesende Gesellschaft mit größter Spannung ihrer ersten Unterredung. Der alte Herr von Blanckenburg wollte damals schon in dem Landrate von Kleist-Retzow den Oberpräsidenten und in Herrn von Bismarck den auswärtigen Minister erkannt haben. Infolge der dort gemachten und dann auf einer Harz-reise weiter gepflegten Bekanntschaft hatte sich Herr von Bismarck mit seiner späteren Gemahlin Johanna von Puttkamer, der Schwestertochter des damaligen Landrats von Kleist-Retzow, verlobt. Auf ihrer Hochzeit zu Reinfeld im Sommer 1847 brachte der letztere Otto von Bismarck-Schönhausen's Gesundheit aus, indem er die Hoffnung aussprach, daß in ihm für Deutschland ein neuer Otto der Sachse entstehen werde. So hoch stellten ihn und spannten ihre Erwartungen von ihm schon damals seine Freunde.

Im Sommer 1848 erwogen Herr von Below-Hohendorf, Herr von Bis-marck-Schönhausen, der Landrat von Kleist-Retzow und Herr von Puttkamer-Reinfeld in dem Garten des letzteren, wie das von der damaligen Nationalver-sammlung dem Vaterlande drohende Verderben möglichst abzuwenden sein möchte! Sie kamen zu dem von Herrn von Below angeregten Entschlusse, jener unfähigen demokratischen Versammlung ein freiwilliges Parlament aus erfahrenen, aner-kannten Persönlichkeiten in Berlin gegenüber zu stellen, welches die Beratungen jener in ihrer ganzen Haltlosigkeit darthun und die Blicke des Königs und Landes auf die Elemente lenken sollte, von welchen Hilfe zu erwarten und bei denen sie daher zunächst zu suchen wäre. Der Landrat von Kleist Retzow wurde beauftragt, diesen Gedanken dem in weiten Kreisen hochgeschätzten und populären Herrn von Bülow-Cummerow zu unterbreiten und ihn zur Ausführung desselben aufzufordern.

Herr von Bülow ging auf den Gedanken ein. Die von ihm berufene Ver-sammlung tagte den 18. und 19. August in Berlin als sogenanntes Junker-parlament unter dem zum Vorsitzenden gewählten Landrat von Kleist-Retzow und ist auf die nicht lange danach eintretende politische Umkehr wohl nicht ohne Einfluß gewesen.

In demselben Sommer fand der Landrat von Kleist-Retzow eines Tages ein Schreiben des Generals von Gerlach vor, welches ihn nach Potsdam berief, indem der Generaladjutant von Rauch mit ihm über seine etwaige Berufung zum Minister zu verhandeln wünsche. Der Landrat von Kleist Retzow konnte die Freudigkeit zur Übernahme eines Ministeriums nicht gewinnen, riet vielmehr dringend, jemand zu berufen, welcher neben der nötigen Entschiedenheit die volle Kenntnis der bestehenden Verwaltung besitze, die ihm nach seiner bisherigen

---

[1]) Am Abend des Hochzeitstages brannte durch ein jenseits des bei dem Dorfe liegenden Sees veranstaltetes Feuerwerk infolge sich plötzlich ändernder Windrichtung fast das ganze Dorf ab. Herr von Bismarck führte demnächst die Entschädigungsverhandlungen mit den ab-gebrannten Bauern.

Stellung noch) abgehe. Von Berlin nach Schönhausen fahrend, erhielt er von
Herrn von Bismarck darüber Vorwürfe; worauf es zur Zeit ankomme, sei Entschlossenheit; ein diese voll besitzender Sekondelieutenant mit einem Trommler
als Adjutanten sei die geeignetste Vertretung der Regierung der Nationalversammlung gegenüber.

Bismarck und Kleist-Retzow wurden gleichzeitig ins Abgeordnetenhaus gewählt.
Beide, nur mäßiges Vermögen besitzend, bewohnten während der Jahre, wo
sie im Abgeordnetenhause saßen, 1849—1852, wenn Bismarck nicht seine Familie
in Berlin hatte, zusammen eine Arbeitsstube mit einem Schlafzimmer und hielten
sich auf Bismarck's Vorschlag, der dabei auf die Girondisten exemplifizierte, in
der ersten Zeit gegenseitig vorher zu Hause ihre Reden.

Der Landrat von Kleist-Retzow war bei Bismarck's beiden ersten Kindern
Pate. Herbert wurde in Berlin geboren und von Goßner getauft. Weil es
diesem schon schwer wurde, die liturgischen Formulare dabei zu verlesen, so übernahm dies der Präsident von Gerlach, der ebenfalls sein Pate war, und infolge
dessen wurde scherzhaft behauptet, Herbert sei von Gerlach getauft worden.
Über die Herzlichkeit und Innigkeit ihres Zusammenlebens giebt ein von Bismarck
verfaßtes und selbst geschriebenes Gedicht, mit welchem eine große, braune Tasse
als Geburtstagsgeschenk überreicht wurde, ein lebendiges Zeugnis.

Das Gedicht lautet:

> „Nicht ganz so schwarz wie Ebenholz, doch braun wie Mahagoni,
> Wünsch' ich Dir, aller Pommern Stolz, ein Leben süß wie Honig.
> Wenn Wenzel Dich gelangweilt hat, Schwerin den Zorn erregt in Dir,
> Wenn übel Dir vom Doktorrat, dann, Hans, erhole Dich bei mir.
> Wenn dann der Kaffee Dir behagt und Du, um streng Dich zu kasteien,
> Die zweite Tasse Dir versagt, dann, Hans, laß mich die erste sein.
> Und schein' ich Dir zu groß und weit für ein so kleines Landrätlein,
> So denk: Es ist die höchste Zeit, dir eine Gattin anzufrein.
> Ihr trinkt dann aus mir alle beide Kaffee, Schokolade oder Thee,
> Zu Tante Adelgundens Freude, in Kieckow, auf dem Kanapee.
> Geliebter Onkel Schievelbein, schaff' bald uns eine Tante,
> Dann wirst Du alles hoch erfreu'n, was jemals Hans Dich nannte.
> In gleichem Belgard und Polzin, Schievelbein und Tempelburg,
> Ratzebur und Neustettin, Kallis nebst Dramburg, Falkenburg.
> Sie, und die Leute all' nicht minder aus Kieckow, Zuchow und Krössin,
> Sowie die beiden Zuchuskinder, wollen all zu Landrats Hochzeit zieh'n.
> Aber Hochzeit, hohe Zeit! Hans, schon ist Dein Härchen grau,
> Wart' nicht länger, es wird Dir leid, Du kriegst wahrhaftig keine Frau!
> Und uns wäre es großer Jammer, wenn die Art aus — sollt' sterben!"

Während der Mitgliedschaft des Abgeordnetenhauses wirkte der Landrat
von Kleist-Retzow in engster Verbindung mit dem Abgeordneten von Bismarck-
Schönhausen für Aufrechterhaltung der christlichen Grundlagen des Staates und
der Machtfülle des Königs.

Im Jahre 1849 während des Landtags gab der russische Gesandte von
Budberg eine matinée dansante am Sonntag Vormittag nach dem Gottesdienste.

Der damalige Landrat von Kleist-Retzow schrieb zu Montag Abend einen Leitartikel für die „Kreuzzeitung" unter der Überschrift: „Wir rühmen uns der
Reaktion", in welchem der grelle Widerspruch hervorgehoben wurde, wenn rücksichtlich der Sonntagsheiligung gegen Arbeiter und Dienstboten eingeschritten
werde, während die höheren Stände in solcher offenen und schweren Weise
dagegen fehlten. Der Gesandte war darüber in der heftigsten Erregung. An
dem Abend desselben Montag fand ein großes Hoffest im königlichen Schlosse
statt. Herrn von Bismarck-Schönhausen fiel die Aufgabe zu, Herrn von Budberg
zu beruhigen. Letzterer verlangte aber das schärfste Einschreiten der Regierung
gegen die „Kreuzzeitung", die Bestrafung von Wagener, und beklagte sich bei seiner
Regierung. Diese mißbilligte sein Verfahren, und damit hatte diese Angelegenheit
ihr Ende erreicht.

Im Frühjahr 1850 eröffnete der Minister von Manteuffel dem Landrat
von Kleist-Retzow, daß er ihm nach Schluß des Landtags Seine Majestät dem
Könige zum Regierungspräsidenten in Köslin vorzuschlagen gedenke.

Während seiner Stellung im Bundestage klagte Herr von Bismarck einmal
über die unerträglichen Rücksichtslosigkeiten Österreichs gegen Preußen. Der
Oberpräsident von Kleist-Retzow mahnte: Das gute Verhältnis mit ihm trotzdem
aufrecht zu erhalten, und erinnerte an Friedrich Wilhelm I., dessen Geduld und
Treue wir es zu verdanken hätten, daß demnächst unter Friedrich II. die Vergeltung gekommen sei. Herr von Bismarck erwiderte: Das Maß sei voll und
jener Tag der Vergeltung sei eben gekommen.

Als Bismarck aus Paris berufen wurde, um das Ministerium zu übernehmen, war der Oberpräsident von Kleist-Retzow bei seinem Empfange im
Garten des Kriegsministers von Roon. Es wurde von dem zu ergreifenden Wege
gesprochen. Der Oberpräsident von Kleist-Retzow riet von der Anwendung von
Repressivmaßregeln ab und setzte alle Hoffnung auf ein im großen Stil positiv
schaffendes Regiment, welches geeignet sei, das Volk mit sich fortzureißen. „Der
Kleine zu meiner Linken wird wohl recht haben," war die Bemerkung des Herrn
von Bismarck.

Erfreulich war es dem Oberpräsidenten, in zweien der wichtigsten Aktionen
des Herrenhauses[1]) voll auf seiten des Ministers von Bismarck stehen und
für ihn eintreten zu können. Nach den Äußerungen des Professors Ranke,
welche freilich aus einer Periode vor den sozialpolitischen Gesetzentwürfen datieren,
ist die glänzendste Periode des gewaltigen, thatenreichen Lebens des ersten
Reichskanzlers die in der Geschichte einzig dastehende sogenannte Konfliktszeit.
Die Regierung war bei seinem Eintritt ins Ministerium völlig festgefahren, das
Regiment war den Händen ihrer Organe entglitten und drohte in die Hände
der Mehrheit des demokratischen Abgeordnetenhauses zu geraten. Er ist es ge-

---

[1]) Seit 1858 gehörte Kleist-Retzow demselben als Vertreter der Familie von Kleist an,
und zwar saß er bei der Fraktion Stahl, bis er nach dessen Tode erst neben von Plötz-
Werdow, dann mit von Below, von Kröcher und Graf Lippe zu deren Führer berufen wurde.

wesen, welcher das königliche Regiment wieder wie einen rocher de bronce stabilierte, so daß es gegen die Beschlüsse des Abgeordnetenhauses, trotz der Verweigerung jeder Geldbewilligung, einen großen glücklichen Krieg zu führen in der Lage war.

Das zweitemal war es bei Gelegenheit der Adresse, welche das Herrenhaus nach den gewaltigen und glorreichen Erfolgen des Krieges von 1870 gegen Frankreich nach Versailles an Seine Majestät den König mit der Bitte richtete: nunmehr das deutsche Kaisertum wieder aufzurichten. Der Entwurf jener Adresse ist aus der Feder des Oberpräsidenten von Kleist-Retzow geflossen.

Vor dem Ausbruche des Krieges mit Österreich im Frühjahr 1866 eröffnete Herr von Bismarck dem Oberpräsidenten von Kleist-Retzow bei einem Abend= besuche: „Hans, wir bekommen Krieg mit Österreich!" Auf dessen Bitte, doch alles aufzubieten, was zu seiner Vermeidung möglich, es sei ihm, wie Gastein zeige, schon viel diplomatisch gelungen, erwiderte er: Es sei unmöglich.

Als Bismarck im Jahre 1866 aus dem Kriege heimkehrte, erfuhr der Ober= präsident von Kleist-Retzow, daß der gleich darauf zusammentretende Landtag mit der Forderung der Indemnität rücksichtlich der inzwischen budgetlos geführten Regierung angegangen werden solle. Der Oberpräsident war darüber tief be= trübt. Er war dessen sicher, daß, selbst wenn das noch vor dem Bekanntwerden des Sieges von Königgrätz gewählte Abgeordnetenhaus der Regierung deswegen Schwierigkeiten machen sollte, eine Auflösung desselben und Neuwahlen ein völlig konservatives Abgeordnetenhaus und damit die unbedingte Unterstützung eines konservativen Regiments bringen würden. Während des Krieges hatte von Gerlach ihm und dem Obertribunalspräsidenten von Kleist gegenüber als dessen sichere Folge eine liberale Regierung vorausgesagt. Beide Kleist hatten das Gegen= teil behauptet. Der Krieg selbst, gegen die Beschlüsse des Abgeordnetenhauses, sei eine entschieden monarchische, konservative That. Als Sieger heimkehrend, er= lange Bismarck vom Lande ein unbedingt monarchisch=konservatives Abgeordneten= haus. Von Gerlach führte dagegen aus, daß die Folge eines glücklichen Krieges das zu einem Reiche geeinte Deutschland sein müsse. Das werde, bei dem Widerstreben der deutschen Fürsten, ohne die volle Zustimmung der Landtage der Einzelstaaten, durch welche die Fürsten zu ihrer Einwilligung gedrängt würden, nicht hergestellt werden können. Diese Landtage seien liberal, nur einem liberalen Preußen würden sie eine derartige Stellung einräumen und ihm ihre Sympathien schenken. So werde mit Notwendigkeit der Erfolg dieses Krieges in Preußen ein in hohem Grade liberales Regiment sein.

Die Forderung der Indemnität erschien dem Oberpräsidenten von Kleist= Retzow als der Anfang dieser traurigen Prophezeihung des Präsidenten von Gerlach. Sie baute den liberalen Elementen unsres früheren Abgeordneten= hauses, statt sie zu besiegen und zu vernichten, eine goldene Brücke. Die in Berlin anwesenden Minister, mit Ausnahme von der Heydt's, welcher deren Auf= nahme in der Thronrede vorgeschlagen hatte, waren ebenfalls gegen eine der=

artige Forderung der Indemnität [1]). Der Oberpräsident von Kleist=Retzow
schrieb Herrn von Bismarck, mit Wissen eines der Minister, auf dem Wege der
Heimkehr aus Böhmen und mahnte aufs dringendste davon ab [2]). Der Landtag
wurde eröffnet, die Forderung der Indemnität verkündet. Der Oberpräsident von
Kleist=Retzow blieb im Weißen Saale stehen, bis alle andern ihn verlassen, Herr
von Bismarck desgleichen. Die Freunde begrüßten sich. Herr von Bismarck:
„Aber ich muß wissen, Du alter Junge, von wem Du die Mitteilung über die
Indemnität hast?"

Kleist=Retzow: „Das wirst Du von mir nicht erfahren!"

Bismarck: „So werde ich Dir den Staatsanwalt senden!"

Kleist=Retzow: „Du könntest mich auch ins Gefängnis setzen lassen."

Eine Stunde darauf lud der Diener des Herrn von Bismarck den Ober=
präsidenten zum Diner ein. Derselbe wurde aufs herzlichste von jenem empfangen;
der betreffende Minister selbst habe es ihm gesagt, daß er dem Oberpräsidenten
die Mitteilung gemacht, es sei alles ausgeglichen.

Es verlautete damals, daß das frühere, tief schmerzliche und leicht unheil=
volle Übelwollen einer einflußreichen hohen Persönlichkeit gegen den Minister=
präsidenten während des Krieges [3]) vornehmlich durch ein Entgegenkommen des=
selben in diesem Punkte beseitigt sei. Abgesehen davon hatte der Minister von
der Heydt die wesentlichsten Dienste dadurch geleistet und den Ministerpräsidenten
sich verpflichtet, daß er im Gegensatze gegen die Schwierigkeiten, welche der
Finanzminister von Bodelschwingh rücksichtlich der Darbietung der notwendigen
Mittel zu dem Kriege machte, diese bereitwilligt und leicht verschaffte. — —

Die wichtigsten und folgenschwersten Verhandlungen, bei welchen Kleist=
Retzow im Herrenhause an der Opposition gegen das Ministerium Bismarck
und zwar in führender Stellung beteiligt war, waren die über die Kreisordnung
und die sogenannten Kulturkampfgesetze des Kultusministers Dr. Falk.

Bei Beratung des Schulaufsichtsgesetzes war der Oberpräsident von Kleist=
Retzow gegen seine ausdrückliche Bitte zum Referenten für dieses Gesetz gewählt.
Dadurch war seine hervorragende Stellung bei den Verhandlungen gegeben. Als
er diese dem Fürsten Bismarck als eine nach seiner demselben bekannten kirch=
lichen Überzeugung ganz notwendige Konsequenz mitteilte, erklärte dieser in dem
Falle „das Tischtuch zwischen beiden zerschni'ten".

So tief schmerzlich das Kleist=Retzow war, es konnte seine Stellung zu
diesem Gesetze und der ganzen Reihe der andern, welche ihm folgten: Ver=

---

[1]) Nach der Darstellung von Roon (Denkwürdigkeiten Band II., Seite 311) war nur der
Justizminister Graf zur Lippe mit der Einbringung des Indemnitätsgesetzes nicht einverstanden;
außerdem stellte der Kultusminister von Mühler ein Amendement, durch welches eine etwas
andre Begründung des Antrages beabsichtigt wurde.

[2]) Hiernach ist also die in Band II., Seite 47 übergegangene Darstellung, wonach H. von
Kleist=Retzow an der Spitze einer Deputation in Prag bei Bismarck erschienen sei, um den=
selben zur Oktroyierung einer neuen Verfassung zu bewegen, unzutreffend.

[3]) Hierunter dürfte der Kronprinz zu verstehen sein. In der Konfliktszeit soll derselbe
Bismarck gegenüber einmal geäußert haben: „Sie bringen mich um Krone und Reich!"

änderung der Verfassungsurkunde, Einführung der Civilehe, Temporaliensperre und so weiter, nicht ändern. Kleist-Retzow hat mit aller Hingabe dieselben bekämpft.

Auch während der schweren Zeit jener Entfremdung hat der Oberpräsident die Sitte bewahrt, dem Reichskanzler jährlich zu Weihnachten die täglichen Losungen der Brüdergemeinde zu schenken. Der Fürst Bismarck fand das erste Exemplar in dem Palais des auswärtigen Ministeriums bei seinem Einzuge in dasselbe in Gegenwart des Oberpräsidenten von Kleist-Retzow, wohl aus dem Besitze der Frau Gräfin von Bernstorff herstammend. Da übernahm letzterer, in Freude darüber, die Pflicht, dieselben jährlich zu erneuern. Der Fürst gebrauchte sie zu täglichen Notizen, er las sie am Schlusse des Tages. Sie sind ihm schon mehrfach im Leben von Bedeutung gewesen. An dem Tage, an welchem er die lebensgefährliche Verwundung seines ältesten Sohnes in einem Duell in Bonn erfahren hatte, enthielt die Losung die Worte: „Er wird leben ...“, und er nahm sie als eine ihm gewordene Verheißung für das Leben des Sohnes.

Im Jahre 1877 wurde der Oberpräsident von Kleist-Retzow vom Wahl- kreise Herford-Halle ersucht, ein Mandat zum Reichstage anzunehmen. Er lehnte es ab, weil es ihm neben dem Herrenhause nicht wohl möglich sei, jedenfalls seine ältere Pflicht gegenüber dem Herrenhause — zumal bei der größeren Be- deutung des Reichstags — darunter schwer leiden würde, und endlich, weil es ihm schon schwer genug sei, im Herrenhause dem Reichskanzler mehrfach entgegenzutreten, und er das nicht noch auf den Reichstag ausgedehnt wissen möchte. Die Antwort war, er werde gewählt werden und möge dann ent- scheiden.

Freunde meinten nach der Wahl, daß es unmöglich sei, sie abzulehnen. So ist er denn seit jener Zeit unausgesetzt von jenen treuen westfälischen Bauern gewählt worden. Und gerade diese Wahl war — seiner Besorgnis entgegen[1] — die Veranlassung der Wiederanknüpfung leidlicher Verhältnisse zum Reichs- kanzler. Er sprach mit besonderer Entschiedenheit über das vorgelegte Sozialisten- gesetz. Er erklärte es für kein Ausnahmegesetz, vielmehr für die notwendige staatliche Reaktion gegen eine Ausnahmestellung der Sozialisten, welche ein Treiben zum Hochverrat sei. Er wies auf die Verschuldung der Gesetzgebung wie des ganzen Volkslebens dabei hin und forderte eine Verbindung aller, diese Schäden zu beseitigen. Nach der Rede kam der Fürst Reichskanzler vom Bundes- ratstisch in den Saal, setzte sich neben den Abgeordneten von Kleist-Retzow und reichte ihm die Hand[2].

---

[1] Wie aus Bd. II., Seite 23 erhellt, war Bismarck zu Anfang über die Aufnahme Kleist-Retzow's in die konservative Fraktion ungehalten.

[2] Der „Kreuzzeitungs-Reporter“ wollte gesehen haben, daß beide Herren „sichtlich bewegt“ waren. Die in Breslau erscheinende „Schlesische Zeitung“ hat die „Kreuzzeitung“ weit hinter sich gelassen. Sie macht aus dem fraglichen Hergang ein förmliches Melodrama nach der Melodie:

„Und in die Arme sanken sich beide
Und weinten vor Schmerz und vor Freude.“

Einige Zeit nach der Wiederherstellung des früheren Verhältnisses zwischen dem Oberpräsidenten und dem Fürsten Reichskanzler fand die Feier der Hochzeit der einzigen Tochter des Fürsten, Marie, ebenfalls Pate des Oberpräsidenten, statt. Dieser wies bei dem Mahl in einem Toaste auf Deutschland darauf hin, wie seine bei der Hochzeit ihrer Eltern ausgesprochenen Hoffnungen erfüllt seien, indem der Reichskanzler, soweit eine Vergleichung zwischen ihm und einem regierenden Herrn überhaupt möglich sei, Deutschland in der That in sehr wichtigen Beziehungen ein Otto der Sachse geworden sei. Neben andern gewaltigen Vergleichungspunkten habe zuletzt der Reichskanzler — wie Kaiser Otto seinen Speer in den Ottensund geworfen zum Zeichen der dauernden Vereinigung der ganzen Halbinsel mit Deutschland — seine einzige Tochter dem Sprossen eines hervorragenden Geschlechtes aus Schleswig-Holstein gegeben als Pfand, daß beide für immer mit Deutschland „ungeteilt" verbunden sein sollen. „Wir haben wieder ein Kaisertum deutscher Nation, das jetzt auf dem besten Wege ist, die 1871 leider noch abgewiesene Bezeichnung als „eines christlichen" zur Geltung zu bringen, welches in einem realeren Sinne als unter Otto dem Sachsen die Geschicke von ganz Europa beeinflußt.

Die uns vorliegenden Aufzeichnungen lassen nicht ersehen, ob Bismarck über im Parlamente schwebende Fragen demnächst noch mit Kleist-Retzow verhandelt hat. Es ist das nicht wahrscheinlich, Kleist-Retzow stellte im Reichstage keine Forderungen, welche Bismarck's Politik etwa durchkreuzten, und umgekehrt entsprachen die sozialpolitischen Vorlagen des Reichskanzlers, auf Grundlage der Forderungen des Christentums den Stand der Arbeiter zu heben, vollständig den Anschauungen des alten Parlamentariers. Man geht wohl nicht fehl, wenn man die am 28. Mai 1883 erfolgte Ernennung Kleist-Retzow's zum Wirklichen Geheimen Rat mit dem Titel Excellenz auf Bismarck's Veranlassung zurückführt. Zu seinem Wahl- und Wappenspruch hat derselbe das Wort der Mahnung aber gleichzeitig auch der Verheißung des Herrn an den Jairus bei der Nachricht von dem Tode seiner Tochter gemacht:

„Fürchte Dich nicht, glaube nur."

2. Dr. phil. Otto Michaelis.

Zu den wenigen Abgeordneten, welche ihre spätere dienstliche Stellung ihrer parlamentarischen Wirksamkeit verdankten, zählt Dr. Otto Michaelis[1]. Derselbe

---

[1] Michaelis, Otto, Dr., geboren 12. September 1826 zu Lübbecke (Provinz Westfalen). Studierte 1844—1847 in Bonn und Berlin Rechts- und Staatswissenschaften und trat im Herbst 1847 als Auskultator beim Oberlandesgericht zu Paderborn ein. 1849 wurde er wegen Preßvergehens angeklagt, zwar von den Geschworenen freigesprochen, aber vom Justizminister im Disziplinarwege aus dem Justizdienste entlassen. Er widmete sich nun dem Studium der Volkswirtschaft, siedelte im Spätherbst 1849 nach Berlin über, wo er unter Leitung von Prince-Smith seine volkswirtschaftliche Vorbildung vollendete. 1851 Redakteur für volkswirtschaftliche und finanzielle Fragen bei der „National-Zeitung". 1858 in Gotha Mitbegründer des Kongresses deutscher Volkswirte. 1863 gründete er mit J. Faucher zusammen die in Berlin erscheinende Vierteljahrschrift für Volkswirtschaft und Kulturgeschichte. 1861 wurde er in Stettin

16*

gehörte während der Konfliktszeit im preußischen Abgeordnetenhause, der Fortschrittspartei an, beteiligte sich aber 1867 an der Gründung der nationalliberalen
Partei. Im Abgeordnetenhause verfaßte Michaelis besonders die wirtschaftlichen
und handelspolitischen Referate, und er ging, da Bismarck damals noch freihändlerischen Tendenzen huldigte, in dieser Beziehung mit der Regierung Hand
in Hand. Bismarck beachtete seine damalige parlamentarische Thätigkeit sehr
genau und schenkte ihm volles Vertrauen. Als es sich darum handelte, für den
Handelsvertrag mit Frankreich die Genehmigung der gesetzgebenden Faktoren zu
erhalten, ließ Delbrück den Abgeordneten Michaelis, damals Redakteur der
„Nationalzeitung", zu sich rufen und bemerkte ihm: „Ich gehe wohl in der Annahme nicht fehl, daß die „Nationalzeitung" für das Zustandekommen des deutsch-
französischen Handelsvertrages eintreten wird. Um Sie in den Stand zu setzen,
das aus voller Überzeugung und mit Kenntnis aller amtlichen Vorgänge thun zu
können, will ich Ihnen gestatten, die über das Zustandekommen des Vertrags
erwachsenen Ministerialakten einzusehen."

Von dieser Erlaubnis machte Michaelis auch Gebrauch).

Als 1867 an Delbrück die Aufgabe heran trat, das Bundeskanzleramt zu
organisieren, fragte er Bismarck, ob derselbe ihm die Heranziehung von Michaelis
gestatte. Zu dem Berichte an den König, worin seine Anstellung im Bundeskanzleramt beantragt wurde, war ausdrücklich bemerkt, weshalb er 1849 aus dem
Justizdienste entlassen worden war, daran anknüpfend wurde aber auf die hervorragenden Eigenschaften desselben hingewiesen, welche seine Gewinnung für
den Reichsdienst erstrebenswert erscheinen ließen.

Als Beamter des Reichskanzleramts (er war zuletzt Direktor der Finanz-
abteilung) besuchte Michaelis wohl die parlamentarischen Soireen Bismarck's; näher
ist derselbe aber dem Fürsten nicht getreten, und meines Wissens niemals von
demselben zu Tisch geladen worden. Wohl aber kam es vor, daß Delbrück denselben zu Vorträgen zu dem Kanzler mitnahm. Bei Eintritt des Umschwunges
der Reichspolitik in wirtschaftlicher Beziehung (Abgang Delbrück's) wurde dem
Direktor Michaelis der Entwurf eines Finanzprogramms aufgegeben. Nach der
in seinem wissenschaftlichen Vorleben gewonnenen Überzeugung konnte er kein
„schutzzöllnerisches" Programm aufstellen, sein Programm fand daher keinen Beifall, und die Einleitung der neuen Wirtschaftspolitik wurde Männern anvertraut, welche der neu einzuschlagenden Richtung angehörten (Freiherr von
Varnbüler). Michaelis vertauschte bald darauf das Amt als Direktor im Reichs-
kanzleramt mit der Stellung eines Vorsitzenden der Verwaltung des Reichs-
invalidenfonds. Von da ab war selbstredend die Gelegenheit zu direkten Beziehungen desselben zu Bismarck vorüber.

---

und Anklam zum Mitglied des preußischen Abgeordnetenhauses gewählt. nahm für den letztern
Kreis das Mandat an und vertrat denselben bis 1866, wo in den Juliwahlen dort die liberale
Partei unterlag. 1866 und 1867 war Michaelis für den dritten Wahlkreis Stettin gewählt.
Er war auch Mitglied des konstituierenden Reichstags und des ersten Reichstags des Nord-
deutschen Bundes.

Michaelis war Mitgründer oder doch mindestens langjähriges Mitglied der volkswirtschaftlichen Gesellschaft zu Berlin, eines Klubs, in welchem volkswirt= schaftliche Vorträge gehalten wurden, an welche sich unter Umständen eine weitere Besprechung knüpfte. Als Bismarck wahrnahm, daß Michaelis sich an den Ver= sammlungen dieser Gesellschaft auch noch zu einer Zeit beteiligte, da im Schoße derselben die Handelspolitik der Regierung bekämpft wurde, ließ der Kanzler Michaelis unter der Hand eröffnen, daß er sein ferneres Verbleiben in der Ge= sellschaft nicht für angemessen erachte.

Michaelis war später noch in Frage gekommen, als es sich um die Neu= besetzung des Präsidiums der Seehandlung handelte. Es fanden Unterhandlungen mit ihm seitens des Finanzministers und der übrigen mehr oder minder leitenden und beratenden Persönlichkeiten statt, weil man von seiner Direktion einen Auf= schwung der wirtschaftlichen Bedeutung der Seehandlung erwartete. Alles war bereits so weit geordnet, daß Michaelis die Zuversicht gewonnen hatte, daß ihm ein neues bedeutenderes Feld der Thätigkeit eröffnet werde. Fürst Bismarck entschied aber, daß eine so wichtige, leitende Stelle einem Beamten nicht anver= traut werden könne, welcher wirtschaftlichen Tendenzen huldigte, die denen der Regierung schroff gegenüber standen. Michaelis mochte den Entschluß Bismarck's als einen gegen ihn gerichteten Schlag schmerzlich empfinden; objektiv betrachtet kann man aber doch nur die Handlungsweise Bismarck's billigen. Eine Re= gierung, die sich nicht selbst das Grab bereiten und ein Zeugnis der größten Schwäche ausstellen will, darf Vertreter einer andern politischen Richtung unmög= lich in leitenden Stellungen belassen, geschweige denn sie in solche Stellungen erst bringen.

3. Dr. Hans Blum.

Die neueste Publikation desselben, „Fürst Bismarck und seine Zeit", hat unsre Kenntnis der Beziehungen des Verfassers zum Altreichskanzler nach ver= schiedenen Seiten hin bereichert. Blum erzählt, traumhaft sei ihm am 24. Sep= tember 1867 die Thatsache erschienen, daß bei der rein geschäftlichen Mitteilung des Präsidenten Simson zu Anfang der Sitzung „Neu eingetreten in das Haus ist der Abgeordnete Dr. Blum, Sachsen", Graf Bismarck plötzlich das Glas an die Augen führte, und es nicht absetzte, bis er „auf der korrekten Mittellinie des Hauses" den unzweifelhaft jüngsten Abgeordneten entdeckt hatte.

Am 24. April 1869 fand die erste parlamentarische Soiree bei Bismarck statt. Dr. Hans Blum erzählt darüber in Ergänzung meines in Bd. I (2. Aufl.) S. 23 gebrachten Referats: „Für den Verfasser, der mit ganzem Herzen sich dem Abend entgegenfreute, stand zur Frage, ob er die auf 9 Uhr angesetzte Empfangs= stunde pünktlich einhalten solle oder nicht. Alles ging im Tagewerk des Bundes auf den Schlag der Minute. Der Berliner Chic dagegen verlangte bei Ein= ladungen bedeutend späteres Erscheinen, um dem Wirt zu beweisen, daß der Gast keine dringende Eile empfinde, sich einzustellen. Zwischen diesen beiden Gegensätzen wählte der Verfasser die goldene Mittelstraße in dem so bewährten „akademischen Viertel" und betrat pünktlich um ¼ 10 Uhr das schmucklose

Palais in der Wilhelmstraße. Die Garderobennummer 164 belehrte ihn aber,
daß schon viele vor ihm pünktlicher gewesen seien. Das hohe Haus war also
vollkommen „beschlußfähig". Trotz dieser Fülle aber erhielt der Verfasser bald
den Beweis, daß der liebenswürdige Wirt sein Auge mit der gleichen Huld wie
früher dem Verfasser zuwandte. Denn bei der ersten Gelegenheit zu einem vertrauten Wort sagte Bismarck: „Sie sind seit dem Vorjahr wieder erheblich
stärker geworden. Sie sollten reiten." „Das würde ich gern thun," erwiderte
der Verfasser, „aber am Geburtstag Ew. Excellenz, am 1. April d. J., bin ich
Advolat geworden, und wenn mich der Leipziger reiten sähe, so würde er sagen
— mit sächsisch-provinzieller Betonung: „Der Advogade had nischd zu dhun".
Bismarck lachte.

4. Dr. Rudolf von Gneist[1])

hat mir noch am 15. Mai 1895, also ganz kurze Zeit vor seinem Ableben
(22. Juli), einige Mitteilungen über sein Verhältnis zu Bismarck gemacht, die
im Zusammenhang mit dem Inhalt einiger früher mit ihm geführter Gespräche
hier ihre Stelle finden mögen.

Als der II. Band dieses Werkes erschienen war, teilte mir Gneist mit, die
in Bd. II., S. 72 ff. dieses Werkes geschilderte Abendkonferenz, welche er am
2. Februar 1869 in Sachen der preußischen Verwaltungsreform mit dem Grafen
Bismarck hatte, sei für ihn von besonderem Wert. „Denn einerseits enthielt
die Denkschrift, die ich damals dem Reichskanzler überreicht habe, und die der
Kanzler demnächst dem Staatsministerium mitgeteilt hat, nur einen Auszug aus
der Abendunterhaltung mit Weglassung der Motivierungen, anderseits enthielt
die Schrift über die Kreisordnung, die ich bald darauf veröffentlichte, weiter-
gehende Vorschläge, als die dem Reichskanzler vorgetragenen, deren Richtigkeit
und Ausführbarkeit mir selbst später nach den ausführlichen Debatten im Landtag
zweifelhaft geworden ist.

Es ist danach von hohem Wert für mich, in Ihrer Schrift schwarz auf
weiß den wesentlich korrekten Inhalt jener Nachtkonferenz wiedergegeben zu sehen,
so wie ich sie selbst aus der Erinnerung hätte niederschreiben sollen, wenn ich
damals im Drange massenhafter Geschäfte dazu hätte kommen können. Aber
dem Inhalt nach und im wesentlichen auch der Form nach ist sie möglichst getreu
wiedergegeben. Daß auch der Altreichskanzler selbst mit der Wiedergabe nicht
unzufrieden ist, möchte ich daraus schließen, daß er mir kürzlich wieder einige
recht freundliche Worte geschrieben hat."

Über Gneist's Anteil an dem Zustandekommen der Kreisordnung äußerte sich
derselbe mir gegenüber noch wie folgt. „Die Grundideen über das Kommunal-
wesen vor 1870 waren völlig verschieden von denen des jetzigen Neubaues. Aber
die Fraktionen entschließen sich sehr schwer zu einer Selbsterkenntnis ihrer Irrtümer.
Ich war daher in den vieljährigen Verhandlungen genötigt, persönlich mich mög-

---

[1]) Vergl. den Aufsatz „Rudolf Gneist" in den Grenzboten 1872, II. Quartal, S. 457
bis 465.

lichst im Hintergrunde zu halten. Was ich gewirkt habe, beruht auf der Grund-
legung bei dem Reichskanzler und vorzugsweise auf der Einwirkung der
Ministerialkommissarien, namentlich Friedenthal, Perfius, Brauchitsch, die früh-
zeitig überzeugte Anhänger und Apostel der neuen Grundideen geworden waren.
Eulenburg hat sich etwas langsamer konvertiert, ist dann aber mit Feuereifer
hineingegangen. Es handelt sich bei dem Selfgovernment im letzten Hintergrunde darum, die gesellschaftlichen Interessen und die konfessionellen Gegensätze,
die jetzt in ungebundenster Weise mit einander hadern, von unten herauf in
dem täglichen Zusammenleben nachbarlicher Pflichtgenossenschaften an einander
zu gewöhnen und mit einander auszugleichen. Erst dann entstehen die festen
Wahlverbände für eine Landesvertretung, die sich dann abwechselnd zu konservativen oder liberalen Parteibildungen zusammenfinden. Dieser politische Gesichtspunkt ist bei den legislatorischen Verhandlungen nicht eben stark hervorgetreten.
Nur Brauchitsch hat denselben in seiner Einleitung wesentlich aus meinen
Schriften rekapituliert. Diese Seite der neuen Institutionen wird wohl erst in
der nächsten Zukunft mehr hervortreten, wenn der jetzige Klassenkampf ausgetobt
haben wird."

Gneist stand in der Konfliktszeit dem großen Kanzler ziemlich mißtrauisch
gegenüber, hat aber in einem instinktiven Gefühl von der Bedeutung des Mannes
einen persönlichen Zusammenstoß mit demselben vorsichtig vermieden. Nach dem
österreichischen Kriege entstanden freundschaftliche Beziehungen, die zunächst eine
Einwirkung auf die Söhne des Kanzlers, besonders Herbert, zum Gegenstande
hatten. Gneist hat dem Grafen Herbert durch öftere Versuche und Ratschläge
über den Gang seiner Studien und Vorbereitungen zum Examen vielleicht
einiges genützt, ihm aber niemals in irgend einer Weise ein privatissimum gehalten. Gneist taxierte den Fleiß und die geschäftliche Anstelligkeit des Grafen
Herbert von Anfang an höher als der Kanzler selbst, der den anders angelegten
Grafen Bill höher taxierte. Gneist hat darüber eine Zeit lang mit dem Fürsten
Bismarck manch' kleinen Disput gehabt, bis er sich selbst von der praktischen Ver-
wendbarkeit seines Erstgeborenen zunächst als Privatsekretär mit Freuden überzeugte.

Gneist's Beziehungen zum Bismarck'schen Hause blieben überwiegend privater
Natur. Er war ein Jugendfreund Lothar Bucher's und kannte die pommerschen
Umgebungen des Kanzlers so genau, daß er mit der Fürstin viele scherzhafte
Reminiscenzen teilen konnte, auch zuweilen an den Geburtstagsfeiern und intimsten
Kreisen teilnahm. Der Fürst behandelte Gneist stets mit ausgesuchter Höflichkeit
und Rücksicht, sah aber in ihm doch überwiegend den Theoretiker, mit welchem
er nicht häufig über die augenblickliche politische Situation sprach. Abgesehen
von der Kreisordnung erfolgten Erörterungen auch über die Maigesetze, und es
wurde wohl bemerkt, daß Bismarck am 16. Mai 1872 der Abgeordneten Gneist,
der eben als Referent über die Jesuiten-Petitionen im Reichstag gesprochen hatte,
mit einem warmen Händedruck beglückte, und mit demselben noch längere Zeit im
Gespräche verweilte, nachdem der Saal sich bereits geleert hatte. Bei allen Unter-

haltungen über politische Fragen[1]) hatte Gneist stets Veranlassung, die treffenden Urteile des Kanzlers zu bewundern. Zuweilen fand Gneist in dem Kanzler
die ihm speziell bekannten Standpunkte des pommerschen Landadels wieder; er
mußte aber anerkennen, daß dieser viel gescholtene Landadel weniger intolerant
und erklusiv ist, als der Typus manch' anderer Provinzen.

Bezeichnend als Ausdruck der persönlichen Hochschätzung Gneist's ist ein
ausführliches Schreiben Bismarck's, in dem der Kanzler den berühmten Rechts-
lehrer ersuchte, an Stelle seines verstorbenen Kollegen Heffter die Stellung als
erstes Mitglied der diplomatischen Examinationskommission zu übernehmen.

Zu Gneist's 70jährigem Geburtstag (13. August 1886), an dem er gleichzeitig mit Bismarck in Gastein weilte, brachte letzterer persönlich seinen Glückwunsch dar.

Auch nach der Entlassung Bismarck's blieb derselbe mit Gneist in Verkehr.
So erhielt Gneist einen Brief Bismarck's über seine Stellung zur Militärvorlage, worin er sich für die Beibehaltung der dreijährigen Dienstzeit aussprach.

5. Graf Fred von Frankenberg.

Wenn man an die große Zahl von Abgeordneten denkt, welche während des
französischen Krieges mit dem Kanzler in geschäftliche Berührung kamen, so
muß man sich wundern, daß so wenige sich veranlaßt sahen, über ihre denkwürdigen Unterredungen mit Bismarck Aufzeichnungen zu machen, welche für
die Geschichte dereinst von Wert sein würden. Eine rühmliche Ausnahme macht
der frühere Abgeordnete Graf Fred Frankenberg, von dessen Erlebnissen auf
französischem Boden in seiner Eigenschaft als Armeedelegierter der freiwilligen
Krankenpflege im Hauptquartier des Kronprinzen bereits im II. Bande, S. 140 ff.,
berichtet worden ist.

Zur Ergänzung des dort Mitgeteilten lasse ich hier noch einige Auszüge
aus seinem Kriegstagebuch folgen.

Versailles, den 23. November 1870.

Ich war heute mit dem Fürsten Putbus zu Tisch bei dem Bundeskanzler[2]).

Graf Bismarck bewohnt eine hübsche Villa in der Rue de Provence mit
seinem diplomatischen Stabe, bestehend aus dem Grafen Bismarck-Bohlen,
Hatzfeldt, Herrn von Kendell, Lothar Bucher und dem alten Geheimrat Abeken.
An seiner Tafel speisen noch etwa zehn Beamte und Sekretäre des Auswärtigen
Amts mit. Bismarck sitzt am oberen Ende der langen Tafel und beherrscht
natürlich das Gespräch vollständig mit Wort und Blick. Er war heute sehr
aufgeräumt und heiter und klagte nur über Mangel an Schlaf, sonst fühle er

---

[1]) Gneist sagte mir, er sei ein Gegner der Bismarck'schen Steuerpolitik gewesen, und er
habe besonders die Steuererlässe perhorresciert. Bismarck's Gedanken auf dem Gebiete der
Sozialpolitik nannte er „groß und genial“, aber mit ihrer Ausführung war er nicht durchweg
einverstanden.

[2]) Die Anwesenheit dieser beiden Tischgäste wird bestätigt in dem Werke von M. Busch,
„Graf Bismarck und seine Leute“, Bd. II., S. 22.

sich im ganzen wohl. Er sprach mit der ihm eigenen Ungezwungenheit und Offenheit über die wichtigsten Staatsangelegenheiten, welche ihm im Kopfe herumgingen, und fällte so scharfe Urteile über verschiedene hoch- und höchstgestellte Personen, daß ich nicht umhin konnte, verstohlene Blicke auf die Dienerschaft zu werfen, welche die Tafel umstand.

Der Kanzler kam zuerst auf die Verschleppung des Bombardements von Paris, sodann auf den Reichstag zu sprechen, der am Tage nach meiner Tischeinladung in Berlin wieder eröffnet wurde.

„Ich hatte ursprünglich vor, — so bemerkte er — zum Reichstag nach Berlin zu reisen, als ich mich aber fragte, ob mein Körper es aushalten würde, drei Tage und ebenso viele Nächte zu fahren, sodann vierzehn Tage eine aufreibende parlamentarische Campagne durchzumachen und demnächst hierher zurückzueilen, um mit Frankreich einen für Deutschland segensreichen Frieden abzuschließen, da mußte ich mir sagen, daß dies über meine Kräfte gehe. Übrigens war auch der König durchaus gegen meine Reise. „Sie werden mich doch hier mit den Europäern nicht allein lassen?" entgegnete er auf meine erste Andeutung, und der hohe Herr hat recht. Die Noten und Depeschen, welche nur der Eingeweihte beurteilen und beantworten kann, sagen sich jetzt hier so sehr, daß ich durchaus unabkömmlich bin. Nimmt der Reichstag die Verträge mit den süddeutschen Staaten an, so ist die Session in vierzehn Tagen beendet[1]); mäkelt er aber daran herum und findet er das zu wenig, was wir hier erreicht haben, so sind meine Dispositionen getroffen. In diesem Falle wird der Reichstag bis Weihnachten versammelt bleiben, und bis dahin bin ich selbst dort" — fügte er mit bedeutsamem Lächeln hinzu.

„Es ist eine sehr schwere Verantwortung für mich, — fuhr Bismarck fort — hier allein Verträge abzuschließen und Abmachungen zu treffen, die für die Zukunft von entscheidendster Bedeutung sind. Ich bin in schlecht geregelter Verbindung mit der Heimat, habe keine Akten zur Hand, und doch muß ich entscheiden: dies nehme ich an, jenes nicht. Ich setze mich der herbsten Kritik für mein ganzes Leben aus, wenn die mit den süddeutschen Staaten getroffenen Abmachungen übel ausschlagen, und doch läßt der Erfolg sich so wenig vorausberechnen wie der nächste Abzug im Pharao."

Ich war betroffen über diese Bemerkungen; zeigten sie doch nur allzu deutlich, welche Schwierigkeiten bei Regelung der Verhältnisse mit Süddeutschland Schritt auf Schritt zu bewältigen sind. Ist es nicht traurig, zu sehen, daß trotz des gemeinsam vergossenen Blutes, trotz der gemeinsam erfochtenen herrlichen Siege, doch der Sondergeist und das Mißtrauen in Deutschland noch so mächtig sind, daß der klarste und mächtigste Kopf der Nation solch' ein Wort ausspricht über das Gelingen des Gusses, mit welchem er Deutschlands Einigung

---

[1]) Der Reichstag nahm die Versailler Verträge am 9. Dezember an und wurde am 10. Dezember, also 16 Tage nach seinem Zusammentritt, geschlossen.

zu vollenden unternimmt? Darf man da freudige Hoffnung und Zutrauen für
die Zukunft hegen?

> Von der Stirne heiß
> Rinnen muß der Schweiß,
> Soll das Werk den Meister loben —
> Doch der Segen kommt von oben.

Und der Segen wird uns nicht fehlen, das erhoffe ich felsenfest. Gott hat
so Wunderbares an Deutschland gethan, daß er seine segnende Hand nicht in
dem Augenblicke abziehen wird, da wieder ein so gewaltiger Schritt zur Voll-
endung der Einheit geschieht.

„Heute abend — fuhr Graf Bismarck fort — denke ich den Vertrag mit
Bayern zu unterzeichnen[1]). Ich hoffe, der Reichstag ist klug genug, um einzusehen, daß nicht mehr erreichbar war, und daß er nicht verwirrt, was ich mühe-
voll zu stande gebracht habe."

Ich fragte, was wohl die Sondergelüste der Bayern für sich behalten
hätten?

„Post, Telegraphie, Eisenbahnen, selbständige Armee mit Ernennung der
Stellen in derselben, beschränktes Gesandtschaftsrecht, das behalten sie sich vor —
im übrigen nehmen sie die Bundesgesetzgebung voll an. Wenn ich also die
Annahme der allgemeinen Wehrpflicht, die Präsenzstärke von 1 Proz. der Bevölkerung mit der dreijährigen Dienstzeit in Anschlag bringe und die übrige
gemeinsame Gesetzgebung, so ist der Fortschritt ein so bedeutender, daß ich ihn
nicht zurückweisen kann. Hoffentlich denkt man zu Hause daran, mit welcher
Freude noch vor drei Monaten solch' eine Übereinkunft begrüßt worden wäre,
gegen die man jetzt nicht genug zu mäkeln hat. Man glaube ja nicht, daß die
Bayern durch diesen Krieg müde und kleinmütig geworden sind. Im Gegenteil! Sie haben sich tapfer geschlagen, haben im Vergleich zu 1866 ihr kriege-
risches Selbstgefühl neu gewonnen und befestigt. Sie sind jetzt hartnäckig, weil
sie sich stark fühlen."

Versailles, den 30. November 1870.

Gestern abend ging ich zu dem Fürsten Pleß (derselbe war Generalinspekteur
der freiwilligen Krankenpflege), um ihm Bericht über die Verlustliste des heutigen
Gefechts bei Villejuif, das ich mitgemacht hatte, zu erstatten. Er empfing mich
mit der Botschaft, Graf Bismarck wünsche, daß wir in den Reichstag gingen,
um die Verträge mit den Süddeutschen durchbringen zu helfen. Delbrück und
Friedenthal hätten dringend an ihn telegraphiert, und so mußten wir uns denn
auf den Weg machen. Ich meldete mich am andern Tage bei dem Kanzler,
um zu hören, was er mir für den Reichstag mitgeben wolle. Er hält die
Lage ernst und glaubt kaum mehr an ein Durchgehen der Verträge mit den
süddeutschen Staaten. „Ich habe von Bayern mehr verlangt, — so sprach er leb-

---

[1]) An demselben Abend gegen 10 Uhr kam Bismarck zu seiner Tischgesellschaft mit der
Nachricht: „Nun wäre der bayrische Vertrag fertig und unterzeichnet, die deutsche Einheit ist
gemacht und der Kaiser auch."

haft — als Bennigsen und Lasker eigentlich gefordert haben, als sie in München waren, um sich mit den dortigen Führern der Liberalen zu verständigen. Sie haben mir eigentlich durch zu billige Bedingungen das Geschäft erschwert [1]) und beinahe verdorben. Das wird sie aber gar nicht hindern, jetzt zu behaupten, ich hätte zu wenig durchgesetzt.

Verwirft der Reichstag die Verträge, so müssen wir bis 1877 so weiter existieren wie bisher. Norddeutschland bleibt für sich und Süddeutschland auch; was aber bis dahin geschieht, das weiß der Himmel. Die Herren werden dann selber zusehen müssen, wie sie bessere Verträge erlangen. Verwirft der Reichstag die Vorlagen der verbündeten Regierungen, so kommt umgehend die Nachricht: Der Bundeskanzler hat seine Demission gegeben [2]). Tags darauf kommt die Nachricht: Der König hat die Demission abgelehnt und den Reichstag aufgelöst, um durch Neuwahlen an das Volk zu appellieren und zu zeigen, daß er und die verbündeten Regierungen Wert, hohen Wert auf das Zustandekommen der Verträge legen."

Ich entgegnete, nimmermehr könne ich glauben, der Reichstag, welcher doch die nationale Politik mit seinem Kanzler gefördert habe, werde sich im jetzigen Moment einen Grabstein setzen, der das deutsche Volk mit Trauer und Unzufriedenheit erfüllen müsse.

„Ganz richtig, — fiel der Graf ein — Deutschland wird trauern und unsre Feinde ringsum werden frohlocken. Wir selber werden vielleicht die Sache gar nicht so ernst nehmen, aber das Ausland wird an die tiefste Zerrissenheit und an die Unmöglichkeit jemaliger Einigung Deutschlands fest glauben. Der Friedensschluß, vor dem wir stehen, wird dann unendlich erschwert und sicherlich ungünstiger für uns werden.

Ich höre auch, — sagte er abspringend — daß die Liberalen durchaus einen Kaiser verlangen. Den sollen sie haben, das verspreche ich ihnen. Es ist alles dazu eingeleitet und im besten Gange."

Zum Abschiede sagte er nochmals mit feierlichem Nachdruck: „Halten Sie fest in Berlin! Wenn wir jetzt die Einigung nicht zu stande bringen, ist sie auf Jahre hinaus verloren" [3]).

Versailles, den 15. Dezember 1870.

Den Grafen Bismarck fand ich, als ich nach meiner Rückkehr ins Hauptquartier mit Fürst Pleß bei ihm speiste, wieder leidend an dem Schmerze im

---

[1]) In ähnlichen Klagen erging sich Bismarck auch gegenüber dem Abgeordneten Dr. Bamberger. Vergl. Bd. I., S. 134.

[2]) Daß sich Bismarck am 30. November 1870 ernstlich mit dem Gedanken trug, den König um Enthebung von seinem Amte zu bitten, ist auch aus Busch a. a. O. Bd. II., S. 47 bekannt.

[3]) Im Reichstag fand Graf Frankenberg die Stimmung günstiger, als der Kanzler sie angesehen hatte. Am 8. Dezember nahm der Reichstag die Verträge mit den süddeutschen Staaten mit allen gegen 32 Stimmen an.

Fuß, der ihn schon seit drei Jahren von Zeit zu Zeit überfällt. Im lebhaften Gespräch bei Tisch vergaß er die Schmerzen und amüsierte sich herrlich über unsre Darstellung der Kaiserentpuppung im Reichstage, wie Delbrück—Friedenthal sie so unglücklich insceniert hatten[1]).

                                   Versailles, den 23. Januar 1871.

Ich war heute wieder zu Bismarck zu Tische geladen[2]). Der Kanzler empfing mich mit der Neuigkeit, Jules Favre habe sich bei ihm angemeldet. In der besten Laune und mit sehr interessanten Gesprächen verlief das Diner, an welchem auch noch der Staatsminister Delbrück und General von Kameke teilnahmen. Bismarck ist gegen die Franzosen grimmerfüllt und wird dem unterhandelnden Minister-Advokaten keine leichte Stunde bereiten. „Den Bundeskanzler von Ferrières soll der Mann in mir nicht mehr finden!" sagte er streng. „Wenn Paris kapituliert, müssen vor allen Ducrot und die andern wortbrüchigen Offiziere ausgeliefert werden. Ehe wir hineingehen, müssen ferner alle Waffen ausgeliefert werden; wir geben der Stadt nur Lebensmittel gegen Austausch der Waffen, und bis nicht 700 000 Gewehre abgeliefert sind, geht kein Regiment hinein. Zur Aufrechterhaltung der Ordnung können wir aber 50 000 Mann Nationalgarden drin bewaffnen. Als Geiseln müssen uns sämtliche Regierungsmänner, Präfekten, Maires, Redakteure, Generale und ein paar tausend Notabeln gestellt werden. Diese verteilen wir in die Forts, bis die Minen daraus entfernt sind, dann besetzen wir die Forts und die Enceinte und lassen niemand aus Paris heraus. Die Armee, die kriegsgefangen wird, muß auch drin bleiben! Nach Deutschland kann sie nicht geschickt werden. Roon hat bereits erklärt, daß er den Befehl, noch 200 000 Mann nach Deutschland zu bringen, als seine Entlassung ansehen müsse."

Ich bemerkte dem Kanzler, ob es denn nicht thunlich scheine, Paris überhaupt nur dann Kapitulation zu gewähren, wenn es sich für den Frieden auch mit Frankreich verpflichtete. Er ging scharf darauf ein und sagte: „Gewiß werden wir das verlangen."

Über Tafel kamen mehrere Telegramme. Aus London wird gemeldet: „Der große Ausfall aus dem Valérien hat große Niedergeschlagenheit und eine schwüle Stimmung gegen Trochu hervorgerufen. Man wirft ihm vor, daß er die Kräfte unnütz geopfert habe, anstatt gerade auf Versailles zu marschieren!" — Gerade auf Versailles; diese Auffassung der Pariser Strategen der Straße ist wirklich unvergleichlich. Warum nicht lieber gleich: direkt auf Berlin!?

Als ich um 7 Uhr mich verabschiedete und die Rue de Provence hinaufging, kam im raschen Trabe ein geschlossener Wagen gefahren. Ein Gendarm saß auf dem Bock; zwei Schutzmänner ritten vorne weg. Ich zweifelte, ob es nicht Jules Favre sei, der heute schon angekommen.

----

[1]) Näheres über dieses Tischgespräch bei M. Busch a. a. O. Bd. II., S. 125.

[2]) Die obenstehenden Tischgespräche Bismarck's sind um so interessanter, als M. Busch an diesem Tage von der Unterhaltung bei Tafel nichts zu berichten wußte.

Nachts um 12 Uhr, als ich schreibend in meinem Zimmer saß, kam Fürst Putbus eilig herein und rief uns zu „Es ist zu Ende! Ich kehre eben von Lehndorff zurück. Dort kam Bismarck hinein, pfiff Halali und rief uns zu: „Es ist zu Ende; Trochu ist gestürzt, Favre ganz zahm. Ich habe eben mit ihm drei Stunden konferiert und schon dem Könige Vortrag gehalten!"

Versailles, den 1. März 1871.

Um 1 Uhr war die große, herrliche Kaiserparade im Longchamps beendet. Die Truppen marschierten nach Paris ab.

Generallieutenant von Kamete, der Kommandant von Paris, dem u. a. Graf Waldersee, Fürst Putbus und mein Vetter Baron Saurma (jetzt Botschafter in Washington) beigegeben waren, meldete Sr. Majestät, daß die Besetzung der Champs Elysées ohne bemerklichen Widerstand oder Unfug vor sich gegangen sei. Dem Kaiser sah ich das Verlangen an, selber hinein zu reiten in die eroberte Hauptstadt, aber er kämpfte den Wunsch nieder und ritt mit seinem hohen Sohne nach Versailles zurück.

Übermorgen aber will er mit seinen Garden hineinmarschieren — wenn nicht inzwischen der abgeschlossene Friede ihm diesen Triumph noch plötzlich weg- nimmt. Zu Bordeaux scheint der Einmarsch in Paris doch die zaudernden Volksvertreter zur eiligsten Entscheidung anzutreiben.

Ich trabte durch das wohlbekannte Bois de Boulogne der Stadt zu. Mit dem sechsten schlesischen Corps traf ich am Thore zusammen. Da erschien auch Bismarck mit einem glänzenden Gefolge von Reitern auf der Avenue de la grande armée. An seiner Seite ritt ich um die aufgeworfene Barrikade vor dem Thore und über die Zugbrücke nach Paris hinein. Vor uns erhob sich, von der klaren Frühlingssonne angestrahlt, der gewaltige Arc de triomphe, das stolze marmorne Denkmal für die zahllosen Siege des großen Kaisers, hinter uns erklang jubelnd die muntere Melodie des Pariser Einzugsmarsches vom Jahre 1814. Ich fühlte mein Herz unbändig schlagen. Auf dem weiten runden Platze des Triumphbogens stand dichtgedrängt eine große Schar Pariser Straßenpöbels. Sie empfing uns mit Geschrei und schrillem Pfeifen. „Vive la France, à bas les Prussions!" scholl es uns frech entgegen.

Bismarck war an der rechten Seite der Avenue nahe an der Spalier bildenden Menge mitgeritten[1]. Bald war er in seiner gelben Kürassieruniform von den Parisern erkannt. „Ah le voilà, c'est lui, voilà Bismarck!" so ging es von Mund zu Mund. Wie besessen drängten die Leute heran und liefen mit, um den furchtbaren Feind zu sehen. Mir wurde bange, es könne ein Streich gegen ihn geführt werden, und ich ritt, scharf aufpassend und die Zudringlichkeiten abdrängend, zwischen dem Kanzler und der erregten Menge. Wie mir schien, baten einige der Herren aus seiner nächsten Umgebung den Kanzler, sich nicht unnötig der Gefahr auszusetzen, und, ihnen nachgebend, versagte sich der Held,

---

[1] Die nachstehenden Ausführungen bilden eine Ergänzung dessen, was bereits im Bd. II., S. 144 über diese Episode von dem Grafen Fred Frankenberg berichtet worden ist.

durch den Triumphbogen einzureiten in das stolze Paris, das zu Deutschlands Füßen lag. Er wendete sein Pferd rechts ab in eine Seitenstraße und
trabte mit einem Teil seiner Herren auf Versailles zu. Welche Gedanken mögen
seinen Geist in dieser Stunde bestürmt haben?! —

Fürst Bismarck hat selbst im Januar dieses Jahres diesen Vorgang einem
Friedrichsruher Besucher wie folgt erzählt: [1] „Ich ritt von der Parade aus ganz
allein, sogar ohne Begleitung eines Reitknechts, bis zum Arc de triomphe, von
vornherein in der Absicht dort umzukehren, nicht aus Rücksicht auf die Volks-
massen, sondern in Gemäßheit eines auch mir und zwar vom Könige selbst
mitgeteilten königlichen Befehls, welcher den sämtlichen höheren Chargen, mit
Ausnahme der mit den Truppen dienstlich in Paris einrückenden, das Einreiten
in Paris vor dem Einzuge Sr. Majestät, der damals noch beabsichtigt war,
bestimmt untersagte. Ich hatte daher von Anfang an die Absicht, am Triumphbogen umzukehren, zumal für den Nachmittag noch ein Vortrag beim Könige
anberaumt war, und ich benutzte die mir aus der Erinnerung bekannte Seitenstraße nur deshalb, weil ich den Weg für kürzer hielt und weil ich auch den
Begegnungen der einrückenden Truppen ausweichen wollte. Auch auf diesem
Wege fand ich ein sehr erregtes Publikum, welches mich mit den Rufen: Ah!
le Prussien! le salop! empfing. Ich ritt bei einem solchen Anlaß direkt auf
einen Mann zu, der rauchend dastand, um mir Feuer für meine Cigarre zu
erbitten, was in höflichster Weise gewährt wurde. Im Weiterreiten begegnete ich
dem Prinzen Karl von Preußen mit Gefolge, der mich erstaunt fragte: „Bismarck,
weshalb kehren Sie um?" Ich erwiderte, daß dies einem königlichen Befehle
zufolge geschehe und daß es mich wundere, den Prinzen dennoch nach Paris reiten
zu sehen. Prinz Karl setzte indes seinen Weg fort, auf welchem er nicht un-
behelligt blieb.

6. Hans Victor von Unruh.

Von den Mitgliedern der nach Paris entsandten Kaiserdeputation hatte der
Abgeordnete von Unruh [2] ein Gespräch mit Bismarck, das zu charakteristisch war,
um es hier zu übergehen. Unruh erkundigte sich nach Bismarck's Befinden,
und er antwortete, so lange er oft biwakiert, aus der Satteltasche gelebt und
wenig mit Schreiberei zu thun gehabt habe, sei sein Befinden vortrefflich gewesen; seitdem er hier wieder mit Schreibwerk und Verhandlungen überladen
sei, stehe es wieder schlecht mit seiner Gesundheit. „Mir war — so berichtet Unruh
— aus besten Quellen genau bekannt, daß Bismarck niemals biwakiert hatte, auch
nicht bei Gravelotte, wo er die Nacht in einem kleinen Hause zugebracht; ebenso
wußte ich, daß das große Hauptquartier zwar sehr frugal gelebt, es aber an
den nötigen Lebensmitteln niemals gefehlt habe. War doch die Verpflegung der

---

[1] „Berliner Neueste Nachrichten", Nr 57 vom 1. Februar 1895.

[2] Zwei Gespräche aus den Jahren 1856 und 1859, welche Bismarck mit von Unruh
führte, als dieser dem Abgeordnetenhaus noch nicht angehörte, findet man in den von mir
herausgegebenen „Erinnerungen aus dem Leben von Hans Victor von Unruh" S. 194 und
207 f.

Truppen eine ziemlich regelmäßige und ausreichende gewesen. Ich erlaubte mir
daher gegen Bismarck in halb scherzhafter Form die Bemerkung, mit dem Biwa=
kieren des großen Hauptquartiers möge es wohl nicht schlimm gewesen sein, und
für die notwendigen Lebensmittel sei doch gewiß auch gesorgt worden. „Man
war nur dessen sicher, was man in der Satteltasche hatte," erwiderte Bismarck.
Gleich darauf sagte jemand aus der Umgebung Bismarck's, ich glaube, es war
Herr von Keudell, zu mir, biwakiert habe Bismarck allerdings nicht, auch an den
nötigen Lebensmitteln habe es nicht gefehlt[1]); dennoch sei es vollkommen richtig,
daß der Reichskanzler sich während des Marsches bis Versailles sehr gut be=
funden hatte, weil er früh aufstehen und früh zur Ruhe gehen, sehr einfach
leben mußte und nicht viel zu arbeiten hatte. Hier in Versailles setze er sein
Berliner Leben fort, bleibe oft bis lange nach Mitternacht auf und vormittags
lange im Bette, esse reichlich und trinke nicht viel, aber doch mehr, als ihm
oft gut thue, arbeite und konferiere sehr viel und befinde sich wieder nicht gut.

7. Freiherr von Ketteler.

Bald nach der Rückkehr Bismarck's aus dem französischen Kriege hatte der
Abgeordnete Freiherr von Ketteler eine Unterredung mit Bismarck[2]). Näheres
darüber erfahren wir aus einem Schreiben, das der Bischof von Mainz nach
der Herrenhausrede Bismarck's vom 10. März 1873 an eine ihm publizistisch
nahe stehende Stelle richtete. Hier erklärte derselbe:

„Von dem Schreiben, welches ich am 1. Oktober 1870 nach Versailles an
den Fürsten Bismarck richtete, hatten die Herren der Centrumsfraktion keine
Kenntnis, bis ich dasselbe veröffentlicht hatte. Dieses Schreiben selbst aber ist
gewiß der beste Beweis, wie fern mir der Gedanke lag, daß man diese Be=
mühungen (auf Erzielung von Garantieen in der Reichsverfassung) später als
staatsfeindlich und staatsgefährlich, als ein Bestreben, einen feindlichen Dualismus
ins Leben zu rufen, auffassen werde. Ich hatte damals vielmehr allen Grund
zu glauben, daß dieses mein angebliches Programm durchaus den Absichten der
preußischen Regierung entspreche. Aus diesem Grunde habe ich mein sogenanntes
Programm auf keinem andern Wege zu verwirklichen gesucht, als lediglich dadurch,
daß ich in meinem Briefe meine innigsten Überzeugungen dem Fürsten Bismarck

[1]) Die Darstellung des Verhältnisses, wie sie Bismarck Unruh gab, wird gleichwohl nicht
angezweifelt werden dürfen. In ähnlicher Weise erzählte der Kanzler am 29. Oktober 1870
dem badischen Minister Freiherrn von Freydorf, daß er seine Karlsbader Wasserkur behufs
der politischen Verhandlungen und zum Kriegszuge 1870 habe unterbrechen müssen. Anfangs
habe er starkes Arbeiten des Blutes verspürt und für seine Gesundheit gefürchtet. Als er aber
ein paar Tage im Felde gewesen, sei er vollkommen gesund geworden. Nur als es bei Metz
einige Tage Ruhe gegeben, sei er wieder etwas leidend gewesen. Im übrigen habe er alle
Strapazen ausgehalten und häufig nur von einem Stück Brot und Speck gelebt, einer Kost,
die er sich sonst nicht habe zumuten dürfen. Alle nötigen Geschäfte besorge er gern und bleibe
dabei gesund; unnötige Arbeit aber mache ihm Ärger und Galle, schwelle ihm die Adern
an, und das sei seine Krankheit.

[2]) Vergl. Bd. II., S. 162.

vertrauensvoll vorgetragen habe. Ganz in derselben Weise handelte ich, als ich später als Abgeordneter nach Berlin kam. Ich erbat mir eine Audienz beim Fürsten Bismarck lediglich und allein in der Absicht, um ihm die Gründe, welche ich für die Aufnahme der preußischen Verfassungsbestimmungen in die Reichs- verfassung in meinem Schreiben entwickelt hatte, eingehender zu motivieren. Es steht mir nun nicht zu, mich über die hierüber gepflogene Unterredung mit dem Fürsten des Näheren auszusprechen. Ich habe aber den Fürsten damals mit der Überzeugung verlassen, daß ein bezüglicher Antrag der Centrumsfraktion zwar zur Zeit und aus politischen Gründen seitens der Reichsregierung keine Unterstützung finden werde, daß derselbe aber ebensowenig als ein oppositioneller, als ein regierungsfeindlicher würde angesehen werden. Ich hätte eher geglaubt, daß der Fürst einem solchen Antrage persönlich wohlwollend gegenüberstehe. Ich hoffe, daß diese Mitteilung keine Indiskretion enthält, da sie mir durch die Äußerung des Fürsten Bismarck im Herrenhause abgenötigt ist. Nach diesen Vorgängen konnte ich fürwahr nicht erwarten, daß der Fürst mein Programm, welches — um es nochmals zu wiederholen — mit den preußischen Verfassungs- bestimmungen identisch ist, später als staatsgefährlich, als einen Versuch, die Ein- heit des preußischen Staatswesens auseinander zu reißen, bezeichnen werde . . .

8. Von Savigny.

Dieselbe Kulturkampfrede Bismarck's veranlaßte auch den Abgeordneten von Savigny[1]) zu einer Replik in der „Germania". Herr von Savigny erklärte:

Aus den Zeitungsreferaten über die Herrenhaussitzung vom 10. d. M. habe ich ersehen, daß der Reichskanzler Fürst Bismarck mit ausdrücklicher Erwähnung meines Namens die Richtung der Centrumsfraktion, deren Pro- gramm ich mit zu unterzeichnen die Ehre hatte, als eine „regierungs- feindliche" charakterisiert hat. Solche Anklage, einer prinzipiell regierungsfeind- lichen Richtung, ist schon wiederholt, innerhalb wie außerhalb der Kammern gegen die genannte Fraktion erhoben, aber auch ebenso oft von ihren Mitgliedern mit Entschiedenheit zurückgewiesen worden.

Wenn jedoch die Regierung gegen das Erwarten der Männer, welche zuerst das Programm der Centrumspartei aufzustellen sich veranlaßt sahen, ihrerseits auf kirchenpolitischem Gebiete thatsächlich eine ganz neue, der bisherigen ver- fassungsmäßigen Ordnung in Preußen entgegengesetzte Richtung zu befolgen für rätlich erachtet hat, so erklärt dies wohl zur Genüge, weshalb die Centrums- fraktion auf diesem Gebiete der Regierung entschiedene Opposition zu machen jetzt genötigt ist.

Zu wahrer Befriedigung darf es dabei allen Genossen der Centrums- partei, also auch dem Unterzeichneten, gereichen, daß sie nicht bloß im eigenen Kreise, sondern auch in weiteren Kreisen, und zwar im gesamten deutschen Vaterlande, treuen und bewährten Patrioten katholischer wie evangelischer Kon-

---

[1]) Vergl. Bd. II., S. 162.

feffion begegnen, welche mit ihnen den Weg aus vollem Herzen beklagen, den die preußische Regierung gegenwärtig auf kirchenpolitischem Gebiete einge-schlagen hat.

Berlin, den 12. Mai 1873.

von Savigny, Mitglied des Abgeordnetenhauses.

Hermann Wagener, der Savigny eine Zeit lang näher gestanden, bemerkt, daß demselben die Gabe der freien Rede gänzlich versagt und daß er deshalb völlig außer stande war, einem Parlamente gegenüber eine staatsmännische Rolle zu spielen.

9. Dr. Ritter von Schulte[1]).

In der Zeit, da die Wogen des Kulturkampfes am höchsten gingen, wurde in den Reichstag der Bonner Professor Dr. von Schulte gewählt, welcher seit Jahren mit ebenso vielem Eifer als Geschick die Sache derjenigen Katholiken vertreten hatte, welche das von Pius IX. am 18. Juli 1870 durchgesetzte Dogma von der Unfehlbarkeit des Papstes nicht anerkennen wollten.

Die Berührungen Bismarck's mit Schulte datieren aus einer etwas früheren Zeit her, da Schulte von den Altkatholiken das Mandat erhalten hatte, wegen der Wahl eines altkatholischen Bischofs mit der preußischen Regierung zu verhandeln[2]). Am 28. November 1872 sandte derselbe ein kurzes Promemoria an den Fürsten Bismarck in einem Briefe an den in Varzin weilenden Geheimrat Bucher mit der Bitte, es dem Herrn Reichskanzler einzuhändigen. Bucher schrieb an Schulte am 1. Dezember: „Er (der Reichskanzler) beauftragt mich, für diese Mitteilung seinen verbindlichsten Dank auszusprechen. Er sei bereit zu ver-mitteln, in wie weit resp. mit welchen Modifikationen der von Ihnen bezeichnete Weg gangbar sei. Dazu müsse er sich mit Sachkundigen, womöglich auch noch mit Ew. Hochwohlgeboren besprechen, was erst nach seiner Rückkehr zur Stadt, hoffentlich im Laufe dieses Monats, thunlich wäre. Inzwischen bitte er um eine gefällige Benachrichtigung, ob Sie ihm gestatten, über den Gegenstand mit dem Herrn Kultusminister in Korrespondenz zu treten." Diese Nachricht gab Schulte sofort bejahend ab.

Am 14. Dezember 1872 traf Bismarck von Varzin zu ständigem Aufenthalt in Berlin ein.

Am 19. oder 20. Dezember 1872 besprach Bismarck bei der ersten Be-gegnung mit dem Kultusminister Dr. Falk die Altkatholikenfrage. Während der-selbe früher zu schroffem und raschem Vorgehen zu deren Gunsten gesonnen war

---

[1]) Geboren am 23. April 1827, altkatholisch. Universitätsprofessor in Bonn. Von 1854 bis 1872 in Prag. Verfasser zahlreicher und hochbedeutsamer Werke über Kirchenrecht und Rechtsgeschichte. Gewählt 1874 in den Reichstag im sechsten Wahlkreise Düsseldorf. National-liberal.

[2]) Die nachstehenden Ausführungen sind dem bedeutsamen Werke von Schulte: Der Altkatholizismus, Geschichte seiner Entwickelung, inneren Gestaltung und rechtlichen Stellung, Gießen 1887, entnommen.

riet er jetzt zum vorsichtigen. Bei einer zweiten Begegnung mit Falk meinte Bismarck, man solle so viel als möglich suchen, die Sachen ohne Eklat zu planieren. Über die Bischofsfrage hatte Bismarck mit Falk bei dieser Gelegenheit nicht gesprochen.

Am 2. Januar 1873 wurde Professor Schulte von Bismarck empfangen [1]). Der Kanzler sagte zu ihm:

„Mein Standpunkt ist ganz der Ihrige. Ich halte die Altkatholiken für die einzigen Katholiken, denen eigentlich alles gebührt. Wenn nun die Regierung diesen Standpunkt praktisch zum Teil aus den hervorgehobenen Gründen nicht durchgeführt und nicht gesagt hat, wir sehen die Millionen nicht mehr als Katholiken an, so hat sie ihn darum nicht aufgegeben. Ich habe bisher verhindert, daß das geringste geschehen ist, wodurch diesem Standpunkte präjudiziert würde; man kann daher in jedem Augenblicke sich auf ihn stellen. Was meine Ansicht betrifft, so habe ich sofort, als ich Ihr Memoire gelesen, prima facie mir gesagt und bleibe dabei: wählen Sie einen Bischof, kommen Sie dann ein um die Anerkennung. Wir können diese nicht versagen, da wir zugeben müssen, daß mit dem Vatikanum alles hinfällig geworden ist und deshalb die Formen nicht mehr passen. Als Politiker muß ich Ihnen aber raten, nicht bloß nach meiner Ansicht zu handeln, sondern ich muß versuchen, meine Kollegen dahin zu bringen. Ich werde, wenn dazu Zeit sein sollte, morgen in der Sitzung des Staatsministeriums, die ich wohl bei mir werde abhalten lassen müssen, den Gegenstand zur Sprache bringen, jedenfalls aber unausgesetzt ihn im Auge behalten . . . Ist die Anerkennung gesichert, so müssen wir auch die budgetmäßigen Mittel bewilligen. Ihnen gehört ja eigentlich alles. Will die Regierung diesen Standpunkt nicht durchführen, so muß sie Ihnen das Notwendige geben."

Von einem vortragenden Rate des Kultusministeriums erfuhr Schulte am 1. Januar 1873, daß bis zu diesem Tage Fürst Bismarck mit dem Minister Falk über die von ihm in dem Promemoria vorgetragene Sache der Bischofswahl nicht gesprochen habe.

Am 3. Januar 1873, nachmittags von 1—5 Uhr, fand eine Staatsministerialsitzung in dem Zimmer des Fürsten Bismarck, der dies nicht verlassen konnte, statt. Bismarck brachte zum Erstaunen Falk's, ohne Schulte zu nennen und ohne daß einer merkte, es sei nicht sein eigener Vorschlag, vor, daß die Altkatholiken, da sie doch die eigentlichen Katholiken seien, Bischöfe wählen müßten, und daß die Regierung diese anzuerkennen und ins Budget die Dotation einzustellen habe.

Falk war erstaunt, als Bismarck in der Sitzung des Staatsministeriums plötzlich die Frage aufwarf, es sei an der Zeit, für die Altkatholiken eine Dotation einzustellen, damit sie einen neuen Bischof wählen und sich so konstituieren könnten,

---

[1]) Horst Kohl sind alle Daten, welche Bismarck's Beziehungen zu Schulte betreffen, einschließlich der durch L. Bucher geführten Verhandlungen, unbekannt.

da sie doch die eigentlichen Katholiken seien. Ein Ohren- und Augenzeuge der Sitzung[1]) hegte die Vermutung, Bismarck habe vielleicht die Idee gehabt, die Bischofsfrage zu benützen, um die Kurie zu vollem Rückzuge zu bewegen, zur unbedingten Anerkennung aller Veränderungen u. s. w.

Am 4. Januar 1873 war wieder eine Sitzung des Staatsministeriums. Vor derselben sagte der Minister Falk im Vorzimmer Bismarck's merkwürdig erregt:

„Ich begreife nicht, wie Bismarck auf einmal dazu kommt, seinen und des Ministeriums Standpunkt aufzugeben. Wir haben bisher beide Parteien als in der katholischen Kirche stehend anerkannt, jetzt soll plötzlich nur die eine als solche anerkannt werden. Ich weiß nicht, was dazwischen liegt."

Und zu Schulte sagte Falk am 5. Januar abends:

„Obwohl man bei Bismarck auf grelle Sprünge gefaßt ist und bei einem Staatsmann von solcher Bedeutung nicht immer jedes Bindeglied verlangen darf, was bei andern nötig ist, glaube ich doch, daß etwas in der Mitte liege."

Am 11. Juni 1873 sandte Professor von Schulte folgendes Schreiben an den Fürsten Bismarck:

„Die am 3. Juni in Köln tagende Wahlversammlung hat die anliegenden „Provisorischen Bestimmungen" einstimmig angenommen, am 4. Professor Dr. Reinkens mit 69 von 77 Stimmen zum Bischof gewählt und dieser die Wahl angenommen. Wegen des Ablebens des Bischofs von Utrecht wird der Bischof von Deventer die Konsekration im Juli d. J vornehmen. Obwohl erst nach dieser um die Anerkennung wird eingeschritten werden, habe ich geglaubt, die Wahl, die Mitglieder der Synodalrepräsentanz und jene Folgen bezeichnen zu sollen, welche sich nach unsrer Auffassung als Konsequenz der staatlichen Anerkennung ergeben, in der vertrauensvollen Voraussetzung, die hohe Regierung werde schon jetzt der Sache ihre Aufmerksamkeit zuwenden, um die spätere Bitte baldigst zu gewähren.

Zu ordentlichen Mitgliedern wählte man Knoodt und Reusch, die Laien Schulte, Hasenclever und Appellations-Gerichtsrat Rottels in Köln. Alle wählten mich zum 2. Vorsitzenden (§ 6), wir kooptierten Friedrich und Michelis, Cornelius in München und Windscheid[2]) in Heidelberg . . .

Im Namen der Synodalrepräsentanz möge mir die gehorsamste Bitte gestattet sein um Einstellung einer Summe von 20000 Thlrn. im Staatsvoranschlage von 1874." . . . .

Am 22. Juni teilte Geheimer Legationsrat Bucher dem Professor von Schulte mit:

„Im Vertrauen erlaube ich mir Ihnen die ganz ergebenste Mitteilung zu machen, daß der Fürst über Ihre letzte Eingabe mit dem Herrn Kultusminister

---

[1]) Da auch bisweilen Geheimräte als Kommissare der Staatsministerialsitzung beiwohnen, so ist damit nicht gesagt, daß der betreffende Zeuge ein Minister war.

[2]) Derselbe lehnte ab, worauf Professor Gengler aus Erlangen gewählt wurde.

gesprochen hat und günstigen Dispositionen begegnet ist, die sich amtlich bethätigen werden, sobald der Antrag auf staatliche Anerkennung eingegangen ist."

An der Summe von 20000 Thlrn. hielt Schulte fest in der Antwort auf eine Anfrage von Geheimrat Bucher vom 14. Februar 1873, welche lautete:

„Zugleich erlaube ich mir die Bitte um eine gefällige Benachrichtigung, welche Summe nach Ihrem Ermessen zur ersten mise en scène der Bischofs=wahl erforderlich sein würde. Der Finanzminister ist geneigt, verlangt aber Ziffern. Zwanzigtausend Thaler würden wohl ohne Schwierigkeit zu erlangen sein, und wenn die Sache einmal im Gange ist, wären Nachschüsse noch leichter zu beschaffen."

Am 9. Juni 1873 schrieb Bucher dem Professor Dr. von Schulte:

„Ich erlaube mir im engsten Vertrauen auch zur Erledigung eines noch älteren Korrespondenzrestes etwas zu bemerken. Der Fürst war geneigt, die Subvention zu beantragen. Auf andern Seiten, wo man in Geldsachen mitzu=reden hat, erhob man aber zur Zeit, namentlich wegen der Kirchengesetze, Be=denken. Der Fürst rechnete darauf, daß Sie auf Ihrem Umzuge nach Bonn Berlin berühren würden und verschob die Mitteilung an Sie auf eine persönliche Begegnung, zu der es nicht gekommen ist. Vergessen Sie die Sache aber nicht" [1]).

Eine zweite Berührung Schulte's mit Bismarck erfolgte bei dem Zustande=kommen des preußischen Altkatholikengesetzes.

Im Abgeordnetenhause war der Appellationsgerichtsrat Dr. Petri aus Wies=baden seiner Überzeugung und Tüchtigkeit nach der Mann, um einen Initiativ=antrag zu stellen. Petri arbeitete den betreffenden Gesetzentwurf aus, übersandte ihn dem Professor von Schulte und änderte denselben nach den Angaben des letzteren um.

Auf den Wunsch Petri's übersandte Schulte bei seiner Anwesenheit zu den Sitzungen des Reichstags den Entwurf dem Fürsten Bismarck behufs Prüfung und Erklärung, ob der Einbringung Bedenken entgegenständen, zu deren vertraulicher Mitteilung er um eine kurze Audienz bat. Die Antwort lautete:

Berlin, den 10. Dezember 1874.

Eurer Hochwohlgeboren beehre ich mich für die Mitteilung des beab=sichtigten Antrages bezüglich der äußeren Rechtsverhältnisse der Altkatholiken meinen verbindlichsten Dank zu sagen. Von einer mündlichen Erörterung desselben wird vielleicht Umgang genommen werden können. Die Rücksicht auf meine Gesundheit macht es mir zur Pflicht, mündliche Konferenzen und Verhandlungen prinzipiell und der Exemplifikation wegen zu vermeiden. Eine Notwendigkeit solcher dürfte nicht vorliegen, da ich von dem badischen Gesetze vom 15. Juni d. J., an welches der Entwurf sich anlehnt, zur Zeit seiner Beratung Kenntnis genommen habe und einer analogen Maßregel zur

---

[1]) Statt der 20000 Thlr. wurden nur 16000 Thlr. von der Regierung gefordert und vom Landtage bewilligt.

Befriedigung des auch bei uns vorhandenen Bedürfnisses, so viel an mir,
ohnehin förderlich zu sein beabsichtigte.   von Bismarck.

Petri setzte sich hierauf, als er zum Landtage in Berlin war, mit Falk in
Verbindung und teilte ihm den Entwurf mit. Derselbe wurde nicht gebilligt,
vielmehr der Ministerialdirektor Dr. Förster und Geheime Ober-Regierungsrat
Dr. Hübler beauftragt, mit Petri in eine Besprechung darüber einzutreten.

Zu dem von dem Abgeordneten Petri eingebrachten Gesetzentwurf war in
Art. 13 eine sehr einschneidende Bestimmung, welche lautete:

„Haben die Altkatholiken innerhalb einer Kirchengemeinde oder eines Kirch-
spiels eine staatlich genehmigte eigene kirchliche Gemeinschaft gebildet, so können
sie nach Ablauf von zwei Jahren, vom Tage der früheren Abstimmung an gerechnet, eine neue Abstimmung nach Maßgabe der Bestimmungen in Artikel 4
Absatz 3 beantragen, nach deren Ergebnis ihre Ansprüche auf die Verwaltung
und Nutznießung des in der betreffenden Kirchengemeinde oder dem betreffenden
Kirchspiel vorhandenen Kirchen= und zu kirchlichen Zwecken bestimmten Ver-
mögens sich bemessen."

Falk sagte zu Petri (Mitte Februar 1875), daß Bismarck noch neuerdings
sich entschieden gegen den von den Altkatholiken gewünschten Abstimmungsmodus
erklärt habe. Da der Kultusminister selbst Bismarck's Auffassung teilte, so wurde
der Artikel 13 abgelehnt.

10. Ein lothringischer Abgeordneter.

Am 18. Februar 1874 stand, bei einem ungewöhnlichen Andrang zu den
Tribünen, der Protest des Abgeordneten für Zabern, Teutsch, gegen die Einverleibung von Elsaß-Lothringen auf der Tagesordnung. Vor Beginn der Verhandlungen wandte sich ein lothringischer Abgeordneter privatim an den Fürsten
Bismarck, um in französischer Sprache die Zulässigkeit des Französischsprechens
im Reichstage zu befürworten. Fürst Bismarck lehnte es auch für den Privat-
verkehr ab, mit einem Reichstagsabgeordneten französisch zu sprechen. Als der
Abgeordnete erwiderte, Bismarck spreche doch sonst sehr gut französisch, entgegnete
derselbe, im Reichstag spreche der Reichskanzler nur deutsch [1]).

11. Rudolf von Bennigsen.

Am 19. Mai 1866 weihte Bismarck den Abgeordneten von Bennigsen in
seine Pläne in Bezug auf die Umgestaltung Deutschlands ein [2]). Aus den inzwischen veröffentlichten Tagebüchern Theodor von Bernhardi's wissen wir, daß
dieser Historiker auf Roon's Veranlassung die gedachte Zusammenkunft zwischen
dem Präsidenten des preußischen Staatsministeriums und des Nationalvereins vermittelte, und zwar bei Gelegenheit einer Audienz, welche Bernhardi von Bismarck
am 27. April 1866 gewährt wurde.

---

[1]) Eugen Richter: Im alten Reichstag, S. 77.
[2]) Vergl. Bb. II., S. 33.

Am 25. April 1876 ließ Bismarck abends den Abgeordneten von Bennigsen kommen, um demselben noch besonders zu versichern, daß das Entlassungsgesuch Delbrück's nur auf erschütterte Gesundheit desselben zurückzuführen sei. Fürst Bismarck machte dann noch Andeutungen über den Nachfolger; er bezeichnete als solchen Herrn Hofmann, den bisherigen hessischen Gesandten. Zu jener Zeit wollte man in parlamentarischen Kreisen wissen, daß Fürst Bismarck schon vor Ostern lange Konferenzen mit Hofmann gehabt und letzteren veranlaßt habe, sich auch dem Kaiser in Wiesbaden vorzustellen. Fürst Bismarck suchte es noch am Abend des 25. April gegenüber Herrn von Bennigsen so darzustellen, als ob in der Auswahl des Herrn Hofmann eine Rücksichtnahme auf die National-liberalen enthalten sei. Damals war allerdings auch die Rede davon, daß der spätere Minister des Innern Graf Botho zu Eulenburg, damals noch Oberpräsident in Hannover, Delbrück's Nachfolger werden sollte [1]).

12. Graf Udo zu Stolberg-Wernigerode[2]).

Zu denjenigen Konservativen, welche die Aufgaben einer konservativen Partei in Preußen richtig erkannt und die Fronde nicht mitgemacht haben, welche der Kern dieser Partei zu Anfang der siebziger Jahre zu inscenieren für gut fand, zählt Graf Udo Stolberg. In allen großen Fragen sehen wir den Grafen Udo Stolberg Schulter an Schulter mit Bismarck kämpfen; ich nenne in erster Reihe den Streit über die Linien zwischen Staat und Kirche, das Reichseisenbahnprojekt und die Fürsorge des Staates für die bedrängten Interessen der Landwirtschaft.

Gleich bei seinem Eintritt in den Reichstag erwies Graf Stolberg dem Kanzler einen Dienst, indem er das Programm der im Jahre 1877 reorganisierten konservativen Partei den Wünschen Bismarck's möglichst anzupassen sich bestrebte. Bismarck, der damals von der im Lasker'schen Fahrwasser schwimmenden national-liberalen Partei mit größtem Mißtrauen betrachtet und dementsprechend bei den entscheidenden Abstimmungen auch überall im Stich gelassen wurde, war damals eben gezwungen, sich nach einem Ersatz dafür umzusehen. Da das Centrum bei der damaligen Lage des Kulturkampfes als Regierungspartei nicht in Frage kommen konnte, so blieb nur die neu konstituierte Fraktion der Konservativen[3]) übrig,

---

[1]) Eugen Richter: Im alten Reichstag I., S. 146.

[2]) Vergl. Bd. II., S. 238 f.

[3]) Auf das Verhältnis der Fraktion der Deutsch-Konservativen zu Bismarck wirft nachstehendes Schreiben Licht, welches vom Vorstande der gedachten Fraktion an den Chefredakteur der „Nord-deutschen Allgemeinen Zeitung" gelangte: „Berlin, 12. April 1877. Euer Hochwohlgeboren haben in der heutigen Nummer der „Norddeutschen Allgemeinen Zeitung" auf eine Korrespondenz der „Magdeburger Zeitung" aus Berlin aufmerksam gemacht, die sich mit der angeblichen Stellung und den Wünschen der deutsch-konservativen Abgeordneten bezüglich der Beurlaubung des Herrn Reichskanzlers beschäftigt. Wir können nur dankbar dafür sein, daß Sie diese Insinuation bereits mit dem richtigen Namen bezeichnet haben. Unsrerseits kann nur ein Bedauern aus-gesprochen werden, wenn der Gesundheitszustand des Kanzlers dem Reiche die feste, leitende Hand entziehen sollte, deren es jetzt nach innen und außen dringend bedarf. Daß unsre Fraktion und ihre Stellung im Reichstage zu den Vorgängen, die auf die Entschlüsse des Fürsten Bis-

deren Vorstand durch die Herren von Seydewitz, Graf Kleist und von Helldorff gebildet wurde. Graf Udo Stolberg hatte nur eine eigentliche geschäftliche Unterredung mit dem Kanzler[1]), und diese betraf die politische Lage bei Beginn der neuen Reichstags-Legislatur-Periode.

„Ich habe mich — bemerkte Bismarck — von der konservativen Partei trennen müssen, weil sie mich beim Schulaufsichtsgesetz der Kurie gegenüber im Stich gelassen hat. Die Haltung der Konservativen brachte mich vor die Alternative, entweder vor der Kurie das Gewehr zu strecken, oder mich auf andre Parteien zu stützen." Das Centrum und die Konservativen gegen sich, habe er sich nicht bloß auf die nationalliberale Partei stützen müssen, er habe vielmehr noch weiter nach links greifen müssen, um eine Mehrheit zu erlangen. Dadurch habe der Kulturkampf gegen seinen Willen einen kirchenfeindlichen Anstrich bekommen; er habe den Kulturkampf von Haus aus nur betrachtet als eine Abwehr gegen die Übergriffe der Kurie auf weltliches Gebiet und gegen das Vordringen der polnischen Propaganda.

Demnächst kam Fürst Bismarck auf das Programm der neu gegründeten konservativen Partei[²]) zu sprechen. Hauptsächlich beteiligt waren an deren Gründung die Abgeordneten von Helldorff, von Minnigerode, Grimm, von Below und der damalige Landrat, jetzige Unterstaatssekretär im Kultusministerium von Weyrauch. Helldorff's Grundgedanke war eine Partei, die alle konservativen Elemente in Nord- und Süddeutschland umfassen, die bei voller Wahrung ihrer Selbständigkeit sich auf nationalen Boden und somit in den Dienst des Reichsgedankens stellen, und dadurch in allen großen nationalen Fragen die Regierung nach Möglichkeit unterstützen sollte.

Bismarck ging das Programm der neuen Partei mit dem Grafen Udo Stolberg Punkt für Punkt durch und bemerkte dazu:

Das Programm müsse in wirtschaftlichen Fragen entschieden agrarisch sein, in allen politischen Fragen den Liberalen möglichst weit entgegenkommend. Denn auf die Dauer ließe sich schon in Preußen und noch mehr im Deutschen Reich regieren, wenn man sich stütze auf die konservativen und gemäßigtliberalen Elemente. Bei Punkt vier des Programms wollte Bismarck an Stelle des Wortes: „das

---

marck etwa einen Einfluß geübt haben, in absolut keiner Beziehung stehen, ist eben so gewiß, als daß von seiten der Fraktion keinerlei Kundgebung und keinerlei autorisierte Äußerung in der Presse erfolgt ist, in welcher dem Gedanken Ausdruck gegeben wäre, daß uns der Rücktritt des Reichskanzlers erwünscht sei. Gerade für die Reform der Steuer- und Sozialgesetzgebung, die wir erstreben, können wir dem Herrn Reichskanzler nur die volle Gesundheit wünschen. Die von ihm öffentlich ausgesprochenen Ansichten lassen es nicht zweifelhaft erscheinen, daß er für seine Pläne auf diesem Gebiete von unsrer Seite des Hauses auf eine kräftigere Unterstützung rechnen kann, als von der Seite, deren Interessen bisher die „Magdeburger Zeitung" vertreten hat. Der Vorstand der Fraktion der Deutsch-Konservativen. Graf Moltke. v. Seydewitz. v. Helldorff. Ackermann. Graf Kleist."

[1]) In Bd. II., S. 238 konnte nur die Thatsache dieser Unterredung mitgeteilt werden. Ich bin jetzt in der Lage, den Inhalt derselben näher zu skizzieren.

[²]) Dasselbe findet sich abgedruckt Bd. II., S. 203.

religiöse Leben" den Ausdruck „das christliche Leben" genannt haben, da dieser Ausdruck konkreter wäre. Er könne sich — so fuhr der Kanzler fort — natürlich nicht mit jedem Passus des Programms identifizieren, aber er glaube wohl, daß, wenn die deutsch-konservative Partei auf diesem Programm stehe, ein gedeihliches Zusammenwirken mit der Regierung möglich sei. Auf den Kultur-kampf noch einmal zurückkommend, bemerkte Bismarck, er halte ihn nicht für eine dauernde Institution, hoffe denselben vielmehr durch einen Vergleich s. Zeit be-seitigen zu können[1]). Dies würde um so leichter sein, je kräftiger die Stellung der Regierung sei und je mehr sie von den Parteien unterstützt werde. Er würde sich freuen, wenn eine verstärkte konservative Partei wieder in den Reichstag käme. Vor allem empfehle er den Herren, sie möchten sich fleißig an der wirk-lichen Arbeit im Plenum und namentlich an den Kommissionen beteiligen; denn im Parlament hätten nur die Einfluß, die arbeiten.

13. Von Rathusius-Ludom.

Aus der Darstellung in Bd. II., S. 237, wissen wir bereits, daß es im Februar 1877 wegen der Aufnahme des Abgeordneten Rathusius-Ludom[2]) in die neu gegründete konservative Partei auf ein Haar zu einer Differenz mit Bismarck gekommen ist. Über das Verhältnis dieses Abgeordneten zu Bismarck ist noch folgendes nachzutragen.

Im Frühjahr 1872 schrieb von Rathusius-Ludom eine Serie von Artikeln für die „Kreuzzeitung", betreffend die Kreisordnung und die ständische Gliederung. Dieselben lenkten die Aufmerksamkeit der konservativen Partei auf ihn. Als Beutner — der Nachfolger Hermann Wagener's als Chefredakteur der „Kreuz-zeitung" — noch in demselben Frühjahr vom Schlage gerührt wurde (er hatte sich kurz vorher wegen eines überaus sarkastischen Artikels des Herrn von Rathusius-Königsborn über den verfassungsmäßig monarchischen und christlichen Charakter des preußischen Staates eine heftige Rüge des Reichskanzlers in der „Nord-deutschen Allgemeinen Zeitung" zugezogen), wurde Rathusius-Ludom im Herbst 1872 Chefredakteur der „Kreuzzeitung". Seine obengenannte Arbeit, welche auch im Separatabdruck erschien, war eine scharfe, ja höhnende Absage an den „un-

---

[1]) Es mag daran erinnert werden, daß, als diese Unterredung Bismarck's mit dem Grafen Stolberg stattfand, der Kulturkampf seinen Höhepunkt bereits überschritten hatte. Bismarck's erste Versuche einer Anknüpfung mit Rom begannen bereits anfangs 1876. Als Basis war ge-dacht, der Papst solle unter Aufrechthaltung der Maigesetze in einen modus vivendi mit dem preußischen Staat einwilligen. 1878 verhandelte Bismarck in Kissingen bereits mit dem päpst-lichen Nuntius in München Masella über die Beseitigung des Kulturkampfes.

[2]) von Rathusius-Ludom, Sohn des in Gemeinschaft mit Dr. Heinrich Leo lang-jährigen Herausgebers des „Volksblatts für Stadt und Land", Philipp von Rathusius und der Dichterin Marie Rathusius, geb. 4. Mai 1842 zu Althaldensleben, evangel. luth., trat im Sommer 1865 in den Besitz der Herrschaft Ludom. 1872—76 Leiter der „Kreuzzeitung", be-gründete er 1873 die christlich-konservative Volkszeitung „Der Reichsbote". Verfasser verschiedener politischen Schriften, Herausgeber der „Teutschen Encyklopädie".

wiſſenſchaftlichen", „unhiſtoriſchen" und „unpraktiſchen" Liberalismus, der damals im Parlamente die Majorität beſaß.

Als eine ſolche wurde ſelbſtverſtändlich nun auch ſeine Berufung an die Spitze der „Kreuzzeitung" aufgefaßt. Als kurz darauf der Pairſchub erfolgte, um im preußiſchen Landtage die Bahn nicht nur für die neue Kreisordnung ſondern auch für die von der „Kreuzzeitung" ſcharf bekämpfte kirchenpolitiſche Geſetzgebung frei zu machen, wandte Rathuſius ſeine Waffe auch gegen den Leiter der Politik ſelbſt. In den folgenden Jahren wurde denn auch die Sprache der „Kreuz= zeitung" gegen den Fürſten Bismarck eine immer ſchärfere. Bei dieſem rück= ſichtsloſen Vorgehen kam es Rathuſius-Ludom zu ſtatten, daß er in ungewöhn= lichem Maße ſeiner politiſchen Anhänger ſicher war und ſie durch ſeine Kampfes= weiſe mehr und mehr mit ſich fortriß. Fanden doch auch in ſeinem Hauſe allwöchentlich die geſelligen Zuſammenkünfte der Spitzen der „Kreuzzeitungs= partei" ſtatt, an welchen unter andern die Herren von Kleiſt-Retzow, Miniſter a. D. Graf zur Lippe, Oberpräſident a. D. von Witzleben, von Thadden-Trieglaff, Präſident Hegel, Generalſuperintendent Büchſel, Graf v. d. Schulenburg- Beetzendorf, Graf Solms-Baruth teilnahmen. Auch daß es Rathuſius-Ludom gelungen war, gleich nach Übernahme der „Kreuzzeitung" die heillos verwirrten Finanzen derſelben dermaßen zu ordnen, daß neben erhöhten Verwendungen für die Zeitung ſelbſt ein großes Reſervekapital geſammelt und die Mittel zur Begründung des „Reichsboten" (1873) flüſſig gemacht werden konnten, feſtigte dieſe ſeine führende Stellung. So wurde ihm auch von den urſprünglichen Begründern die Reorganiſation der in den erſten Anfängen ſtecken gebliebenen deutſchen Adelsgenoſſenſchaft übertragen. Er trat infolge deſſen mit dem von ihm für die Genoſſenſchaft gewonnenen Grafen v. d. Schulenburg-Beetzendorf in den Vorſtand und veröffentlichte in der „Kreuzzeitung" den für die weitere Entwickelung grundlegenden Aufruf.

Der ſchärfſte Konflikt mit dem Reichskanzler brach auf dem Gebiete der Wirtſchaftspolitik aus. Zu den Unzufriedenen zählte auch der Herr von Wede= meyer-Schönrade[1]. Er ſchickte zu Rathuſius, der ihm mitgeteilt hatte, daß er beabſichtige, ſeine Angriffe auf den Liberalismus von jetzt ab weſentlich auf das wirtſchaftliche Gebiet zu verlegen, erſt Glagau, den aber Rathuſius als unklaren und verrannten Ideologen zurückwies, alsdann Perrot, gegen den er zwar auch ſeine Bedenken hatte, weil er zu den in eine einzige Idee verrannten Spezialiſten gehörte, als welcher er alles Unheil in der Welt von der Exiſtenz der Aktiengeſellſchaften herleitete, mit welchem er aber doch den Entwurf zu den ſogenannten Äraartikeln beſprach. Der von Perrot dann vorgelegte Entwurf war jedoch ſehr mangelhaft, und Rathuſius hat denſelben vor der Drucklegung radikal umarbeiten, das Material gehörig ordnen und dem Ganzen die politiſche Spitze geben müſſen. Bei dieſer Flickarbeit blieben jene wenigen Zeilen ſtehen, in welchen der Reichskanzler um ſo mehr einen verſteckten, höchſt gehäſſigen

---

[1] Vergl. über denſelben Bd. II., S. 112.

persönlichen Angriff erblicken mußte, als damals bereits jene persönlichen Anfeindungen begonnen hatten, die schließlich in den perfiden Unterstellungen der
„Reichsglocke" ausliefen.   Nathusius-Ludom war aber überhaupt nicht in das
Vertrauen der damals noch nicht an die Öffentlichkeit getretenen persönlichen
Angriffe gezogen worden. Er erklärte später, daß, wenn ihm jene Angriffe
bekannt gewesen wären, er mehr Aufmerksamkeit der verfänglichen Stelle zugewendet und ihr eine andre Form gegeben haben würde.   Mit der Veröffentlichung der Artikel verband Nathusius die Absicht, die Regierung, von welcher
er annahm, daß sie in wirtschaftlichen Dingen sich ganz von kapitalistischen
Anschauungen leiten lasse, in andre Bahnen zu drängen; daß die bewußten
Artikel aber einen so gewaltigen Einfluß auf die ganze innere Situation ausüben
würden, daran dachte weder er noch sonst jemand in der Redaktion.   Am meisten
empörte es den Fürsten Bismarck, daß er, weil die Betrachtung der preußischen
Verhältnisse mit einem „auch" unmittelbar an die scharfe Besprechung der
österreichischen anschloß, auf eine Stufe mit Beust gestellt erscheinen konnte,
der dafür bekannt war, daß er sich bei jedem Geschäfte ein Trinkgeld ausbedung.
Diese Unterstellung wäre, wenn beabsichtigt, allerdings im höchsten Grade un-
würdig gewesen. Es kam die bekannte geharnischte Rede Bismarck's im Reichstag, worauf die „Kreuzzeitung" nach zwei eigenen scharfen Leitartikeln mit einer
knappen, abwehrenden Erklärung einer Anzahl von angesehenen Lesern des
Blattes antwortete, der sich dann wochenlang die bekannten „Deklaranten" in den
Spalten des Blattes anschlossen.

Als im Winter 1875/76 die neue deutsch-konservative Partei geplant wurde,
kam Herr von Minnigerode zu Nathusius-Ludom und forderte ihn auf, sich dieser
Neubildung anzuschließen.   Es handle sich um eine durchaus unabhängige, die
konservativen Elemente des gesamten Reiches umfassende Partei, welche in ihrer
kompakten Geschlossenheit der Regierung eine Schwenkung nach der konservativen
Seite erleichtern und sie thunlichst unterstützen sollte.   Nathusius-Ludom entschloß
sich gegen den anfänglichen Widerspruch des Herrn von Kleist-Retzow, den Plan
zu fördern.   Herr von Kleist wollte den in harten Kämpfen gefestigten Kern der
„Kreuzzeitungspartei" nicht in eine größere, unbestimmte Masse sich auflösen
sehen, während Nathusius-Ludom ein Prävalieren dieses Kernes im Anschluß an
die ihm nahestehenden süddeutschen und sächsischen Elemente erhoffte.   Es kam
dann zu langen Verhandlungen über das Parteiprogramm, bei denen Nathusius-
Ludom sich in hervorragender Weise in Berlin und Frankfurt beteiligte, während
Herr von Helldorff-Bedra den linken Flügel der Partei vertrat.   Den Reichskanzler
vertrat der Graf Finckenstein-Ziebingen, welcher eine Vollmacht der Besitzer der
„Norddeutschen Allgemeinen Zeitung" in Händen hatte. Auf den Vorschlag und das
Betreiben von Nathusius-Ludom zeichnete für den rechten Flügel der Partei das
vereinbarte Programm Graf Krassow, während Herr von Kleist-Retzow Nathusius
selbst diese „wohlverdiente Auszeichnung" zuwenden wollte.   Auch trat Nathusius
nach Eröffnung des Reichstags nicht gleich in den ersten Tagen der Fraktion
bei.   Als Fürst Bismarck hörte, daß er der Fraktion beizutreten im Begriff stehe,

bemerkte er dem Grafen Udo Stolberg gegenüber im größten Unwillen, daß er mit einer Reichstagsfraktion, zu welcher Rathusius gehöre und in welcher derselbe eine Rolle spiele, nicht gemeinschaftlich operieren wolle. Er würde sich dann wieder an Herrn von Bennigsen wenden. Der bereits unter der Hand nominierte Fraktionsvorstand, die Herren von Seydewitz, von Helldorff und Ackermann, begaben sich, als ihnen dieses mitgeteilt worden war, sofort zum Reichskanzler, woselbst Herr von Seydewitz die Selbständigkeit der Partei wahrte, nebenbei auch dem Reichskanzler eine andre Meinung über Rathusius-Ludom's persönliche Stellung beizubringen versuchte. Bismarck ließ darauf aus politischen Gründen, ohne im übrigen sein persönliches Urteil über Rathusius zu mobilisieren, seinen Widerspruch fallen, und die noch an demselben Tage versammelte Fraktion sprach dem Vorstande seine Zustimmung aus. Im Reichstag hielt sich Rathusius dann vollständig zurück, wie er auch schon einige Monate vorher die Leitung der „Kreuzzeitung" niedergelegt hatte, was dem Reichskanzler als ein Entgegenkommen der Partei dargestellt worden war.

Seit der Zeit, da Herr von Rathusius als Leiter der „Kreuzzeitung" dem Kanzler so heftig entgegentrat, sind an die zwanzig Jahre verflossen. Wenn er schon damals mit Entschiedenheit für sich in Anspruch nahm, daß es nicht seine Absicht gewesen sei, den Reichskanzler persönlich zu beleidigen, so milderte die Zeit auch im übrigen manche Gegensätze. Konnte Rathusius-Ludom seinerseits doch auch mit Befriedigung auf den Umschwung in der Wirtschaftspolitik und auf die mächtige Erstarkung konservativer Grundsätze blicken, welche er in jugendlichen Jahren fast allein gegen eine Welt von Feinden vertreten hatte. Seiner Verehrung und Bewunderung für den Verfechter der ungeschmälerten Rechte der preußischen Krone und für den Wiederhersteller des Deutschen Reiches hat Herr von Rathusius-Ludom in dem von ihm selbst verfaßten Artikel „Bismarck" in der von ihm herausgegebenen „Deutschen Encyklopädie" (vergl. Bd. II., S. 681 bis 693)[1]) einen überaus beredten und fesselnden Ausdruck gegeben. Es ist in so knapper Form und so klar wohl nirgends anders das großartige diplomatische Ringen dargestellt worden, in welchem der Kanzler, jeden Fehler der Gegner benützend, von Stufe zu Stufe sein hohes Ziel verfolgt und schließlich im Dreibunde gesichert hat.

---

[1]) Der auf den Konflikt Bismard's mit den Konservativen und der „Kreuzzeitung" bezügliche Abschnitt aus dem gedachten Rathusius'schen Artikel lautet wie folgt: „Die dem Reichskanzler außerordentlich nahegehende konservative Opposition gegen die „liberale Ära" auf dem Gebiete der inneren Politik (Selbstverwaltungsgesetze, Trennung der Schule von der Kirche, Civilehe, Maigesetzgebung, manchesterliche Wirtschaftspolitik ꝛc.) und der dadurch bedingte Zwiespalt wurde noch verstärkt durch das beklagenswerte Mißverständnis, als ob persönliche Kränkungen und Verdächtigungen konservativerseits beabsichtigt gewesen seien (Kreuzartikel der „Kreuzzeitung", Anklage des Reichskanzlers im Reichstage vom 6. Februar 1876, „Deklaranten" der „Kreuzzeitung"), welche mit dem isolierten Vorgehen einiger excentrischen Edelleute oder gar mit den persönlichen Angriffen der „Reichsglocke" (Eisenbahnzeitung) in innerem oder äußerem Zusammenhang ständen "

14. Dr. Ludwig Bamberger.

Eine der letzten Unterredungen dieses Parlamentariers [1]) mit Bismarck betraf den Kampf gegen den Umsturz. Bamberger hatte eben in der „Deutschen Rund= schau" den ersten Teil einer Abhandlung über „Deutschland und der Sozialismus" veröffentlicht, in welchem er ausgeführt hatte, wie die Deutschen am meisten von allen Völkern zum sozialistischen Experiment prädestiniert seien. Fürst Bismarck ließ Bamberger, während er einer Reichstagssitzung beiwohnte, in sein Kabinett bitten. Es war demselben schon vorher zu Ohren gekommen, daß der Kanzler sich beifällig über die Arbeit ausgesprochen habe, und er wiederholte das jetzt unter vier Augen. Nachdem das Gespräch sich eine Zeit lang über den Gegen= stand verbreitet hatte, gelangte er zu dem, worauf es ihm eigentlich ankommen mochte. Er sei begierig, zu hören, welches Mittel der Abhilfe Bamberger im noch ausstehenden zweiten Teil der Arbeit vorschlagen werde. Dem praktischen Staats= mann war das nicht zu verdenken. Aber der schreibende Beobachter hatte ihm keine Kurmethode zu bieten. Falsche Ansichten, meinte Bamberger, seien nur durch Verbreitung der richtigen zu bekämpfen. „Nicht doch, — meinte Bismarck — wenn man keine Kücken haben will, muß man die Eier zerschlagen."

15. Graf Wilhelm von Bismarck.

Am 25. August 1878 fand in Mühlhausen (Regierungsbezirk Erfurt) im Saale des dortigen Schützenhauses eine Wählerversammlung statt, in welcher Graf Wilhelm Bismarck [2]) für seine Reichstagskandidatur daselbst eintrat. Er sprach folgendermaßen:

Meine Herren! Es ist ein erhebendes Bewußtsein für mich, ein so weit= gehendes Vertrauen Ihrerseits zu besitzen, daß Sie mich für würdig halten, Sie im Reichstage zu vertreten. Ich spreche hierfür allen meinen Dank aus und werde meine Kraft daran setzen, es zu rechtfertigen. Sie haben bisher den Minister Dr. Friedenthal als Ihren Vertreter für den Reichstag entsendet und zuletzt durch überwiegende Majorität bestätigt, daß seine politische Thätigkeit mit Ihren Wünschen und Ansichten harmoniert. Der Minister Friedenthal hat

---

[1]) Vergl. den Aufsatz: Ludwig Bamberger, in den „Grenzboten", 1872, II. Quartal, S. 81-99; Biermann, Der Reichstag pp. Bd I., S. 290—310; die „Post" 1874, Nr. 171, über die Abneigung Bismarcks gegen das Interpelliertwerden in Anknüpfung an Bamberger's Interpellation, und Ludwig Bamberger's Aufsatz: „Der Genius des Reichskanzlers und der Genius des Reichstags" in der „Gegenwart", Bd. II., 1872, Nr. 24, S. 1—3.

[2]) Vergl. Bd. II., S. 283, Graf Wilhelm Bismarck, jetzt Oberpräsident von Ostpreußen, ist jetzt (1895) 43 Jahre alt und kann von sich behaupten, daß er vorsichtig war in der Wahl seiner Eltern. Derselbe bestand nach besonderer Vorbereitung durch den jetzigen Ministerialdirektor der Kolonialabteilung Kayser 1878 das Examen als Gerichtsassessor, wurde 1881 Regierungsrat und ständiger Hilfsarbeiter in der Reichskanzlei seines Vaters, 1884 Geheimer Regierungsrat und Landrat des Landkreises Hanau, 1889 Regierungspräsident in Hannover. Er hat es vermieden, sich an der Fronde seines Vaters nach 1890 in der Öffentlichkeit zu beteiligen. Graf Wilhelm Bismarck war Reichstagsabgeordneter von 1878 bis 1881 für Mühlhausen-Langensalza. Parlamentarisch ist derselbe in dieser Zeit nicht besonders hervorgetreten.

anderswo ein Mandat angenommen in der Voraussetzung, daß Sie wiederum einem Kandidaten derselben politischen Richtung Ihre Stimme geben werden. Ich habe noch keine politische Vergangenheit; ich erkläre einfach, daß ich auf seinem Standpunkte stehe. Ich brauche wohl nicht hinzuzusetzen, daß dies auch die Politik meines Vaters ist, und es wird Sie nicht wundern, daß ich derselben in den Hauptpunkten folgen werde. Aber ich halte es auch, abgesehen von diesen Verhältnissen, nicht für eine Schande, eine Regierung zu unterstützen; wir brauchen eine starke Regierung, um die Verhältnisse zu ordnen. Keine Reaktion, meine Herren, ist das Ziel der Regierung; die das behaupten wollen, sagen eine tendenziöse Unwahrheit. Ebenso überlegen sich diejenigen, die daraus eine Schande machen, eine Regierung zu stützen, wohl nicht genau, daß sie es für rühmenswert halten, wenn eine Regierung einer Fraktion nachfolgt; das ist nicht logisch, denn: „was dem einen recht ist, ist dem andern billig". Die Regierung verlangt keine absolute Heeresfolge, sie hat stets das größte Entgegenkommen bewiesen. Nur wenn das Staatswohl absolut gefährdet war, hat sie es für ihre Pflicht gehalten, bei ihren Absichten zu verbleiben und ihren Standpunkt zu wahren. Ich glaube, meine Herren, daß ich in dieser Hinsicht auf meinen Namen hinweisen kann, Sie werden ein bestimmtes Programm darin finden. Um jedoch Irrungen zu begegnen und Unklarheit zu vermeiden, werde ich meinen Standpunkt an der Hand der Gesetze, die in der nächsten Reichstagssession eingebracht werden sollen, erörtern. Das vorzüglichste ist das Sozialistengesetz. Sie sind wohl alle der Ansicht, daß etwas gegen diese staatsunterwühlenden Elemente geschehen muß und daß solche Zustände nicht länger geduldet werden dürfen. Es fragt sich bloß, wie dies zu machen ist. Dem Entwurf des Gesetzes wird der Charakter als Ausnahmegesetz entgegengehalten, deswegen findet er Mißbilligung: „Die bürgerlichen Freiheiten des Volkes würden dadurch gefährdet" und dergl. Ich meine vielmehr, daß wir dieselben gefährden, wenn wir Gesetze, die für bestimmte staatsgefährliche Elemente gegeben sind, auf alle ruhigen Staatsbürger ausdehnen. Wir werden uns diese notwendige Maßregel dadurch erleichtern, daß wir dem Ausnahmegesetze zunächst eine bestimmte Dauer geben, nach deren Ablauf dasselbe aufgehoben werden kann. Gleiches Recht ist allerdings ein schöner Grundsatz; aber gleichen Rechten stehen auch gleiche Pflichten gegenüber. Wenn von einer Partei alle Pflichten geleugnet werden, können ihr auch nicht alle Rechte zustehen. Das neue Gesetz wird der Regierung umfassende Vollmachten geben, wir können gewiß das Vertrauen zu ihr haben, daß sie diese Vollmachten nicht mißbrauchen wird.

Die zweite große Vorlage in der nächsten Session betrifft die beabsichtigte großartige Steuerreform. Es ist klar und die Regierung hat es schon lange gesehen, daß die Steuern, die jetzt aufgebracht werden, vom Reiche in einer sehr viel bequemeren und weniger drückenden Weise aufgebracht werden können. Sie hat deshalb beschlossen, einen andern Steuermodus einzuführen. Nicht auf einen Schlag kann es geschehen, allmählich muß sich diese Ansicht Bahn brechen. Der Grundgedanke der Regierungsvorlage ist: die direkten Steuern sollen den

Gemeinden überwiesen, die Bedürfnisse des Staates aus indirekten Steuern und Zöllen bestritten werden, womit natürlich ganz allmählich angefangen werden soll. Ich glaube, daß es bei den großen Veränderungen der Geldwerte in den letzten Jahren sich empfehlen wird, wenn wir den Anfang der Einkommensteuer= stufe höher setzen, so daß etwa von 2000 Thlrn. als Minimum an Einkommen= steuer bezahlt würde, während jedes niedrigere Einkommen nur zur Klassensteuer veranlagt, diese selbst aber gänzlich den Kommunen überwiesen würde. Die Revision der Gewerbeordnung habe ich mit Freuden begrüßt, wie sie in der letzten Session begonnen, leider aber nicht vollendet wurde. Ich halte es für notwendig, das Lehrlings= und Gesellenwesen zu reformieren, um einen kräftigen Mittelstand in den Handwerkern zu erhalten, der allezeit eine der besten Grund= lagen des Staates gewesen ist und bleiben soll.

Bezüglich der Zölle auf fremde Waren glaube ich, daß nur wenige Leute im Unklaren sind, wie wir mit dem System des absoluten Freihandels zu weit gekommen sind, so daß wir in dieser Beziehung einen Rückschritt machen und zu den Traditionen des Zollvereins zurückkehren müssen, bei denen wir uns sehr glücklich befanden und unter denen die deutsche Ware einen großen Ruhm auf dem Weltmarkte behauptet hat.

Meine Herren, ich glaube, daß Sie auch aus diesen wenigen Worten doch schon über meinen politischen Standpunkt orientiert sind. Ich bin bereit, auf etwaige Interpellationen gern noch weitere Auskunft zu erteilen [1]).

16. Freiherr von Varnbüler.

Einen erfreulichen Zuwachs dessen, was wir über das Verhältnis Bismarck's zu dem Abgeordneten Freiherrn von Varnbüler bereits wissen [2]), verdanken wir seiner in Berlin lebenden Tochter, der Freifrau von Spitzemberg, welche mir aus dem Nachlasse ihres Vaters eine Reihe bisher unbekannter Materialien zur Veröffentlichung übergab.

Am 19. Dezember 1876 war der Reichstagsabgeordnete Freiherr von Varn= büler in Gesellschaft seines Schwiegersohnes, des württembergischen Gesandten in Berlin Freiherrn von Spitzemberg, seiner Tochter Hildegard, des Herrn von der Schulenburg, früheren preußischen Gesandten in Stuttgart, und seiner Frau bei dem Fürsten Bismarck zu Tische.

Über die bei dieser Gelegenheit geführten interessanten politischen Gespräche entnehmen wir einer Aufzeichnung des Freiherrn von Varnbüler folgendes:

Beim Kaffee setzte sich Fürst Bismarck mit Spitzemberg und mir zusammen, sprach mir zuerst von dem Eisenbahnprojekte und sagte mir, ihm liege nur daran, daß die Privatbahnen, zumal die größeren, in die Hände des Staates kommen, da es nicht erträglich und mit den Interessen des wirtschaftlichen Lebens vereinbar sei, daß diese Gesellschaften das wirtschaftliche Wohl und Wehe ganzer

---

[1]) Eine Anfrage wurde nicht gestellt.
[2]) Vergl. Bd. II., S. 240 f., 301 f., 305—314 u. 335 zu Note 2.

Provinzen beherrschen. Die Mittelstaaten haben diesen Zweck nahezu erreicht, jetzt solle es in Preußen geschehen. Um aber den preußischen Finanzminister dafür in die rechte Bewegung zu setzen, müsse er den nationalen Gedanken anspannen. Habe dann Preußen die Bahnen erworben, so sei es noch lange nicht sicher, daß es mit dem Reiche über den Kaufpreis einig werde.

Von den Differenzialtarifen sagte er, daß diese von den Reichsbehörden (dem Bundesrat) abhängig sein müßten.

Er ging dann auf eine Erzählung über, welche mir der Anlaß zu diesen Niederschreibungen ist.

Im Jahre 1857 sei er wegen der Neuenburger Frage in Frankreich gewesen und zum Kaiser Louis Napoleon berufen worden[1]). Derselbe habe, damit einleitend, daß er das Vertrauen seines Königs besitze, ihm folgende Eröffnungen gemacht: Er ambitioniere für Frankreich die Herrschaft über das Mittelmeer. solle es auch zum französischen See nicht ganz, so doch zu etwas dem Ähnlichen werden. Dies würde dem amour propre des Français genügen und wäre für Europa nicht gefährlich, weil die Franzosen keine Marine wie die Engländer und daher für sich allein eine Herrschaft über die Meere geltend zu machen nicht im stande seien. Zu diesem seinem Zwecke brauche er die italienische Frage und einen Krieg in betreff derselben mit Österreich.

Außerdem müsse die Alleinherrschaft Englands über das Meer gebrochen werden, und zu diesem Zwecke sollten die Flotten der andern europäischen Staaten so entwickelt werden, daß sie, kombiniert mit der französischen, der englischen die Spitze bieten könnten, die italienische, spanische, holländische, skandinavische und preußische. Um dies zu erreichen, müßte Preußen die nördlichen deutschen Uferstaaten annektieren. Er schlage hierzu ein Bündnis mit Preußen gegen Österreich vor. Auf die Bemerkung Bismarck's, warum Napoleon, wenn er eine Koalition zur See gegen England wünsche, Rußlands Flotte den Eintritt ins Mittelmeer erschwere, ging derselbe mit der wohl nicht ganz aufrichtigen Bemerkung ein, daß Rußland, wenn es über die griechischen Seeleute verfügte, im mittelländischen Meere zu stark für Frankreich werden würde. Seine wirklichen Gründe waren andre.

„Für die Rheinlande — so fuhr er fort — haben Sie nichts zu fürchten. Abgesehen von einigen Grenzregulierungen wären die preußischen und bayerischen Rheinlande im Besitze Frankreichs undenkbar ohne Belgien, dieses würde wieder Holland nach sich ziehen, zusammen elf Millionen, bewohnt von den reichsten und einflußreichsten Nationen, und das ergäbe ein Frankreich, welches Europa nicht dulden würde, wogegen sein Plan mit dem Mittelmeere seinem und Frankreichs Ehrgeiz genügen würde, ohne Europa gegen sie zu verbinden."

Bismarck habe ihm erwidert:

Der Plan sei ohne Kenntnis der konkreten Verhältnisse entworfen. Nie und nimmermehr werde der König (Friedrich Wilhelm IV.) zu einem solchen

---

[1]) Vergl. über diese Episode mein Werk: „Preußen im Bundestag", Bd. III., S. 94 - 97

Bündnis zu bewegen sein, vielmehr bei ihm unüberwindlichen Widerstand, überhaupt die verschiedenartigsten Schwierigkeiten aller Art hervorrufen „Vous vous embourberiez."

„C'est une expression pittoresque, mais bien significative," bemerkte Napoleon darüber.

„Es ist gut, — fuhr Bismarck fort — daß Sie diese confidences mir gemacht haben, denn ich bin vielleicht der einzige Preuße, welcher es auf sich nimmt, darüber nicht zu berichten. Würde das aber geschehen, so könnten absichtliche oder unabsichtliche Indiskretionen dieselben nach Wien durchdringen lassen, und dann wäre der Samen, in seinen Folgen nicht zu berechnenden Mißtrauens gesät. Ich gebe Eurer Majestät mein Wort, daß ich das mir Mitgeteilte nicht berichten werde, bitte Sie aber, solche Gedanken aufzugeben."

Der Kaiser habe das zugesagt und sei darauf auch später nicht mehr zurückgekommen, habe ihm aber von dieser Zeit an volles Vertrauen geschenkt und sei ihm gegenüber auch im wesentlichen wahr gewesen.

Im Jahre 1870 zwar habe er ihn hintergangen; da seien aber das leitende Prinzip die Kaiserin und die römische Kurie gewesen, welche von den relativen sich gegenüberstehenden Kräften keine genaue Kenntnis gehabt haben.

Wie ich das selbst gefunden habe und mir Leute, welche dem Kaiser Napoleon näher standen, wie zum Beispiel die Königin von Holland, Lord und Lady Cowley und andre, ganz übereinstimmend ausgesprochen haben, so beurteilt auch Bismarck Napoleon nicht als einen sehr intelligenten, kalt berechnenden Mann, sondern als einen mit Verstand ganz gewöhnlich begabten, gutmütigen und Gefühlseindrücken zugänglichen Menschen.

Im Jahre 1866 wurde Bismarck derselbe Plan zugetragen, welcher von einem gewissen Geiger den süddeutschen Ministern gebracht worden war, natürlich ganz privatim, um dieselben auszuholen, worauf diese aber auf keine Weise reagierten, nämlich Preußen mittelst Sachsen und Hannover und den übrigen mittel- und norddeutschen Staaten zu konsolidieren und dafür die katholische sächsische Dynastie am Rhein zu entschädigen und so, wie Bismarck sich ausdrückte, einen Sicherheitspuffer zwischen Preußen und Frankreich zu legen. —

Zu den ersten geschäftlichen Verhandlungen zwischen Bismarck und Varnbüler über die handelspolitische Frage kam es erst im Jahre 1878. Am 25. Oktober 1878 teilte der Reichskanzler Varnbüler die Absicht mit, eine umfassende Regelung des Zolltarifs herbeizuführen und die dazu erforderlichen Anträge zunächst der Prüfung der verbündeten Regierungen zu unterbreiten[1]), und bald darauf reifte in Bismarck der Gedanke, an die Spitze der vom Bundesrat beschlossenen Zolltarifkommission nicht ein Mitglied des Bundesrats oder etwa einen aktiven Staats- oder Reichsbeamten, sondern Varnbüler zu stellen.

Wie dieser Entschluß zur Ausführung gelangte, ersehen wir aus einem Briefe, welchen der damalige württembergische Gesandte in Berlin, Freiherr

---

[1]) Vergl. Bd. II., S. 303.

von Spitzemberg unterm 1. Dezember 1878 seinem Schwiegervater, dem Freiherrn von Varnbüler, schrieb:

„Wir haben gestern in den betreffenden Ausschüssen den Beschluß gefaßt, zum Zwecke der Revision des bestehenden Zolltarifs eine aus vierzehn Mitgliedern zusammengesetzte Kommission von Beamten des Reichs und der Bundesstaaten einzusetzen. Jeder der Bundesstaaten, welcher eine eigene Zollverwaltung besitzt, würde einen Beamten in die Kommission ernennen, also zehn außer Preußen, Preußen und das Reich würden die vier übrigen stellen, wobei es aber noch nicht feststeht, ob nicht Preußen drei Bevollmächtigte beansprucht[1].

Die Aufgabe der Kommission erstreckt sich auf die Revision des ganzen Zolltarifs, sowohl hinsichtlich der äußern formalen Anordnung und der Übereinstimmung desselben mit dem giltigen Maß-, Münz- und Gewichtssystem, als auch hinsichtlich der Angemessenheit der einzelnen Zollsätze, mit Ausnahme jedoch der einer besonderen Beschlußfassung unterliegenden Finanzartikel. Die Kommission hat das Recht, Sachverständige zu vernehmen und Gutachten einzufordern und durch Requisition von Landesbehörden Ermittelungen zu veranlassen.

Dies ist der wesentliche Inhalt des Antrages, den die Ausschüsse stellen und der im Laufe dieser Woche zum Beschlusse erhoben werden wird. Der Reichskanzler wünscht nun Dich zum Vorsitzenden dieser Kommission von Reichswegen zu ernennen und beauftragt mich, Dich zu bitten, diese Stellung als Vorsitzender anzunehmen. Er legt einen großen Wert auf Deine Zusage, und bitte ich Dich, mir womöglich telegraphisch zu antworten, ob Du den Antrag anzunehmen geneigt bist.

Der Kanzler wünscht, daß die Kommission sich noch vor Weihnachten konstituiere und daß die Arbeiten so schleunig behandelt werden, daß eine Vorlage noch an den nächsten Reichstag erfolgen kann. Die Gegner der Zollrevision halten eine Förderung der Arbeiten in der Weise, daß dieselben in wenig Monaten beendigt werden, für unmöglich; der Kanzler wird aber alles daran setzen, um in kürzester Frist zu einem Ergebnis zu gelangen. Die Arbeitslast wird unter solchen Umständen keine geringe sein; wenn Du Dir aber die Kraft zutraust, so würdest Du der Sache durch Deine Annahme selbstverständlich den größten Dienst leisten."

Freiherr von Varnbüler antwortete alsbald in zusagendem Sinne. „Die Verwendung, — schreibt derselbe in seinem Erwiderungsbrief d. d. Hemmingen, 3. Dezember 1878 — welche mir der Herr Reichskanzler zugedacht hat, ist ebenso ehrenvoll wie interessant, aber auch sehr schwierig, teils der kurzen Frist wegen, innerhalb welcher die schwierige Aufgabe gelöst und ein sehr umfangreiches Material gesichtet werden muß, teils der schroffen Gegensätze wegen, welche sich auf diesem Gebiete begegnen werden.

---

[1] In welcher Weise demnächst die Kommission thatsächlich gebildet wurde, erhellt aus meinem Werke „Fürst Bismarck als Volkswirt", Bd. I, S. 170, Note 1.

Daß die Frist nicht verlängert werden darf, darin stimme ich mit dem Fürsten ganz überein.

Meine Ansichten über die von dem Reich einzuhaltende Zoll- und Handelspolitik sind allgemein und speziell dem Fürsten bekannt; derselbe weiß, daß ich es für geboten halte, die einheimische Industrie im ungleichen Kampfe mit derjenigen des Auslandes durch Zölle so weit zu unterstützen, als nötig ist, um mit dem Auslande konkurrieren zu können auf dem einheimischen Markte, womöglich einen kleinen Vorsprung vor ihr zu gewinnen. Diese Zölle werden wohl nur ausnahmsweise die Grenze von Finanzzöllen übersteigen.

Der Herr Reichskanzler bekennt sich im wesentlichen zu diesen Anschauungen; er hat mir diese ausgesprochen.

Ich darf daher auf seine mächtige Unterstützung rechnen, wenn ich, seiner Aufforderung folgend, mich der schweren Aufgabe unterziehe, welche er mir stellt. Im Vertrauen hierauf werde ich, wenn der Fürst mich beruft, dem Rufe folgen, meine ganze Kraft einsetzen, in obigem Sinne zu wirken, bitte aber sowohl ihn als Dich, genau zu erwägen, ob ich auch wirklich der rechte Mann für die zu lösende Aufgabe bin, ob dazu mein Wissen und Können ausreicht."

Am 11. Dezember 1878 teilte der Gesandte Freiherr von Spitzemberg dem Freiherrn von Varnbüler mit, es sei ihm, nachdem er die zusagende Antwort des letzteren zur Kenntnis des Kanzlers gebracht, der nachstehende Brief des Grafen Wilhelm Bismarck zugegangen:

Friedrichsruh, den 3. Dezember 1878.

Eurer Excellenz

wird als Mitglied des Bundesrats jedenfalls bekannt sein, daß in nächster Zeit die Kommission für Revision der Zolltarife zusammentreten soll. Das Deutsche Reich als solches wird darin einen, wahrscheinlich sogar zwei Vertreter haben, und mein Vater würde es dankbar erkennen, wenn Sie ihn darüber vertraulich vergewisserten, ob Ihr Herr Schwiegervater ein solches Mandat annehmen würde, auch wenn er nicht den Vorsitz in der Kommission erhielte. Dieser käme ihm allerdings seiner ministeriellen Stellung nach zu — mein Vater glaubt aber, daß er seinen von meinem Vater völlig geteilten Ansichten alsdann weniger Nachdruck würde verleihen können, weil man von dem Vorsitzenden eine gewisse Unparteilichkeit verlangen werde; falls aber Ihr Herr Schwiegervater den Vorsitz zur Bedingung seines Eintritts in die Kommission machte, so würde er sein Recht zur Ernennung des Vorsitzenden zu Gunsten Seiner Excellenz geltend machen. Er weiß allerdings nicht ganz sicher, ob ihm dieses Recht zusteht. Eure Excellenz werden sich indessen leicht darüber informieren können."

„Soviel mir Hofmann sagte — fügte Freiherr von Spitzemberg diesen Zeilen hinzu — ist schon zwischen ihm und dem Kanzler das Bedenken besprochen worden, ob es im Interesse der Sache liege, Dich um Übernahme des Vorsitzes zu bitten, da damit der Kommission von vornherein ein sehr ausgesprochen schutzzöllnerischer Charakter aufgedrückt würde und es bei einer Enquetekommission doch zu vermeiden sei, Zweifel in die absolute Unparteilichkeit aufkommen zu lassen. Die Bedenken, über welche damals der Kanzler hinweglam, scheinen ihm nachträglich wieder gekommen. vielleicht auch von anderwärts ausgedrückt worden zu sein. Ich habe aber, wie ich ausdrücklich bemerke, keine Veranlassung, das letztere anzunehmen.

Du hast jetzt zu entscheiden, was Du auf die zweite Anfrage sagen willst. Sollte Deine Antwort sich in ein paar Worte zusammenfassen lassen, so wäre ich Dir für ein Telegramm dankbar."

Freiherr von Varnbüler beeilte sich, am 6. Dezember aus Hemmingen dem württembergischen Gesandten seine Entschließung wie folgt zugehen zu lassen:

„Als ich die erste Aufforderung zu dem Eintritt in die Zolltariffommission erhielt, hatte ich sofort Zweifel darüber, ob meine Wahl eine richtige sei. Einmal bin ich darüber nicht außer Zweifel, ob meine zolltechnischen Kenntnisse ausreichen für die Redaktion eines Zolltarifgesetzes, sodann aber weil ich, wenn auch mit völligem Unrechte, für den Prototyp des extremen Schutzzöllners gelte und dies von den Gegnern ausgebeutet würde, um diejenigen, welche einen vermittelnden Standpunkt einnehmen, scheu zu machen.

Daß das Urteil über meine zollpolitischen Ansichten ein irrtümliches ist, würde wenig helfen, da bekanntlich Vorurteile um so fester haften, je irrtümlicher sie sind, zumal auf einem Gebiete, wo die wenigsten Sachkunde besitzen.

Diesen meinen Bedenken habe ich keinen Ausdruck gegeben, weil ich dem Rufe des Herrn Reichskanzlers mich nicht entziehen wollte und ich mir nicht anmaßte, die Lage besser zu beurteilen als er.

Die Auffassung Hofmann's[1]) freilich kann ich nicht teilen, welcher von Parteilichkeit und Unparteilichkeit spricht. Denn wenn die Regierung die Aufgabe hat, sich bei gesetzgeberischer Initiative eine bestimmte Ansicht zu bilden, so können doch diejenigen, deren Ansichten sie nicht teilt, nicht von Parteilichkeit sprechen.

Wenn ich nach dem Gesagten den Fürsten recht dringend und aufrichtig bitte, sich die Frage meiner Berufung noch einmal zu überlegen, und ja zu glauben, daß ich eine Umkehr von seiner ersten Auffassung ganz natürlich fände, so glaube ich andrerseits, daß es nicht angezeigt wäre, mir eine andre Stellung einzuräumen als die des Vorsitzenden. Abgesehen davon, daß ich dann Referate übernehmen müßte, welche Spezialisten besser machen, würde die Annahme einer meiner Stellung nicht entsprechenden Rolle mißdeutet und würde meiner Wirksamkeit in der Kommission wie im Reichstage schaden. Der Eindruck auf die öffentliche Meinung bliebe ganz derselbe, ob ich als Vorsitzender oder in andrer Stellung in die Kommission berufen würde.

Einen allgemeinen Gesichtspunkt kann ich schließlich nicht unerwähnt lassen, nämlich den, ob nicht meine Mitgliedschaft an der Kommission meine Wirksamkeit

---

[1]) Es liegt hier ein Mißverständnis des Freiherrn von Varnbüler vor, da wir es hier nicht mit einer Auffassung des Staatsministers Hofmann zu thun haben, sondern mit einer Auffassung eines dritten, die Hofmann mit dem Kanzler nur besprach.

im Reichstage beeinträchtigen würde, ob die Verteidigung der Vorlage nicht als ein Eintreten für die eigene Sache beurteilt würde und dies ohne die offizielle Stellung am Tische des Bundesrats.

Ich bitte den Herrn Reichskanzler, diese Seite besonders zu erwägen.

Ich wiederhole demselben, was ich ihm mündlich gesagt habe: Auf jede Weise, in jeder Form steht dasjenige, was ich in diesen Fragen vermag, zu seiner Verfügung. Er mag nur entscheiden, wie das am zweckmäßigsten geschieht."

Freiherr von Spitzemberg teilte den Inhalt vorstehenden Schreibens am 7. Dezember 1878 dem Fürsten Bismarck mit.

In der Zwischenzeit, bis die definitive Entscheidung des Kanzlers eintraf, war die Lage eine sehr zweifelhafte. Bis zum 20. Dezember 1878, um welche Zeit ungefähr das Schreiben Bismarck's an den Bundesrat d. d. 15. Dezember 1878[1]) bekannt wurde, waren die Freunde des Schutzzolls in der größten Besorgnis. Dieselben befürchteten eine abermalige Verschleppung der Zolltarif-frage. Deshalb schlug der Reichstagsabgeordnete H. Rentzsch dem Abgeordneten Dr. Löwe für Mitte Januar die Berufung der volkswirtschaftlichen Vereinigung des Reichstags nach Berlin vor, zu keinem andern Zwecke, als auf die Regierung eine moralische Pression behufs deren handelspolitischer Stellungnahme auszuüben[2]).

Ende Dezember 1878 erfolgte die Zusammensetzung der Zolltarifkommission und die Ernennung des Freiherrn von Varnbüler zum Vorsitzenden derselben. Über die weitere Entwickelung geben folgende, bisher unveröffentlichte Aktenstücke Aufschluß:

Friedrichsruh, den 2. Januar 1879.

Seiner Excellenz dem Herrn Staatsminister Freiherrn von Varnbüler, Berlin[3]).

Indem ich Eurer Excellenz meinen ergebensten Dank dafür ausspreche, daß Sie Sich bereit erklärt haben, an den Arbeiten der Zolltarifkommission in der

---

[1]) Abgedruckt in meinem Werke „Fürst Bismarck als Volkswirt", Bd. I., S. 170.

[2]) „Wir einigten uns — schreibt Rentzsch unterm 28. Dezember 1878 an Freiherrn von Varnbüler — mit Herrn Berger (Herr von Schorlemer-Alst war bereits nach Hause gereist) dahin, Eurer Excellenz Ansichten über die Zweckmäßigkeit einer solchen Berufung zu erbitten, zuvor jedoch bis etwa Neujahr uns über die Intentionen der Regierung näher zu orientieren. Was inzwischen geschehen, hat meine Besorgnisse vollständig verschwinden lassen, und das letzte Bedenken, in welcher Weise Bismarck's Finanzzolltheorie mit dem Schutz nationaler Arbeit zu vereinbaren sein möchte, ist durch Eurer Excellenz Ernennung beseitigt worden. Wenn nunmehr noch an eine Berufung der volkswirtschaftlichen Vereinigung zu denken sein sollte, welche durch die Anwesenheit vieler unsrer Mitglieder im preußischen Herren- und Abgeordnetenhause wesentlich erleichtert sein würde, so könnte nur noch die Unterstützung der Regierungspolitik in Frage kommen."

[3]) Es ist dies wohl jenes Schreiben Bismarck's, von dessen Existenz die Zeitungen zu berichten wußten, dessen Wortlaut aber bisher noch nicht bekannt war. Vergleiche mein Werk „Fürst Bismarck als Volkswirt", Bd. I., S. 180, Note*).

Eigenschaft eines Vorsitzenden teilzunehmen, bitte ich um die Erlaubnis, die nachstehenden, unvorgreiflichen Ansichten über die Aufgaben der Kommission Ihrer
gefälligen Erwägung zu unterstellen.

Zunächst wird meines Erachtens jede mit der Wichtigkeit des Gegenstandes
verträgliche Beschleunigung der Kommissionsarbeiten von seiten des Bundesrats
mit Dank erkannt werden müssen, da es ein Bedürfnis der verbündeten Regierungen ist, ihre Beschlüsse über das Ergebnis der Kommissionsberatungen so
früh fassen zu können, daß sie dieselben dem Reichstage rechtzeitig vorzulegen
vermögen.

Nach den Beschlüssen des Bundesrats werden die Arbeiten der Kommission
sich auf den ganzen Umfang der Tariffrage zu erstrecken haben, und durch mein
der Kommission gleichfalls zur Beratung überwiesenes Schreiben vom 15. Dezember vorigen Jahres ist dieselbe in die Lage gesetzt, sich über die mit dem
Tarife in sachlichem Zusammenhange stehenden volkswirtschaftlichen Fragen auszusprechen. Wenn daher die Kompetenz der Kommission eine unbeschränkte ist,
so glaube ich doch in den Verabredungen, welche die Finanzminister und Vertreter der Bundesregierungen im August vorigen Jahres zu Heidelberg getroffen
haben, bei der maßgebenden Bedeutung der Teilnehmer an denselben und bei
der Einstimmigkeit ihrer Beschlüsse eine Direktive für die Kommission erkennen
zu dürfen. Indem ich ein Exemplar des in Heidelberg vereinbarten Schluß-
protokolles beizufügen mich beehre, bemerke ich, daß die Kommission nach der
Allgemeinheit ihres Mandats zweifellos berechtigt ist, sowohl die dort berührten
Punkte zum Gegenstande ihrer Beschlüsse zu machen, als auch in Bezug auf
dort nicht angeregte Fragen Anträge und Vorschläge an den Bundesrat zu
richten.

Wenn in Bezug auf einzelne, in das Gesamtgebiet des Tarifwesens fallende
Fragen Spezialenqueten teils bereits stattgefunden haben, teils noch schweben,
so werden meines Erachtens durch diesen Umstand die Gegenstände derselben
keineswegs von dem Gebiete der Kommissionsberatungen ausgeschlossen.

Die hervorragend wichtige Frage bezüglich der Behandlung des Tabaks
wird durch die Beschlüsse der Zolltarifkommission ebensowenig definitiv entschieden
werden können, wie durch das Gutachten der Spezialkommission für die Tabaks-
enquete. Erst nach amtlichem Meinungsaustausch unter einander werden die verbündeten Regierungen feste Stellung zu der Frage nehmen können, für welche
dem Reichstage zu machende Vorlage sie die Verantwortlichkeit zu übernehmen
bereit sein werden. Die von seiten der Enquetekommission für Tabak dem
Vernehmen nach gefaßten Beschlüsse können keine andre als informatorische
Tragweite haben, um so weniger, als angenommen werden muß, daß die Mitglieder jener Kommission nur eigene, persönliche und nicht Ansichten verantwort-
licher Regierungen vertreten haben. Für jede Vervollständigung des Materials,
welche die von Eurer Excellenz geleiteten Kommissionsarbeiten auch bezüglich
der Tabaksfrage liefern werden, können meines Erachtens die verbündeten Regierungen nur dankbar sein. Die Beschlüsse der in Heidelberg vereint gewesenen

Herren Minister geben auch in dieser Beziehung Fingerzeige und Anhaltspunkte, welche für die definitiven Beschlüsse des Bundesrats voraussichtlich eine entscheidende Bedeutung haben werden.

von Bismarck.

Friedrichsruh, den 4. Januar 1879.

Seiner Excellenz dem Herrn Staatsminister Freiherrn von Varnbüler.

Auf Eurer Excellenz gefällige Anfrage bin ich sehr gern damit einverstanden, daß den Herren Mitgliedern der Kommission mein Schreiben vom 2. dieses Monats[1]) zur vertraulichen Kenntnisnahme in Abschrift mitgeteilt wird, wenn ich auch in demselben ursprünglich nur meine persönliche Meinung behufs vertraulicher Benutzung niederzulegen beabsichtigte. Ich wurde hierzu besonders veranlaßt durch die Überzeugung, daß Eure Excellenz behufs Leitung der Verhandlungen notwendig Kenntnis von dem Heidelberger Schlußprotokoll haben mußten, um die maßgebende Bedeutung derselben zu berücksichtigen und die Konsequenzen zu ziehen, welche sich aus dem Inhalt für die Begutachtung des gesamten Tarifs nach dem Ermessen der Kommission ergeben werden.

von Bismarck.

Berlin, den 16. Februar 1879.

An den Vorsitzenden der Zolltarifkommission, Königlich württembergischen Staatsminister a. D. Herrn Freiherrn von Varnbüler, Excellenz.

Eurer Excellenz ist es nicht unbekannt, daß der Plan einer Revision unsres Zolltarifs mächtige und einflußreiche Gegner besitzt, deren Bemühung zunächst auf Hinausschiebung der Revision gerichtet ist. Der erste Schritt dazu wäre die Verhinderung einer rechtzeitigen Vorlage für die gegenwärtige Reichstagssession. Dieser Gefahr gegenüber würde ich Eurer Excellenz zu lebhaftem Danke verpflichtet sein für jede Beschleunigung der Arbeiten der unter Ihrem Vorsitze tagenden Kommission. Um eine rechtzeitige Vorlage für den Reichstag zu erzielen, wird es nötig sein, daß die Arbeiten des Bundesrats an denselben in den ersten Tagen des März beginnen können. Eure Excellenz ersuche ich deshalb ganz ergebenst, auf die möglichste Förderung der Kommissionsarbeiten geneigtest hinwirken zu wollen.

von Bismarck.

Die Arbeiten der Kommission wurden von Varnbüler so sehr gefördert, daß derselbe bereits am 1. April 1879 in der Lage war, das Ergebnis der Beratungen dem Bundesrate vorzulegen. Damit war die demselben vom Reichskanzler übertragene wichtige Kommission erledigt.

17. Freiherr von und zu Franckenstein.

Bereits im II. Bande, Seite 314 f., ist ein Gespräch mitgeteilt worden, welches der Reichskanzler mit dem Abgeordneten Freiherrn von und zu Franckenstein zu Beginn der Reichstagssession geführt hat. Dasselbe fiel in die Zeit zu

---

[1]) Zu vergl. S. 276.

Beginn der Reichstagssession von 1879; es betraf die schwebenden Steuer- und Zollfragen nicht, und hatte überhaupt einen mehr akademischen Charakter, das heißt den Zweck, dem Centrumsführer die bisherige allgemeine Politik Bismarck's verständlicher zu machen. Der Abgeordnete Freiherr von Franckenstein griff später aber auch in die schwebenden Reichstagsfragen ein, er ist der Vater der nach ihm benannten Clausula Franckenstein[1]), eines Vorschlages, wegen dessen Annahme Bismarck lebhaft angegriffen worden ist. Er selbst würde von Haus aus das Gesetz mit dieser Last für die Reichskasse natürlich nicht bepackt haben. Auf der andern Seite wurde aber durch Annahme der Franckenstein'schen Klausel sein eigenes Finanzprogramm in dem einen Punkte verwirklicht, daß das Reich aufhören sollte, ein lästiger Kostgänger und mahnender Gläubiger bei den einzelnen Staaten zu sein[2]). Außerdem war eben ohne die Annahme des von dem Centrum ausgehenden Vermittelungsvorschlages die Zoll- und Steuerreform im Reichstag überhaupt nicht durchzusetzen.

Wie das Kompromiß zu stande kam, darüber ist bisher nichts bekannt geworden. Um so mehr Interesse wird die folgende Aufzeichnung erwecken, bei deren Abfassung die hinterlassenen Papiere des verstorbenen Abgeordneten Freiherrn von Franckenstein zu Rat gezogen worden sind. Dieselbe lautet:

Bei dem Diner am 18. Juni 1879[3]) saß Freiherr von Franckenstein zur Rechten des Reichskanzlers. Gegen Ende der Tafel beklagte der Fürst den langsamen Fortgang der Beratungen der Tarifkommission; Freiherr von Franckenstein, welcher Vorsitzender der Kommission war, widersprach dieser Auffassung, wies auf die Fülle des bereits erledigten Materials hin, aber auch auf die Notwendigkeit, die Garantiefrage nun bald zur Beratung zu bringen. Er legte dabei dem Fürsten diejenigen beiden Anträge dar, welche seitens des Centrums hinsichtlich der Garantiefrage gestellt werden würden: Verteilung der den Betrag von 105 Millionen übersteigenden Zolleinnahmen an die Einzelstaaten und Bewilligung einiger Zölle stets nur auf bestimmte Zeit. Der Fürst erwiderte, die Anträge ständen im Widerspruch mit der Reichsverfassung.

Während man sich nach Tisch im Garten bewegte, sprach der Fürst zunächst allein mit dem damaligen Präsidenten des Reichstags von Seydewitz; dieser

---

[1]) Über die Verwendung der durch den neuen Zolltarif bewilligten Zölle hatte die Tarifkommission des Reichstags auf Antrag des Freiherrn von und zu Franckenstein folgenden Paragraphen in das Tarifgesetz eingefügt: Derjenige Ertrag der Zölle und der Tabaksteuer, welcher die Summe von 130000000 Mark in einem Jahre übersteigt, ist den einzelnen Bundesstaaten nach Maßgabe der Bevölkerung, mit welcher sie zu den Matrikularbeiträgen herangezogen werden, zu überweisen. Diese Überweisung erfolgt vorbehaltlich der definitiven Abrechnung zwischen der Reichskasse und den Einzelstaaten auf Grund der im Art. 39 der Reichsverfassung erwähnten Quartalsextrakte und beziehungsweise Jahresabschlüsse. Ein gedrängtes Résumé der Reichstagsverhandlungen über den Antrag Franckenstein enthält die „Provinzial-Korrespondenz" vom 16. Juli 1879.

[2]) Bismarck's Rechtfertigung der Annahme der Clausula Franckenstein findet sich in seiner Reichstagsrede vom 9. Juni 1879, abgedruckt in meinem Werke: „Fürst Bismarck als Volkswirt", Bd. I., S. 265.

[3]) Ein eingehendes Referat hierüber findet man Bd. I. (2. Aufl.), S. 179.

kam dann zum Freiherrn von Franckenstein und forderte denselben auf, mit dem Reichskanzler die Lösung der Garantiefrage zu vereinbaren, die Konservativen würden in diesem Falle zustimmen. In gleichem Sinne äußerte sich auch der Abgeordnete Dr. Lucius namens der Reichspartei. Es folgte noch eine längere Unterredung zwischen dem Fürsten und Freiherrn von Franckenstein über die von letzterem gemachten Vorschläge, deren erster von ihm als Vorbedingung für die Annahme der Zölle bezeichnet wurde.

Der Fürst wünschte die Redaktion der Anträge zu sehen, und es wurde verabredet, daß Freiherr von Franckenstein am andern Tage (19. Juni), abends neun Uhr, dieselbe dem Fürsten vorlegen werde. Bei dieser Zusammenkunft las Freiherr von Franckenstein dem Fürsten die beiden Anträge wiederholt vor; dieser las laut die Einleitung zur Reichsverfassung und erklärte, der erstere Antrag (Überweisung an die Staaten) habe einen mehr föderativen, der zweite (Bewilligung auf Zeit) einen rein konstitutionellen Charakter, ersterer gefalle ihm besser, beide Anträge zugleich werde er nie zugestehen. Da die Finanzzölle sowie das Tabak- und Brausteuergesetz auf Widerstand zu stoßen schienen, könne man sich vorläufig mit den Schutzzöllen begnügen. Der Fürst beklagte sich bei dieser Gelegenheit über die Finanzminister der Einzelstaaten, welche ihm das ganze Odium der Vorlagen überließen, aber bereitwilligst das beschaffte Geld annehmen würden.

Es wurde sodann über die Höhe der für das Reich zurück zu stellenden Summe verhandelt. Freiherr von Franckenstein sagte, daß das Durchschnittserträgnis der Zölle bisher 105 bis 110 Millionen betragen habe; der Fürst verlangte die Einstellung von mindestens 150 Millionen, worauf Franckenstein erklärte, über 130 Millionen würden seine politischen Freunde niemals gehen. Der Fürst sprach sich sodann dahin aus, daß er sich den Antrag nicht aneigne, auch würden sich die Kommissare bei den Garantieverhandlungen gar nicht aussprechen, der Antrag aber sei ihm von allen, die er bisher gesehen, der sympathischste, aber unter der Bedingung, daß man nicht auf dem zweiten Antrag bestehe. Bei dieser Gelegenheit erklärte der Fürst auf bezügliche Anfrage des Freiherrn von Franckenstein, daß er ohne Nachsteuer das Tabaksteuergesetz nicht brauchen könne, und das Brausteuergesetz nicht ohne Verbot der Surrogate. Nachdem diese Fragen erledigt waren, berührte Franckenstein noch die Beseitigung der Maigesetze und sprach den Wunsch aus, der Fürst möge doch nicht dulden, daß der Kulturkampf in so kleinlicher, aufregender, der Würde des Staates nicht entsprechender Weise geführt werde. Franckenstein verwahrte sich dabei dagegen, als ob er Tarif- und Zollpolitik mit dieser Frage zusammen verhandeln wolle, auch sei es klar, daß die Verhandlungen mit Rom nicht so schnell würden zum Abschluß kommen, es sei aber doch unverständlich, daß man nicht mit der kleinlichen Art des Kampfes aufhöre. Der Fürst erwiderte, darin könne er nichts thun, jeden Eingriff in das Kultusressort würde Falk mit seinem Entlassungsgesuche beantworten, er wolle nicht, daß Falk sagen könne, er (Bismarck) habe seinen Austritt aus dem Ministerium veranlaßt. Falk werde nicht mehr zu lange bleiben, es seien Momente denkbar, die in den nächsten Monaten denselben zum Gehen veranlassen könnten.

Beim Fortgehen nach etwa anderthalbstündiger Unterhaltung übergab Franckenstein den ersten Antrag dem Fürsten, welcher bemerkte, er wolle denselben, wenn möglich, noch dem Kaiser zeigen, der werde nichts dagegen haben; anders würden die Empfindungen des Kronprinzen sein. Dem Kaiser falle es schwer, sich rasch mit einem unbekannten Gegenstand zu befreunden. Einen neuen Gedanken müsse man den Kaiser erst erwägen lassen.

Im Verlaufe der weiteren Beratungen des Zolltarifs hatte Freiherr von Franckenstein noch dreimal Besprechungen mit dem Fürsten: am 29. Juni, bei welcher es zu sehr lebhaften Erörterungen kam, am 5. und 6. Juli 1879.

Eine nähere Mitteilung über diese Besprechungen auf Grund der noch vorhandenen Aufzeichnungen würde ein Eingehen auf Einzelheiten der Zoll- und Tariffragen erforderlich machen.

Am 5. Juli hatte der Fürst auch mit Dr. Windthorst verhandelt.

18. Karl August Schneegans.

Von dem früheren autonomistischen Abgeordneten Schneegans, über den gleichfalls bereits in einem früheren Abschnitt[1]) geschrieben wurde, will ich hier noch eine unpolitische Erinnerung mitteilen.

Während der Zolldebatten saß Schneegans eines Tages mit einigen Kollegen im Garten des Herrenhauses, in dem der norddeutsche Reichstag zu Anfang seine Sitzungen abhielt. Es war ja zuweilen, wenn uninteressante Redner sprachen oder technische Fragen zum soundsovieltenmal breit getreten wurden, recht langweilig im Reichstag, und man hatte mitunter das dringende Bedürfnis, sich in frischer Luft etwas auszuruhen. Die Herren saßen im Garten unter den großen Bäumen, als der Fürst zu denselben trat und scherzend bemerkte: „Die Herren Abgeordneten scheinen recht fleißig zu sein." Da Bismarck gerade neben Schneegans stand, antwortete derselbe: „Durchlaucht, wir erfrischten uns unter diesen Bäumen, und suchten hier, wie Mendelssohn früher, neue Arbeitslust zu gewinnen."

„Wie kommt denn Mendelssohn da hinein?" bemerkte der Fürst, worauf Schneegans erwiderte: „Unter diesen Bäumen schrieb er den Sommernachtstraum!"[2])

„Na! — erwiderte der Kanzler lachend, indem er den Abgeordneten Schneegans auf die Schulter klopfte und den Rückweg nach dem Reichstag antrat — da muß man noch von einem Elsässer über Berliner Geschichten belehrt werden!"

---

[1]) Vergl. Bd. II., S. 223 f.

[2]) Das Grundstück, worauf heute noch das preußische Herrenhaus steht, befand sich bis vor ungefähr dreißig Jahren im Besitze der Familie Mendelssohn-Bartholdy, von der es der Staat samt dem weiten parkähnlichen Garten hinter dem Hause für einen Preis kaufte, der heute ein Spottpreis genannt werden würde. Beim Austritt aus dem Garten erblicken wir links und rechts zwei alte Eiben (Taxus), hier hat Felix Mendelssohn einst in einer linden Nacht seine Ouvertüre zum Sommernachtstraum geschrieben.

Im Anschluß an die in Bd. II, S. 263, enthaltene Darstellung des General-
konsuls August Schneegans in Genua über seine Beziehungen zum Fürsten
Bismarck veröffentlicht der Geheime Justizrat Dr. Ferdinand Schneegans in
Straßburg in der „Straßburger Post" eine Mitteilung des Inhalts, daß der im
Jahre 1877 aufgetauchte Plan, dem jeweiligen deutschen Kronprinzen die Regentschaft in Elsaß-Lothringen zu übertragen, nicht, wie vielfach angenommen, vom
Fürsten Bismarck, sondern ursprünglich von ihm (Dr. Schneegans) angeregt worden
sei. „Ich erinnere mich noch, — schrieb Dr. Schneegans — daß Kronprinz
Friedrich mich bei dieser Eröffnung etwas überrascht besonders ansah, und mir
darauf sofort antwortete: „Ich begehre nicht mehr." An demselben Abend hatte
ich dann noch die Gelegenheit, dem Kaiser selbst dieselbe Idee nahe zu legen,
und seine Majestät nahm sie huldvoll auf und antwortete mir, der Vorschlag
scheine ihm bemerkenswert, doch könnten sich darüber einige Bedenken erheben:
die Frage müßte überlegt und geprüft werden. Einige Zeit nachher erfuhr ich,
daß der Vorschlag in Berücksichtigung gezogen werde und Aussicht auf Ausführung desselben bestehe. Dann kamen aber die Attentate, dem Kronprinzen
wurde die Regentschaft übertragen, und dabei scheiterte der Erfolg."

Zur nämlichen Angelegenheit äußerten sich demnächst die „Hamburger Nachrichten" (Nr. 217 vom 14. September 1894) wie folgt:

Es ist vollständig unrichtig, daß der damalige Kronprinz gegen die Idee
seiner Regentschaft in Elsaß-Lothringen gewesen sei: er ist vielmehr mit Liebe
auf den Gedanken, als er vom Fürsten Bismarck angeregt wurde, eingegangen, und dieser würde wahrscheinlich Verwirklichung gefunden haben, wenn
nicht Kaiser Wilhelm I. mit Bestimmtheit dagegen gewesen wäre, weil er in
seinem Alter wünschte, den Kronprinzen in seiner Nähe, in Berlin zu behalten.
Wie er gelegentlich äußerte, überschritt die Abwesenheit seines Nachfolgers von
Berlin ohnehin schon das Maß dessen, was er als Familienvater und als Landes-
herr in seinen Jahren und bei der Unberechenbarkeit seiner Lebensdauer für
richtig hielt. Der Kaiser war damals 80 Jahre alt und bei gelegentlichen
Krankheitsanfällen mit der Möglichkeit eines früheren Ablebens, als später der
Fall war, jederzeit vertraut. Lediglich diese berechtigte Auffassung des Kaisers,
aber durchaus nicht die Abneigung des Kronprinzen stand der Verwirklichung
der elsaß-lothringischen Regentschaft im Wege, und daß die lebensgefährliche
Verwundung des Monarchen jeder weiteren Verfolgung der Idee ein Ziel setzte,
ist wohl erklärlich. Wir wollen nur feststellen, daß der Kronprinz von Anfang
an bereit war, sich der Regierung von Elsaß-Lothringen zu widmen; der abgeschlossenen Vergangenheit gegenüber ist es kein Bedürfnis mehr, die Zweckmäßigkeit jenes Planes, seine Vorteile und Gefahren näher zu erwägen. Wenn der
Kronprinz wirklich zu Schneegans gesagt hat: „Ich begehre nicht mehr!" so
stimmt das mit unsrer Darstellung des Sachverhalts überein.

Durch diese Erklärungen des Altreichskanzlers wird die Mitteilung von
Dr. Schneegans vollinhaltlich bestätigt.

19. Die Führer und Mitglieder der konservativen Partei.

Über die Führer und Mitglieder der Rechten soll sich Fürst Bismarck einmal wie folgt geäußert haben: „Diese Herren erkennen mich entweder als ihren Chef an, und dann müssen Sie mir Folge leisten, oder sie gehen selbständig vor, und dann müssen Sie es mir überlassen, zu beurteilen, wann und bis zu welchem Grade ich mit ihnen gemeinsame Sache machen soll. Es giebt keinen Mittelweg. Der Bauer ist unstreitig eine sehr wichtige Figur im politischen Schachspiel, aber ich kann nicht zugeben, daß er in einem gegebenen Fall den Anspruch erhebt, als Turm oder Springer verwandt zu werden.

20. Graf von Bethusy-Huc.

Im II. Bande meines Werkes „Fürst Bismarck und die Parlamentarier“ (S. 97) ist bereits auf Verhandlungen hingewiesen worden, welche Bethusy mit Bismarck im Frühjahr 1867 über die Luxemburger Frage geführt hat.

Wir sind jetzt in der Lage, nach den eigenen Aufzeichnungen Bethusy's den Wortlaut jener denkwürdigen, in den letzten Märztagen 1867 stattgehabten Unterredung mitteilen zu können.

Es war ein Vertrag zum Abschluß fertig, oder vielleicht schon abgeschlossen — dieser Punkt ist bisher nicht klar gelegt worden — wodurch Napoleon III. das Großherzogtum Luxemburg gegen Zahlung einer Geldsumme vom Könige von Holland erwerben sollte. Dies verursachte, als es bekannt wurde, im konstituierenden Reichstage große Aufregung, und Bennigsen gab dem allgemeinen Gefühl in folgender, mit 70 Unterschriften bedeckten Interpellation Ausdruck:

1. Hat die königlich preußische Regierung Kenntnis davon erhalten, ob die in täglich verstärktem Maße auftretenden Gerüchte über Verhandlungen zwischen den Regierungen von Frankreich und den Niederlanden wegen Abtretung des Großherzogtums Luxemburg begründet sind?

2. Ist die königlich preußische Regierung in der Lage, dem Reichstage — in welchem alle Parteien einig zusammenstehen werden in der kräftigsten Unterstützung zur Abwehr eines jeden Versuchs, ein altes deutsches Land von dem Gesamtvaterlande loszureißen — Mitteilung darüber zu machen, daß sie im Verein mit ihren Bundesgenossen entschlossen ist, die Verbindung des Großherzogtums Luxemburg mit dem übrigen Deutschland, insbesondere das preußische Besatzungsrecht in der Festung Luxemburg auf jede Gefahr hin dauernd sicher zu stellen?

General von Moltke äußerte vertraulich im Foyer:

Da ein Krieg mit Frankreich auf die Dauer doch unvermeidlich, so wäre — da ein genügender Anlaß vorläge — der gegenwärtige Moment besonders günstig, indem Frankreich militärisch noch vollkommen unvorbereitet sei, es aber nicht mehr lange bleiben werde, da es mächtig arbeite.

Die freikonservative Partei, so sehr sie sonst ihre unabhängige Stellung zu wahren bestrebt war, glaubte in Sachen der äußeren Politik nicht ohne genommene Fühlung mit der Staatsleitung vorgehen zu sollen und schickte deshalb ihren Führer, den Grafen Bethusy-Huc, zum Ministerpräsidenten, um nach dort genommener Information ihre Stellung zur Interpellation Benniglen zu nehmen.

Die Unterredung verlief nach der üblichen Einleitung etwa wie folgt.

Abgeordneter: Glauben Eure Excellenz, daß binnen jetzt und 5 Jahren ein Krieg mit Frankreich unvermeidlich eintreten wird?

Graf Bismarck: Ja, das glaube ich leider.

Abg: Glauben E. E. mit mir, daß innerhalb dieses 5jährigen Zeitraumes der gegenwärtige Moment der günstigste bezüglich des gegenseitigen Verhältnisses unsrer Streitkraft ist?

Graf Bismarck: Das glaube ich ohne Zweifel.

Abg: Können E. E. binnen jetzt und 24 Stunden den Krieg herbeiführen?

Graf Bismarck: Die Regierung Seiner Majestät kann dies sicherlich. Ich brauche aber Ihre vierte Frage nicht abzuwarten. Sie würde logisch lauten müssen: Warum dann raten Sie Er. Majestät nicht zum Kriege? und ich könnte nur antworten: weil ich ein sehr thörichter oder sehr furchtsamer Mann bin, wenn ich das „Ja" auf Ihre erste Frage in allem Ernst so bedingungslos ausgesprochen hätte, als es unterhaltungsweise geschehen durfte.

Ja, ich glaube leider an einen deutsch-französischen Krieg in nicht allzulanger Frist. Die durch unsre Siege verletzte krankhafte französische Eitelkeit wird dazu drängen. Für absolut unvermeidlich vermag ich ihn aber nicht zu erachten, weil ich weder für Frankreich noch für uns ein ernstes Interesse sehe, welches die Entscheidung der Waffen erheischte. Für 200 000 Wallonen und eine bicoque wie die Luxemburger Festung werden wir einen großen Krieg nicht beginnen, so lange Deutschlands Ehre nicht im Spiel ist. Die würden wir allerdings für gefährdet halten, wenn Frankreich ein nominell deutsches Land von einem Dritten käuflich erwürbe. Das aber hoffen wir ohne Krieg verhindern zu können.

Gelingt es jetzt diesen aufzuschieben, so ist die Dauer des Aufschubs schwer zu berechnen.

Napoleon will den Krieg weniger als viele andre Franzosen, und doch ist er vielleicht der Befähigste, ihn zu führen. Eine Revolution, die ihn stürzt, kann den unmittelbaren Ausbruch des Krieges oder seinen Aufschub ad infinitum zur Folge haben.

Chi lo sa?

Nur für die Ehre des Landes — nicht zu verwechseln mit dem sogenannten Prestige — nur für seine vitalsten Interessen darf ein Krieg begonnen werden.

Kein Staatsmann hat das Recht ihn zu beginnen, bloß weil er nach seinem subjektiven Ermessen ihn in gegebener Frist für unvermeidlich hält. Wären zu allen Zeiten die Minister des Äußeren ihren Souveränen bezw. deren Oberfeldherren in die Feldzüge gefolgt, wahrlich, die Geschichte würde weniger Kriege zu verzeichnen gehabt haben.

Ich habe auf dem Schlachtfelde und was noch weit schlimmer ist, in den Lazaretten die Blüte unsrer Jugend dahinraffen sehen durch Wunden und Krank-

heit, ich sehe jetzt aus diesem Fenster gar manchen Krüppel auf der Wilhelmstraße gehen, der heraufsieht und bei sich wohl denkt, wäre nicht der Mann da
oben, und hätte er nicht den bösen Krieg gemacht, ich säße jetzt gesund bei
„Muttern". Ich würde mit diesen Erinnerungen und bei diesem Anblick keine
ruhige Stunde haben, wenn ich mir vorzuwerfen hätte, den Krieg leichtsinnig
oder aus Ehrgeiz oder auch aus eitler Ruhmessucht für die Nation gemacht zu
haben.

Ja, ich habe den Krieg von 1866 gemacht in schwerer Erfüllung einer
harten Pflicht, weil ohne ihn die preußische Geschichte still gestanden hätte, weil
ohne ihn die Nation politischer Versumpfung verfallen und bald die Beute hab-
süchtiger Nachbarn geworden wäre, und stünden wir wieder, wo wir damals standen,
würde ich entschlossen wieder den Krieg machen. Niemals aber werde ich
Sr. Majestät zu einem Kriege raten, welcher nicht durch die innersten Interessen
des Vaterlandes geboten ist.

Abg.: Leider vermag ich den Ausführungen Eurer Excellenz nicht mit einer
Silbe zu widersprechen. Ich danke herzlich für dieselben, bedaure aber doch im
Hintergrund meiner Seele, daß Sie nicht mehr Student sind.

(Der Abgeordnete war eben damals auch noch jünger. Heute würde er dies
Bedauern schwerlich empfinden.)

Andern Tags begründete Bennigsen die Interpellation in warmer, patriotischer, von allen Parteien mit lebhaftestem Beifall begleiteter Rede. — Der
Ministerpräsident antwortete, ohne seine Anerkennung für die Empfindungen des
Reichstags zurückzuhalten, sachlich gemessen unter sorgfältigster Schonung berechtigter und unberechtigter Empfindlichkeit.

Präsident Simson resümierte — was gegen jede parlamentarische Gewohnheit
— in kurzen Worten den erhebenden Eindruck der Verhandlung.

Luxemburg aber kam nicht an Frankreich und der Friede wurde drei weitere
Jahre erhalten.

Es liegt kein Grund für die Annahme vor, daß Fürst Bismarck den in dem
oben citierten Gespräch geäußerten Auffassungen in irgend einem Punkte untreu
geworden sei. Vielmehr hat er dieselben seither bei hundert Gelegenheiten er-
neut bethätigt.

Hoffen wir, daß sie dereinst Gemeingut aller denkenden Menschen werden.

Als im Juni 1870 ein ansehnlicher Teil von Bethusy's Wählern, welche
im Jahre 1861 ihm zuerst ein Mandat übertragen und durch 5 Jahre zum
Abgeordnetenhaus und zum Reichstag an ihm unverbrüchlich festgehalten hatten,
in offenkundiger Weise zu erkennen gaben, ihn wegen seiner Abstimmung über die
Kreisordnung [1]) nicht wieder zu ihrem Vertreter zu wählen, erklärte Graf Bethusy
in einer Ansprache an die Wähler des Wahlkreises Kreuzburg-Rosenberg aus
Bankau im Juni 1870, daß er seiner Ansicht in dieser Frage stets treu geblieben

---

[1]) Es handelte sich um diejenigen Bestimmungen derselben, welche die Ortspolizei be-
handelten.

sei. Es müsse also die hochkonservative Partei des Wahlkreises, die jetzt plötzlich nichts mehr von ihm wissen wolle, entweder das politische Verhalten eines ihrer Abgeordneten überhaupt nicht verfolgt, oder ihrerseits seit den Wahlen des Jahres 1867 eine Schwenkung nach rechts oder besser nach rückwärts gemacht haben, „die sie jetzt vergeblich dadurch zu vertuschen sucht, daß sie ihrem bisherigen Abgeordneten eine Schwenkung nach links vorwirft."

Die „Post" (vom 21. November 1893) bemerkte am Schlusse ihres Nachrufs dieses Parlamentariers:

„Der freikonservativen bezw. deutschen Reichspartei hat er auch nach seinem Rücktritt von der parlamentarischen Thätigkeit die regste Anteilnahme gewährt. Besonders in Erinnerung ist das warm empfundene Schreiben, das er zum fünfundzwanzigjährigen Jubiläum der Partei an diese richtete. Sein Name wird als der ersten einer in dankbarer Erinnerung bei der Partei fortleben."

Ich lasse hier ein

Promemoria

des Grafen Bethusy-Huc folgen, welches derselbe Seiner Königlichen Hoheit dem Kronprinzen von Preußen auf seinen Befehl am 25. Februar 1867 selbst überreicht hat.

„Das zu erstrebende Ziel ist:

Deutschlands größtmöglichste Macht, Einheit und Freiheit unter den Hohenzollern.

Zwei Vordersätze allgemeiner Natur stelle ich voran, welche ihren Beweis in der Geschichte finden.

1. Ideen werden durch Gewalt weder geschaffen noch getötet; sie können aber ohne Gewalt nicht gestaltet werden.

So führt die Macht die Idee ins reale Leben, die Idee verleiht der Macht Berücksichtigung und Dauer.

2. Die Menschen erstreben das Gute meist nur wenn sie müssen, sie beharren darin, wenn sie es als gut erkannt haben und es ihnen nützt. Hieraus folgt: Es muß dekliniert werden: Macht, Einheit, Freiheit, nicht umgekehrt.

Die Hohenzollern und das deutsche Volk haben ein Interesse an der deutschen Einheit.

Alle andern deutschen Kabinette, Kammerherren und Hoflieferanten und alle fremden Nationen und Regierungen haben ein Interesse, sie zu verhindern. Jene müssen unterworfen, diese zur Zulassung genötigt werden. Erst wenn die Einheit hergestellt ist, wird die ruhende Kraft zur Sicherstellung der inneren Entwickelung genügen. Bis dahin ist außerordentliche Machtentfaltung erforderlich. Nur die Hohenzollern können solche hervorrufen und führen; nur aus dem deutschen Volke kann sie gewonnen werden. Soll Dauerndes geschaffen werden, so gilt es, die Idee mit der Machtentfaltung gleichen Schritt halten zu lassen, es gilt dem deutschen Volke immer stärker zum Bewußtsein zu bringen, daß seine Interessen mit dem des preußischen Staates identisch sind. Ein wesentlicher Schritt hierzu wird die Verallgemeinerung der allgemeinen Wehrpflicht sein. Ihr Nichtbestehen in allen außerpreußischen Ländern war die Hauptstütze des Partikularismus. Man darf sich nicht damit begnügen, durch Übertragung der eigenen Lasten das Gleichgewicht herzustellen. Man muß Vorzüge aufweisen, welche den Verständigen den Zwang als richtig oder doch innerlich berechtigt erscheinen lassen, die Masse nachträglich damit versöhnen. Soweit sind die sogenannten moralischen Eroberungen berechtigt, ja notwendig, mit denen allein man keinen Hund vom Ofen lockt.

Der fünfjährige Konflikt, welcher unmittelbar auf die Flegeljahre unsres Verfassungslebens folgte, hat eine unheilvolle Stagnation in unsre Gesetzgebung gebracht. Der Vorsprung, den wir vor unsern Nachbarn zu haben pflegen, ist geringer geworden. Die erwachenden Sympathien unsrer neuen Provinzen erkühlen mit der Erinnerung an den Respekt, welcher sie erzeugte, und schon fängt man an zu hören: Die Preußen kochen auch nur mit Wasser. Das ist gefährlich — schlimmer als Preußenhaß. Denn es ist berechtigt, was die Leidenschaft nicht ist.

Vieles ist veraltet und verrottet bei uns wie anderwärts. Die Geschichte aller Nationen ist in ein intensiveres Stadium des fortlaufenden Entwickelungsprozesses eingetreten.

Nationen, welche solchen Wendepunkten gegenüber sich neutral verhalten, scheiden aus der Reihe der führenden. Wie Preußen in der Zeit der größten äußeren Erniedrigung vor fünfzig Jahren auf allen Gebieten reorganisatorisch allen übrigen Nationen vorging, so muß es jetzt das gleiche thun, sonst kann ihm die Machterweiterung der Gegenwart gefährlicher werden als die Einengung von damals — die Gefahr ist ernst. Deutschland drängt zum Ganzen.

Der Weg durch Republik zum Cäsarismus ist nicht absolut unmöglich geworden, wenn auch, Gottlob durch Königgrätz, in weite Ferne gerückt.

Es fragt sich also: was ist zu thun

a) auf dem Gebiete der kommunalen Verwaltung und Justiz,

b) auf dem kommerziellen,

c) auf dem eigentlich politischen im inneren Preußen, d. h. dem legislatorischen,

d) zur Stärkung der preußischen resp. norddeutschen Centralgewalt auf politischem und militärischem Gebiete.

Die Antworten auf diese vier Fragen sollen hier nur aphoristisch angedeutet werden. Die eigentliche Ausführung würde für jede einzelne Frage ein Buch erfordern.

ad a) Die Reorganisation der Verwaltung und Justiz kann nur gleichzeitig und im engsten Zusammenhange vorgenommen werden. Oberster Grundsatz: Erweiterung der Selbstregierung durch verantwortliche Ehrenämter. Verminderung und bessere Besoldung der eigentlichen Beamten. Vormundschaft und Hypothekenwesen werden von der Justiz getrennt und der Verwaltung überwiesen. Die Justiz beschränkt ihren Wirkungskreis auf das eigentliche Rechtsprechen. Die kleinen Kreisgerichte, der soziale Krebsschaden des neupreußischen Beamtenstandes, hören auf. Je vier bis sechs Kreise erhalten ein größeres kollegialisches Gericht erster Instanz. Das notwendige Übel der dadurch vermehrten kommissarischen Einzelrichter wird durch häufige Ablösung derselben in seinen sozialen Nachteilen gemildert.

Die Zahl der Gerichte zweiter Instanz wird auf je eines für jede Provinz herabgesetzt, die appellationsfähige Summe von 50 auf 200 bis 300 Thlr. erhöht. Letzteres ist wichtig. Es steuert der Rabulisterei, befreit die Obergerichte von wustiger Überschüttung, und erhält sie ihrer Aufgabe, durch Herstellung gleichmäßiger Rechtsgrundsätze die Gerechtigkeit im Lande zu fördern. Eine neue Gemeindeordnung wird emaniert. Der Schulze wird gewählt. Der Gemeinde das Recht einer juristischen Person erteilt, diese unter Aufsicht des Kreisausschusses gestellt. Die Polizei wird durch vom König ernannte, vom Kreistag präsentierte Ehrenbeamte verwaltet. Eine neue Kreisordnung wird erlassen, die Kreisvertretung auf Wahl nach gewissem, nach Umständen variablem Verhältnis aus den bisherigen 3 Ständen begründet.

Der Kreisausschuß, gleichfalls gewählt, führt mit einem bezahlten Syndikus das Hypotheken- und Vormundschaftswesen des Kreises. Ehrenämter dürfen bei einer gewissen Einkommensteuer nicht abgelehnt werden. Eine Hypotheken- und Subhastationsordnung ist unerläßlich.

In dieser vielleicht einzigen Richtung kann Mecklenburg als Vorbild dienen.

Der Kreisausschuß bildet die zweite und unter Umständen die letzte Instanz über den Landrat für gewisse Zweige der inneren Verwaltung unter dem Vorsitz eines periodisch zu delegierenden Mitgliedes der Provinzialregierung.

Die bisherigen Regierungsbezirke und ihre Kollegien hören auf. An ihre Stelle treten lediglich die Provinzialverbände, an deren Spitze große Regierungskollegien unter dem Vorsitz des Oberpräsidenten stehen. Diesen ist im Verhältnis zu den kommandierenden Generalen ein höherer Rang als bisher zu erteilen — sie müssen denselben vom Tage ihrer Ernennung ab gleichstehen.

Ebenso müssen die Abteilungsdirigenten dieser Kollegien den Ministerialräten höherer Ordnung derart gleichgestellt werden, daß eine Hin- und Herversetzung jederzeit möglich ist.

Diese Formen haben hier politische Bedeutung.

Sollte dieser Reorganisationsmodus nicht beliebt werden, und namentlich die zweite Instanz bei den Kreisausschüssen Bedenken erregen, so müssen an die Stelle der jetzigen Regierungskollegien Präsidenten mit beigeordneten vortragenden Räten treten.

Die jetzigen Kollegien sind unter einem energischen Präsidenten eine Farce auf den Begriff, unter einem schwachen ein desorganisatorischer Körper, von Zufällen bestimmt. In beiden Fällen erzeugen sie ein büreaukratisches Hineinreglementieren in praktische Verhältnisse, und entfremden in eigenem Thaten- und Zielendurst den Landrat seiner Hauptthätigkeit, indem sie ihn zur Schreibmaschine stempeln.

ad b. Auf dem kommerziellen und nationalökonomischen Gebiet war Preußen seinen neuen und alten Verbündeten immer weitaus voran, und auch während des Konflikts ist die Rekonstruktion des Zollvereins und der französische Handelsvertrag zu stande gekommen; das Gesetz wegen der Genossenschaften und die Aufhebung des Salzmonopols bezeichnen weitere Schritte der neuesten Zeit auf dem betretenen gesunden Wege.

Das preußische Eisenbahnnetz gehört zu den fertigsten des Kontinents, Handel und Verkehr blühen, und Mittel- und Süddeutschland fühlt, daß es eine innige Verbindung mit Preußen nicht entbehren kann. Dies Gefühl zu stärken, gilt es fortzufahren auf dem betretenen Wege, die Ordnung der Finanzen zu erhalten und die allgemeine Wohlfahrt zu heben durch Vermehrung der Freiheit des Verkehrs zunächst im Gewerbe selbst, Bankfreiheit, Koalitionsfreiheit, Aufhebung des Preßzwanges 2c. 2c.; sodann durch weitere Hebung der Verbindungsmittel: Chausseen, Eisenbahnen 2c., vor allem durch baldige und energische Inangriffnahme des Nordostsee-Kanals. Es ist nicht gut, daß Preußen ein so gewichtiges Wort ausspricht, ohne die Ausführung dem Wort auf dem Fuß folgen zu lassen. Seine Thaten müssen auf diesem Gebiete wie auf dem Schlachtfelde seinen Worten eher voraneilen als nachhinken. . . .

ad c. In legislatorischer Beziehung sind außer den sub a und b angeregten gesetzlichen Änderungen zunächst die promissorischen §§ der Verfassungsurkunde, i. e. die §§ 12, 15, 19, 26, 61 und 104 ihrer Erfüllung entgegenzuführen. Die Trennung[1]) der Kirche vom Staat und die daraus mit Notwendigkeit resultierende obligatorische Civilehe ist das einzige Mittel, die Grundidee des preußischen Staates, die religiöse Parität, zu gewährleisten, ohne die Staatseinheit dadurch zu schädigen.

De facto ist zur Zeit die katholische Kirche durch ihre größere Selbständigkeit der evangelischen gegenüber im Vorteil, und wirkt in ihrer immer noch zu engen Verbindung mit dem Staat zersetzend auf diesen.

Die Erfahrungen Westfalens und Oberschlesiens während des letzten Krieges und die klerikale Fraktion des Abgeordnetenhauses sind sprechende Illustrationen dazu. Die obligatorische Civilehe würde den politischen Einfluß der katholischen Geistlichen mindern und zugleich den einzig wirksamen Schutz für den Protestantismus gegen die Ausbreitung des Katholizismus gelegentlich der Einsegnung gemischter Ehen abgeben.

Die Emancipation der Juden muß in Konsequenz des Artikels 12 der Verfassung ausgesprochen werden. Sie ist zudem das einzig wirksame Mittel gegen das, was uns bei den heutigen Juden mit Recht tadelnswert erscheint. Dies hat zum großen Teil seine Wurzel in der ihnen zu teil gewordenen schlechten

---

[1]) Zu dieser Stelle findet sich im Manuskript folgender eigenhändige Zusatz: Darunter kann sehr Verschiedenes verstanden werden. So wie man es jetzt gewöhnlich auffaßt, habe ich es damals nicht gemeint.

15. 5. 1888.   Bethusy-Huc.

Behandlung. Durch Jahrhunderte erzeugt und vererbt, werden diese Eigen=
schaften nur langsam weichen. Doch muß die Kur begonnen werden.

Das Unterrichtsgesetz und Oberrechenkammergesetz müssen vorgelegt werden.
Über die Art wird sich streiten lassen.

Die Presse muß durch balons d'essai, d. h. durch Veröffentlichung nicht
bindender Entwürfe zur Besprechung derselben veranlaßt und in derselben durch
angemessene Mittel beeinflußt werden. Gewährt man ihr unter gegenseitiger
Wechselwirkung eine vorherige Teilnahme an den Regierungsvorlagen, so wird
nicht nur ihrer nachträglichen Opposition, sondern auch der der Landesvertretung
vielfach die Spitze abgebrochen. — Richtig behandelt, könnte die Presse zu
Zeiten statt übler gute Dienste leisten. Daß sie es vermag, hat sich z. B. ge=
legentlich der Adresse des Abgeordnetenhauses eklatant manifestiert.

Ein Ministerverantwortlichkeitsgesetz muß erlassen werden, nicht weil ich ihm
irgend einen praktischen Wert zuschreibe, sondern lediglich weil es in der be=
schworenen Verfassung steht.

Im Wesen wird es eine Farce bleiben, die niemandem nützt als höchstens
den Ministern, welche für korrekt verfassungsmäßig angesehen werden müssen,
so lange sie nicht verurteilt sind. Aber die Ideologen müssen befriedigt werden
und vor allem muß man Wort halten. Endlich: Es ist zu hoffen, daß dereinst
jede geschriebene Verfassung den natürlichen und durch jede Praxis anerkannten
Grundsatz auch äußerlich sanktionieren wird, wonach das Budget in ein Ordi=
narium, welches nur durch consensus omnium geändert und ein Extraordinarium,
welches nur durch consensus omnium verwandt werden darf, zerfällt.

Keine lebendige Regierung kann mit dem Ordinarium auf die Dauer aus=
kommen. Das unbestrittene Recht der Landesvertretung, das Extraordinarium
zu normieren, giebt ihr einen ungeheuren und für alle Wege genügenden Ein=
fluß. Will sie mehr, so will sie das Unmögliche und verliert das Vernünftige.

In unsrer Verfassung hat aber dieser Grundsatz keinen Ausdruck gefunden.

Zur Zeit kann man ihn auf geradem Wege nicht hineinbringen und
niemals darf man ihn auf krummem hinein interpretieren.

Man muß aber um jeden Preis versuchen, ein Normalmilitärbudget auf
fünf, wenigstens auf drei Jahre bewilligt zu erhalten.

Es ist unmöglich, innere Freiheit und äußeres Ansehen in einem Staate
zu mehren, wenn die Quelle seiner Sicherheit selbst nicht gesichert ist.

ad d. Die Berechtigung eines Staatengebildes wird bedingt durch seine
Befähigung, den geistigen und materiellen Fortschritt seiner Angehörigen bei
möglichst geringer Beschränkung ihrer persönlichen Freiheit zu fördern und selbst=
ständig zu sichern.

Da die letztere Befähigung bei der heutigen Lage europäischer Verhältnisse
allen Kleinstaaten absolut fehlt, so fehlt ihnen auch die selbständig staatliche
Daseinsberechtigung — sie sind nach Analogie kommunaler Autonomien zu
behandeln, ergo zu begünstigen, sofern und soweit sie weder ihre Angehörigen
noch ihre Nachbarn mit Lasten beschweren oder in ihrer Freiheit beschränken,

und soweit sie der Staatseinheit nicht entgegenstehen, welche allein ihnen Sicherheit gewährt und deren dienende Glieder sie sein müssen.

Ohne die absoluteste Einheit dem Auslande gegenüber ist jedes
Staatengebilde nur ein Konglomerat von positiven und negativen Größen, die
sich gegenseitig aufheben statt zu unterstützen.

Daß die Einheit der Nationalität gegen solche Kombination nicht schützt,
hat die deutsche Geschichte tausendmal, zuletzt im Sommer v. J. bewiesen.
Darum, so hoch ich die deutsche Nationalität stelle, so stelle ich die Einheit des
Staates doch noch höher, und indem ich nie aufhören werde, die Vereinigung
des ganzen deutschen Vaterlandes zu erstreben, begnüge ich mich zur Zeit mit
einem festgeschlossenen centralisierten Norddeutschland lieber als mit einem losen,
über ganz Deutschland sich ausbreitenden Staatenbund, auch wenn man ihm den
Namen eines Bundesstaates geben wollte.

Unter allen charakteristischen Merkmalen eines einheitlichen Staates ist die
einheitliche Militärleitung das Hauptsächlichste. Mit diesem steht und fällt sie.

Wenn ich im Eingange das zu erstrebende Ziel aufgestellt und im Fortgange
die Wege angedeutet habe, auf denen es sachlich zu erreichen, so frage ich nun
weiter: wird das Ziel und die Wege von dem zeitigen Leiter der preußischen
Politik richtig erkannt, werden die letzteren betreten, und wo nicht, aus welchen
Ursachen werden sie verfehlt?

Graf Bismarck ist primo loco spezifischer Preuße. Für einen klaren Kopf,
wie der seinige, führt das Preußenthum aber mit Notwendigkeit zum Deutschtum
hinauf, wie das Deutschtum zum Preußentum hinab. Er verfolgt das im Eingange bezeichnete Ziel fest und unverrückt. Er ist Realpolitiker und verachtet das
Ideale, doch ist er selbst nicht ohne Ideal. Er ist im gewöhnlichen Sinne vollkommen prinzipienlos, hat mit allen seinen früheren Prinzipien gebrochen. Eines
vertritt ihm alle anderen: Preußen hoch und mächtig in Deutschland, oder wie
man ebenso füglich umkehren kann — Deutschland einig und mächtig durch
Preußen. Die außerordentliche Produktivität und Gewandtheit seines Geistes,
mit welcher er jeden Augenblick bereit ist, seine gestrige Schöpfung zu vernichten,
um nach veränderten äußeren Kombinationen eine heutige an ihre Stelle zu setzen;
die Zähigkeit, mit welcher er auf den scheinbar entgegengesetzten Wegen und
Umwegen die Annäherung an dasselbe Ziel unverrückt im Auge behält, —
so bewundernswert diese Eigenschaften sind, sind sie weitaus nicht die hervor-
ragendsten Merkmale dieses bedeutenden Staatsmannes. Sie enthalten sogar eine
Klippe, welche seinen Erfolgen schon häufig Eintrag gethan hat.

Bestimmbar und wendbar durch äußere reale Gestaltungen, voll Vertrauen
auf seine Fruchtbarkeit jeder durch sie geschaffenen Verlegenheit gegenüber, hat
er Freude an dieser Art von Kampf, läßt sich von dem Übermute seines Tempera-
ments verleiten, seine Gegner zu reizen, und, indem er seine Nichtachtung der
Ideologie gern zur Schau trägt, betrügt er sich wohl zu Zeiten selbst über den
realen Wert der Ideen und vergrößert die Schwierigkeiten, welche seine Gegner

19*

ihm schaffen. Was ihm zum Schlusse hilft, sie zu überwinden, was ihn zum großen Manne stempelt, ist die warme Glut seines preußischen Herzens (sein Nervenleiden beweist, daß sein Gemüt viel weicher und empfänglicher ist, als die meisten annehmen) und die mächtige Energie seines Willens. Wenn er trotzdem, statt schöpferisch-gigantische Gedanken wie Zeus die Minerva ganz und geharnischt aus seinem Kopfe zu schleudern, vielfach stückweis Halbheiten mühsam gebärt; wenn nicht nur nichts von dem oben Angedeuteten, sondern auch wenig Anderes an dessen Stelle geschieht und der brausende Sturmgang der letztjährigen vater-ländischen Geschichte in den stagnierenden Schneckenschritt des verwichenen Bundes-tages zurückversetzt scheint, so liegt der Schlüssel teils in seiner durch seine Antecedentien bedingten Entfremdung von der inneren Politik, teils in dem Mangel ebenbürtiger Gehilfen, besonders aber in den massenhaften Schwierigkeiten, welche dem Durchdringen seines Willens sich täglich und stündlich auch aus andern Gründen entgegenwachsen, und welche von nur wenigen in ihrem ganzen Umfange gekannt, von noch wenigeren genügend gewürdigt werden.

Graf Bismarck's Einfluß auf den König wird weitaus überschätzt. Er kann ihn mühelos von vielem abhalten, schwer und immer nur langsam zu etwas bewegen — zu Zeiten gar nicht. Der König steht seinem Naturell und seiner ganzen Vergangenheit nach den modernen Staatsanschauungen fern. Spezifisch Soldat, fällt die Periode seiner Mannwerdung in die Zeiten der Kampfz und Metternich. Wenn er die jetzt veralteten Theorien jener Zeit, mit denen er groß geworden, nie zu den seinigen machte und im höheren Alter noch weiter selbst-verleugnend abstreifte, so hat sein edles Herz, seine ernste Pflichttreue, sein hohes Gerechtigkeits- und Billigkeitsgefühl und die Traditionen seines Hauses den besten Teil daran.

Naturgemäß muß seinem biedern, auf bestimmten Voraussetzungen gebildeten Wesen die immer neu wendbare, voraussetzungslose Denkart seines Ministers unbequem, ja antipathisch sein. Die Not hat ihn zu ihm geführt, seine gewohnte Konsequenz ihn in mancher Krise gegen äußere Angriffe gehalten, und was er heute am meisten an ihm schätzt, ist vielleicht in Graf Bismarck nicht das Schätzenswerteste."

Die nun folgende persönliche Charakteristik der damaligen ministeriellen Kollegen des Grafen Bismarck eignet sich nicht zur Veröffentlichung. Graf Bethusy fährt nach ihrem Abschlusse fort:

„Nun die Parteien im Parlament. Der Konflikt in seiner Verjährung hat die meisten über ihre ursprüngliche Absicht hinaus in einen persönlichen Antago-nismus hinein engagiert. Ein Bündnis mit Graf Bismarck ist für die Liberalen heute schwerer als es vor 4 Jahren gewesen wäre.

Die sogenannte konservative Partei verehrte in ihm ihren Held. In der Not hat er ihre Freundschaft mehr als seinem Plane förderlich accepiert. Jetzt lassen ihn die Geister, die er rief, nicht los. Sich selbst zu retten, sind sie ihm mit Brechung ihrer Prinzipien gefolgt, und fahren, trotz allem was gegen ihren Rat geschehen ist, fort, ihn als ihr Eigentum zu reklamieren. Sie speisen bei ihm, sie umgeben ihn aller Orten, sie sind seine Vettern und schneiden ihn von andern Verbindungen, die er suchen möchte, ab. Die Sprödigkeit der Gegenseite wächst. Um nicht allen Halt zu verlieren, muß man den oft beleidigten Freunden gelegentlich doch auch eine Konzession machen. Die bedauerliche Rede im Herrenhaus über die Veröffentlichung der Parlamentsreden ist ein Exempel. Galt sie dem Hof, dem Partikularismus, oder dem Herrenhaus? — wer kann's sagen. Gewiß ist nur: Graf Bismarck bracht sie ungern. Wer unterstützt den Grafen Bismarck? Im Lande viele; auf dem Operationsterrain in Berlin niemand.

Gewiß hat Graf Bismarck persönlichen Ehrgeiz, aber er ist längst mit dem preußischen indentifiziert. Allein in der Gegenwart, ohne Aussicht und Gewicht für die Zukunft, wird er nach menschlichem Naturgesetz zum Erstreben ephemeren Erfolges hin und von der Verfolgung seines eigenen großen Ideals abgedrängt.

Wer allein kann den Grafen Bismarck wirksam unterstützen?

Der Kronprinz von Preußen. Er kann sich überzeugen, ob meine Behauptung begründet, daß Graf Bismarck mit ihm dasselbe große Ziel verfolgt, er kann Einsicht nehmen von den gewählten Mitteln, sie vom Einzelnen ab und zum großen Ganzen hinlenken. Er kann das schwankende Gleichgewicht des Idealen und Realen herstellen helfen. Er wird die Elastizität der Aktion dadurch nicht schwächen, sondern stärken.

Je mehr Graf Bismarck eigenen Ehrgeiz habe, je höher er seine Zukunft anschlagen sollte, desto leichter wird auf ihn zu wirken sein. Graf Bismarck mied früher den Kronprinzen, weil der Kronprinz ihn mied. Gern wird er sich finden lassen als Unterthan, als Mensch und als Preuße.

Fühlt sich der Minister nicht mehr allein, fühlt er sich unterstützt von einer mächtigen Gegenwart und einer mächtigeren Zukunft, so wird der Minister Bismarck, der aus Not zach war, in sein Naturell zurückkehren, nach rechts und links brechen, aus Wahl und nicht aus Not, vom Halben ab, dem Ganzen sich zuwenden. Ich weiß, daß kein preußischer Prinz gegen oder nur neben dem Könige agitieren darf; ich weiß ferner, daß ein Thronfolger mit Notwendigkeit mehr Reserve zu beobachten hat als irgend ein andrer Staatsbürger.

Aber ich weiß auch, daß die Einheit preußischer und hohenzollernscher Staats- aktion nicht ungestraft unterbrochen wird.

Bismarck kann leichtlich die Zukunft des Kronprinzen verderben, wenn der Kronprinz der Gegenwart Bismarck's fern bleibt, und die Zukunft des Kronprinzen ist die Zukunft Preußens und Deutschlands.

Der Kronprinz ist nicht nur Thronfolger — er ist auch Hohenzoller, er ist auch Preuße. In dieser Eigenschaft kann das Vaterland schon jetzt vollen Dienst von ihm erwarten.

Der Kronprinz hat für das Vaterland freudig sein Leben eingesetzt. Wenn es ihm nützlich scheint, wird er ihm ebenso freudig das Opfer der mühsamen täglichen und stündlichen Selbstverleugnung bringen."

21. Freiherr von Schorlemer-Alst.

Nachdem Windthorst am 3. Mai 1879 seit zehn Jahren zum erstenmal wieder auf einer parlamentarischen Soiree beim Kanzler erschienen war, lag auch für den nächstbedeutendsten Wortführer des Centrums, den Freiherrn von Schor-lemer-Alst [1] kein Anlaß mehr vor, das Bismarck'sche Haus zu meiden. Man hatte mit einander auf Tod und Leben gefochten; jetzt war es, um ein von Bismarck gebrauchtes Bild anzuwenden, an der Zeit, die Waffen auf den Fecht-boden niederzulegen.

Freiherr von Schorlemer, „der Reitergeneral aus dem Kulturkampf", pflegte stets dann in das Treffen geschickt zu werden, wenn es galt, der Verstimmung der Partei einen besonders derben Ausdruck zu geben. [2] Bismarck bezeichnete ihn denn auch ehedem im Privatgespräche als „rücksichtslos aber ehrlich". Noch im Juni 1880 brachte die „Norddeutsche Allgemeine Zeitung" einen geharnischten Artikel gegen diesen Abgeordneten [3], weil er im Abgeordnetenhause von der „drakonischen Gesetzgebung" gegen die Katholiken in Mecklenburg-Schwerin ge-sprochen hatte. Indessen war dies nur mehr eine Episode, denn von der Zeit ab, wo das Centrum im Zolltarif ein Bindemittel mit der Regierung gefunden, datieren bereits die besseren Beziehungen zwischen Bismarck und Schorlemer. Sie gestalteten sich im Laufe der Jahre immer besser, da der Abgeordnete für die von dem Kanzler inaugurierte Wirtschaftspolitik von Haus aus ein sym-pathisches Interesse hegte.

Wie bei Bismarck so zeigte sich übrigens auch bei Schorlemer-Alst in den letzten Jahren eine zunehmende Neigung nach der konservativen und nach der agrarischen Seite; kein Wunder also, daß der Kanzler den Wunsch hegte, den Einfluß des „Vaters der Bauern" immer mehr zur Unterstützung seiner eigenen Politik heranzuziehen.

----

[1] Freiherr von Schorlemer-Alst, Burghard, Geh. Kämmerer Sr. Heiligkeit des Papstes, Königl. preuß. Prem-Lieut. der Kavallerie a. D., erhielt im Jahre 1892 den Charakter als Rittmeister, 1894 als Major; Malteserritter, Kreisdeputierter auf Alst, Kreis Burg-Steinfurt. Geb. den 21. Oktober 1825 in Schloß Herringhausen, Kreis Lippstadt (kath.). Bezog, durch Privatunterricht vorgebildet, die Militär-Bildungsanstalt in Dresden. Machte Reisen nach Österreich, Ungarn, die Schweiz und Italien. Zwölf Jahre in aktivem Militärdienst als Offizier und Adjutant beim 8. Ulanenregiment. Landwirtschaftliche Thätigkeit als Gutsbesitzer und in landwirtschaftlichen Vereinen. Mitglied des Landesökonomie-Kollegiums seit 1863. Direktor des landwirtschaftlichen Provinzialvereins in Westfalen, des landwirtschaftlichen Hauptvereins Münster, Kreisvereins Burg-Steinfurt. Thätigkeit auf volkswirtschaftlichem Gebiet durch kleinere volkswirtschaftliche Schriften. Mitglied des Abgeordnetenhauses seit 1870, des Reichs-tags von 1875—1885. Erhielt Ende der achtziger Jahre den Kronen-Orden II. Klasse und zwei Jahre darauf den Stern zu diesem Orden. Mitglied des Herrenhauses aus besonderem königlichen Vertrauen seit 1891 (oder 1892). Gestorben am 17. März 1895.

[2] Zu vergleichen die Reden des Freiherrn von Schorlemer-Alst, gehalten im preußischen Abgeordnetenhause und im deutschen Reichstag in den Jahren 1872—1879. Osnabrück 1880.

[3] Abgedruckt in Wiermann: Der Deutsche Reichstag, seine Parteien und Größen.

Freiherr von Schorlemer hatte zwei geschäftliche Unterredungen mit Bismarck, die beide auf die Initiative des Kanzlers zurückzuführen waren. Die erste fand im Frühjahre 1885 statt; der Kanzler wünschte die Ansicht des Abgeordneten über die Frage der Ausdehnung der Unfallversicherung auf die landwirtschaftlichen Arbeiter zu vernehmen [1].

Das Thema dieser Unterhaltung war nur zu dem Zwecke ausgewählt, um eine persönliche Annäherung zwischen dem Reichskanzler und von Schorlemer auf neutralem Gebiete zu erleichtern. In der Frage der Ausdehnung der Unfallversicherung auf die land- und forstwirtschaftlichen Arbeiter bestand wohl kaum eine Meinungsverschiedenheit und Fürst Bismarck konnte höchstens ein Interesse daran haben, durch Herrn von Schorlemer sich über die Stimmung der ländlichen Kreise Westfalens betreffs dieser Frage zu orientieren. Weit wichtiger war es ihm aber jedenfalls, nach dieser Unterredung in weiterem persönlichen Verkehr mit Herrn von Schorlemer sowohl die wirtschafts- wie kirchenpolitischen Fragen erörtern zu können.

Die zweite Unterredung wird im Jahre 1886 stattgefunden haben. Sie betraf in der Hauptsache die Maßnahmen zur völligen Beilegung des Kulturkampfes, wenngleich im Laufe des Gesprächs auch Fragen der äußeren Politik, insbesondere die Beziehungen zu Rußland und die politischen Verhältnisse Italiens Erwähnung gefunden haben.

Man wird nicht fehlgreifen in der Annahme, daß der Rat des Herrn von Schorlemer die Staatsregierung in dem Entschlusse bestärkt habe, die noch schwebenden Differenzen in direkter Verhandlung mit der römischen Kurie zu erledigen und mit der Centrumsfraktion nicht eher in Verbindung zu treten, bis die Kurie sich zur Sache entschieden hatte. In diesem Sinne werden sich auch etwaige Vorschläge bewegt haben, welche von Schorlemer-Alst dem Fürsten Bismarck gelegentlich der zweiten Unterredung gemacht hat. Die Anschauungen des Herrn von Schorlemer dürften dem Fürsten Bismarck um so sympathischer gewesen sein [2], weil dem letzteren nicht unbekannt geblieben sein konnte, daß der Abgeordnete Windthorst des öfteren direkten Interventionen der preußischen Staatsregierung bei der römischen Kurie entgegengearbeitet und den Anspruch erhoben hatte, vor jeder Entscheidung in kirchenpolitischen Angelegenheiten seitens der Kurie gehört zu werden.

Über das Verhältnis des Herrn von Schorlemer zum Abgeordneten Windthorst ist viel geschrieben und viel gedichtet worden. Soviel ist sicher, daß beide

---

[1] Es war dies ein Lieblingswunsch Bismarck's. Vergl. mein Werk „Fürst Bismarck als Volkswirt", Bd. II., S. 34 und Bd. III., S. 1. (Die Vorlage des betreffenden Gesetzentwurfs an den Reichstag erfolgte am 3. Januar 1885). Genau kann das Datum der Unterredung nicht angegeben werden, jedenfalls hatte sie im Winter 1883—84 noch nicht stattgefunden

[2] Ein Zeichen von Bismarck's Vertrauen zu dem Abgeordneten darf auch darin erblickt werden, daß er denselben dem Könige als Mitglied des im Jahre 1884 reaktivierten Staatsrats vorschlug.

Herren in manchen wichtigen Fragen sich nicht in Übereinstimmung befunden haben, und diese Thatsache konnte dem Fürsten Reichskanzler weder unbekannt noch gleichgültig geblieben sein.

Von Schorlemer-Alst war stets ein Mann der konservativen Richtung; daß letztere zeitweilig bei ihm zurücktrat, war lediglich die Folge des Kulturkampfes, dessen bedenkliche Wirkungen nicht allein für die Kirche sondern auch für den Staat wohl niemand klarer, wie von Schorlemer, vorausgesehen und aufrichtiger bedauert hat.

Als die preußische Staatsregierung sich zur Beilegung des Kulturkampfes entschlossen hatte, glaubte von Schorlemer, daß ein weiteres Entgegenkommen der Regierung vor allem dadurch zu erzielen sei, daß die Centrumsfraktion sich in sonstigen Fragen als regierungsfähige bezw. die Regierung stützende Partei erweisen würde. Ohne die Politik des do ut des zu vertreten, war er sich darüber klar, daß die Regierung sowohl im eigenen Interesse, als auch gegenüber den andern Parteien die Befriedigung der kirchenpolitischen Forderungen der Centrumspartei nur dann auf sich nehmen und vertreten konnte, wenn diese Partei zur Bildung einer zuverlässigen und ausreichenden Majorität die Hand bot.

In der Voraussetzung, daß nach Beilegung des sogenannten Kulturkampfes für die Centrumspartei die noch übrig bleibenden kirchenpolitischen Forderungen dauernd nicht ausreichen würden, um die Partei in frischer lebenskräftiger Aktion zu erhalten, hoffte von Schorlemer durch Vertretung einer energischen Politik zu Gunsten der Arbeiter und Handwerker, des Schutzzolls und der berechtigten agrarischen Bestrebungen bei gleichzeitigem Eintreten für mäßige Forderungen zur Erhaltung und Stärkung der deutschen Wehrkraft die Wähler des Centrums in konservative Bahnen hinüberzuleiten und in Verbindung mit der großen konservativen Partei dem Centrum eine ausschlaggebende Stellung zu sichern. Selbstredend war von Schorlemer bei dieser Richtung jedem Zusammengehen mit der deutsch-freisinnigen Partei, und ebenso manchen Ansichten feindlich, welche der größere Teil der bayrischen Abgeordneten in der Centrumsfraktion des deutschen Reichstags im Verein mit einzelnen rheinischen Centrumsabgeordneten schon damals vertrat.

Windthorst war mit dieser Stellungnahme seines Kollegen von Schorlemer keineswegs einverstanden. Zwar war auch er weit davon entfernt, in erster Linie seiner welfischen Gesinnung Rechnung zu tragen und von diesem Standpunkte aus die kirchen- und allgemein-politischen Fragen zu beurteilen. Windthorst hatte vor allem die Absicht, sich selbst als Führer und seine Partei in der Herrschaft über die Wählermassen in Rheinland, Westfalen und Bayern zu erhalten und deshalb alles zu vermeiden, was eine Zersplitterung und vielleicht die Secession der demokratischen Elemente herbeiführen konnte. Aus diesem Grunde machte er den letzteren fortwährend, wenn auch zuweilen innerlich widerstrebend, Konzessionen, welche gegenüber den konservativen Vertretern in der Fraktion damit motiviert wurden, daß die Einheit der Partei gefährdet und Rücksicht auf die

Stimmung des Volkes und der Presse zu nehmen sei[1]). Gleichzeitig suchte er in den Anträgen auf Vorlage eines christlichen Volksschulgesetzes und auf Wiederzulassung der Jesuiten stets von neuem Forderungen in den Vordergrund zu stellen, bei welchen die Übereinstimmung sämtlicher Parteigenossen keinem Zweifel unterlag.

Es ist Herrn von Schorlemer längere Zeit aber nicht dauernd gelungen, gegenüber der vorzugsweise von Windthorst geleiteten Centrumsfraktion des Reichstags die Centrumsfraktion des Abgeordnetenhauses in einem entschieden mehr konservativen Fahrwasser zu erhalten. Aber auch in der Centrumsfraktion des Abgeordnetenhauses machten allmählich die älteren, der konservativen Richtung zuneigenden Abgeordneten jüngeren Zwisten und sonstigen Persönlichkeiten Platz, die dem sogenannten linken Flügel der Partei näher standen. Freiherr von Schorlemer, dessen Gesundheit überdies durch einen sehr heftig auftretenden Herzfehler erschüttert war, hielt es unter diesen Umständen für richtiger, sich von dem politischen Kampfplatze zurückzuziehen, auf welchem er die ·erforderliche Unterstützung innerhalb der Partei nicht mehr gefunden hatte.

Der Rücktritt seines langjährigen Parteigenossen war in dieser Zeit dem Abgeordneten Windthorst durchaus erwünscht. Er hatte es im Verein mit andern in Rom einflußreichen Persönlichkeiten sehr unangenehm empfunden, daß von Schorlemer-Alst die direkten Verhandlungen zwischen der Kurie und preußischen Regierung gefördert hatte, von welchen Windthorst — insbesondere damals, als es sich um Beibehaltung der Anzeigepflicht der Geistlichen handelte — nicht in erwünschter Weise Kenntnis erhielt. Letzterer machte für diese Übergehung in erster Linie den Fürstbischof von Breslau und von Schorlemer verantwortlich, obwohl von Schorlemer in keiner Weise die Rücksichtnahme außer acht gelassen hatte, welche er dem Fraktionsgenossen und Mitleiter der Partei schuldig war. Aber Windthorst war in diesem Punkte, wenigstens gegenüber den konservativen Parteigenossen, gewissermaßen Tyrann; er selbst unterhandelte und verständigte sich mit Hilfe der ihm geeignet erscheinenden Personen und zog von Schorlemer nur selten zu Rate; er war aber außer sich, wenn er wahrzunehmen glaubte, daß Schorlemer auf eigene Faust Politik getrieben hatte.

Es ist mehr wie naiv, daraufhin behaupten zu wollen, wie es ultramontane Blätter im Jahre 1893 gethan haben, daß Schorlemer in den letzten Jahren dem Abgeordneten Windthorst das Leben verbittert habe! Wenn jemand Grund zur berechtigten Klage hatte, so war es zweifellos Schorlemer! Nur der vornehmen Eigenart und Selbstlosigkeit dieses Mannes war es möglich, im Interesse der Partei so manche Rücksichtslosigkeit seines Fraktionsgenossen stillschweigend zu ertragen, ohne dabei auf die Äußerung einer abweichenden Ansicht innerhalb und außerhalb der Partei zu verzichten.

---

[1]) Schorlemer neigte mehr zum Schutzzoll als Windthorst, ersterer war für, letzterer gegen den Rhein-Ems-Kanal.

Mit dem Freiherrn von Schorlemer ist aus der Centrumspartei und dem Leben ein Mann geschieden, der dem offenen Bekenntnis seiner Anhänglichkeit an seinen Glauben und an sein Vaterland und seinen König niemals etwas vergeben hat![1] Vielleicht wäre es ihm unter andern Verhältnissen gelungen, ein dauerndes Einvernehmen zwischen der Staatsregierung und Centrumspartei herbeizuführen. Daß er mit seinen Bestrebungen unterlag, ist in erster Linie denjenigen zuzuschreiben, welche systematisch darauf hingearbeitet haben, die Zahl seiner Gesinnungsgenossen in der parlamentarischen Vertretung der Centrumspartei zu vermindern.

[1] In den letzten Jahren liebte Freiherr von Schorlemer es zu betonen, daß die Katholiken treu am Deutschen Reich hängen sollten, wo „die Zustände besser seien als in jedem andern europäischen Staat". Die kirchliche Freiheit müßten die Katholiken unentwegt verlangen, aber dann sollten sie auch die besten Patrioten sein.

Sachregister.

Annahme I 81 83; die Konservativen versagen ihre Unterstützung II 181 192; Bismarck kein Freund der Civilehe II 317.

Civilprozeßgesetz II 124.

Civilprozeßordnung II 209.

Civilstandsregister II 192.

Clausula Franckenstein, s. Zolltarif.

Corpsstudenten. Kommers ders. in Leipzig u. Feier Bismarck's bei demf. III 169.

Coupon. Ders. muß höher besteuert werden III 190.

D.

Dampfersubventionen. Wunsch der Erledigung der Vorlage I 265 267; Nichterledigung I 275, III 130; Besprechung u. Beratung im Reichstag III 155 157 158; Besprechung mit dem Abg. Woermann III 151; zweite Lesung im Reichstag III 163; Annahme durch den Reichstag I 280.

Deklaranten, f. Konservative Partei.

Deklarationspflicht des Einkommens. Gestaltung I 310.

Deutsche Einheit. Mit ders. muß in Schleswig-Holstein der Anfang gemacht werden II 3

Deutsche Nation Dies. würde bei Einigkeit in allen Dingen die Welt aus den Angeln heben I 219; wenn drei Deutsche zusammenkommen, sind immer vier Parteien vertreten I 219.

Deutsche Sprache. Einführung im diplomatischen Dienst I 235.

Deutsches Reich, s. Reich, Deutsches.

Deutschfreisinnige Partei. (Gründung) III 116.

Deutsch-Konservative Partei. Gründung I 122, II 203 bis 205; Bemerkungen Bismarck's zu dem Programm ders. III 263; Beitritt u. Thätigkeit des Herrn v. Rathusius-Ludom III 266.

— f. Konservative Partei.

Deutschland. Die Einheit kann nur durch Blut u. Eisen erreicht werden I 66 327; Stellung zu Rußland, Oesterreich u. England in der orientalischen Frage I 110—116; Pläne für die Umgestaltung II 34—36; Hegemonie Preußens II 46; Verlangen nach einem Kaiser II 144; muß es im Falle eines Krieges mit Italien halten II 184; hat die Aufgabe, Europa den Frieden zu erhalten II 200; Verhältnis zu Oesterreich II 251—253; weitere Eroberungen ders. ausgeschlossen II 316; ist mit Oesterreich vereinigt die beste Friedensbürgschaft II 317; Verhältnis zu England u. Frankreich in Bezug auf die Kolonialpolitik III 150.

Deutsch-Ostafrikanische Gesellschaft. (Gründung III 167; Uebernahme der Hoheitsrechte durch das Reich III 218.

Deutschtum in den Ostmarken, Schutz dess. f. Polenfrage.

Diäten der Reichstagsabgeordneten. Aussichtslosigkeit und Vorteil der Bewilligung I 35 41; Ablehnung II 93 bis 95.

Dienstzeit, zweijähr. Schlechte Erfahrungen mit ders. I 185.

— zweieinhalbjährige bei der Infanterie. Ablehnung durch den König I 328.

— dreijährige. Erklärung Bismarck's für Beibehaltung ders. III 248.

Differenzialtarife. Dies. müssen vom Bundesrat abhängig sein III 271.

Diners, parlamentarische. Beginn ders. I 3; die Diners und die noch stillneren Gesellschaften I 18—22.

— f. Soireen.

Diplomaten. Dies. müssen auf Kommando schwenken II 210.

Dismembration in Pommern. Keine glückliche Maßregel I 104.

Domänen. Uebergang auf das landwirtschaftliche Ressort I 155.

Doppelwährung, f. Währungsfrage.

Dotationen. Bewilligung nach 1866 I 339; im Jahre 1871 II 174.

Duell zwischen Bismarck und dem Frhrn. von Vincke II 13 14; mit Virchow II 35.

E.

Ehrenbürgerbriefe. Ueberreichung seitens der Städte: Worms I 54 55, Cöln I 90, Rathenow I 96—98, Saarbrücken I 276 277.

Ehrengeschenk der Stadt Hanau I 105.

Einkommen. Notwendigkeit der stärkeren Heranziehung aus arbeitslosem Gewinn und aus ausländischen Papieren I 310.

— f. Coupon.

Einkommensteuer. Erklärung B.'s gegen jede progressive E. III 221.

Eisen. Antrag, betr. Ausdehnung des Sperrgesetzes auf Roheisen I 178.

Eisenbahnen, preußische. Klagen des russischen Reichskanzlers Fürsten Gortschakoff über Höhe des Fahrgeldes auf denselben I 70; Projekt, die Privatbahnen für Preußen zu erwerben III 270.

— deutsche. Gedanke des Ankaufs derselben durch das Reich, s. Reichseisenbahnen.

— f. auch Privateisenbahnen.

Eisenbahngesetz, f. Reichseisenbahngesetz.

Eisenbahnministerium. Absicht der Bildung I 136, II 274; Folgen der Ablehnung der Vorlage I 140; Ablehnung durch das Abgeordnetenhaus I 142; Schwierigkeiten der Nationalliberalen I 268.

Eisenbahnsalonwagen für Bismarck. Erbauung und Uebergabe I 359 360.

Eisenbahntarifwesen, f. Gütertarifwesen.

Eisenbahnwesen. Reform desselben I 123 130 131.

Eisen und Blut entscheiden die großen Fragen der Zeit II 19 20.

Elbschiffahrtsakte. Beschluß auf den Antrag Delbrück III 28.

Elbzoll, f. Zollgebiet.

Elsaß-Lothringen. Besprechung der Angelegenheiten der Reichslande I 119 128; Gesetzentwurf, betr. die Landesgesetzgebung von Elf.-Lothr. I 128; Vorschlag der zeitweisen Regierung durch Bismarck I 134 135; Herbeiführung des Zeitpunktes zur Einführung einer eigenen Landesvertretung

Kongreß, s. Berliner Kongreß.

Konkursordnung. Vorlage II 210.

Konservative Partei. Unterstützung der Politik Bismarck's durch dies. I 60; Zustimmung zum Schulaufsichtsgesetz versagt dies. I 61; Spaltung der Partei infolge Annahme der Kreisordnung I 62; Demonstration L. J. des Prozesses Arnim I 80; Ueberwerfung mit Bismarck aus Anlaß von Kirchen- u. Schulfragen I 106 bis 108, III 263 267; Uebergang ders. zum Schutzzollsystem I 108; Aussöhnung mit Bismarck I 109; Verstimmung zwischen ders. und Bismarck II 38 57—62 64 65 67 68 71 72 179 181 182; Versuch der Reorganisation II 180; „Kreuzzeitungs-Deklaranten" u. Reorganisation II 201—205; extreme Kreuzzeitungsleute Feinde B.'s II 208; Herstellung der alten Beziehungen II 237 bis 239; Aussöhnung mit den Deklaranten II 261, III 49 bis 53; Stütze der Reichsregierung II 334; Zuschrift bezügl. der Deklaration vom Jahre 1876 III 6; Unterstützung der Wirtschaftspolitik Bismarck's III 74; Wahlkartell mit den Nationalliberalen III 185 186; Aeußerung Bismarck's über die Führer u. Mitglieder ders. III 283.

— s. Deutsch-konservative Partei, Kreuzzeitungspartei.

Konstitutionelle Staatsform das Vernünftigste I 233.

Konstitutionen. Dies. sind in heutiger Zeit nicht mehr entbehrlich I 60.

Konsumsteuer. Vorzüge ders. I 117.

Kornzölle, s. Zolltarif.

Krankenkassengesetz, siehe Krankenversicherung.

Krankenversicherung. Ankündigung der Vorlage I 234; Vorlage des Gesetz-Entwurfs u. Beratung in der Kommission I 250; Annahme durch den Reichstag I 254 363.

Kreisordnung, preußische. Opposition der Konservativen gegen dies. I 62; Stellung Bismarck's zu dies. I 67 68; Wunsch der Beschlußfassung durch den Landtag I 194; Ausarbeitung u. Vorlage II 58 61 64 70 72—81 178; Widerstand der Konservativen II 181; Teilnahme Bismarck's an der Verwaltungsreform II 186 bis 189; Entschluß, für jede Provinz eine Kreis- u. Provinzialordnung auszuarbeiten zu lassen III 2; Opposition des Abg. von Kleist-Retzow III 241; Konferenz mit Prof. Dr. Gneist III 246; Anteil dess. an dem Zustandekommen der K. III 246 247.

— für die Rheinprovinz u. Westfalen. Antrag a. Beschluß auf Vorlegung eines bezügl. Gesetzes II 231—236.

„Kreuzzeitung". Stellungnahme ders. wider die Politik Bismarck's u. Angriffe auf dens. I 106—108, III 264—267.

Kreuzzeitungspartei. Zusammenkünfte der Spitzen ders. III 265.

Krieg. Ders. ist nur zur Wahrung der Interessen und der Ehre Deutschlands zu führen II 97, III 285.

— mit Frankreich, s. Frankreich.

— mit Oesterreich, s. Oesterreich.

Kriegsdienst. Abänderung des Ges. v. 3. September 1814 II 38.

Kriegsentschädigung, französische. Verteilung der 5 Milliarden II 172 173 175.

Kriegsleistungsgesetz. Beratung II 176.

Kulturkampf. Besprechung Bismarck's mit dem Abg. August Reichensperger I 57 58; Verhandlungen über Beilegung dess. I 140 181 185; Beendigung II 190 191 192 288; Anteil der Polen an dem I 211; Besprechung über dens. mit dem Freiherrn von Hertling I 365—368; Entstehung II 158—164; Gesetzgebung II 168 169 181; Notwendigkeit II 208; Ausführung der Gesetze II 233 234; Veranlassung des Kampfes II 315; Verhandlungen mit Rom II 317; Besprechung mit Windthorst II 327; Bismarck will den K. auf alle Fälle aus der Welt haben III 77; Vorlage des Ges.-Entw. wegen milder Ausführung der Maigesetze (20. Mai 1880) III 98; Besprechungen rc. III 99—101; Annahme III 102; Besprechung über den K. mit Benningsen III 108; Vorlage (16. Januar 1882) des Ges.-Entw. zur Erneuerung der diskretionären Vollmachten III 111; Schreiben des Abg. v. Tiedemann III 112—115; Stellung des Abg. Cremer zu dems. III 138; Absicht der Beseitigung des K. auf dem Wege völkerrechtlicher Verhandlungen III 140; Vorlage (14. Februar 1886) einer Novelle III 175; Aeußerung Bismarck's über dies. III 177; Vorlage (22. Februar 1887) eines neuen Kirchengesetzes an das Herrenhaus III 181; Bismarck ist der einzige Mann, welcher den K. im höheren Stile zu beendigen vermag III 231; Opposition des Abg. v. Kleist-Retzow III 241, der K. sollte nur eine Abwehr gegen die Uebergriffe der Kurie auf weltliches Gebiet sein III 263; Basis für die ersten Anknüpfungsversuche mit Rom III 264; Unterredung mit Frhrn. v. Schorlemer-Alst über Maßnahmen zur völligen Beilegung dess. III 295.

— s. Kirche, katholische; Kirchenpolitische Frage; Kirchenpolitische Gesetze; Sakramentspenden.

Kurhessische Fragen II 21 25 26.

L.

Landtage. Uebelstand des gleichzeitigen Tagens d. Einzel-Landtage mit dem Reichstag u. Einberufungszeit des preußischen I 224; der erste vereintigte Landtag in Preußen 1847 I 318; Kritik der Landtage II 14 15.

Landwirtschaft. Dies. bedarf besonderer Berücksichtigung I 155; Interesse Bismarck's für dies. I 156; Ungunst der Verhältnisse, unter denen sie leidet I 175; dies. ist das wichtigste Gewerbe II 198; bedarf noch eines höheren Zollschutzes als in der Tarifreform vorgeschlagen II 326; Notwendigkeit, ders. durch Erhöhung der Zölle auf landwirtsch. Erzeugnisse zu helfen III 159 189; Vermögensver-